观领袖 品党史

《党的文献》编辑部

中国人民大学出版社
·北京·

目　录

领袖思想散论

战略决策梳理

党史国史探微

领袖思想散论

从毛泽东的批示看邓小平主政西南时期的领导方法

王香平

从1949年12月率部进驻重庆至1952年7月调离，邓小平作为中共中央西南局第一书记、西南军政委员会副主席、西南军区政治委员，主政西南是他辉煌人生的不朽篇章，也是他走上中央领导岗位的重要起点。正是基于邓小平这一时期所展示的治国安邦的雄才大略和卓越不凡的政治智慧，才有了毛泽东那一句高度评价："无论是政治，还是军事，论文论武，邓小平都是一把好手。"① "一把好手"，"好"在哪里？作为最高领导人的赞赏，毛泽东此语绝非虚言。本文拟通过梳理和归纳毛泽东对邓小平报送的各类文电的批示，力求展示邓小平主政西南时期哪些方面的成绩、经验、思想和方法得到毛泽东怎样的首肯和认可，由此探讨邓小平主政西南时期的领导思想和工作方法所呈现的特点和风格，这对于今天的领导干部提高领导能力和执政水平不无启示。

一、毛泽东对邓小平主政西南时期文电批示的基本特点

所谓毛泽东的批示，主要指针对邓小平以西南局或个人名义向毛泽东或党中央报送的电报、报告、计划和决定等，毛泽东以中央或个人名义起草或

---

① 转引自汪东林：《梁漱溟与毛泽东》，18页，长春，吉林人民出版社，1989。

审改的各类批复，包括指示、电报、书信等，不包括其他人代中央起草的批示，也不包括毛泽东就某件事直接给邓小平或西南局发出的电报、指示等。根据目前公开的文献，比照《邓小平年谱（1904—1974）》和《建国以来毛泽东文稿》相关内容，初步统计，从1949年12月至1952年7月，毛泽东对邓小平所送文电作出的批示共计30份。本文拟以这30份批示作为分析的基础。

1. 关于批示的主题

毛泽东对邓小平主政西南时文电的批示，从涉及的主题或问题来看，大体可分为两类：一类是针对综合性工作报告作出的批示，如《关于西南局综合报告的复电和批语》（1950年11月15日）、《转发邓小平关于土改、镇反、抗美援朝综合报告的批语》（1951年5月16日）等；另一类是针对某一问题或事情作出的专题性批示，其中既包括反映新中国成立初期的军事斗争、政权建设、经济恢复、社会改造、党的建设、统战工作以及民族工作等宏观性的重大问题，也涉及一些微观的具体事情或问题，如《转发西南局关于组织土改工作团下乡参加土改的经验的批语》（1951年10月17日）等。总体上看，毛泽东对邓小平主政西南时期的文电批示所涵盖的工作领域是广泛而多面的，涉及的问题呈现宏观微观兼具的多层次特征。

2. 关于批示的性质

所谓批示的性质，主要是针对下级机关报送的文电中所提出的工作计划、建议、意见、方法或总结的经验等，上级机关对其作出的明确（肯定或否定）答复或具体指示。遍览毛泽东对邓小平文电的批示，基本上都属肯定性批示，且使用频率最高的3个词语是“同意”、“正确”和“很好”。在毛泽东的30份批示中，有8份用了“同意”，9份用了“正确”，8份用了“很好”（或“均好”、“好的”），除去3份用词雷同，共有22份也就是2/3以上篇幅是用这3个词语中的任何一个或两个来表明毛泽东和中共中央对邓小平所送文电的态度。另有一些批示虽未采用这3个词，但同属肯定性批示，如1951年5月4日，毛泽东审改邓小平报送的关于大学对曾参加过反动党团组织人员处理办法的指示稿时批示：“中央认为，此问题甚为重要”[①]；1951年4月30日

---

① 《邓小平年谱（1904—1974）》（中），979页，北京，中央文献出版社，2009。

转发西南局关于镇反问题给川北区党委的指示，批示西南局“指示是合于上述原则精神的”①；等等。除此之外的其他批示则直接批转各地参考，无疑是对所报文电在更高层次上的肯定，也是下文要述及的内容。

3. 关于批示的要求

批示是上级领导用于批转下级工作报告时所使用的一种应用性文体，它不只是对所送文电作出答复或表态，更重要的是进行“转发”或“批转”，这是批示的核心功能，也是批示的主要意图和根本要求。据此，可以将毛泽东对邓小平主政西南时期文电的批示分为以下几个层次：

第一，提供工作参考。毛泽东对邓小平主政西南时期文电的批示，除个别批示只是针对西南局单方面的工作予以答复或进行指示、指导外，大部分都进行了“转发”，首要目的是为各地工作提供参考。如 1950 年 11 月 15 日，毛泽东把西南局镇压反革命活动的报告批转各中央局“参照办理，并可转发给所属省市区党委作参考”②。1952 年 3 月 20 日，针对邓小平关于“三反”、“五反”、土改、经济等问题的报告，要求“各中央局和分局参酌办理，并可在党刊上登载”③。

第二，推广典型经验。所谓推广典型经验，是指把邓小平所送文电中总结的领导方法、思想方法和工作经验等作为标杆和典范，要求各地直接仿照、研究或采纳。如 1950 年 5 月 13 日，针对西南局关于整风、春耕情况的报告中所提整风步骤，要求各地“亦照此项步骤部署进行，即先整县委书记以上，再整广大干部”④；1951 年 12 月 24 日，针对西南局关于学校教师思想改造问题的报告，批示要求华东、中南、西北三大区也“仿照西南的办法”⑤，有准备地召开一次大规模的学校教师思想改造会议；等等。

第三，寻求决策依据。毛泽东批转各类文电，一方面为各地提供工作参考和经验方法，同时也考虑为中央的大政方针寻求来自基层的新鲜经验和做法，以求为中央决策提供实践基础和理论依据。1951 年 11 月 25 日，邓小平致电毛泽东和党中央，报告 1951 年 9 月和 10 月的工作情况。针对新中国成立后出现

---

① 《建国以来毛泽东文稿》，第 2 册，268 页，北京，中央文献出版社，1988。
② 《建国以来毛泽东文稿》，第 1 册，663 页，北京，中央文献出版社，1987。
③ 《建国以来毛泽东文稿》，第 3 册，346 页，北京，中央文献出版社，1989。
④ 《建国以来毛泽东文稿》，第 1 册，345 页。
⑤ 《建国以来毛泽东文稿》，第 2 册，627 页。

的一些新情况、新问题，邓小平在电报中称，西南地区将把反贪污、反浪费当作1952年的重要任务之一。毛泽东11月30日在批转该报告时说："此电第三项所提反贪污、反浪费一事，实是全党一件大事"；"我们认为需要来一次全党的大清理，彻底揭露一切大中小贪污事件，而着重打击大贪污犯，对中小贪污犯则取教育改造不使重犯的方针，才能停止很多党员被资产阶级所腐蚀的极大危险现象，才能克服二中全会所早已料到的这种情况，实现二中全会防止腐蚀的方针，务请你们加以注意"①。12月1日，中央发出《关于实行精兵简政、增产节约、反对贪污、反对浪费和反对官僚主义的决定》，"三反"斗争由此在全国范围内逐步展开。毛泽东11月30日对邓小平电报的批示是他推动和领导"三反"运动过程中的重要一环，即把"三反"运动作为一场大的斗争在全党范围内进行，是在这一批示中首次明确的。由此可见，邓小平报送的电报是毛泽东和中共中央最终作出开展"三反"运动决策的重要实践基础和理论依据之一。

统观毛泽东对邓小平主政西南时期的文电批示可以看出，毛泽东对邓小平的工作充分肯定和高度认可，且在多数情况下赞赏有加。为什么邓小平报送的文电能得到如此多的肯定，受到如此高的评价？为什么西南局的工作在很多方面能够走在全国前面，成为各地学习效仿的典范？归根结底，这与邓小平卓尔不群的领导艺术密不可分。

二、从毛泽东的批示看邓小平的领导思想与工作方法

早在新中国成立前的土改运动中，毛泽东就多次采用邓小平提供的材料和建议，他曾幽默地说："看邓小平的报告，就像吃冰糖葫芦。"② 可见，邓小平的报告的确有滋有味，耐人咀嚼。透过毛泽东的批示，又能折射出邓小平怎样的领导方法与为政风范呢？

（一）勤于动笔——毛泽东批示的频度折射出邓小平汇报的密度

毛泽东对邓小平主政西南时期报送文电作出的批示为30份，但并不等于

---

① 《邓小平年谱（1904—1974）》（中），1018页。

② 转引自何立波、宋凤英：《共和国成立前的邓小平与毛泽东》，载《党史博览》，2004（8）。

邓小平报送给毛泽东或中共中央的文电只有 30 份。根据《邓小平年谱（1904—1974）》公布材料的初步统计，从 1949 年 12 月至 1952 年 7 月，邓小平报送给毛泽东或中共中央的文电共计 99 份（其中 1950 年 39 份，1951 年 39 份，1952 年 21 份），按照邓小平在西南的工作时间 32 个月计算，平均每个月至少报送 3 份[①]，其中明确由邓小平起草的文电达 75 份之多。换句话说，99 份中有 2/3 以上的文电都是由邓小平亲自起草、修改或审订的。

就邓小平报告的主题来看，不仅包括新中国成立初期邓小平领导西南广大军民开展进行的剿匪、反霸、减租、退押、土改、镇反、“三反”、“五反”、抗美援朝、恢复和发展工农业生产等大的社会主题，还包括日常工作中关涉行政效率和改进工作作风等一些内容，如 1950 年 8 月 8 日，邓小平和刘伯承、贺龙致电刘少奇、周恩来，报告关于处理转发文件问题的意见和做法。中共中央 8 月 17 日复电：“关于上面文件，凡与本身工作无关的一律不要转发下去，中央同意你们的意见，并已将你们来电转发各中央局、分局、中央各部委，要他们转告各级党委一律照此办理。”[②]

就邓小平报告的时间来说，除了事关重大、复杂或敏感性问题在第一时间向中央汇报外，还严格履行每两个月向中央作一次综合报告的工作惯例，也就是说，邓小平把不定期汇报和定期汇报很好地结合了起来。前者如 1951 年 4 月 27 日，邓小平在一天之内连续起草三封报送中央的电报：一是西南局批转中共川西区委关于镇反问题的报告，二是西南局批转川北区阆中县镇反工作的报告，三是西南局批转中共川北区委关于开展抗美援朝运动情况的简报。[③] 关于后者，以 1951 年为例，5 月 9 日起草给毛泽东并中共中央的西南局 3 月、4 月两个月的综合报告；6 月 27 日致电报告 5 月、6 月两个月的工作情况；9 月 10 日起草关于 7 月、8 月两个月的工作情况报告；11 月 25 日致电报告 9 月、10 月两个月的工作情况；1952 年 1 月 4 日致电报告 1951 年 11 月、12 月两个月的工作情况。[④] 每两个月向中央和中央主席作一次综合报告，这是解放战争时期为适应战争形势的发展需要，中共中央于 1948 年 1 月发出的《关于建立报告制度》中规定的。邓小平不仅在大别山区的紧张战斗

① 《邓小平年谱（1904—1974）》第一次公开出版，不可能穷尽所有资料，也不可能事无巨细公布全部资料，因此，这里用“至少”应是一种保守估计。

② 《邓小平年谱（1904—1974）》（中），935 页。

③ 参见《邓小平年谱（1904—1974）》（中），981～982 页。

④ 参见《邓小平年谱（1904—1974）》（中），983、995、100、1017、1028 页。

环境中严格执行这一指示，在新中国成立后的和平建设时期仍然一以贯之，实属难能可贵。

不论报告涉及主题的宽泛，还是报送文电时间的密集，得出的结论都是一致的，那就是邓小平十分勤于动笔，极其重视用“笔杆子”思考工作得失，总结经验教训。这不仅践行了他主政西南时倡导的“拿笔杆是实行领导的主要方法”① 的思想方法，也充分体现了他高度重视向中央汇报工作，重视让中央及时了解并掌握自己主政地区的各方面情况，基本初衷自然是希望中央能给予更多的指导或更好的建议，以使自己的工作能够沿着正确的轨道和方向前进。西南地区在新中国成立初期能取得各方面的发展成就，得到毛泽东的多次肯定和赞赏，主要是当地干部群众兢兢业业、一丝不苟工作的结果，当然，邓小平及时向中共中央和毛泽东汇报工作也发挥了一定的作用。

（二）善于用笔——毛泽东批示的性质反映出邓小平汇报的质量

为什么毛泽东对邓小平主政西南时期的文电批示基本上都表示肯定甚至赞赏有加？是邓小平汇报工作“报喜不报忧”？还是西南地区情况简单、工作易开展？或者说邓小平遭遇复杂、棘手问题的机会较少？答案显然是否定的。问题并不在邓小平汇报的是成绩还是问题、喜讯还是困难，关键在于不管成绩还是问题，邓小平都有不同寻常的汇报方式和请示办法。换句话说，邓小平十分善于撰写工作报告，这也是毛泽东为什么说看邓小平的报告“就像吃冰糖葫芦”的缘由之一。试举几例。

1. 关于工作进展的汇报

1950 年 4 月 27 日，邓小平就部队缩编问题和刘伯承、贺龙致电中共中央：“我们已遵照中央意图确定了将所有干部缩减到八十万的初步实施方案，并决心贯彻执行。估计是不会出大乱子的。现已决定于四月底开全区的军事会议（各军区负责者都到）讨论上述问题，详情后报。”② 关于部队缩编，应该说关键是结果，尚未取得实质性进展就向中央汇报，一般可能会认为意义

① 《邓小平文选》，2 版，第 1 卷，145 页，北京，人民出版社，1994。

② 《邓小平年谱（1904—1974）》（中），907 页。

不大或没什么必要。而邓小平把西南局的阶段性工作进展向中央汇报，寥寥几语，便把已经做的（确定初步实施方案）和将要做的（召开全区军事会议），以及西南局领导的主观思想认识（决心贯彻执行）和对客观情势的基本判断（估计不会出大乱子）交代得一清二楚，充分显示了邓小平领导的西南局贯彻执行中央政策和意图的坚定性、及时性以及西南工作部署的有序性。这样的汇报无疑是必要的，也是中央需要并希望了解的。于是，毛泽东在第二天（4 月 28 日）即把该电批转各地参考。一份关于工作阶段性进展的报告能得到毛泽东如此重视，实属鲜见，也充分反映出邓小平汇报工作的不同寻常。

2. 关于工作成绩的汇报

1951 年 1 月 6 日，邓小平和贺龙等致电毛泽东和中央军委，报告 1950 年剿匪情况。28 日，毛泽东复电："路线正确，方法适当，剿灭匪众八十五万，缴枪四十余万枝，成绩极大，甚为欣慰，望即通令所属，予以嘉奖。"①西南地区的剿匪工作得到了毛泽东的大力表彰，"成绩极大，甚为欣慰"，毛泽东的兴奋与痛快可谓跃然纸上，但他并非只是看重"八十五万"的剿匪战果，还有一个重要前提是"路线正确，方法适当"。由此不难推断，邓小平的报告不单是汇报战绩，还总结了取得成绩的主要经验。事实上，邓小平在报告中只用了一两句话来讲成绩，大部分篇幅都用来汇报开展剿匪斗争所遵循的指导思想、基本思路和采取的措施方法等。如关于措施方法，邓小平总结了五条：组织了一元化的剿匪斗争；集中兵力进剿；组织军事进剿、政治攻势、发动群众三者之间密切协同；开展捕捉匪首运动与镇压匪首工作；争取少数民族参加剿匪等。② 可见，关于工作成绩的汇报，邓小平不仅注重结果，更注重过程；不单汇报成绩，更注重分析原因并总结经验方法。成绩是客观事实和具体现象，经验则是由具体到抽象的理性分析和概括；成绩只是归纳过去，经验则可以指导未来。有了好的经验和方法，不仅有助于进一步做好自己的工作，还可推广开来供他人借鉴学习，其作用和实际效果往往是难以估量的。作为统领全局的中央决策核心，毛泽东无疑会认为阅看这样的报告有味道、耐咀嚼，由此在嘉奖西南局的同时也把此报告批转给了华东、中南、

---

① 《邓小平年谱（1904—1974）》（中），962 页。

② 参见《邓小平年谱（1904—1974）》（中），962 页。

西北各军区以及福建、广东和广西军区供他们参考。

3. 关于反映问题的汇报

1952 年 2 月 22 日，邓小平致电毛泽东并中共中央及陈云、薄一波等，反映并请示如何处理“三反”和“五反”运动中出现的新问题。邓小平的报告全文 1 000 多字，三个段落。报告第一句话直入主题，“三反五反运动开展后，无论内部和外部，都产生了一些新的问题”，接着讲外部问题“工商业停滞现象”并分析“停滞的原因”，第二段提出西南决定采取的五条“紧急措施”，第三段讲内部问题即一些工作“无人接替”、一些部门缺少“骨干”以及西南想到的三个办法。[①] 如果单看报告主题“反映并请示如何处理……问题”，一般会认为报告内容大致是列举一系列问题或困难，目的主要是提请中央给出解决问题的办法。邓小平的报告则完全不然。他不仅提出问题和遭遇的困难，还深入分析问题产生的根源，并对症下药地先行提出应对局势解决困难的具体办法和举措。换句话说，邓小平不是在向中央反映问题，而是请示西南局采取的解决问题的方法是否妥当，措施是否合适。邓小平“问题—原因—办法”的严密思维和周到考虑，赢得了中共中央“完全同意”的首肯。“三反”和“五反”是全国性运动，邓小平遇到的问题可能不是个别现象。因此，毛泽东在中央给邓小平的复电稿上专门加写了一句话：“请各中央局严重地注意解决邓小平同志电报所提出的那些同样的问题。”[②] 邓小平善于抓住带普遍性的问题并主动解决的领导思想和方法由此成为各地学习、效仿的榜样。根据西南局的建议和各地反映的情况，中央及时调整了“五反”运动的工作部署，并在运动后期进行了第二次工商业调整。

4. 关于工作计划的汇报

1951 年 11 月 24 日，毛泽东把西南局 1952 年工作要点批转各中央局：“西南局委员会于 1951 年 11 月 9 日通过的工作要点很好，请你们加以研究，作为自己规定 1952 年工作计划的参考。”[③] “工作要点”实际就是工作计划。

---

① 参见《邓小平西南工作文集》，490～492 页，北京，中央文献出版社；重庆，重庆出版社，2006。

② 《邓小平年谱（1904—1974）》（中），1041 页。

③ 毛泽东批示（1951 年 11 月 24 日），中共中央文献研究室保存。

一般来说，制定工作计划须因地制宜，各省区各地市社情、民情不同，所处的环境各异，面对的问题千差万别，要完成的任务自然也是千差万别；即便如此，毛泽东还是把邓小平的工作计划批转各地“研究”和“参考”。看来，毛泽东欣赏的不只是邓小平制定的计划本身，更多的是其制定计划的方法和思路。分析邓小平的报告[①]，不难看出其几个突出特点：第一，大局观念。报告第一段话就提出了制定计划的两个立足点，一个是抗美援朝，一个是1953年全国计划经济建设，前者指向当前，后者指向未来，两者都是全国的大局、中央的大盘。制定地方工作计划，从中央的大政方针着眼，可见邓小平看问题的高度和定计划时的大局观、全局观。第二，计划周密，条分缕析。报告第二段话用一句话“因此，明年须完成下列工作任务”作为过渡，开启报告的主体内容（共九项）：增产节约、土改及农村工作、城市工作、财政经济、教育、镇反、整党整风、干部调配、政治学习。九项内容，全面周到，不穿靴戴帽，不拖泥带水，要言不烦，条分缕析，给人求真务实、果敢干练、真抓实干之感。第三，有办法、有步骤、有时限。尽管只是一个工作要点，且内容简短，但邓小平还是在多项工作中提出了完成任务要采取的步骤、方法或预计时间，如关于农村完成土改后的民主建政问题，报告详述了八条关于建立“乡人民代表会议制度”的举措和考虑事项；关于政治学习，明确提出“与党外人士一道组织《毛泽东选集》学习会或研究会”的具体方法；关于时限，如“省区以上党委一律于明年五月将领导重点转向城市”，镇反中的清理中层“在明年六月以前完成”；等等。有了方法、步骤和时间，就等于在可能与现实、未知与已知之间搭起了一座桥梁，让人感到计划本身的可行、可靠与可信。因此，这样的工作计划自然会让人过目难忘、印象深刻，能赢得毛泽东“很好”的赞赏并成为各地“参考”的范本确实是有其充分理由的。

（三）勇于开拓——毛泽东批示的要求彰显邓小平过硬的领导素质和为政风范

毛泽东对邓小平主政西南时期文电的批示，90%以上都属“批转”性质，或为工作参考，或为典型经验，或为决策依据。在毛泽东和中共中央看来，邓小平领导下的西南局工作，开展得不单是到位不到位、合格不合格的问题，

---

① 参见《邓小平西南工作文集》，447～451页。

而且是在多方面已然成为全国的榜样，一定程度上发挥着引领和表率作用。为什么西南局工作能够达到这种境地？归根结底，这同邓小平一贯的领导作风和工作方法、思想方法密切相连。换句话说，西南局能取得不菲成就，首先取决于邓小平卓尔不群的领导方法和工作作风。

1. 精明强干，善于探索，具有极强的独立解决问题的能力

早在革命战争年代，邓小平出色的工作能力和办事能力就曾给毛泽东留下深刻印象。邓小平在战争年代创造和总结的经验，取得的辉煌战绩和开拓工作的新局面，曾多次受到毛泽东的欣赏、赞颂、表扬和推广。他这种独立自主地应对复杂局面、处理棘手问题的能力在主政西南时期，更趋得心应手、游刃有余，如 1950 年解决西藏问题。当时西藏情况复杂，各种矛盾错综复杂，要完成进军西藏任务，并没有现成经验可供借鉴。邓小平指示部队成立政策研究室，进行调查研究，提出了“政治重于军事”、“补给重于战斗”等重要原则，亲自起草进军守则；在西南局向中央报告解决西藏问题 4 条方针的基础上，亲自主持起草了作为和平谈判基础的 10 项政策。这份历史性文件受到中共中央和毛泽东的高度赞赏。后来和平解决西藏办法的 17 条协议，就是以邓小平的 10 项政策为基础发展起来的。再比如，刘邓大军进入西南后，先是消灭了蒋介石的正规部队，解放了重庆、成都重镇，而后指挥部队追剿土匪顽敌。在剿匪工作中，邓小平特别注意贯彻党的统一战线政策和民族政策，团结一切可以团结的人，分化原来敌人营垒中一切可能分化的人，谨慎稳妥地消除历史遗留下来的民族隔阂，坚持民族平等和团结，促成了西南地区各民族的团结，顺利完成了土改和其他各项社会改革，加强了各级政权建设，在西南地区创造了稳定的新局面。毛泽东高度称赞西南地区的剿匪战绩，并把邓小平的剿匪工作报告批转各地学习，还专门致信时任民盟中央主席、中央人民政府副主席的张澜阅看。30 多年后，邓小平在同原二野老同志座谈时，仍对西南剿匪感到欣慰：“进军西南，同胡宗南那一仗很容易，同宋希濂也没有打多少仗。真正打了一场的是剿匪战斗，打得很漂亮。”① 作为主政一方的地方大员，邓小平坚持不等、不靠、不要的基本理念，时刻立足于独立自主探索应对复杂局面、解决棘手问题的思路、办法和途径。可以说，正是这种领导思想和工作作风锻炼、考验了邓小平，同时也发展、成就了邓小平。

---

① 转引自张继禄、周锐京主编：《邓小平与巴蜀》，217 页，成都，四川人民出版社，2004。

2. 敢作敢为，勇于开拓，具有敢为人先的气魄和胆略

邓小平主政西南时期的不少文电被毛泽东批转全党，并要求各地或研究邓小平的报告、采纳邓小平的意见，或仿照西南办法、遵照西南步骤，或汲取西南的经验教训等，邓小平领导的西南局在诸多工作方面已然成为“领头羊”。显然，这主要取决于邓小平敢作敢为、勇于开拓与创造的气魄和胆识。如1951年3月13日，邓小平向中央和毛泽东汇报提出西南军政机关“留用人员非常复杂”、“新招收的青年和知识分子也很复杂”这一问题。邓小平以高度的政治敏锐性和洞察力，不仅较早发现并认识到“军政机关不纯”问题的严重性、危险性，同时提出了处理这一问题的基本方法与手段，即从思想观念上“引起高度的警惕”，从行动上“采取妥善而稳重的步骤分清好坏”[①]。报告得到毛泽东的充分肯定。3月20日，毛泽东复电：“你的意见是正确的，已转发全党仿行”，同时批转“各中央局，各大军区，并转分局，省委，大中市委，区党委，省军区，兵团及军，并告志愿军党委，中央军委各部门首长”，“这个报告是完全正确的，请你们加以研究”[②]。一句“完全正确”，一个“全党仿行”，充分反映出邓小平报告的分量和质量，彰显了邓小平所提问题的典型性与普遍性，体现了邓小平高明的政治识见和预断。

再如，1950年12月21日，西南局召开第一次城市工作会议，邓小平在会上作总结报告。中共七届二中全会虽提出了党的工作重心由农村转向城市的大政方针，但具体的城市工作究竟如何开展，并没有现成的经验可资借鉴。西南局在全国率先召开城市工作专题会议，不仅开了新中国成立以来城市工作会议的先河，且邓小平的《在西南局城市工作会议上的报告提纲》也成为老一辈中共领导人在新中国成立之初专门讲城市工作方针政策的不可多得之作。报告根据中共七届二中全会和三中全会精神，紧密结合西南地区城市工作实际，系统而又独创性地阐明了党对城市工作的一系列方针政策以及领导和管理城市工作的一系列措施办法。这篇报告在一定意义上可称得上新中国成立初期中共关于城市工作理论与实践的奠基之作。邓小平这种创造性地开展工作的气魄得到了毛泽东的充分肯定：“你们的第一次城市工作会议开得有成绩，甚好。”尽管当时全国各地普遍处于土改和镇反工作的高潮，毛泽东还

---

① 《邓小平年谱（1904—1974）》（中），970-971页。

② 《建国以来毛泽东文稿》，第2册，178～179页。

是要求各中央局仿照西南做法，再忙也要腾出时间“召开一次城市工作会议”①。同时，毛泽东还致信张澜：“西南局书记邓小平同志给我的报告一件，送上请察阅（可要您的秘书念给您听）”②。张澜重疾在身，还希望秘书念给他听。如此迫切期待别人看到邓小平的工作成绩，可见毛泽东对邓小平工作的极端看重，同时也是对邓小平敢作敢为、勇于创造的领导气魄的由衷赞赏。有如此杰出的开拓型领导干部，毛泽东的自豪之情可想而知。

3. 高瞻远瞩，虑事周全，具有抓大事、谋大局的战略眼光和领导风范

邓小平的文电，不论是作为工作参考或典型经验被毛泽东批转各地，还是直接作为中央作出重大决策的实践基础和客观依据，都从不同侧面表明了西南局的工作经验以及邓小平的领导思路对全国工作所具有的参考价值、指导意义和启示作用。归根结底，这取决于邓小平善于抓大事、谋大局、看大势的大局观、全局观，这是他战略眼光和领导风范的根本体现，主要表现在：

第一，对于中央的方针、政策或指示、意见等，能够在思想上积极拥护的同时，主动及时、坚定有力地贯彻执行，不管实践中遭遇多大的困难和阻力，都会想方设法克服困难去解决问题和落实政策。如 1951 年 5 月 9 日，邓小平就西南地区的土改、退押、镇反和抗美援朝等问题向毛泽东和中共中央报告，毛泽东不仅批示“报告很好”，还在报告中批注了九条意见，如第一条，在报告谈到西南的淮海战役（即清匪、反霸、减租、退押运动）和土地改革取得了巨大胜利处批注：“所有这些都很好，都值得庆贺，一切尚未做到这一步的地方，都应这样做”；第二条，在报告谈到进行土改的地方，都必须坚持复查、减退、惩治不法地主，适当满足贫雇农要求，改造农会和乡村政权的领导成分的方针处批注：“所有这些都是正确的，各地都应这样做”；第八条，报告谈到通过发动群众实现扩兵如此容易、出人意料之外，引发毛泽东对另外两件“出人意料”之事的思考，并写下 200 多字的批注。③ 应该说，土改、退押、镇反和抗美援朝是全国性运动，但西南局的做法能得到毛泽东的如此肯定与高度赞赏，要求各中央局负责人以及分局、省委、区党委、大中市委负责人都要“研究”邓小平的报告，充分说明邓小平深入贯彻落实中

---

① 《建国以来毛泽东文稿》，第 2 册，49 页。

② 《建国以来毛泽东文稿》，第 2 册，58 页。

③ 参见《邓小平西南工作文集》，370～373 页。

央政策和精神的坚定、到位和彻底。

第二，立足全局，看主要矛盾，抓关键环节，以点带面地推动全局工作的展开。1951 年 12 月 13 日，西南局致电中央，报告开展“三反”运动的部署和安排。根据以往反贪污的教训，报告提出：过去反贪污斗争之所以效果很小，是“由于没有像镇压反革命一样大张旗鼓地作为一个普遍的运动来发动，借此形成一种有力的社会舆论和群众威力”，为此西南局研究规定了六项具体办法来避免重蹈覆辙并推动“三反”运动的开展。相信群众、发动群众并依靠群众，是邓小平进军西南伊始就提出的克服困难的三大法宝之一。西南局的认识深得中共中央赏识，毛泽东不仅批示“完全正确”，还把报告批转各地“参考”，并要求“在党内刊物上予以登载，使科长以上的干部都有机会阅读”①。这样，西南局关于“三反”运动的部署和安排就成为全国各地开展“三反”运动的指导性文件。作为西南局领导人，邓小平这种抓住关键环节、把握主要矛盾，由点到面推动全局工作展开的根本作用得到了有力展现。

第三，想大局、顾大局、为大局，一切从大局出发，一切以大局为重。纵观邓小平的一生，无论是在中央工作，还是在地方或军队工作，始终善于从战略全局的高度认识和处理问题，一切着眼于战略全局，一切服从战略全局。周恩来曾评价说，邓小平举重若轻，善于从战略上考虑问题。1949 年 9 月 20 日，邓小平在第二野战军及赴西南做地方工作的区、营级以上干部会议上讲话，一开始就从战略高度讲了接管西南的艰巨任务：“西南人口七千万，是全国战略的大后方，建设条件也很好，是将来的大工业区之一”。两句话，一个空间，一个时间，一个指向现实，一个指向未来，从纵横两方面说明了建设西南的极端重要性，由此提出完成这个伟大而艰巨任务的三个法宝：搞好内部团结、依靠西南人民、搞好统一战线。② 邓小平举重若轻，实质就是把具体工作放手让别人做，以主要精力潜心抓大事、谋全局、把方向。从清匪、反霸、减租、退押、镇反、整党、统战到解放西藏、抗美援朝、“三反”、“五反”等，西南工作的方方面面都曾得到毛泽东和中共中央的肯定，充分说明邓小平领导和治理西南作出的杰出贡献。1951 年 9 月 3 日，毛泽东同梁漱溟共进晚餐，谈到邓小平治理下的西南地区，梁漱溟说：“解放不过两年，四川能出现这样安定的情势，不容易。解放前我在四川若干年，那是一个很乱很复杂的地方，变化这么快，出乎我意料。四川这一局面的取得，首先得推

---

① 《建国以来毛泽东文稿》，第 2 册，586 页。

② 参见《邓小平西南工作文集》，4～9 页。

刘、邓治下有方，他们是当地的执政者，军政大员。特别是邓小平年轻、能干，所见所闻，印象深刻。”毛泽东大声赞同说：“梁先生看得蛮准，无论是政治，还是军事，论文论武，邓小平都是一把好手。”①

一位曾在西南局工作过的新华社记者说：小平同志“高超的领导艺术，使人不禁想起《庄子·庖丁解牛》的故事……他纯熟地掌握了领导的规律，真可谓‘游刃有余’矣”②。美国著名作家索尔兹伯里这样描述：1949 年，邓小平“负责中国西南部以重庆为中心方圆 150 万平方公里的广大地区……为了执行毛的命令，他表现出一种惊人的才干。毛为他的工作态度再次受到感动，把邓召回北京”③。主政大西南的确是邓小平展现卓越的领导才能与领导艺术的重要时期，并由此成为邓小平革命生涯实现历史性转折的关键阶段，也成为他走上中央领导岗位的重要起点。

（原载《中共党史研究》2012 年第 6 期）

---

① 转引自汪东林：《梁漱溟与毛泽东》，17、18 页。

② 转引自刘金田主编：《邓小平的历程：一个伟人和他的一个世纪》（下），38～39 页，北京，解放军文艺出版社，1994。

③ ［美］索尔兹伯里：《索尔兹伯里笔下的邓小平》，冷溶主编：《海外邓小平研究》，176 页，太原，山西经济出版社，1993。

略论毛泽东的农业现代化思想及实践

戚义明

党的十七大报告提出要“统筹城乡发展”，“走中国特色农业现代化道路”①。十七届三中全会通过的《中共中央关于推进农村改革发展若干重大问题的决定》也指出要“积极发展现代农业，提高农业综合生产能力”②。我们知道，包括农业现代化在内的“四个现代化”的目标，是由毛泽东提出、周恩来1964年12月在第三届全国人民代表大会第一次全体会议上作政府工作报告时正式宣布的。在民主革命时期、社会主义改造时期以及社会主义建设时期，毛泽东对农业现代化（或近代化）有很多思考，这些思考是毛泽东现代化思想的重要组成部分。回顾毛泽东关于农业现代化的主要思想及实践，对于我们今天更好地贯彻党的十七大和十七届三中全会精神，积极发展现代农业，坚定不移地走中国特色农业现代化道路，具有重要的现实意义。

一、民主革命时期：明确提出革命胜利后实现工业化和农业近代化（或现代化）的发展方向和目标

笔者通过查阅毛泽东、周恩来、刘少奇等人的著作、年谱等文献发现，

---

① 胡锦涛：《高举中国特色社会主义伟大旗帜　为夺取全面建设小康社会新胜利而奋斗——在中国共产党第十七次全国代表大会上的报告》，23页，北京，人民出版社，2007。

② 《中共中央关于推进农村改革发展若干重大问题的决定》，20页，北京，人民出版社，2008。

从 20 世纪 30 年代开始，以毛泽东为核心的党的第一代中央领导集体开始使用“近代化”这个词，个别时候也使用“现代化”这个词；1945 年以后，他们开始比较密集地使用“近代化”这个词；在新中国成立前后，他们往往将“近代化”和“现代化”作为同义词交替使用；后来渐渐规范为使用“现代化”，而不再使用“近代化”。

以毛泽东为核心的党的第一代中央领导集体之所以会在 1945 年后比较密集地使用“近代化”这个词，与毛泽东《论联合政府》一文的发表有关。进入 1945 年，我们国内形势出现可喜的发展势头，中国共产党领导下的敌后抗日根据地军民继续展开局部反攻；世界反法西斯战场的形势也令人振奋。中国人民打败日本帝国主义的日子已指日可待。在这个历史时刻，人们期待已久的中国共产党第七次全国代表大会在延安召开。4 月 24 日，毛泽东向七大提交了经六届七中全会讨论通过的《论联合政府》的书面报告。在这个报告中，毛泽东第一次提出了“农业近代化”的目标。他指出：“在新民主主义的政治条件获得之后，中国人民及其政府必须采取切实的步骤，在若干年内逐步地建立重工业和轻工业，使中国由农业国变为工业国。”“中国工人阶级的任务，不但是为着建立新民主主义的国家而斗争，而且是为着中国的工业化和农业近代化而斗争。”① 如果说，毛泽东的《新民主主义论》第一次系统、完整、科学地阐述了中国新民主主义革命的性质和前途等重大问题，那么《论联合政府》则进一步指明了新民主主义革命胜利后建设新中国的目标任务。此后，“由农业国变为工业国”以及“中国的工业化和农业近代化”这样的词句，成为毛泽东以及其他中央领导人讲话中的常用语。如 1947 年 12 月 25 日，毛泽东在中共中央召集的会议上作《目前形势和我们的任务》的报告时明确指出：“中国人民的任务，是要在第二次世界大战结束、日本帝国主义被打倒以后，在政治上、经济上、文化上完成新民主主义的改革，实现国家的统一和独立，由农业国变成工业国。”② 1949 年 3 月 5 日至 13 日，在中国革命即将取得全国胜利的前夜，中共七届二中全会在河北省平山县西柏坡村举行。会议明确指出了中国由农业国转变为工业国、由新民主主义社会转变为社会主义社会的发展方向。

农业的“近代化”是相对于“古代化”而言的。1949 年 3 月 5 日，毛泽东在七届二中全会上作报告时讲到胜利后的经济政策时分析道：“中国已经有

---

① 《毛泽东选集》，2 版，第 3 卷，1081 页，北京，人民出版社，1991。
② 《毛泽东选集》，2 版，第 4 卷，1245 页，北京，人民出版社，1991。

大约百分之十左右的现代性的工业经济，这是进步的，这是和古代不同的。”“中国还有大约百分之九十左右的分散的个体的农业经济和手工业经济，这是落后的，这是和古代没有多大区别的，我们还有百分之九十左右的经济生活停留在古代。”① 也就是说，中国古代农业的主要特征是其分散性和个体性。据此，1949 年 6 月 30 日，毛泽东在《论人民民主专政》一文中还提出了“农业社会化”这个命题。他说：“农民的经济是分散的，根据苏联的经验，需要很长的时间和细心的工作，才能做到农业社会化。没有农业社会化，就没有全部的巩固的社会主义。”② 因此，在毛泽东看来，要实现农业的近代化，主要的任务就是改变农业的分散性和个体性特征，实现农业的社会化大生产。

废除封建土地所有制，实现“耕者有其田”，这是实现农业近代化（或现代化）的前提条件。毛泽东在七届二中全会上指出：“古代有封建的土地所有制，现在被我们废除了，或者即将被废除，在这点上，我们已经或者即将区别于古代，取得了或者即将取得使我们的农业和手工业逐步地向着现代化发展的可能性。”③ 这里，毛泽东使用了“现代化”这个词，从现在掌握的文献资料看，这是毛泽东第一次使用。显然，这里的“现代化”是作为“近代化”的同义语使用的。不管是“近代化”还是“现代化”，都是相对于古代而言的，因为封建的土地关系压抑了农民的积极性，束缚了农业生产力的发展，而通过土地革命将土地从地主手里转到农民手里，就解放了农业生产力，“从而造成将农业国转变为工业国的可能性”④。

通过发展各种合作社走向农业集体化，是实现农业近代化（或现代化）的发展方向。在毛泽东看来，将地主的土地收归农民所有，这仅仅是第一步，还是没有改变农业的一家一户的分散的个体生产的性质，生产力还是受到束缚。“克服这种状况的唯一办法，就是逐渐地集体化；而达到集体化的唯一道路，依据列宁所说，就是经过合作社。”⑤ 当时在解放区的一些农村，农民们已经自发地在自愿原则下组织起各种初级的合作社，如变工队、互助组、换工班之类，一定程度上促进了劳动生产率的提高和粮食产量的增加。毛泽东

---

① 《毛泽东选集》，2 版，第 4 卷，1430 页。
② 《毛泽东选集》，2 版，第 4 卷，1477 页。
③ 《毛泽东选集》，2 版，第 4 卷，1430 页。
④ 《毛泽东选集》，2 版，第 3 卷，1074 页。
⑤ 《毛泽东选集》，2 版，第 3 卷，931 页。

认为，合作社带有社会主义性质，代表了农业现代化的前进方向，应当尽量推广。他在七届二中全会上更是明确指出："占国民经济总产值百分之九十的分散的个体的农业经济和手工业经济，是可能和必须谨慎地、逐步地而又积极地引导它们向着现代化和集体化的方向发展的，任其自流的观点是错误的。"① 当然，在全国的解放战争还未完全胜利的情况下，进行土地革命、将土地由地主所有变为农民个体所有，仍然是我们当时的主要任务。互助合作社，在民主革命时期还只是一种发展趋势和方向，还没有变成一种现实的任务。大规模地组织合作社成为一种现实的迫切任务，是在新中国成立之后。

二、社会主义改造时期：在农业社会化的步骤上，提出先搞合作化、再搞机械化，以与社会主义工业化的步骤相适应

农业要实现社会化大生产，就必须实行集体化规模经营和机械化耕种。在集体化和机械化的步骤上，建国初期，我们党一开始认为集体化要以机械化为条件，要先实行机械化，再实行集体化。这是受苏联模式的影响。苏联模式就是先搞机械化，后搞集体化；依靠政权力量，强制消灭富农经济，一举实现全盘集体化。但是这种模式并不完全符合我国国情。早在民主革命时期，在我国一些搞过土地改革的农村，就个别出现了劳动互助社、耕田队甚至生产合作社等农业生产互助团体，只是当时没有大规模推广。新中国成立后，我们党开始广泛地组织农业生产互助组，并且在互助组的基础上开始成批地组织农业生产合作社，截至 1951 年底，全国已经有 300 多个农业生产合作社。事实证明，初级形式的农业生产合作社的产量，一般皆超过同样土地的单干户和一般互助组的水平。这说明，在中国当时的条件下，即使没有先进的农业机械，只要出于农民自愿，也能在一定程度上促进生产力的发展。在这种情况下，毛泽东逐渐产生了先搞合作化、后搞机械化的农业现代化设想。1951 年夏，毛泽东在同刘少奇、刘澜涛、薄一波等谈合作化问题时提出：既然西方资本主义在其发展过程中有一个工厂手工业阶段，即尚未采用蒸汽动力机械而依靠工场分工以形成新生产力的阶段，则中国的合作社，依

① 《毛泽东选集》，2 版，第 4 卷，1432 页。

靠统一经营形成新生产力，去动摇私有基础，也是可行的。[①] 1953 年 2 月 25 日，毛泽东在南下考察途中，了解了一些地方的农业互助合作情况后说："看来，农业不先搞机械化，也能实现合作化，中国不一定仿照苏联的作法。"[②] 1953 年 11 月 4 日，在第三次农业互助合作会议结束前夕，毛泽东在同中共中央农村工作部副部长陈伯达、廖鲁言谈话时指出："发展农业生产合作社，现在是既需要，又可能，潜在力很大。"[③] "对于个体经济实行社会主义改造，搞互助合作，办合作社，这不仅是个方向，而且是当前的任务。"[④] 随着 1953 年下半年过渡时期总路线的提出，农业合作化的步伐加快，向着更广、更高的阶段发展。

在 1953 年 11 月 4 日的谈话中，毛泽东说："做一切工作，必须切合实际，不合实际就错了。切合实际就是要看需要与可能，可能就是包括政治条件、经济条件和干部条件。"[⑤] 当时搞合作化的可能性在于：（1）新中国是共产党领导的人民民主专政的国家，有搞合作化的政治条件；（2）在土地革命完成之后，获得土地后的广大农民有搞互助合作的愿望；（3）我们共产党人从民主革命时期一直到建国初期有搞互助合作的经验。

在毛泽东看来，农业的社会化走先搞合作化、后搞机械化的路子，除了具有可能性外，更关键的是具有现实必要性和紧迫性。在新中国成立初期，我国的工业基础还很薄弱，农业机械化水平还很低；可是工业化的发展客观上又要求农业社会化要有相应的发展。"为了完成国家工业化，必须发展农业，并逐步完成农业社会化。"[⑥] 这是因为，个体的分散的小生产条件下，我国商品粮和工业原料的生产水平满足不了大规模工业化的需要；同时农业上大规模机器的使用，也"只有在农业已经形成了合作化的大规模经营的基础上才有使用的可能，或者才能大量地使用"[⑦]。因此，毛泽东 1955 年 7 月 31 日在中共中央召集的省委、市委、自治区党委书记会议上强调指出："社会主义工业化是不能离开农业合作化而孤立地去进行的"，不解决合作化问题，

---

① 参见薄一波：《若干重大决策与事件的回顾》，上卷，191 页，北京，中共中央党校出版社，1991。

② 转引自逄先知、金冲及主编：《毛泽东传（1949—1976）》（上），246 页，北京，中央文献出版社，2003。

③ 《毛泽东文集》，第 6 卷，301 页，北京，人民出版社，1999。

④ 《毛泽东文集》，第 6 卷，第 304 页。

⑤ 《毛泽东文集》，第 6 卷，301 页。

⑥ 《毛泽东文集》，第 6 卷，207 页。

⑦ 《毛泽东文集》，第 6 卷，432 页。

“我们的社会主义工业化事业就会遇到绝大的困难，我们就不可能完成社会主义工业化”[①]。总之，在毛泽东看来，在废除封建土地地主所有制之后，搞合作化是实现农业社会化的必要步骤，是实现工业化的必要条件。

从实际效果来看，从 1951 年冬毛泽东主持制定第一个农业互助合作决议，到 1956 年底合作化的完成，我们对分散、落后的个体农业经济的社会主义改造总共用了 5 年的时间。在这个过程中，特别是 1955 年下半年后，出现了过急过快的毛病。但是，从总体上说，这场合作化运动促进了农村生产力的发展，没有引起社会震荡，没有出现像苏联集体化过程中出现的粮食减产现象，反而连年增产。同时，在集体经济的基础上，办了很多单家独户的个体农民根本办不了的事，如在全国普遍开展的规模不等的农田水利基本建设等。同时，农业的集体化也为农业的机械化和科学种田创造了有利条件。这些，都使得我国的农业生产在由落后的小农经济向现代化农业方向发展的道路上前进了一大步。

三、社会主义建设时期：明确提出包括农业现代化在内的“四个现代化”的目标，提出“农业的根本出路在于机械化”

（一）从“工业农业并举”的方针到“四个现代化”目标的提出

新中国的工业基础非常薄弱，在新中国成立初期，我们将重工业作为工业建设的重点，优先发展生产资料的生产，这是必要的，但同时也不能忽视农业和轻工业的发展。因此，在建设问题上，就存在一个在国民经济中农业、轻工业和重工业的地位比例关系问题。1956 年 4 月 25 日，毛泽东在中共中央政治局扩大会议上作《论十大关系》的讲话，其中第一大关系就是农、轻、重的关系。他指出，必须处理好农轻重发展不平衡的问题，更多地发展农业和轻工业，这样可以更快地增加资金的积累，可以更多更快地发展重工业。[②] 1957 年 2 月 27 日，毛泽东在最高国务会议上作《关于正确处理人民内部矛

---

① 《毛泽东文集》，第 6 卷，431 页。

② 参见《毛泽东文集》，第 7 卷，24～25 页，北京，人民出版社，1999。

盾的问题》的讲话中，在谈到中国的工业化道路时又再次指出“必须充分注意发展农业和轻工业”，提出“发展工业必须和发展农业同时并举”[①]。1957年10月9日，毛泽东在中共八届三中全会上讲到农业与工业的关系时，又再次强调：在优先发展重工业的同时，“必须实行工业与农业同时并举，逐步建立现代化的工业和现代化的农业”。指出：“过去我们经常讲把我国建成一个工业国，其实也包括了农业的现代化。现在，要着重宣传农业。”[②] 这里，毛泽东实际上是在提出工业化和农业现代化目标的基础上，进一步强调了农业现代化在国民经济中的地位。

在1957年2月27日《关于正确处理人民内部矛盾的问题》的讲话中，毛泽东还指出，我们人民民主专政的目的是“为了保卫全体人民进行和平劳动，将我国建设成为一个具有现代工业、现代农业和现代科学文化的社会主义国家”[③]。1957年3月12日，毛泽东在中国共产党全国宣传工作会议上又再次提到“我们一定会建设一个具有现代工业、现代农业和现代科学文化的社会主义国家”[④]。这个说法后来逐渐演变为“三个现代化”的说法。后来，1959年底至1960年初，毛泽东在读苏联《政治经济学教科书》时提出：“建设社会主义，原来要求是工业现代化，农业现代化，科学文化现代化，现在要加上国防现代化。”[⑤] 这样就完整提出了“四个现代化”的目标。“四个现代化”目标的提出，也进一步明确了农业现代化在经济建设中的重要地位。

（二）将现代化机械和农具改良有机结合起来的农业机械化道路

农业机械化和农业的集体化是农业实现社会化大生产的两个重要方面，农业的机械化属于技术革命层次，农业的集体化则属于生产关系革命层次。同时，农业机械化也是农业现代化和农业生产发展水平的重要标志。正如毛泽东所说：“什么是生产力呢？除人力以外就是机器。”[⑥] 因此，在对个体农业集体化的生产关系改造完成之后，毛泽东开始将注意力更多地放在农业机

① 《毛泽东文集》，第7卷，241页。
② 《毛泽东文集》，第7卷，310页。
③ 《毛泽东文集》，第7卷，207页。
④ 《毛泽东文集》，第7卷，268页。
⑤ 《毛泽东文集》，第8卷，116页，北京，人民出版社，1999。
⑥ 《毛泽东文集》，第8卷，216页。

械化上。1956 年 1 月 23 日，中共中央政治局通过的《1956 年到 1967 年全国农业发展纲要（草案）》就提出要“推广新式农具”，“随着国家工业的发展，逐步地实行农业机械化”①。1959 年 4 月 29 日，毛泽东写了一份《党内通信》，主要谈农业问题，他在信中提出“农业的根本出路在于机械化”②。10 月 31 日，他在给新华社社长、《人民日报》总编辑吴冷西的关于发展畜牧业问题的信中又提出：“用机械装备农业，是农、林、牧三结合大发展的决定性条件。”③ 1959 年下半年，根据毛泽东在中共八届八中全会上的建议，农业机械部正式成立，对实行农业技术革新和发展农业机械工业起到了巨大的推动作用。

值得一提的是，毛泽东所说的农业机械化，不仅仅是生产工具的机械化。他在 1959 年 4 月指出：“提到机械化，用机械制造化学肥料这件事，必须包括在内。逐年增加化学肥料，是一件十分重要的事。”④ 因此，除了直接的农用工具的机械化外，农业机械化还体现在像化肥生产这样为农业服务的行业和部门的机械化水平上。

关于农业机械化的进程，毛泽东在 1959 年 4 月 29 日的《党内通信》中曾提出一个时间表：“要有十年时间”，“四年以内小解决，七年以内中解决，十年以内大解决”⑤。农业机械部成立后，他在给吴冷西的信中还认为“农业机械化的实现，看来为期不远了”⑥。但随着对形势认识的不断深化，毛泽东对实行农业机械化的艰巨性有了更加清醒的认识。1959 年底至 1960 年初，他在读苏联《政治经济学教科书》时曾说过：“我们要实现全盘机械化，第二个十年还不行，恐怕要第三个十年以至更长的时间。”⑦ 事实上，要在我们这样一个有着几千年手工小农经济历史的农业大国全面实行农业机械化，绝不是一朝一夕的事，需要长期的几代人的艰苦努力。

也正由于认识到农业机械化任务的艰巨性和长期性，毛泽东在强调农业机械化发展任务的同时，还强调要提倡半机械化和改良工具，将之视为机械化的一种补充。比如，1958 年 3 月 20 日，他在成都会议上讲话时指出：“改良农具运动应该推广到一切地方去，它的意义很大。这是个伟大的革命，是

---

① 《1956 年到 1967 年全国农业发展纲要（草案）》，载《人民日报》，1956－01－26。
② 《毛泽东文集》，第 8 卷，49 页。
③ 《毛泽东文集》，第 8 卷，101 页。
④⑤ 《毛泽东文集》，第 8 卷，49 页。
⑥ 《毛泽东文集》，第 8 卷，101 页。
⑦ 《毛泽东文集》，第 8 卷，125 页。

个技术革命的萌芽，它有伟大的意义，它带着伟大革命的性质。几亿农民在搞这个事，这个事情一搞，并不亚于机械化。”① 他在这一天的讲话提纲中还写道：“现代化机械与改良农具的对立统一。”② 对改良农具的推崇可见一斑。在毛泽东看来，在机械化水平不够时，半机械化、农具改良以及其他农业技术革新，都应该大大提倡，因为这有利于提高劳动生产率。在农业机械化的过程中，毛泽东也反对一味片面强调机械化的做法，而主张洋土并举、大中小并举；他认为在农业机械化的最初阶段即大机器还不够的条件下，搞半机械化和农具改良是一个行之有效因而值得提倡的好办法。

鉴于这种认识，在 20 世纪 60 年代初期，我们调整了农业机械化发展的步骤，把推广半机械化农具和发展小型动力机械提到了首要地位。1961 年至 1962 年，国家每年拿出 20 万吨钢材制造小农具。从 1960 年到 1964 年上半年，农机系统共推广各种半机械化农具 2 000 多万件。在发展农村动力机械方面，重视手扶拖拉机和小功率排灌机械、农副产品加工机械的推广应用，改变了只重视大马力动力机的倾向。③ 同时，第一机械工业部还大力发展化肥设备，支援农业生产。到 1964 年，累计生产 10 套年产 2.5 万吨合成氨设备；与化工部联合研制了年产 5 万吨合成氨和 8 万吨尿素（以后实际年产 6 万吨合成氨和 11 万吨尿素）的成套设备，于 1966 年安装投产。④

四、简要结论

以上我们简略回顾了毛泽东在民主革命时期、社会主义改造时期和社会主义建设时期关于农业现代化的主要思想和相关实践。毛泽东对农业现代化的探索是基于这样一个现实：近代以来，与西方资本主义国家的社会化大生产的农业相比，我国的农业是落后的。因此，在废除封建的土地所有制之后，我们更重要的任务是如何克服小农经济的个体性和分散性。在大规模的合作

① 毛泽东：《改良农具运动是一个伟大的革命》，载《党的文献》，1991 (6)。

② 《建国以来毛泽东文稿》，第 7 册，113 页，北京，中央文献出版社，1992。

③ 参见《当代中国》丛书编辑部编：《当代中国的农业机械化》，36～37 页，北京，中国社会科学出版社，1991。

④ 参见《当代中国》丛书编辑部编：《当代中国的机械工业》（上），39～40 页，北京，中国社会科学出版社，1990。

化运动完成之后，毛泽东认为，束缚农业生产发展的生产关系方面的障碍已经基本消除，下面的问题是怎样更快地发展生产力，于是农业技术改造和农业机械化成为重要目标。

总体上来说，在以毛泽东为核心的党的第一代中央领导集体领导下，我国农业的生产关系和生产条件发生了巨大变化，农业生产力取得了巨大发展。当然，在这个过程中，也有一些错误的教训，但都是出于尽快实现我国农业现代化的良好愿望，是好心犯的错误。发生这些错误的一个很重要的原因在于，对实现农业现代化的艰巨性和长期性认识不足。

毛泽东的农业现代化思想及实践，给我们的重要启示是：（1）社会化生产和规模化经营，是农业现代化的一个大方向，分散的个体的小农经济是没有出路的；（2）在农业现代化的步骤和方法上，要从农村的实际生产力水平出发，从农村的实际生产条件出发，稳妥慎重进行。

改革开放以来，我国农业生产在新中国成立前30年的基础上取得了举世瞩目的辉煌成就。当前，我国从总体上已进入了“以工促农、以城带乡”的新的发展阶段，这是我们加快推进农业现代化的好时机。我们要抓住机遇，既积极又稳妥、因地制宜地探索发展现代农业的方式，使我国的农业现代化水平跨上一个新台阶。

（原载《中国延安干部学院学报》2009年第5期）

对毛泽东在“大跃进”时期提倡“留有余地”的几点分析

王香平

关于“大跃进”运动，大致可以分为四个阶段：从1958年1月南宁会议到1958年5月中共八大二次会议，是“大跃进”运动的发动阶段；从八大二次会议到1958年11月第一次郑州会议，是以大炼钢铁为中心的“大跃进”高潮阶段；从第一次郑州会议到1959年7月庐山会议前期，是初步纠正“左”的错误的阶段；从庐山会议后期“反右倾”到1960年底1961年初，是继续“大跃进”直至全面结束的阶段。毛泽东是“大跃进”的发动者和领导者，同时他又是最早察觉和发现“大跃进”“左”的错误的领导人，因此，在初步纠正“大跃进”“左”的过程中，他对社会主义经济建设的一些问题进行了思考和探索，这方面学术界已有不少研究成果。“大跃进”的总体战略和方向是错误的，但在具体战术和思想方法、领导方法方面，毛泽东有一些可圈可点的判断和思考。比如，“大跃进”从头到尾，针对“高指标”、“浮夸风”，他都在讲“留有余地”。梳理这一过程，对全面理解“大跃进”时期毛泽东的思想脉络及其演变不无裨益。

一、“大跃进”运动初期提出“留有余地”，体现出热中带冷的思想方法

众所周知，1957年11月毛泽东在莫斯科会议期间提出“超英赶美”的

战略构想，认为中国的经济建设可以出现更高的发展速度。由此，从1958年1月南宁会议严厉批评“反冒进”，到3月成都会议提出“多快好省”建设社会主义的总路线，再到5月中共八大二次会议通过总路线并肯定以“跃进”代替“冒进”，干部和群众的干劲与热情被一再地激发并高涨。在推动全国上下加快建设步伐实现“大跃进”的过程中，作为战略家的毛泽东，尽管处于兴奋状态，但其思想情绪并非简单地直线上升，在积极推动的同时，也透露出一些“留有余地”的谨慎心态。

1958年3月由毛泽东主持召开的成都会议，是继南宁会议后进一步在思想上为“大跃进”发动开路的重要会议。毛泽东在会上作了多次讲话，号召破除迷信，解放思想，要敢想、敢说、敢干。但与此同时，他对浮夸、虚报和高指标等，也表现出一定程度的警觉。如，关于究竟多长时间完成十年农业计划问题，毛泽东提出：“苦战三年，基本改变本省面貌。七年内实现四十条。农业机械化，争取五年实现。”[①] 但在会议过程中，有的省已经提出了不切实际的计划。有鉴于此，毛泽东在3月20日会议上讲话时说：“河南省提出一年实现‘四五八’，水利化，除四害，消灭文盲，可能有些能做到，即使是全部能做到，也不要登报”，若能做到，“起码是工作粗糙，群众过分紧张”。为防止“大家抢先，搞得天下大乱”，毛泽东似乎不是即兴之言地站在了这样一个高度：“建设的速度，是个客观存在的东西。凡是根据主观条件和客观条件能办到的，就应当多快好省，鼓足干劲，力争上游。但办不到的不要勉强。”毛泽东不避讳地指出，“现在有股风，十级台风”，要“把空气压缩一下。压缩空气不是泼冷水，而是要把事情办得扎实一点”。他旗帜鲜明地强调，“要去掉虚报、浮夸，不要争名，而要务实”。为了让大家“把膨胀的脑筋压缩一下，冷静一些”，在3月25日讲话时，毛泽东专门讲了思想方法问题。他不无忧虑地提出：“今年这一年，群众出现很高的热潮。我很担心我们一些同志在这种热潮下面被冲昏了头脑，提出一些办不到的口号。”由此，他郑重强调：“做是一件事，讲又是一件事。即使能做得到，讲也要谨慎些，给群众留点余地，给下级留点余地，也就是替自己留点余地。总而言之，支票开得太多，后头难于兑现。”[②]

在以“鼓劲”、“升温”为基调的成都会议上，毛泽东警示各地领导干部要“压缩空气”，要“务实”、“谨慎”，可视为一种“热中带冷”的心态，即

① 逄先知、金冲及主编：《毛泽东传（1949—1976）》（上），793页。

② 毛泽东在成都会议上的讲话记录，1958年3月25日。

在号召大干快上的同时希望能求稳求实，在力争上游的急迫热切中希望能“留有余地”。这大体与他一贯倡导的辩证法思想方法有关。

成都会议结束后，1958年4月1日至9日，毛泽东到武汉召集华东和中南一些省委书记开会，让他们了解成都会议情况，同时听取关于“苦战三年”的打算。在4月1日听取河南省委第一书记吴芝圃汇报一年实现绿化时，毛泽东问：“你们怎么能一年实现绿化?”劝他把指标修改一下，规划调整一下。吴芝圃同意不提一年实现绿化、消灭四害，但还是坚持一年实现“四五八”。① 4月2日听取安徽省委第一书记曾希圣汇报水利问题时，毛泽东说：“你们能三年改变面貌很好，但是我表示怀疑，多搞几年也不要紧……不要过早宣布水利化，要留有余地。宣布完成水利化、绿化、‘四无’是危险的，只能宣布基本完成。”② 4月3日听取山东省委第一书记舒同汇报时，毛泽东又说：“说苦战三年就水利化了，我是怀疑的。三年基本改变面貌，我看只能初步改变。《人民日报》不要随便轻易宣布什么‘化’”；并严肃指出：“粮食到手，树木到眼（看得见），才能算数。要比措施，比实绩。”③ 4月5日听取湖南省委第一书记周小舟汇报时，毛泽东针对浮夸作风提出：“要搞具体措施。要看结果，吹牛不算。不要浮而不深，粗而不细，华而不实。”④ 4月9日听取江西省委第一书记杨尚奎汇报时，毛泽东严肃批评了造假现象：“我们对各项工作、各种典型，要好好检查，核对清楚，有的是假博士、假教授、假交心、假高产、假跃进、假报告。”⑤ 4月11日，武汉会议结束后，毛泽东又找中央办公厅政策研究室副主任田家英和新华社社长兼《人民日报》总编辑吴冷西专门谈了宣传问题：近来报纸的宣传反映实际不够，有不实之处，如指标、计划讲得过头了。要调整一下，压缩空气。报纸宣传要慎重，一个“化”，一个“无”，不要随便宣传已经实现了。即使是讲定规划、提口号，也要留有余地，在时间和空间上说得活一点。并再次强调：宣传要搞深入、踏实、细致。不能只讲多快，不讲好省。⑥ 关于“苦战三年”，毛泽东在1958年10月2日会见外宾时曾说：“我那时候怀疑这个口号，我说是不是可以改

---

① 参见逄先知、金冲及主编：《毛泽东传（1949—1976）》（上），808页。

② 逄先知、金冲及主编：《毛泽东传（1949—1976）》（上），808页。

③ 逄先知、金冲及主编：《毛泽东传（1949—1976）》（上），808～809页。

④ 毛泽东在武汉会议上听取周小舟汇报时的谈话记录，1958年4月5日。

⑤ 毛泽东在武汉会议上听取杨尚奎汇报时的谈话记录，1958年4月9日。

⑥ 参见吴冷西：《忆毛主席——我亲身经历的若干重大历史事件片断》，70～71页，北京，新华出版社，1995。

为苦战三年初步改变农村面貌，他们都不赞成，他们提出一些材料，拿出一些图表给我证明。这些地方同志，他们大部分也都是中央委员就是了，省委书记，他们说还是基本改变。……但是我这个怀疑还没有去掉，还有点右派尾巴。”①

在整个气氛持续升温的背景下，毛泽东仍然延续了“热中带冷”的思考。为避免“假、大、浮、粗、过”，他在武汉会议上对“留有余地”的强调频率大幅提高，从速度到程度，从计划到实践，从过程到结果，从口号到措施，从宣传到检查都涉及了，核心是想把“多快”与“好省”统一起来。

这就不免让人产生一个疑问：作为决策者的这种工作思路，为什么没能对当时干部的思想观念产生应有的实际影响？也许亲历者的体会能够说明一些问题。吴冷西回忆说：从成都会议到武汉会议，“毛主席关于压缩空气、留有余地的这些话，我虽然听到了，但被前面所说的关于提高风格、敢于创新等等议论压倒了，因而没有足够的重视。随着‘大跃进’高潮的到来，也冲昏了头脑”②。由此可以得出两点认识：第一，毛泽东之所以发动“大跃进”，根本上是希望“快”，也就是力争上游、多快好省是总路线，实现“赶超”是宏观战略，而“留有余地”只是作为具体战术和思想方法进行强调；第二，当时的各地大员们多是抓住了毛泽东提倡的总路线和宏观战略，“赶超”和“快上”也成为统领当时干部思想的主导观念，而“留有余地”只是一种具体战术和针对性并不强的一种思想方法，在“大跃进”运动初期的整体氛围中基本上很难深入人心，更谈不上开花结果了。

二、“大跃进”高潮中讲“留有余地”，表达出担忧疑虑的心态

一般认为，1958 年 5 月召开的中共八大二次会议标志着“大跃进”在全国范围内的全面发动，1958 年 8 月召开的北戴河中央政治局扩大会议则把“大跃进”全面推向高潮。在高潮来临前夕，毛泽东的思想温度究竟如何？关于“1 070 万吨钢铁”的出台细节似可从一个侧面回答这一问题。

---

① 毛泽东会见保加利亚等六个国家代表团的谈话记录，1958 年 10 月 2 日。

② 吴冷西：《忆毛主席——我亲身经历的若干重大历史事件片断》，64 页。

1958年8月北戴河会议之前，毛泽东专门找几个省市的负责人和冶金部负责人开会。从上海市副市长马天水、鞍山市委书记赵敏，到武汉和太原市委书记，再到北京、天津、唐山、重庆、马鞍山等主要钢铁基地负责人，毛泽东一个一个地询问“1070”到底可靠不可靠，大家都说行。时任国务院副总理兼国家经委主任的薄一波建议把“1070”登报，说这样大家就会义无反顾，努力奋斗。毛泽东说：这是个好主意，根据你们讲的不是“1070”，是1 100多万吨，发表“1070”（上年是535，翻一番是1070），那我们兜里还装有几十万吨。一向处事谨慎的陈云不放心，专门找王鹤寿等谈话，要求“算个细账”。所以后来陈云与毛泽东谈话时表示：我与冶金部同志算了细账，看起来有希望。[①] 薄一波后来说：“毛主席下‘1070’的决心，除了他本人出于急于赶上英国的迫切心情以外，还有多方面的影响促成。王鹤寿同志（时任冶金部部长——引者注）多次提供的钢铁生产顺利发展的材料有影响”，我当时“头脑不冷静，未能坚持实事求是的精神，也有影响”[②]。冶金部副部长袁宝华后来谈及这次座谈会时说：“主席的思想是留有余地，这是他一贯的主张。他提出这个问题，有些不放心，才专门开了这个会，结果大家都说行，而且报的数字超过‘1070’，所以他相信了，并在报纸上发表了。”[③]

如果说，对于钢铁生产、工业建设，毛泽东“是新手”，“就是不懂，就是不会”，甚至说“我们还是小孩”[④]，那么，在当时农业领域包括小麦、玉米、棉花、水稻和蔬菜等在内的“高产卫星”已是遍地开花，农民出身的毛泽东为什么也信以为真？有人曾专门就此向毛泽东发问，毛泽东说看了钱学森的文章[⑤]，相信科学家的话。[⑥]

在“大跃进”高潮阶段的昂扬豪迈中，毛泽东的日常活动主要还是实地考察和召集会议，而重大决策的酝酿出台，也都是建立在充分发扬民主集中制的讨论基础之上。为什么实际情况却事与愿违呢？亲历“1070”座谈会的袁宝华后来曾说：“这一次毛主席的谈话给我的深刻印象是，他对于重大问题抓得很细，一个人一个人地问，在场的一个不落。实际上汇报假情况的责任

---

① 参见《缅怀毛泽东》（上），328～330页，北京，中央文献出版社，1993。

② 薄一波：《若干重大决策与事件的回顾》，下卷，493页，北京，中共党史出版社，2008。

③ 《缅怀毛泽东》（上），330页。

④ 毛泽东在中南海怀仁堂省、市、自治区党委第一书记会议上的讲话记录，1959年2月2日。

⑤ 指物理学家钱学森发表在1958年6月16日《中国青年报》上的文章《粮食亩产会有多少?》。

⑥ 参见李锐：《“大跃进”亲历记》，下卷，50页，海口，南方出版社，1999。

在我们，分明不行，却拍着胸脯硬说行。”① 为什么会出现这种情况？“大跃进”浪潮造成的政治氛围固然是重要因素之一，对党的领袖的高度尊崇也的确是客观存在的。正如薄一波后来所说：“毛主席的威信高，大家都敬仰他。他怎么说，大家就跟着怎么做。这样，一些部门和省市的领导干部头脑就膨胀起来了，反过来又影响毛主席的思想。”② 由此可见，不做调查研究固然没有发言权，不做实事求是的调查研究，同样不可能做出正确的科学决策。当然，也不可否认，毛泽东“留有余地”的主张虽未能在北戴河会议发挥应有的“降温”作用，但他这种对于重大问题谨慎、多谋、细致的领导作风与工作作风给与会干部留下的深刻印象，也足以让亲历者以及后来人反思、体味良多。

“大跃进”运动中，从粮食到钢铁，尽管通过了一些规划、决议，“高产卫星”也一浪高过一浪，但毛泽东还是心存疑虑，没有看得见、摸得着的实实在在的成绩，他总觉得心中无底。关于粮食，曾任毛泽东机要秘书的叶子龙回忆，1958 年 8 月 13 日，毛泽东到天津新立村参观稻田，社负责人说这块地亩产 10 万斤。毛泽东说：“你在吹牛。这不可能，你在放大炮，我是种过地的，你没种过地吧，这靠不住，10 万斤，我不信，堆都堆不出来么！”③ 关于钢铁，1958 年 8 月 30 日，在北戴河中央政治局扩大会议上，毛泽东明确提出，从时间上看“相当危险”，“能不能搞到，我总是怀疑，十五个吊桶打水，七上八下。如果搞不到，那末，一是我的工作没有抓紧，二就是这个题目出错了，不应该出这个一千一百万吨的数目”④。这里，毛泽东已经有明显的自责意味了。薄一波后来也回忆说：“在北戴河会议上，毛主席对 1 070 是有过怀疑的。他引用了一句古诗：‘夕阳无限好，只是近黄昏。’因为那时已经到 1958 年的 9 月份了，钢产量还不到 1 070 的 1/3，离年底不到 4 个月，还有 2/3 的任务能完成吗?”⑤ 1958 年 10 月 2 日，毛泽东会见外宾时也说：“今年的钢产量究竟能不能翻一番？我自己提出这个任务，但是我自己也是怀疑派。要到了手才算数哇！……不到把 1 070 万吨钢交给我的时候，还是有百分之一到百分之几的怀疑。”⑥

---

① 《缅怀毛泽东》（上），330 页。

② 薄一波：《若干重大决策与事件的回顾》，下卷，459 页。

③ 转引自《叶子龙回忆录》，220 页，北京，中央文献出版社，2000。

④ 毛泽东在北戴河中央政治局扩大会议上的讲话记录，1958 年 8 月 30 日。

⑤ 《薄一波文选》，352 页，北京，人民出版社，1992。

⑥ 毛泽东会见保加利亚等六个国家代表团的谈话记录，1958 年 10 月 2 日。

对于已确定的战略规划和要实现的硬指标、硬任务，没有十足的把握和定数，由此在具体实践中强调战术方法，强调狠抓落实，并在言谈举止间表露担忧、疑虑甚至焦急，看来毛泽东对实现所谓的“大跃进”确实不算胸有成竹，这或许就是他给自己留下的余地。

三、纠“左”期间讲“留有余地”，是思想方法上的提升和发展

“大跃进”运动是毛泽东亲自发动和领导的，在一片“胜利冲昏头脑”的气氛下，他虽然赞赏“六亿神州尽舜尧”那热气腾腾的局面，却是最先冷静下来并察觉到“大跃进”“左”的错误。以1958年11月第一次郑州会议为标志，毛泽东和党中央开始对“大跃进”“左”的错误进行反思和初步纠正，提出了一系列关于经济建设的正确思想，如经济建设要波浪式前进，要遵守有计划按比例的法则，要切实以农、轻、重为序，定计划指标要留有余地，等等。其中，关于“留有余地”的主张，则通过各种途径进一步反复强调。

1958年11月25日，针对云南省委关于肿病死人情况向毛泽东并中央的检查报告，毛泽东在题为《一个教训》的长篇批语中指出：“在我们对于人民生活这样一个重大问题缺少关心，注意不足，照顾不周（这在现时几乎普遍存在）的时候，不能专门责怪别人，同我们对于工作任务提得太重，密切有关”；因此，“任务不要提得太重，不要超过群众精力负担的可能性，要为群众留点余地”①。1958年12月9日，毛泽东在武昌主持召开中共八届六中全会，谈到1959年的钢铁指标，明确提出“把盘子放小，不搞3 000万吨，而搞1 800万吨到2 000万吨。现在要把空气压缩一下。要留有余地，提出的计划低一点，让群众的实践超过我们的计划”②。

很显然，“大跃进”期间的纠“左”措施是初步的、不彻底的，是在根本上肯定和坚持“大跃进”思路和方向的基础上进行的，但这种战略方向的总体坚持并不排斥在具体战术上作一些调整。如上所述，在纠“左”阶段，面对已经出现的各种问题和严重局面，从党内批示到大会讲话，毛泽东通过各

① 《毛泽东文集》，第7卷，451～452页。

② 毛泽东在武昌中共八届六中全会全体会议上的讲话记录，1958年12月9日。

种方式在不同场合强调做计划、定指标要实事求是，要切实“留有余地”。如果说成都会议提出“留有余地”是打预防针、“大跃进”高潮中讲“留有余地”是东西没有到手前的心里担忧，因而显得相对抽象一些的话，那么在纠“左”阶段，问题已充分暴露，再从思想方法和工作方法的高度对“留有余地”进行强调就具有了较强的针对性和说服力，给领导干部的思想认识也打下了较深的烙印。1959 年 4 月 5 日，毛泽东在上海主持召开中共八届七中全会，针对“大跃进”以来的失误，专门从工作方法角度讲了十几个问题，其中第一个是“多谋善断”，第二个就是“留有余地”。他说：“成都会议就讲留有余地，后头不留有余地了。我们过去打仗，是三倍、四倍、五倍、六倍以至七倍的兵力来包围敌人，这是留了很大的余地。不打无准备之仗，不打无把握之仗。而现在我们搞工业很多是打没有把握之仗，没有准备之仗。”① 寥寥数语，反思的不仅是“大跃进”“左”的错误，同时也通过革命与建设的对比，从思想方法上指出了党领导经济建设的深刻教训。

同第一、第二阶段相比，与纠“左”阶段的中心任务和整体氛围相一致的是，毛泽东对“留有余地”的重视程度和认识深度也有了一个提升和发展：“留有余地”不仅是一般倡导的工作思路，而是需要切实贯彻到群众的生产生活，落实到纠正“大跃进”中钢铁、粮食等高指标中去的具体要求，也是领导干部都应掌握和遵循的具有普遍意义的思想方法和领导方法；“留有余地”既然是党领导革命取得成功的宝贵经验和制胜法宝之一，那么在领导社会主义的经济建设中，理应继承弘扬并将之视为须臾不可忽视和背离的基本原则和方法。

四、“大跃进”反复至结束阶段讲“留有余地”，是为了掌握工作主动权，体现出认识上的更上层楼

1959 年庐山会议，按照毛泽东和党中央的原意，是想统一全党的认识，在肯定成绩的前提下，总结经验教训，研究具体政策，进一步纠“左”，动员全党完成 1959 年的各项任务。毛泽东在 7 月 2 日讲话中提出的 18 个问题也说明了会议初衷。会议期间，由于错误地批判所谓“右倾机会

① 毛泽东在上海中共八届七中全会上的讲话记录，1959 年 4 月 5 日。

主义”而导致会议主题由纠“左”转向“反右倾”，直接后果是打断了纠“左”的积极进程，掀起了继续“大跃进”的高潮。在“反右倾，鼓干劲”的口号下，各种“大办”一拥而上，势必影响对“留有余地”的实际落实并淡化此前的认识成果。在这种氛围中，毛泽东对“留有余地”的思考又有怎样的起伏呢？

1959年8月21日，庐山会议一结束，毛泽东就到浙江等地视察，并在金华召集地县委负责人座谈，了解农业生产问题。在汇报到生产指标时，毛泽东说：“指标要留有余地，不要说大话，不要吹大牛，不要光听上面那一套。”当汇报到基层干部作风时，毛泽东严肃指出：“千万不可高指标，放空炮，强迫命令，假汇报。”① 尽管刚从庐山会议后半段“反右倾”的气氛中走出来，毛泽东还是坚持了庐山会议前半段纠“左”的思想意识，在调研中仍然提倡“要留有余地”。

事实上，虽然经历了1959年庐山会议的曲折与反复，党中央和毛泽东并没有完全停止纠“左”的步伐。比如，1960年11月30日至12月4日在杭州中央政治局扩大会议上，毛泽东谈到1960年计划时指出：“要学习八大会议的经验，钢的指标为例，留了三年余地。现在，给三年补充计划要留一年的余地”；“按实际办得到的，再留点余地，让各地、年度去超过”；“计划的方法，要注意余地留得够，我看留得还要多点，不仅中央，地方也如此”②。毛泽东强调“留有余地”的思想是很鲜明的，尽管钢铁指标没有压缩，但通过这次会议，水利建设、开荒等的指标还是得到了一定程度的压缩。另外，毛泽东在1959年12月至1960年2月还专门组织读书小组，集中研读苏联《政治经济学教科书》，从理论上对“大跃进”进行了一定程度的反思，并对社会主义建设的一些重大问题进行了深入思考。这种通过理论学习进行反思并取得的认识成果，无疑也是纠“左”过程中的一个重要收获。

关于这一阶段继续纠“左”的实际举措，最具典型意义的是1960年6月8日至18日在上海召开的以讨论“二五”计划后三年补充计划为主题的中央政治局扩大会议，据时任湖北省委第一书记的王任重日记载：这次会议的指导思想是“冷静地分析情况，把计划放在积极而又可靠的基础上，必须留有

---

① 转引自《王芳回忆录》，153页，杭州，浙江人民出版社，2006。

② 逄先知、金冲及主编：《毛泽东传（1949—1976）》（下），1029、1030页，北京，中央文献出版社，2003。

余地”[①]。毛泽东 6 月 14 日讲话[②]可以说充分体现了进一步纠“左”的决心和力度。

首先，为了汲取教训，总结经验，毛泽东两度提到并充分肯定周恩来在八大一次会议上关于“二五”计划的指标设定。在讨论后三年的钢铁指标时，毛泽东说：“我看提少一点，去做，在做之中增加一点。过去几年的经验，1956 年八大一次会议通过的‘二五’计划，总理作的报告，最好的部分，就是指标订得低的那部分”，“以至给我们留了很大余地，留了三年的余地”。当周恩来、邓小平和李富春都表示3 000万吨钢的计划“可靠”时，毛泽东说：“我看还是相当紧，超过的可能性比八大一次会议订的那个指标要小。所以，我还是欢喜你（指周恩来——引者注）提的那个东西，讲起那个东西就有味道，它给我们留了这么大的余地嘛。”因此，要“学习八大一次会议的那些经验，宁可打低一点，在年度中去超过，决不可以打得过高，以至于超不过”。

其次，为了切实贯彻“留有余地”，毛泽东提出后三年计划指标“要改”，“不勉强凑数”。具体怎么改，“就是按实际可能办事，按实际办得到的，还打点回旋余地，让年度、让地方超过”。他举例说，实际办得到的比如是3 200万吨，我们就提3 000万吨，如果实际可能是只有3 000万吨，就只应该提2 800万吨。他郑重强调：“不是纸头上、口头上留有余地，而是实际上真正留有余地。”

再次，提出由“数量本位”转向“质量第一”。毛泽东说：“今年和今后两年的基本建设，盘子绝不可以搞得过大，数量不可不讲，但恐怕要提出质量放在第一位。”现在“要着重门类样样都有，钢与钢材的规格很高，普通钢之外还有特殊钢，而特殊钢要达到世界水平”。总之，“讲质量、品种、规格，把这个提到第一位，把数量放到第二位”。至此，“大跃进”以来“数量至上”的指导思想和目标意识初步得以扭转，毛泽东开始怀疑并试图摒弃这种观念。从“数量本位”转向“质量第一”，这既是总结和反思“大跃进”以来的深刻教训使然，也是毛泽东坚持“留有余地”并从根本上改变难以真正贯彻“留有余地”的实际而提出的新思想、新思路。据冶金部负责人回忆，毛泽东关于“质量第一，数量第二”的指示“对后来我们狠抓质量、品种，猛攻尖端特别是为国防尖端武器，为原子弹、氢弹、导弹和人造卫星及时提供重要的

---

① 中央文献研究室保存：《王任重日记摘录：1960 年》。

② 毛泽东在上海中共中央政治局扩大会议上的讲话记录，1960 年 6 月 14 日。

关键性的材料，是一个极大的推动力”[①]。可以说，这是毛泽东在纠正“大跃进”“左”的过程中对社会主义经济建设探索与思考的重要收获之一。

值得一提的是，就在这次政治局扩大会议即将闭幕时，毛泽东还写了《十年总结》一文，这篇文章后来被认为是总结、反思“大跃进”经验教训的真正开始。从思想方法、工作方法上讲，毛泽东把对“留有余地”的思考，进一步放到了降低指标、掌握工作主动权这样的战略高度，体现出认识上的更上层楼。

毛泽东在这篇文章中再次由衷称赞，周恩来制定的“二五”计划中大部分指标“替我们留了三年余地，多么好啊”，并强调今后三年的计划指标“一定要改过来”，“要下决心改”，如此方能“完全主动”。由此，他进一步引申阐发了关于领导干部要善于掌握主动权的极端重要性：“主动权，就是‘高屋建瓴’、‘势如破竹’。这件事来自实事求是，来自客观情况在人们头脑中的真实的反映，即人们对于客观外界的辩证法的认识过程。”[②] 在6月18日闭幕会上，毛泽东不仅开诚布公地检讨错误，承担责任，深入严肃地开展自我批评，又多次谈到降低指标问题：“现在搞了那么多年，指标老是提得那么高，就是相信下面的那个统计数字”；要降低指标把主动权拿过来，“就是想得点自由，不然总是捆绑手脚，自己不得翻身”[③]。从降低指标、留有余地到争取主动权，毛泽东的思考显然又有了新的发展。他认为“大跃进”的主要错误，就在于把我们自己搞起来的“菩萨”自己供起来，脱离客观实际，一切以“数字”为上，被“指标”牵着鼻子走，丧失了伸展与回转的空间，也丧失了工作的主动权，最终陷入盲目和被动境地。正是从这个意义上，毛泽东说：我写《十年总结》的意思，就是要大家“盲目性少一点，自觉性多一点，被动少一点，主动多一点，不要丧失主动权”[④]。

从强调“留有余地”到争取主动权、掌握主动权，目的是减少盲目和被动，提高领导国家经济建设的能力和水平，实现由“必然王国到自由王国的飞跃”[⑤]。显然，毛泽东的思考重心不再停留在具体的工作方法和思想方法问题上，而是向宏观战略思维拓展延伸。究竟怎样领导并开展社会主义经济建

---

① 《缅怀毛泽东》（上），74页。
② 《毛泽东文集》，第8卷，197页。
③ 毛泽东在上海中共中央政治局扩大会议闭幕会上的讲话记录，1960年6月18日。
④ 逄先知、金冲及主编：《毛泽东传（1949—1976）》（下），1083页。
⑤ 《毛泽东文集》，第8卷，198页。

设，社会主义经济建设应当遵循什么样的规律，需要全党切实展开调查、研究和探索。可以说，这是毛泽东从“大跃进”以来，在“留有余地”这条思路上总结经验教训，反思和总结“左”的错误的最重要的一个认识成果。

五、“大跃进”运动结束后持续讲“留有余地”，体现出对社会主义经济建设的不断思考

毛泽东对“留有余地”的思考、倡导和强调，不仅仅限于三年“大跃进”运动期间。

1964 年 5 月，毛泽东听取国家计委领导小组汇报第三个五年计划的设想时说：“只能是有多少钱办多少事，不要以我们这些人的寿命来考虑事情，要以客观规律来办事。……要说服地方同志，工业、农业、国防和其他建设事业只能搞那么多了，只有那么多钱。安排要少些，多做少说。必须留有余地。留有余地，过去讲是讲了，但是没有做。这几年留了，要保持。”① 1965 年 6 月 16 日，毛泽东在杭州听取余秋里关于编制第三个五年计划的汇报和谷牧关于三线建设的汇报时再次强调：“鉴于过去的经验，欲速则不达，还不如少一点慢一点能达到。我看五年搞1 080亿元的建设规模是大了，留的余地太少了。……要根据客观可能办事，绝不能超过客观可能，按客观可能还要留有余地。留有余地要大，不要太小。”② 1969 年 2 月 21 日，《人民日报》发表社论《抓革命，促生产，夺取工业战线的新胜利》，毛泽东在社论中加写了“在订计划的时候，必须发动群众，注意留有余地”③，这句话被排成黑体字向全国印发。直到 1970 年，毛泽东在会见巴基斯坦总统叶海亚·汗时，针对我国不少钢铁企业又要掀起翻番的情况还说：“要警惕，要防止有些人动不动就要翻一番。这个积极性一上来，又要发生事。一是材料不够，一是设备、投资跟不上，全国紧张。”④ 冶金部负责人认为，毛泽东这些话，“对当时头脑又

---

① 毛泽东听取国家计委领导小组汇报第三个五年计划设想的谈话记录，1964 年 5 月。

② 毛泽东在杭州听取余秋里关于编制第三个五年计划的汇报和谷牧关于三线建设的汇报时的谈话记录，1965 年 6 月 16 日。

③ 《建国以来毛泽东文稿》，第 13 册，8 页，北京，中央文献出版社，1998。

④ 毛泽东会见巴基斯坦总统叶海亚·汗的谈话记录，1970 年 11 月 13 日。

一次发胀的人，是一副有效的清醒剂”[①]。

“大跃进”结束后，毛泽东为什么如此强调“留有余地”？不仅强调“留有余地”，还提出“余地要大，不要太小”，要“留有充分的余地”？

笔者认为：第一，“大跃进”的高指标、浮夸风，在毛泽东心中烙下的印痕太深了，使他一直心有余悸，以至于到晚年都忘不了，认为“大跃进”不仅犯了不少错误，甚至是“做了蠢事”，“闹了笑话”。毛泽东是一个“不贰过”的人，觉得时时提醒很有必要，诚如他在1965年一次会上谈到钢铁“大跃进”时所说：“这些教训都要牢牢记住，要经常向人们讲，永远不要忘记。”[②] 第二，“留有余地”作为一种思想方法和工作方法，在毛泽东看来，要使其深入人心，必须长期不懈地进行强调和劝诫，因为认识真理不是一次完成的，要让人们汲取教训、改正错误并接受正确认识和科学方法也不是一次或几次就能奏效的。第三，毛泽东对“留有余地”的思考，从根本上说，就是对社会主义经济建设速度问题的战略思考，社会主义经济建设究竟应当以一种怎样的速度发展，不是由主观意志决定的，而是有其必须遵循的客观规律。这不仅源于对“大跃进”教训的刻骨记忆和沉痛反思，也可以说是毛泽东在探索适合中国情况的社会主义建设道路过程中，对怎样进行社会主义经济建设不断思考的必然结果。

综上，通过对毛泽东在“大跃进”时期强调“留有余地”的梳理，可以得出以下几点认识：第一，毛泽东在“大跃进”时期的思绪脉络呈现出热与冷、昂扬与谨慎、豪迈与多谋、自信与担忧、藐视战略困难与重视战术困难交织发展的复杂过程，尽管“大跃进”的总体战略、思路和方向是错的，但不能说这一时期毛泽东的战术方法就乏善可陈。比方说，除了“留有余地”外，他还提出“破除迷信，不要把科学当迷信破除了”、“敢想、敢说、敢做也不能绝对化”、“革命热情应与实践精神统一”的论断等等，如能深入分析，对于深化这一时期的毛泽东思想研究大有裨益。第二，毛泽东在1962年1月七千人大会上曾总结说：“有了总路线还不够，还必须在总路线指导之下……有一整套适合情况的具体的方针、政策和办法”[③]。从上文分析可以看出，如果宏观战略失误，单是着力于具体战术，也很难彻底解决问题。换句话说，

---

① 《缅怀毛泽东》(上)，74页。

② 毛泽东听取薄一波汇报全国工业交通工作会议、全国工业交通政治工作会议情况时的谈话记录，1965年2月21日。

③ 《毛泽东文集》，第8卷，304页。

如果不从根本上调整总路线，即使有适合情况的具体方针、政策和办法，同样也难以贯彻执行和落实到位。第三，“大跃进”期间一些重大决策的出台，毛泽东的确是通过座谈、会议、调研等多种途径反复征询、讨论和求证，尽管他是“大跃进”的发动者，但不能说错误的责任由他一人承担。用邓小平的话说，“中央犯错误，不是一个人负责，是集体负责”[①]。第四，毛泽东不仅善于总结经验，也十分重视经验的传承、丰富和发展。“留有余地”是我们党在革命战争年代取得的宝贵经验，毛泽东不仅在经济建设中继续发扬，还用来反思和总结“大跃进”的深刻失误和教训，并在对社会主义经济建设速度和规律的思考中深化了对“留有余地”的认识。

（原载《党的文献》2012年第3期）

① 《邓小平文选》，2版，第2卷，296页，北京，人民出版社，1994。

刘少奇与新中国第一部《婚姻法》

王为衡

1950年5月1日颁布施行的《中华人民共和国婚姻法》是新中国的第一部婚姻法规，刘少奇在酝酿、起草、贯彻、宣传《婚姻法》的各个环节中都发挥了重要作用：在酝酿阶段，他向中央妇女运动委员会（以下简称中央妇委）布置了起草《婚姻法》的工作并阐述了党中央关于制定《婚姻法》的出发点和原则；在起草阶段，他关注起草和征求意见工作，并积极为《婚姻法》的颁布营造宣传氛围；在贯彻阶段，他就执行《婚姻法》过程中所遇到的具体问题给予细致指导；在宣传阶段，他参与领导了贯彻婚姻法运动月工作，为广泛宣传《婚姻法》作出了贡献。

一、布置和指导《婚姻法》的起草

刘少奇一直十分重视妇女工作。早在1947年9月，他在西柏坡召开的全国土地会议上就指出："妇女工作要重视。妇女工作是党的和群众工作的重要的一部分，必须注意去做。""妇女婚姻自由的主张，我们共产党应该拥护，现在慢点讲可以，但不能不赞成。婚姻自由是妇女的基本权利之一。贫雇农一起来之后，不只是打倒地主的神权、财权、地权，还要打倒夫权，这是今天妇女解放的一个条件。"①

---

① 《刘少奇选集》，上卷，393、394页，北京，人民出版社，1985。

1948年9月，解放战争进入全面战略反攻阶段。如何抓住时机，进一步发动妇女群众，为创建新中国贡献更大力量，成为中共中央当时的一项重要工作。经中共中央批准，1948年9月20日至10月6日，解放区妇女工作会议在西柏坡召开。会议期间，刘少奇代表中共中央，向邓颖超等中央妇委的同志布置了起草《婚姻法》的工作。据时任中央妇委委员的罗琼回忆，刘少奇说："新中国一成立，你们妇女工作者的任务更重了。有些工作现在就要开始着手准备和研究。今天找你们来，想先交给你们一项任务，先吹吹风。""新中国成立后，不能没有一部婚姻法，我们这么个五亿多人口的大国，没有一部婚姻法岂不乱套了？这个任务交给你们中央妇委，你们马上着手，先做些准备工作。"[①] 当时，邓颖超等刚刚结束在解放区农村土地改革的工作回到西柏坡，她们深切了解农村妇女们深受封建婚姻统治的痛苦及青年男女迫切要求婚姻自由的愿望。得知中央的想法后，中央妇委的同志们愉快地接受了起草《婚姻法》的任务。

起草《婚姻法》没有参考资料不行，刘少奇将自己保存的一本1931年毛泽东亲自签发的《中华苏维埃共和国婚姻条例》交给邓颖超等人，并提出，希望他们深入调查研究解放区的婚姻状况，总结解放区这些年来执行婚姻条例的经验教训，反复讨论，再动手起草。[②]《中华苏维埃共和国婚姻条例》的基本原则包括废除封建的包办强迫和买卖婚姻制度，实行男女婚姻自由、一夫一妻、男女权利平等、保护妇女和子女的利益等内容，这些基本原则符合人民群众的要求，法律基础也比较成熟，为起草《婚姻法》提供了重要参考资料。

10月5日，即解放区妇女工作会议闭幕的前一天，刘少奇作了重要报告，向与会代表介绍中共中央关于起草《婚姻法》的一些构想和思路。在刘少奇看来，婚姻问题是妇女工作的重要组成部分，他说："妇女工作会议开了很久，党中央根据这次会议的情形要发表一个关于妇女工作的决定，以及其他问题的文件如婚姻法等，以便在全国范围里统一妇女运动的方针与政策。"[③] 他认为法律要规定男女双方有结婚、离婚的自由，尤其阐明了关于离婚问题应有的原则，即男女任何一方坚持离就可以离。他强调党在婚姻问题

---

① 转引自王彦红、周艳芝、刘志兰：《新中国第一部〈婚姻法〉起草始末》，载《纵横》，2006(2)。

② 参见王彦红、周艳芝、刘志兰：《新中国第一部〈婚姻法〉起草始末》，载《纵横》，2006(2)。

③ 《刘少奇年谱》，下卷，163页，北京，中央文献出版社，1996。

上应该从广大的妇女利益出发，保护广大的妇女儿童，并由此制定法律。他要求这次会议讨论一下，搞出一个草案，经中央审阅后公布出去，将各地区过去的条例加以统一修改，使婚姻立法问题得到解决。

解放区妇女工作会议结束后，根据刘少奇的指示，中央妇委立即成立由邓颖超主持的《婚姻法》起草小组。经过几个月的努力，起草小组终于拟出《婚姻法》草案。

新中国成立后，刘少奇十分关注《婚姻法》的起草和征求意见工作，多次参加相关会议，讨论修改《婚姻法》草案。1950 年 4 月 13 日，在中央人民政府委员会第七次会议上，中央人民政府法制委员会主任委员陈绍禹向中央人民政府委员会递交了《婚姻法》草案，并作了《关于中华人民共和国婚姻法起草经过和起草理由的报告》。陈绍禹着重谈道："在研究和草拟中华人民共和国婚姻法草案工作过程中，经常受到中央人民政府委员会毛主席和刘少奇副主席等的指示和帮助，经常得到政务院的领导和政务院政治法律委员会的指导。"①

新中国成立之初，在中共中央紧锣密鼓起草《婚姻法》草案的同时，婚姻案件也呈高发态势。1950 年 2 月，最高人民法院副院长吴溉之在给中共中央的报告中详细汇报了婚姻案件问题。报告称：目前发生在各解放区的民事案件中，以婚姻案件为最多。值得我们注意的是，对妇女解放要求的守旧思想与报复行为，使许多要求解放的妇女遭受着严重的迫害、虐待，进而演变成虐杀、自杀、伤害、毒打等各种惨案。刘少奇在这份报告上批示：请最高法院汇集材料，写一篇婚姻案件的文章发表。请妇联主动与各党派座谈《婚姻法》，以便在最近通过并颁布。② 根据刘少奇的指示，3 月 8 日国际妇女节这一天，《人民日报》发表了题为《老解放区劳动妇女迫切要求婚姻自由，亟应改革残存的封建婚姻制度安定生产情绪》的文章，深刻解剖了旧的不合理的婚姻制度，呼吁婚姻制度的重大变革。全国妇联也多次召开座谈会，进行专题研讨，尽可能地使即将出台的《婚姻法》能够代表和保障绝大多数人民群众的利益。

《婚姻法》草案于 1950 年 4 月 13 日由中央人民政府委员会第七次会议通过，4 月 30 日经中央人民政府主席毛泽东发布命令，自 5 月 1 日起公布施行。

---

① 转引自中央人民政府法制委员会编：《婚姻法及其有关文件》，34 页，北京，新华书店，1950。

② 参见《建国以来刘少奇文稿》，第 1 册，502、503 页，北京，中央文献出版社，2005。

二、具体指导《婚姻法》的执行

《婚姻法》颁布后，刘少奇仍然关注着它的执行情况。在这个过程中，刘少奇就许多具体问题给予细致指导，反映了他对《婚姻法》推广的深入思考。

1. 关于部队如何执行《婚姻法》

新中国成立之初，解放战争虽在大陆基本结束，但是中国人民解放军依然担负着艰巨的作战和剿匪任务。部队如何执行《婚姻法》，是否仍须作某些限制，成为亟待解决的问题。

1950 年 5 月 9 日，刘少奇就此问题指示总政治部，在《婚姻法》公布后发一个指示，并请总政治部主任兼总干部管理部部长罗荣桓即办。据此，总政治部召集各有关部门开了两次座谈会，征集意见，拟出《关于目前全军统一执行中华人民共和国婚姻法的暂行规定》初稿。7 月 26 日，总政治部副主任萧华致信毛泽东、刘少奇等，报告制定该《暂行规定》的有关情况。8 月 20 日，毛泽东批示："同意"，"刘、朱、周、任、聂阅后退总政办"。当日，总政治部将该《暂行规定》发各大军区及各野战军政治部征求意见。11 月 16 日，总政治部正式将《暂行规定》颁发全军统一执行。[①] 该《暂行规定》就全军如何具体执行《婚姻法》，对干部结婚、婚后生活、家庭结婚、办理结婚登记手续、离婚、结婚及离婚的批准权等问题作了较为详细的规定。

2. 关于少数民族地区如何执行《婚姻法》

中国是多民族的国家，各民族的社会情况、经济情况、生活习惯、宗教信仰以及婚姻制度均有不同。例如，某些少数民族的婚姻问题，往往掺有宗教信仰成分，群众结婚时除向人民政府进行登记外，还需举行宗教仪式等。《婚姻法》基本上是按汉族地区情况制定的，因而不能原封不动地向少数民族地区硬性搬用。对这一问题，刘少奇主张谨慎处理，要尊重少数民族的风俗

---

① 参见《建国以来刘少奇文稿》，第 2 册，150、151 页，北京，中央文献出版社，2005。

习惯。1950年6月13日，他在起草《中央关于处理少数民族问题的指示》时指出："关于各地少数民族内部的社会改革，特别是有关少数民族的宗教信仰、风俗习惯及土地制度、租息制度、婚姻制度的改革等，必须从缓提出，不得各中央局和中央的批准，各地党委不得在少数民族的人民中提出这些改革和发布有关这些改革的决议和口号，并不得在报纸上进行有关这些改革的宣传煽动。"① 1953年8月11日，中央人民政府民族事务委员会副主任委员刘格平向中央报告召开回民文化协进会成立会的有关情况，提到：在回民内部贯彻婚姻自由的政策，在一般地区对男女双方坚持要求结婚者，要通过与回民代表人物的协商，取得同意，并说服汉民男方尊重回民的风俗习惯，举行回民结婚仪式。刘少奇认为：这个报告是正确的，希望各有关党委认真研究并依据具体情况，逐步解决回民中存在的各项问题。②

3. 关于如何处理各界代表人物的婚姻纠纷

《婚姻法》明确规定：施行男女婚姻自由、一夫一妻、男女权利平等、保护妇女和子女合法利益的新民主主义婚姻制度。禁止重婚、纳妾。然而，一些社会中上层代表人物在旧中国时已经存在的纳妾、重婚行为，如何处理？刘少奇在1953年2月25日修改《中央关于处理各界代表人物婚姻纠纷时应注意事项的指示》送审稿时，加写、改写了部分内容，主要明确了以下几点原则及处理方法：（1）对于各界代表人物的婚姻纠纷，应在不违反《婚姻法》的原则下，采取适当保护的政策，不使他们丧失面子；（2）在宣传《婚姻法》时，不要要求他们联系自身具体问题，进行检讨和批判；（3）对于他们中已经纳妾、重婚者，不要追究，只有在其妻、妾告发并提出要求的情况下，党和政府再提出意见，适当处理；（4）对于他们虐待亲属和干涉亲属婚姻自由等问题，应对他们进行贯彻《婚姻法》的教育。③ 由此可见，刘少奇既注意到这类问题的历史复杂性，同时也体现了具体问题具体处理的灵活性。

4. 关于如何处理干部的婚姻纠纷

新中国成立后，一些干部进城后思想发生变化，嫌弃原配妻子，曲解

---

① 《建国以来刘少奇文稿》，第2册，219～220页。

② 参见《建国以来刘少奇文稿》，第5册，251～252页，北京，中央文献出版社，2008。

③ 参见《建国以来刘少奇文稿》，第5册，78～79页。

《婚姻法》“男女一方坚决要求离婚的，经区人民政府和司法机关调解无效时，亦准予离婚”的精神，无理要求离婚，另觅新欢。刘少奇认为这一问题性质恶劣，要求有关部门严肃对待，并依法认真处理。1954 年 12 月，他在全国妇联党组向中央反映干部离婚纠纷问题的报告上加写和改写了部分内容，明确了以下几点原则：（1）党的组织和各机关党政负责同志对于党员干部堕落腐化、违法乱纪的行为，应进行严肃的批评和斗争，对坚持错误不改者，应给以纪律处分；（2）党委对法院有关党员干部离婚案件的正确的判决，应给以支持，并责令其严格履行法院的判决，对于错误的判决，则应加以批评和反对；（3）所有离婚案件，包括党员干部的离婚案件，一律由法院处理。① 在这一问题上，刘少奇既重视对干部加强教育和管理，也尊重法律，善于借助法律来保障处于弱势地位的劳动妇女的合法权益。

三、参与领导贯彻婚姻法运动月活动

《婚姻法》颁布以后，新的婚姻关系和家庭关系在全国范围内开始建立，但《婚姻法》在各地贯彻的情况很不平衡。在一些地区，人民群众对《婚姻法》很不了解或有很多误解，甚至还存在抗拒情绪。包办、买卖婚姻的情况依然存在，妇女受压迫、虐待的现象时有发生。一些干部存在着不同程度的封建残余思想，不能严肃、正确地宣传《婚姻法》与处理婚姻纠纷，甚至采取抗拒的态度，支持旧的封建恶习，干涉婚姻自由。鉴于此，1953 年 2 月 1 日，中央人民政府政务院发出《关于贯彻婚姻法的指示》，决定在全国范围内（少数民族地区和尚未完成土地改革的地区除外），开展一个大规模的宣传《婚姻法》和检查《婚姻法》执行情况的群众运动，并规定：无论城市或乡村，均应以 1953 年 3 月作为宣传贯彻《婚姻法》的运动月。② 刘少奇参与领导了这次活动。

1. 起草修改相关文件，明确基本原则

1953 年 2 月，刘少奇在审阅修改《关于贯彻婚姻法运动月工作方针给全

---

① 参见《建国以来刘少奇文稿》，第 6 册，473 页，北京，中央文献出版社，2008。

② 参见《中央人民政府政务院关于贯彻婚姻法的指示》，载《人民日报》，1953-02-02。

党的补充指示》时，加写了部分内容，就贯彻婚姻法运动月的一些工作原则提出明确要求。例如，对于那些没有认真学习过《婚姻法》的人，刘少奇认为有必要令其认真学习一次；他担心一些地方在 3 月来不及开展运动，或 3 月的运动进行得不好而停止或缩小，要求这些地方可在当年上半年选择任何一个月来进行，务求实效；为了防止有些地方搞形式主义的运动，他要求在贯彻婚姻法运动月结束以后，各级党委必须保证把贯彻《婚姻法》的工作当作今后的一项经常性工作常抓不懈。①

1953 年 2 月 20 日，邓子恢请刘少奇审阅《关于贯彻婚姻法宣传提纲》，刘少奇认真修改并请邓子恢、胡乔木再看一遍。② 2 月 25 日，《人民日报》发表该提纲，向人民群众宣讲《婚姻法》的基本精神是什么，实行《婚姻法》有什么好处，如何贯彻《婚姻法》，从而有力地推动了贯彻婚姻法运动月活动的展开。③

1953 年 4 月，刘少奇在修改《中央关于结束贯彻婚姻法运动指示》送审稿时，加写了部分内容。例如，针对有的地方婚姻登记工作混乱，无人负责，"都管都不管"的现象，他要求各地"办理婚姻登记的人员必须是正确了解党的婚姻政策和国家婚姻法令的人员"；针对有的人干涉他人婚姻自由的情况，他强调一定要坚持自愿的原则，要求"所有婚姻登记均须由当事人自愿去登记，如当事人不去登记，任何人都不得加以干涉"；关于婚姻调解工作，他要求"无论调解的开始或调解的结论，都须由当事者提出并取得当事者的同意才能进行和成立"；就各地贯彻婚姻法运动委员会如何在运动月结束后继续开展工作，他为其明确了新的工作任务，即在当地党委和政府的领导下，经常了解该地区执行《婚姻法》的情况，积累材料，研究问题，向党委和政府提出处理问题的意见，并为下次开展运动进行准备。④

2. 推介贯彻婚姻法运动重点试验地区的经验

1953 年 2 月 13 日，中央贯彻婚姻法运动委员会办公室编印的《贯彻婚姻法运动情况简报》（第三号）介绍了四川资中县成渝乡进行贯彻婚姻法运动重点试验的经验和收获，其做法是：第一阶段，集训干部，摸清情况，交代

---

① 参见《建国以来刘少奇文稿》，第 5 册，52 页。
② 参见《建国以来刘少奇文稿》，第 5 册，67 页。
③ 参见《人民日报》，1953－02－25。
④ 参见《建国以来刘少奇文稿》，第 5 册，117～118 页。

政策，安定情绪；第二阶段，深入宣传，组织群众学习讨论《婚姻法》，全面发动群众；第三阶段，在自觉自愿基础上开家庭民主会议，订立家庭公约和家庭爱国生产计划，召开全乡大会，总结运动收获，评选、表扬模范个人和模范家庭。刘少奇认真修改中央关于批转四川资中县成渝乡贯彻婚姻法运动经验的指示稿，还请周恩来、朱德等人审阅修改，请时任政务院政治法律委员会副主任的彭真找一个法律专家从法律角度进行把关。2 月 22 日，刘少奇要求将此件用明码从速发给各地参酌进行，同时印发中央和军委各部委、中央政府各部党组参考。① 此后，《人民日报》、中央人民广播电台等新闻媒体纷纷介绍成渝乡宣传贯彻《婚姻法》的经验，有力地推动了全国各地贯彻婚姻法运动月活动的开展。

3. 纠正《婚姻法》颁布后干部中出现的政策界限划分不清的情况

《婚姻法》颁布之后，人民群众有关婚姻问题的要求、申诉和案件主要分为两类：第一类属于严重犯法的刑事案件，例如杀害人命、伤害人身等案件；第二类属于普通民事问题，例如普通的夫妻婆媳关系不和、财产纠纷、不正当的男女关系等问题。有的干部在处理这两类问题时，存在政策界限划分不清、处理方法错位的情况。针对这一情况，刘少奇在《中央关于批转四川资中县成渝乡贯彻婚姻法运动经验的指示》中加写一段论述，阐述了他的认识。他认为各级党委必须向所有干部交代清楚政策界限，以免发生不应有的错误。他阐释道：虽然第一类案件在人民群众中只是极少数，但干部必须主动地加以干涉、告发和处理，以便制止杀人伤人的严重犯罪行为继续发生；而第二类事件，虽在社会上很多，且是不健康的，妨碍人民内部团结和影响社会风气的，但是必须要由当事人提出要求和申诉，这样政府或法院才可以调解和处理。如果当事人不愿意政府去干涉或过问，而政府去加以干涉或处理，那是很不妥当的，易于陷入被动，引起更多纠纷。政府应向人民群众进行认真的宣传教育并作适当的批评，以便逐步地提高人民群众的觉悟，使他们自动地去改善这些关系，进而拥护《婚姻法》的各项规定。②

综上所述，刘少奇为新中国第一部《婚姻法》作出了重要贡献。概括起来说，在酝酿阶段，他向中央妇委布置了起草《婚姻法》的工作，并阐述了

---

① 参见《建国以来刘少奇文稿》，第 5 册，63、70 页。
② 参见《建国以来刘少奇文稿》，第 5 册，68～70 页。

党中央关于制定《婚姻法》的出发点和原则；在起草阶段，他关注起草和征求意见工作，并积极为《婚姻法》的颁布营造宣传氛围；在贯彻阶段，他就执行《婚姻法》过程中所遇到的具体问题给予细致指导；在宣传阶段，他参与领导了贯彻婚姻法运动月工作。作为新中国法制建设的重要开创者和奠基人，刘少奇对《婚姻法》的酝酿、起草、制定、贯彻过程的关注和指导，以及在这个过程中提出的重要思想和论述，对我们今天继续做好这项工作有重要启示和借鉴意义。

（原载《党的文献》2010 年第 3 期）

邓小平对“大跃进”的理解和认识

戚义明

1958年开始的“大跃进”是我们党在探索建设社会主义道路过程中的一次不成功的尝试。对于“大跃进”，邓小平在改革开放初期曾有过两次重要的讲话。一次是1980年2月29日，邓小平在十一届五中全会第三次全体会议上讲话时说：“不要造成一个印象，好像别人都完全正确，唯独一个人不正确。这个话我有资格讲，因为我就犯过错误。一九五七年反右派，我们是积极分子，反右派扩大化我就有责任，我是总书记呀。一九五八年大跃进，我们头脑也热，在座的老同志恐怕头脑热的也不少。这些问题不是一个人的问题。我们应该承认，不犯错误的人是没有的。”① 一次是1980年4月1日，邓小平在同中央负责同志谈话时又说：“‘大跃进’，毛泽东同志头脑发热，我们不发热？刘少奇同志、周恩来同志和我都没有反对，陈云同志没有说话。在这些问题上要公正，不要造成一种印象，别的人都正确，只有一个人犯错误。这不符合事实。中央犯错误，不是一个人负责，是集体负责。”②

以上两段话，是邓小平在事隔20多年之后对“大跃进”的总结和反思。那么在“大跃进”前后，作为在一线工作的中共中央总书记，邓小平是如何看待“大跃进”和社会主义建设总路线的呢？由中央文献研究室编撰的《邓小平年谱（1904—1974）》（以下简称《年谱》），披露了很多邓小平在“大跃进”期间的活动线索。本文试图以此为依据，理清邓小平对“大跃进”的理

① 《邓小平文选》，2版，第2卷，277页。

② 《邓小平文选》，2版，第2卷，296页。

解和认识的大致脉络。

一、逐步领会毛泽东的“大跃进”思想

“大跃进”是由毛泽东亲自领导和发动，从反对“反冒进”开始的。从《年谱》披露的内容来看，邓小平对“大跃进”显然经历了一个复杂的渐进的认识过程。

早在1957年9月20日至10月9日召开的中共八届三中全会上，毛泽东就发表讲话批评1956年的“反冒进”扫掉了多快好省和农业发展纲要四十条，来了一个右倾。进入1958年，毛泽东进一步批评“反冒进”，并上升到领导方法、建设方针的高度。1958年1月3日和4日，毛泽东在杭州会议上发表讲话，主要谈领导经济建设的工作方法问题。在随后召开的南宁会议上，毛泽东认为“反冒进”是泄了六亿人民的劲，是方针性错误。2月13日，邓小平在四川省、地、县、社四级干部会上，谈到了他对社会主义建设速度问题的理解。他指出：在建设社会主义问题上，有两种方法的斗争。一种是搞得快一些，一种是搞得慢一些。毛主席和党中央的方法，就是根据客观可能的条件，加快建设。搞建设也要有革命家的态度，要积极创造条件搞快点。只要是可能的，只要不是主观主义的，就应该快。这是我们的正确态度。①

在1958年3月8日至26日召开的成都会议上，毛泽东多次讲话批评“反冒进”，甚至上升到路线错误的高度，说冒进是“马克思主义的”，“反冒进”是“非马克思主义的”。邓小平在25日的会议上发言说：反冒进是不好的，挫伤了群众和干部的积极性。我对于这场斗争，在一个短期之内是有过模糊认识的，没有意识到党内有什么两条路线的不同，在某些问题上和一些同志有共同的看法，也曾设想过基本建设和某些事情是不是慢一点好，是不是谨慎一点好。② 从《年谱》披露的内容看，这是邓小平第一次对“反冒进”问题明确表态。从邓小平的这一表态中可以看出，邓小平对毛泽东关于经济建设的领导方法问题的认识是有一个过程的。

1958年5月召开的中共八大二次会议通过了“鼓足干劲，力争上游，多

① 参见《邓小平年谱（1904—1974）》（下），1415页，北京，中央文献出版社，2009。
② 参见《邓小平年谱（1904—1974）》（下），1421页。

快好省地建设社会主义”的总路线，“大跃进”运动从此在全国范围内从各方面开展起来，主要标志是片面追求工农业生产和建设的高速度。8 月 17 日至 30 日召开的北戴河会议通过《关于一九五九年计划和第二个五年计划问题的决定》和中共中央《关于在农村建立人民公社问题的决议》等文件。会后，全国很快形成了大炼钢铁和人民公社化运动的浪潮。

二、积极贯彻社会主义建设总路线，探索“大跃进”和人民公社化的具体搞法

为贯彻社会主义建设总路线，及时指导各地经济建设，邓小平在北戴河会议后，比较密集地到各地调研和视察。1958 年 9 月中下旬，他到东北视察；10 月上旬到 11 月初，他又先后到河北、天津、广西、云南、四川等地视察工作，调查了解工业生产、人民公社及人民生活等情况。东北、华北、西南的这三次视察，既是一种调研，同时也是在一线对各地“大跃进”工作进行指导。在调研视察过程中，他沿途发表讲话，对经济建设方针和领导方法发表看法。

从《年谱》披露的这三次视察的内容看，在“大跃进”的指导思想上，邓小平是明确的，即要解放思想、敢想敢干。比如 9 月 24 日，邓小平在视察鞍山钢铁厂时指出：社会主义大家都在搞，但是怎样搞，还有个方法问题，是多快好省呢，还是少慢差费。搞什么都要有个攻击目标，应该定出哪一项东西能赶上哪一国，哪一项东西哪国好就超过哪一国。要选择尖端作为攻击目标。别人没有的，我们可以有；别人不好的，我们可以好；别人办不到的，我们要能办到；别人的目标，我们可以超过。要把这一点作为主导思想，作为各级领导人的主导思想。在谈到挖掘潜力增加生产时，邓小平指出：鞍钢应大搞技术革命，大企业、现代化企业要自力更生，搞技术革新和技术革命。但是，技术革命不容易，不是一天两天能做到的。首先得敢想，来个思想上的革命。没有思想革命就不可能有技术革命。[①] 10 月 10 日晚，他在听取石家庄地委和专署负责人汇报工作时指出：农业生产要采取不断革命的精神，要敢想敢做。要善于揭示自然秘密，揭示物质的秘密。只要人的思想解放了，

① 参见《邓小平年谱（1904—1974）》（下），1455 页。

就能更多地掌握科学技术，充分发挥和挖掘物质的力量。[①] 可见，在邓小平以及当时的中央主要领导人看来，搞“大跃进”的一个重要出发点和哲学依据，就是要充分发挥人的主观能动性。

但是具体到手段和方法上，“大跃进”、人民公社到底如何搞？包括邓小平在内的中央领导同志实际上都在不断探索，各地也都在不断探索。9月27日下午，邓小平在辽宁省和沈阳军区中共党员负责干部大会上谈到人民公社时就曾说：农村的人民公社，辽宁的架子搭得比较早，全国最先成立人民公社的就是辽宁和河南。但是搭起架子，不等于事情就了结了，还要很好地做工作。公社一定要在一个充分的物质基础上才能搞得很好。[②]

在这种不断调研和探索的过程中，邓小平发表了许多闪光的思想观点。比如在发展农村经济上，他多次强调农村发展要靠多种经营，要发展商品生产，这样才能富裕起来。9月22日，他在听取中共吉林省委和长春市委负责人工作汇报时指出，农村只靠粮食摆脱不了贫困。要发展多种经营，坚决搞一批相信这个道理的人去试验。[③] 10月25日，他在同云南省委负责人谈话时指出：在农业上一定要多种经营，搞多样性。不搞多种经营，还是不会富裕的。每个县都要有规划，都要有自己的重点。要千方百计地使农村交换的东西增多，这样人们收入就会增加，就会富起来。[④] 10月29日下午，他在听取四川省温江专署所属几个县的负责人的工作汇报时指出：每个县都要给自己出题目，千方百计地提高农业产值。生产的安排必须适应社会生活发展的需要。需要有两方面：一是满足自身的需要，一是同他人交换。因此要发展多种经营，多生产一些有交换价值的农产品，这样才能不断地增加财富。竹子、果木、麻、药材等产品，交换价值大，既可以增加财富，又可以使农村园林化，大有可为。农村不搞多种经营要富裕起来是困难的。[⑤]

又如在人民公社问题上，邓小平也思考和发表了很多至今对我们搞经济建设仍有重要借鉴意义的思想。

第一，邓小平强调，办人民公社要体现出公社和集体化的优越性，要不

---

① 参见《邓小平年谱（1904—1974）》（下），1460～1461页。
② 参见《邓小平年谱（1904—1974）》（下），1456页。
③ 参见《邓小平年谱（1904—1974）》（下），1454页。
④ 参见《邓小平年谱（1904—1974）》（下），1464页。
⑤ 参见《邓小平年谱（1904—1974）》（下），1465～1466页。

断积累经验，不能搞得太死板。10 月 25 日晚，他在同云南省委负责人谈到人民公社问题时指出：办人民公社，现在还在积累经验。现在不能肯定徐水是成功的，但也可能是好东西。总之，要多种试验。在任何情况下，不是一个办法可以解决问题的，把人们搞得那么死板不行。这里有个人、集体、全民的关系问题。不能由省或县搞一个办法，一律实行。[①] 10 月 26 日下午，他在四川成都视察时指出：公社的食堂要办得好一些，使农民感到比过去在自己家里还吃得好，这样才能显示出公社和集体化的优越性。显示优越性，这应该是我们经常考虑的问题。[②] 强调要经常考虑显示优越性，强调要多种试验，邓小平提出的这个指导人民公社发展的出发点和根本方法，至今仍有重要的借鉴意义。

第二，邓小平认为，公社的巩固和发展要建立在生产大发展的基础之上。9 月 25 日，他在辽宁盖平县视察太阳升人民公社时谈到：农村要大大增加生猪饲养数量，只有把农林牧副渔统统发展起来，才能增加生产增加收入，才能使人民公社巩固发展。公社是建立在生产大发展和人民政治觉悟提高的基础上的。公社应制定长远计划，逐步把农村居民点建成一座座漂亮的城市，有电影院、剧院、运动场，房屋都要改建，城中普遍种花果，要绿化、园林化，工农商学兵全面发展。大城市所有的一切，你们都可以有。将来无所谓农村和城市。工农差别、体力劳动与脑力劳动的差别、城乡差别，都要消灭。[③] 从这段话中我们也可以看出，邓小平将办人民公社看成是缩小城乡差别的一个重要抓手。

当然，在视察调研中，邓小平也初步发现了一些问题。比如，在 9 月中下旬的东北视察中，邓小平就发现各地人民公社都在搞公共食堂、搞供给制，但是群众到食堂吃饭的却很少。他在 10 月 6 日的中共中央书记处会议上指出这很值得注意。[④] 在西南考察中，邓小平也一直在注意并不断思考这个问题。10 月 25 日晚，他在同云南省委负责人谈话时说：鞋袜都穿一样的，食堂做什么就吃什么，行不行？恐怕有问题。不然，为什么叫“各取所需”呢？[⑤] 11 月 4 日，他在贵州遵义县大风暴公社视察，谈到社员的衣食住行等生活问

① 参见《邓小平年谱（1904—1974）》（下），1464 页。
② 参见《邓小平年谱（1904—1974）》（下），1465 页。
③ 参见《邓小平年谱（1904—1974）》（下），1455 页。
④ 参见《邓小平年谱（1904—1974）》（下），1459 页。
⑤ 参见《邓小平年谱（1904—1974）》（下），1464 页。

题时还指出：各人有各人的喜好，要允许人们有选择的自由。要有点自由主义，大集体，小自由。[①]

总体上来说，从1958年5月的八大二次会议到11月第一次郑州会议召开之前，邓小平主要是在一线积极贯彻社会主义建设总路线，同时也在不断思考和探索"大跃进"和人民公社化运动的具体做法。

三、主持起草《关于人民公社若干问题的决议》

和邓小平在上述三次调查研究中初步发现存在一些问题一样，1958年秋冬之际，党中央的其他领导人首先是毛泽东本人也开始发觉"大跃进"和人民公社化运动中出了不少问题。这年11月，毛泽东提议并主持召开了第一次郑州会议。

邓小平是11月6日从西南视察结束后，直接赶赴郑州参加会议的。这次会议开始纠正在人民公社问题上出现的错误，规定要实行劳逸结合，既抓生产又抓生活的方针。邓小平接受毛泽东的提议，主持《郑州会议关于人民公社若干问题的决议（草案）》的起草工作。

11月下旬至12月上旬，邓小平又在武昌先后出席中央政治局扩大会议（即武昌会议）和中共八届六中全会。中共八届六中全会讨论通过的《关于人民公社若干问题的决议》，是以《郑州会议关于人民公社若干问题的决议（草案）》为基础起草的，依然由邓小平主持。11月21日下午，邓小平在主持起草委员会会议时讲话指出：《关于人民公社若干问题的决议》，它的性质是要给人民公社立一个宪法、一个共同遵守的章程。[②]

12月9日下午，邓小平在中共八届六中全会上作《关于人民公社若干问题的决议（草案）》的说明，在谈到向全民所有制和共产主义过渡问题时指出：社会主义是高标准的，共产主义的标准更高。我们必须划清集体所有制和全民所有制的界限，必须划清社会主义和共产主义的界限。目前的人民公社基本上是集体所有制的性质，不能说就是全民所有制，只是含有全民所有制的若干成分。我们的任务是建成社会主义，逐步增加共产主义的因素，为

---

① 参见《邓小平年谱（1904—1974）》（下），1467页。

② 参见《邓小平年谱（1904—1974）》（下），1471页。

过渡到共产主义准备条件。我们必须根据这个质的规定性来制定方针和政策。在谈到商品生产和商品交换问题时，邓小平指出：发展商品生产和商品交换，是发展社会主义经济所必需的。目前我国商品生产和商品交换不是多了，而是少了，应当利用商品生产和商品交换的形式来促进生产的发展。在谈到分配问题时，邓小平指出：按劳分配原则在社会主义建设时期，具有积极的作用，不能加以否定。在谈到集体生活中的个人自由问题时，邓小平指出：凡涉及人民群众生活的事情，应当和群众商量，不能凭主观愿望办事。公共福利事业，如公共食堂、幼儿园、托儿所等，应当用把它办好的方法，吸引群众参加，绝不能用强迫命令的办法。在兴办公共福利时，个人生活资料永远归个人所有，这一点要公开向群众宣布。总之，在集体生活中的个人选择自由，从社会主义到共产主义，不是越来越小，而是越来越大。[①]

邓小平所作的说明，具体阐述了有关人民公社的若干理论和现实问题。八届六中全会通过的、以邓小平的这个说明为主要内容的《关于人民公社若干问题的决议》，是指导人民公社化运动实践的一个纲领性文件。显然，当时这些关于人民公社问题的一系列正确思想，是在中央领导层对各地视察调研中逐步形成的许多正确思想的基础上产生的，当然也包括邓小平本人 9 月至 11 月的三次调研的重要成果。比如，《决议》强调的利用商品生产和商品交换的形式来促进生产发展的问题和集体生活中的个人自由问题等，都是邓小平在三地视察过程中特别注意的问题。从这个角度讲，《关于人民公社若干问题的决议》的出台，是包括邓小平在内的党中央初步纠正“大跃进”特别是人民公社化过程中出现的“左”倾错误努力的集中体现。当然，在当时的认识条件下，这种纠“左”的努力还是初步的和有限度的，是在肯定“人民公社”前提下的纠“左”。但其中包含的一些有价值的思想，即使在今天还是值得肯定和借鉴的。

四、逐步认识和主张纠正高指标错误，力争主动权

1958 年 11 月下旬召开的武昌会议围绕人民公社和 1959 年国民经济计划，着重讨论了高指标和浮夸风问题。随后召开的中共八届六中全会除了通

---

① 参见《邓小平年谱（1904—1974）》（下），1472～1473 页。

过《关于人民公社若干问题的决议》外，还讨论通过了《关于一九五九年国民经济计划的决议》。

进入1959年，由高指标导致的国民经济紧张的局面日益严重。1959年1月6日上午，邓小平主持召开中共中央书记处会议，讨论基本建设和1959年计划问题。在谈到建设材料严重不足时他指出：这是个大问题，各方面都出现了。工业出乱子，可能把整个国家计划搞垮。在谈到1959年计划问题时他指出：今年任务是量力而行，重点是把生产秩序调整好。①

经过第一季度的经济实践，邓小平在计划指标这个问题上的认识更清醒了。4月5日，他在中共八届七中全会上就经济工作作说明时说：经过第一季度的实践，看来我们原来规定的某些生产指标搞大了一点，基建项目多了一点，而原材料的生产是有限度的，不可能保证这样大的生产指标和基建规模。现在看得明白，如果不根据客观的可能来制定计划，就难免在执行的过程中作一些不适当的安排，造成一些人为的困难。其结果不是搞得更多，很可能是搞得更少。他指出：我们都想多搞一点，这是可以理解的。这种热情是宝贵的。但是，如果我们过分夸大人的能动性，制定一个人们难于实现的计划，那我们也会犯主观主义的错误，同样不利于事业的发展。② 4月29日和30日，他在中共中央书记处扩大会议上就计划指标问题又指出：现在还是议论多，方法值得研究，由下而上算。不要再议计划了，解决具体问题，方法是按实际可能来办。根据下面能包多少就包多少，能生产多少就是多少，不要从上面来规定。最后，完成多少，宣布多少。主要抓措施。我完全赞成退够，站稳了，再前进。③

从苦抓计划，到"不要再议计划了，解决具体问题"、"主要抓措施"，《年谱》披露的这些内容表明，邓小平在经济计划问题上有了更为切实、更加深入的思考。5月23日上午，他在中共中央书记处会议上指出：今年人心紧张，我们也累。工业生产计划大致已定，主要问题是督促检查，计划已放宽，取得了自由，现在解放出来了。精神解放了，免得天天紧张得很，取得主动。④ 看来，邓小平对计划问题认识的改变，主要是为了取得经济工作的主动权，避免陷入抓住高指标不放的"死胡同"。他认为眼睛不能死盯着少数几

① 参见《邓小平年谱（1904—1974）》（下），1478～1479页。
② 参见《邓小平年谱（1904—1974）》（下），1502页。
③ 参见《邓小平年谱（1904—1974）》（下），1507页。
④ 参见《邓小平年谱（1904—1974）》（下），1513页。

个指标，而要看到整个国民经济的平衡发展这个大局。基于这一点，他在5月28日的中央书记处会议上强调：思想上应从1 800万吨钢中解放出来，注意力放在全局上，要注意整个国民经济。中央下了决心，退到可靠的阵地。钢、煤、粮、棉四大指标都要下调。在落实的基础上，积极增产。原来那种做法，只会上不去，最后还得下来。现在的问题是，究竟1 800万吨钢完不成事情大，还是国计民生和市场问题大？眼睛只看到1 800万吨钢，就会把全局丢掉，包括丢掉人心。①

从过于相信人的主观能动性、片面追求高速度高指标，到赞成“退够，站稳了，再前进”，邓小平对计划指标问题的上述认识，也大体反映了当时中央领导集体对这个问题的渐进认识过程。1959年五六月间，中央连续发出紧急指示，降低钢产量，强调要搞好综合平衡，国民经济形势开始朝好的方面有所转变。但由于对“大跃进”的错误的严重性仍缺乏清醒的认识，在庐山会议之后，形势又发生逆转，“左”倾错误又继续发展。

五、对1958年工作和“大跃进”进行初步反思和评价

（一）对1958年工作的评价

随着经济工作中一些问题的逐步暴露，就不可避免地存在一个对1958年工作的评价问题。从《年谱》披露的内容看，邓小平在1959年上半年对1958年的工作有一系列的评价，主要包括以下三个方面：

首先，邓小平认为，1958年的工作成绩很大。1959年2月1日，邓小平在省、市、自治区党委第一书记会议上作总结讲话时说：对去年成绩的估计，大家是一致的，成绩是很大的。② 2月20日，他在上海市委工业会议开幕式上讲话时又进一步指出：去年是全面大跃进，各方面发展很快。③

其次，邓小平认为，1958年工作中的最大问题是浮夸风，其造成的损失

---

① 参见《邓小平年谱（1904—1974）》（下），1515～1516页。

② 参见《邓小平年谱（1904—1974）》（下），1486页。

③ 参见《邓小平年谱（1904—1974）》（下），1490页。

也比较大。1959年1月26日，邓小平在省、市、自治区党委第一书记会议上谈到宣传问题时指出：宣传要鼓干劲，但要实事求是，力戒浮夸。去年在宣传方面确实有不实事求是的浮夸现象。[①] 2月20日，他在上海市委工业会议开幕式上讲话时指出：我们对成绩要有足够的估计，但是同时也不能言过其实，迷惑自己。去年下半年宣传工作有点浮夸，有不少是言过其实的。有一些事情本来做得不错，但是擦上了一层厚厚的粉，不光外国人，连我们本国人也不相信。这样的例子在报纸、刊物、电影中都有。公开宣传要谨慎，宁可做的多说的少，不要说的多做的少。[②] 他在6月4日、5日的中央书记处会议上更为明确地指出，这一时期党内最大的损失是浮夸风。[③]

再次，邓小平认为，我们搞经济建设还没有经验，要虚心谨慎、实事求是，不断总结经验。随着国民经济中一系列问题的逐步暴露，邓小平先前对经济建设的乐观估计变得谨慎起来。1958年12月3日，他在中共八届六中全会召开期间，出席周恩来召集的讨论工业问题的会议时就曾发言指出：党对抓工业的经验不足，要形成比较完全的经验还需要若干年。总之，要实事求是![④] 到了1959年，邓小平对这一问题的认识更加明确，体会更加深切，强调得也更多了。比如1959年2月1日，他在省、市、自治区党委第一书记会议上作总结讲话谈到1958年的工作时说：缺点有两种，一种是不可避免的，另一种是对一些问题没有引起注意。不要忽略这方面，要好好把这方面的经验总结一下。[⑤] 6月4日和5日，他在中央书记处会议上又指出：在建设方面，还是要承认自己没有经验，虚心一些好。这一时期党内最大的损失是浮夸风，我们领导上有责任，这也是经验问题。归根结底是要虚心，实实在在研究问题。[⑥] 针对经济建设中的浮夸风、瞎指挥等问题，邓小平2月20日在上海市委工业会议开幕式上还引用毛泽东的话强调指出：毛主席在八大会议上讲，虚心使人进步，骄傲使人落后。我们要永远记住这个教导。[⑦]

---

① 参见《邓小平年谱（1904—1974）》（下），1486页。
② 参见《邓小平年谱（1904—1974）》（下），1490页。
③ 参见《邓小平年谱（1904—1974）》（下），1517页。
④ 参见《邓小平年谱（1904—1974）》（下），1473页。
⑤ 参见《邓小平年谱（1904—1974）》（下），1486页。
⑥ 参见《邓小平年谱（1904—1974）》（下），1517页。
⑦ 参见《邓小平年谱（1904—1974）》（下），1490页。

（二）对"大跃进"的初步反思和认识

随着实践的发展，邓小平对"大跃进"和社会主义建设总路线也进行了初步的反思并逐步形成了一些较为深入的看法。

1959 年 5 月 5 日上午，他在会见匈牙利青年代表团，谈到多快好省的总路线时指出：总路线的提出，首先是根据苏联及其他兄弟国家的经验。总路线本身没有错。多一点，快一点，好一点，省一点，这不会错。鼓足干劲，力争上游，这也不会错。问题在于怎样解决经常出现的矛盾。对于贯彻总路线的具体方法，邓小平认为：我们还在实验，使它完备，还要经过若干年。我们的做法是，一年总结几次，好的就发展，错的就纠正。[①] 6 月 1 日下午，他在会见蒙古驻中国大使鲁布桑时指出：我们的人民公社、社会主义建设总路线和一些具体办法还正在试验。总结过几次，每次都发现不少问题，修修补补，再过几年才能证明它的生命力如何。[②]

从积极贯彻执行社会主义建设总路线，到逐步反思、认识"大跃进"中的一些"左"的做法和错误，到强调"要承认自己没有经验"，再到"我们的人民公社、社会主义建设总路线和一些具体办法还正在试验"，《年谱》反映的相关内容清晰地表明，邓小平在"大跃进"问题上的看法，随着实践的发展在不断深化，也在不断地更加符合客观实际。当然，由于主客观条件的限制，在国民经济发展中的各种矛盾还未充分暴露以前，邓小平和其他中央主要领导人一样，当时还坚持"大跃进"、人民公社化运动和社会主义建设总路线"三面红旗"本身没有错，成绩还是很大的，只是在具体执行上、在一些具体办法和措施上还存在一些毛病，还没有找到一条成熟的路子和途径。但不管怎样，从《年谱》披露的内容来看，从 1958 年底特别是 1959 年第二季度之后，邓小平对经济建设问题的思考愈益趋于冷静和实际了。

（原载《党的文献》2010 年第 4 期，原文题为"邓小平在'大跃进'前后"）

---

① 参见《邓小平年谱（1904—1974）》（下），1509 页。

② 参见《邓小平年谱（1904—1974）》（下），1516 页。

改革开放以来邓小平对发展我国农村经济的探索创新及启示

樊宪雷

新时期的改革开放事业是从农村的改革起步的，是在改革开放的总设计师邓小平的大力推动下开拓前进的。特别是在农村经济发展变革的紧要关头，邓小平总是站在时代的前沿，高屋建瓴地擘画农村经济的未来发展，为突破束缚农村经济发展的旧体制披荆斩棘，开拓创新。关于邓小平对农村经济发展的重要贡献，党的十五届三中全会通过的《中共中央关于农业和农村工作若干重大问题的决定》中给予了充分肯定："农村改革的成功是邓小平理论的伟大胜利。始终坚持以邓小平理论为指导，解放思想，实事求是，这是最根本的经验。"

一、农业发展的两个飞跃——对我国农业经营体制的突破

我国新时期的改革开放事业，是以突破人民公社体制、推行以家庭联产承包为主的责任制为突破口的。人民公社是新中国探索社会主义建设道路的过程中的产物。1958 年 3 月成都会议后，农村中出现了把小型农业合作社并为大社的热潮，并受到了一些中央领导的肯定和支持，将其定名为人民公社。同年 8 月，毛泽东在视察山东时说："还是办人民公社好，它的好处是，可以把工、农、商、学、兵合在一起，便于领导。"[①] 在其后不久的北戴河会议

① 《建国以来毛泽东文稿》，第 7 册，318 页。

上，中央作出了关于在农村建立人民公社的决议。人民公社的特点是“一大二公”，实行政社合一、工农商学兵相结合的原则，公社内部实行高度集中统一管理，贫富拉平，平均分配。这一制度违背了经济发展的客观规律，搞乱了生产关系，造成了国民经济比例的严重失调，挫伤了人民群众的积极性，给社会主义建设造成了重大损失。

对于人民公社制度的弊端，党和国家领导人早在20世纪60年代也已经意识到了，并在一定程度上进行了调整。当时邓小平就主张从人民公社往后退：“公社核算退为大队核算，大队核算又退为生产队核算，退了才能前进。”而且在那个时候他就萌生了“包产到户”的想法：“还有一种可能，就是有些包产到户的，要使他们合法化。”① 1975年邓小平第二次复出后主持全面整顿工作时，又将农村整顿作为了一项重要内容。他说：“四个现代化，比较起来，更加费劲的是农业现代化。如果农业搞不好，很可能拉了我们国家建设的后腿。”②但由于“四人帮”的阻挠破坏，农业整顿最终没能顺利进行下去。

粉碎“四人帮”以后，邓小平重新恢复工作。十年浩劫使我国的国民经济到了崩溃的边缘，特别是农村问题尤为严重，当时有二亿五千万农民还没有解决温饱问题。怎样解决农村问题，成了摆在邓小平面前的重要任务之一。他首先从扭转人们的思想观念、提高农民的生产积极性着手。1977年，他在听取国家计委关于经济计划问题的汇报时指出：“从长远来讲，要注意农村问题，随着工业生产的发展，要逐步缩小剪刀差。将来要考虑提高粮价。增加农民收入，调动农民积极性，这是很大的政策。”同时强调：“农业要有一系列政策，要有具体措施。”③ 要调动农民的生产积极性，调整或废除人民公社体制势在必行。此后不久，他在出访尼泊尔途经成都作短暂停留时，针对农村经济发展问题说：“有些地方养三只鸭子就是社会主义，养五只鸭子就是资本主义，怪得很！农民一点回旋余地没有，怎么能行？”“总要给地方一些机动。”④ 对于人们已经形成的固有思想观念，邓小平也有意识地进行敲打，提醒人们要根据客观实际、实事求是地制定政策，发展生产。在吉林视察时他就指出：“大寨有些东西不能学，也不可能学。比如评工记分，它一年搞一次，全国其他人民公社、大队就不可能这样做。取消集贸市场也不能学。自

① 《邓小平文选》，2版，第1卷，324页。

② 《邓小平思想年谱》，17页，北京，中央文献出版社，1998。

③ 《邓小平思想年谱》，49～50、50页。

④ 《邓小平思想年谱》，54页。

留地完全取消也不能学。小自由完全没有了，也不能学。”[①] 在天津视察时，他说：“大队、小队都有特殊性，不能划框框，不能鼓励懒汉。过去不能碰‘禁区’，谁独立思考就好像是同毛主席对着干。实际上毛主席是真正讲实事求是的。”[②] 1978 年 10 月，在会见泰国新闻代表团时，他又说：“中国这么大，每个省的情况都不同，一个省那么大，各个地区也不同。所以，我们搞农业，主张每个地区独立思考，一切从实际出发，因地制宜。”[③] 总的说来，邓小平一直在强调的，就是要给农民自主权，使他们能够根据当地的实际采取适合当地情况的方式进行生产。

1978 年 12 月，党的十一届三中全会召开，决定将党的工作重心转移到社会主义现代化建设上来，标志着改革开放正式展开。在这次全会上通过的《关于加快农业发展若干问题的决定（草案）》，虽然总的指导思想上还是坚持和改善人民公社三级所有、队为基础的体制，与邓小平在此前的中央工作会议上明确提出的使“生产队能够千方百计地发挥主动创造精神”[④] 的想法有着不小差距，但它毕竟在政策上启动了农村的变革，允许在生产队统一核算和分配的前提下，包工到作业组，联产计酬。

在邓小平和中央一些领导同志对恢复和发展农村政策进行积极探索的同时，一些贫困地区的农民也从底层自发地进行着变革。在十一届三中全会召开期间，安徽省凤阳县梨园公社小岗村也召开了一次会议，并且作出了一个影响深远的决定：“我们分田到户，每户户主签字盖章，如以后能干好，每户保证完成全年上缴的公粮，不再向国家伸手要钱要粮。如不行，我们干部坐牢杀头也甘心，大家社员也保证把我们的小孩养活到 18 岁。”[⑤] 农村悄然发生的实际变化，与邓小平的思考不谋而合。

但阻力依然不小。安徽、四川等地开始实行的家庭联产责任制引起了上上下下的激烈争论。1979 年 9 月，十一届四中全会通过的《关于加快农业发展若干问题的决定》，虽然继续重申包工到组、联产计酬等规定，但却特别强调：“除某些副业生产的特殊需要和边远山区、交通不便的单家独户外，也不要包产到户。”这样一来，一些原本支持包产到户的中央领导很难再讲话，也

① 《邓小平思想年谱》，77 页。

② 《邓小平思想年谱》，83～84 页。

③ 《邓小平思想年谱》，84 页。

④ 《邓小平文选》，2 版，第 2 卷，146 页。

⑤ 《发展中国特色社会主义的必由之路——为什么说改革开放是决定当代中国命运的关键抉择》，载《光明日报》，2008－07－31。

使一些已经推广包产到户的省份感到不小的压力。在这种形势下，包产到户这种新的生产模式能否继续坚持下去并推向全国，成了关系未来农村发展走向的重要问题。

邓小平没有急于表态。1979 年 6 月，当安徽省委书记万里向他汇报包产到户的问题时，邓小平说："不要争论，你就这么干下去就行了，就实事求是干下去。"① 7 月中旬，邓小平又亲自到安徽视察，考察家庭联产承包责任制的情况，用行动表明了自己对于"包产到户"的态度。在邓小平等人的推动下，特别是小岗生产队包产到户、农业丰收的现实，证明了包产到户对于提高农民生产积极性和促进农业生产的重要作用，包产到户的做法在安徽逐渐推广开来。

为了将以"包产到户"为主的家庭联产承包责任制更大范围地推广出去，加快农村改革进程，1980 年 4 月 2 日，邓小平同中央负责人谈到农业问题时说："对地广人稀、经济落后、生活穷困的地区，政策要放宽，使他们真正做到因地制宜，发展自己的特点。要使每家每户都自己想办法，多找门路，增加生产，增加收入。有的可包给组，有的可包给个人。这个不用怕，这不会影响我们制度的社会主义性质。在这个问题上要解放思想，不要怕。"② 5 月 31 日，他在与中央负责工作人员谈话时又进一步强调包产到户的积极作用："农村政策放宽以后，一些适宜搞包产到户的地方搞了包产到户，效果很好，变化很快。安徽肥西县绝大多数生产队搞了包产到户，增产幅度很大。'凤阳花鼓'中唱的那个凤阳县，绝大多数生产队搞了大包干，也是一年翻身，改变面貌。有的同志担心，这样搞会不会影响集体经济。我看这种担心是不必要的。我们总的方向是发展集体经济。"③ 在农村形势发展极为关键的时刻，邓小平发表的这些谈话对于打破僵化观念、消除恐惧心理，为家庭联产承包责任制最终推向全国起了重要的推动作用。1980 年 9 月，中央下发了《关于进一步加强和完善农业生产责任制的几个问题》，明确指出："在生产队领导下实行的包产到户是依存于社会主义经济，而不会脱离社会主义轨道的，没有什么复辟资本主义的危险"。同时还指出："在那些边远山区和贫困落后的地区，长期'吃粮靠返销，生产靠贷款，生活靠救济'的生产队，群众对集体丧失信心，因而要求包产到户的，应当支持群众的要求，可以包产到户，

① 《邓小平年谱（1975—1997）》（上），531 页，北京，中央文献出版社，2004。
② 《邓小平思想年谱》，117 页。
③ 《邓小平文选》，2 版，第 2 卷，315 页。

也可以包干到户，并在一个较长的时间内保持稳定。”至此，以“双包”为基本形式的家庭联产责任制被正式确立为农村生产的主要经营形式。据统计，到 1982 年 11 月，全国实行联产承包制的生产队已占 92.3%，其中包产到户、包干到户的占 78.8%；到 1983 年末，实行联产承包制的生产队占生产队总数的 99.5%，其中实行包干到户的占 97.8%。1983 年 10 月，中共中央、国务院又发出通知：随着农村经济体制的改革，现行农村政社合一的体制显得很不适应，当前的首要任务是把政社分开，建立乡政府。1984 年底，各地政社分设的改革工作最终完成，人民公社旧体制终结了。

在农村实行的以包产到户、包干到户为主要形式的家庭联产承包责任制，实际上是把集体所有的土地长期包给各家农户自主经营，它使农民获得了生产和分配的自主权，把农民的责、权、利紧密结合起来，不仅克服了人民公社体制下吃“大锅饭”、搞平均主义的弊端，而且还纠正了以往管理中过分集中的缺点，极大地调动了农民的积极性，促进了农村经济的快速发展。

邓小平主张实行责任制，并不是主张一包了事，任其发展，更不是主张在农村搞私有制，而是为了解决占中国人口 80%的农民的生活问题。[①] 在推进家庭联产承包责任制的同时，他也在思考着怎样发展农村集体经济、走共同富裕的道路问题。1978 年，他在探索在农村实行责任制的时候就说：“在经济政策上，我认为要允许一部分地区、一部分企业、一部分工人农民，由于辛勤努力成绩大而收入先多一些，生活先好起来。一部分人生活先好起来，就必然产生极大的示范力量，影响左邻右舍，带动其他地区、其他单位的人们向他们学习。这样，就会使整个国民经济不断地波浪式地向前发展，使全国各族人民都能比较快地富裕起来。”[②] 家庭联产承包责任制广泛推开并发挥了巨大作用之后，随着农村经济的不断发展，他在这方面的思考更加深入。

在农村发展集体经济总方向的这根弦一直紧绷在邓小平的头脑之中。早在 1980 年，邓小平就说：“我们总的方向是发展集体经济。实行包产到户的地方，经济的主体现在也还是生产队。这些地方将来会怎么样呢？可以肯定，只要生产发展了，农村的社会分工和商品经济发展了，低水平的集体化就会发展到高水平的集体化，集体经济不巩固的也会巩固起来。关键是发展生产力，要在这方面为集体化的进一步发展创造条件。”[③] 1984 年 3 月 14 日，他

---

① 参见《邓小平文选》，1 版，第 3 卷，117 页，北京，人民出版社，1993。

② 《邓小平文选》，2 版，第 2 卷，152 页。

③ 《邓小平文选》，2 版，第 2 卷，315 页。

在同中央有关方面负责人谈话时又说："农村政策很见效，农村状况确实很好。我们要继续采取措施，使形势更好。在农村，我们终归还是要让农民搞集体经济。"[①]

同时，家庭联产承包责任制并不是一成不变的，它也要根据客观实际的变化进行不断的修改调整，以符合农村的发展实际。邓小平认为，农村的生产发展了，经济水平提高了，包产到户的形式就会有发展变化。[②] 随着形式的变化和"实践的发展，该完善的完善，该修补的修补"[③]。在家庭联产承包责任制推广过程中，也显露出一些不足。比如它在保护集体财产和兴修农田水利等公共设施上能力不足，因为土地分割过于零碎而很难实现农业生产机械化，在技术的更新和培训上也跟不上发展的需要。特别是在一些原本集体经济发展基础比较好、土地面积又比较大的地方，这些不足表现更为突出。应该说，中央在推广家庭联产承包责任制的时候，是考虑到了这些方面的，所以在 1980 年下发的《关于进一步加强和完善农业生产责任制的几个问题》的通知中，特意强调："凡有利于鼓励生产者最大限度地关心集体生产，有利于增加生产，增加收入，增加商品的责任制形式，都是好的和可行的，都应加以支持，而不可拘泥于一种模式，搞一刀切"，"生产过程的各项作业，生产队宜统则统，宜分则分"。但在后来的实际操作中，"分"的分量过了头，而"统"的力量没能真正得到实现。

邓小平也在一直思考着家庭联产承包责任制在农村贯彻实施后，农业得到大力发展后的道路走向问题。思考的结晶，就是"第二个飞跃"思想的提出。1990 年 3 月，邓小平在与几位中央负责人谈到农业问题时说："中国社会主义农业的改革和发展，从长远的观点看，要有两个飞跃。第一个飞跃，是废除人民公社，实行家庭联产承包为主的责任制。这是一个很大的前进，要长期坚持不变。第二个飞跃，是适应科学种田和生产社会化的需要，发展适度规模经营，发展集体经济。这是又一个很大的前进，当然这是很长的过程。"[④] 后来，邓小平又一次谈到这个问题，他说：我以前提出过，在一定的条件下，走集体化集约化的道路是必要的。从长远的观点看，科学技术发展了，管理能力增强了，又会产生一个飞跃。"农业的改革和发展会有两个飞

---

① 《邓小平思想年谱》，280 页。

② 参见《邓小平文选》，2 版，第 2 卷，316 页。

③ 《邓小平文选》，1 版，第 3 卷，371 页。

④ 《邓小平文选》，1 版，第 3 卷，355 页。

跃，第一个飞跃是废除人民公社，实行家庭联产承包为主的责任制，第二个飞跃就是发展集体经济。”他还认为，农村经济最终还是要实现集体化和集约化。[①] 邓小平的农业发展的“第二个飞跃”思想，现在在一些地方已经开始得到试行或实施，它对于我国农业未来的发展，对于现在正在进行的社会主义新农村建设，有着重要的引领意义。

二、调整农产品流通体制和种植结构，突破统购统销和“以粮为纲”的单一农村经济结构

家庭联产承包责任制极大地调动了农民的生产积极性，农业生产得到迅速恢复和发展，农产品数量日益增多。但农产品交易与流通方面的限制又成为了阻碍农业生产进一步发展的新问题。

长期以来，在我国农村实行的是农产品统购统销的流通体制。统购统销政策形成于我国第一个五年计划时期。1953 年，由于生产和发展的需要，城市和工业对粮食的需求量大增，再加上一些投机商的不法买卖活动，使得粮食的社会供给远远不能满足当时的需要，粮食问题成为当时阻碍建设顺利进行的突出难题。为了解决这个问题，中央几经调查、讨论，最终决定实行在农村征购、在城市配售的解决粮食问题的办法，也就是“统购统销”。应该说，中央出台这一政策是非常慎重的，也作了周密的研究。当时主管财经工作的陈云曾说：“我现在是挑着一担‘炸药’，前面是‘黑色炸药’，后面是‘黄色炸药’。如果搞不到粮食，整个市场就要波动；如果采取征购的办法，农民又可能反对。两个中间要选择一个，都是危险家伙。”[②] 为了作出正确的选择，陈云甚至提出了八种可能的方案，经过权衡利弊，最终还是决定实行农村征购，城市配给。陈云说，“粮食不充足，是我国较长时期内的一个基本状况。在这种情况下，采取征购的措施是不可避免的”[③]。统购统销政策实行以后，1953 年至 1954 年粮食年度国家粮食征购量增加 29.3%，圆满完成当年的统购任务，稳定了粮食局面。此后，中央又陆续推出了食用油、棉花、

---

① 参见《邓小平年谱（1975—1997）》（下），1349 页，北京，中央文献出版社，2004。

② 转引自金冲及、陈群主编：《陈云传》（上），847 页，北京，中央文献出版社，2005。

③ 转引自金冲及、陈群主编：《陈云传》（上），849 页。

副食品等主要农产品的统购统销政策。总的来说，统购统销政策的实施，在产品相对紧缺的时期，对于保证人民正常的日常生活、稳定市场秩序、打击投机倒把活动、保证第一个五年计划顺利进行，发挥了重要作用。但我们也应该认识到，统购统销政策是在农业生产没有很大提高的前提下，特别是粮、油、棉等关系人们日常生活的重要产品极端紧缺的情况下不得已而采取的应急之策，并非长久之计。诚如陈云所说："只要工业和农业的生产增加了，消费品的生产增加到可以充分供应市场需要的程度，定量分配的办法就应该取消"①。

邓小平是当年制定统购统销政策的直接参与者和决策者，对于统购统销出台的前因后果，自是了然于胸。当家庭联产承包责任制广泛实行以后，农业生产迅速发展，农产品日益丰富，这个时候，就应该考虑统购统销政策的存留问题了。从改革开放之初，邓小平就注意到了这个问题，并逐步进行调整改善。1977 年 11 月，他在听取国家计委汇报时指出："将来要考虑提高粮价。增加农民收入，调动农民积极性，这是很大的政策。"② 1981 年 6 月，他在会见尼日利亚民族党代表团时又讲，这两年我们农业情况发展比较好主要是因为政策见效，因地制宜，搞多种经营是政策的核心之一。"过去在一些不适合种粮食而适宜种棉花的土地上硬种粮食。现在改种棉花，收入一下子就增加了两三倍。这是新的政策，总结了过去二三十年经验而制定的，很见成效。"③ 邓小平认为，"我国农村过去十分贫困，主要原因之一就是搞'以粮为纲'。当前，我国农村实行生产责任制，实行因地制宜、多种经营的方针，调动了农民的生产积极性"④。1983 年，在与国家计委、国家经委和农业部门负责同志谈话时，邓小平又说："农业翻番不能只靠粮食，主要靠多种经营。农业文章很多，我们还没有破题。"⑤ 在邓小平看来，多种经营是直接推动农村经济快速发展的一个重要手段，"最直接的措施有两条：一是饲养业，二是林果业。大中城市郊区要大力发展牛、羊、鸡、鱼饲养业，国家给予帮助"⑥。他认为："多种经营发展了，并随之而来成立了各种专业组或专业队，

---

① 《陈云文选》，第 2 卷，261 页，北京，人民出版社，1995。

② 《邓小平思想年谱》，49 页。

③ 《邓小平思想年谱》，191 页。

④ 《邓小平年谱（1975—1997）》（下），909 页。

⑤ 《邓小平文选》，1 版，第 3 卷，23 页。

⑥ 《建设有中国特色的社会主义》（增订本），12 页，北京，人民出版社，1987。

从而使农村的商品经济大大发展起来。”①

在邓小平等中央领导的推动下，1979 年，国家大幅度提高了粮食、棉花等 18 种主要农产品的收购价格。1981 年底召开的全国农村工作会议提出，在农副产品的购销中实行合同制。1983 年和 1984 年，又陆续调整了农副产品的购销政策，逐步减少了农副产品统购统销的品种和数量，并采取多种经营。这些措施，逐渐放活了农村的单一种植结构和农产品的流通限制。

1984 年的全国农业大丰收，使得 1985 年出现了农产品的结构性相对过剩，一些地方出现了卖粮难、卖棉难，统购统销政策已经没有必要，而且也满足不了现实的需要了，国家决心彻底取消统派购制度。1985 年 1 月，中共中央、国务院发出了《关于进一步活跃农村经济的十项政策》，对粮油等大宗农产品实行合同定购与市场收购的“双轨制”，除个别农产品外，不再向农民下达农产品收购、派购任务。统购统销制度淡出了历史的舞台，农产品逐步走向了市场。

三、乡镇企业“异军突起”——发展农村经济的新出路

在农村改革的过程中，还出现了一股生机蓬勃、干劲十足的新力量，这就是乡镇企业。乡镇企业的快速发展是农村改革中始料未及的收获，被邓小平赞誉为“异军突起”。1987 年，邓小平在会见外宾时对乡镇企业评价说：“农村改革中，我们完全没有预料到的最大的收获，就是乡镇企业发展起来了，突然冒出搞多种行业，搞商品经济，搞各种小型企业，异军突起。”②

乡镇企业在我国的发展道路是十分曲折的。从新中国成立以来，大致经过了农村副业、社队企业、乡镇企业三个阶段。农村副业是乡镇企业发展的雏形和基础。建国初期，随着农业合作化的发展，各地农业合作社陆续兴办了一批生产设备简单的小作坊式工场，从事各种工副业生产。1958 年 4 月，中央下发《关于发展地方工业问题的意见》，第一次提出了“农村工业”的概念，并指出农业社办的小型工业，以自产自销为主，如农具的修理、农家肥料的加工制造、少量的农产品加工等。同年 8 月，中共中央政治局扩大会议

① 《邓小平文选》，2 版，第 2 卷，315～316 页。
② 《邓小平文选》，1 版，第 3 卷，238 页。

作出的《关于在农村建立人民公社问题的决议》中又提出，“农村工业的发展也要求从农业生产战线上转移一部分劳动力”，使农村工业有了很大发展。同年12月，中共八届六中全会通过的《关于人民公社若干问题的决议》对此作了充分肯定，指出农村工业是逐步实现农村工业化的道路、加快国家工业化的进程和缩小城乡差别的重要途径。然而，随后的“大跃进”运动和农村大炼钢铁、大办工业活动，脱离了农村实际，过多地占用劳动力，不但使农业生产受到严重损失，也使农村工业的发展转入了低谷。“文化大革命”期间，由于极左思想的桎梏，农村的社队企业被当作“资本主义的尾巴”受到限制。

进入改革开放新时期，农村社队企业也迎来了新的发展机遇。党的十一届三中全会通过的《关于加快农业发展若干问题的决定（草案）》明确指出：社队企业要有一个大发展，城市工厂要把一部分宜于在农村加工的产品和零部件，有计划地扩散给社队企业经营，支援设备，指导技术；同时，在邓小平等人的推动下，中央提出了允许一部分人、一部分地区先富裕起来的号召。所有这些，都为农村社队企业的发展创造了条件。1979年7月，国务院颁布了《关于发展社队企业若干问题的规定（试行草案）》，阐明了发展社队企业的重大意义，并对社队企业的发展方针、经营范围，以及国家对社队企业的优惠扶持政策等作了明确规定，把社队企业的发展纳入了党的方针政策指导之下，使其发展有章可循。1983年1月，中央又印发了《当前农村经济政策的若干问题》，进一步肯定了社队企业的合作经济性质，解决了社队企业发展的理论问题。到了1984年，为了适应撤销人民公社建立乡镇政府这一新情况的需要，中共中央、国务院又转发了农牧渔业部《关于开创社队企业新局面的报告》，将农村的“社队企业”更名为“乡镇企业”，同时指出乡镇企业是多种经营的重要组成部分，是农业生产的重要支柱，是广大农民群众走向共同富裕的重要途径，是国家财政收入新的重要来源。文件还要求各级党委和政府对乡镇企业在发展方向上要给予积极引导，按照国家有关政策进行管理，使其健康发展。对乡镇企业要和国营企业一样，一视同仁，给予必要的扶持。至此，乡镇企业正式获得了认可，开启蓬勃发展的局面。

虽然在乡镇企业发展初期，邓小平没有给予过多的指导，但是，在乡镇企业发展过程中的每一次政策突破，都包含了邓小平对农业发展的探索。正是在邓小平积极发展农村经济、开创改革开放新局面的大背景下，乡镇企业才获得了蓬勃发展的条件和可能。随着乡镇企业的快速发展，邓小平及时总结了它的发展经验，为其进一步健康发展给予指导和支持。邓小平认为，乡镇企业的快速发展，是发展农村经济、解决富裕劳动力的重要渠道，是转移农村大量剩余劳动力的“必由之路”[①]。他说：“一搞改革和开放，一搞承包责任制，经营农业的人就减少了。剩下的人怎么办？十年的经验证明，只要调动基层和农民的积极性，发展多种经营，发展新型的乡镇企业，这个问题就能解决。乡镇企业容纳了百分之五十的农村剩余劳动力。”[②] 正因为有了乡镇企业，“农民不往城市跑，而是建设大批小型新型乡镇”[③]。乡镇企业成为活跃农村经济，实现我国工业化、农业现代化的一条新路。邓小平还指出，农村的改革开放，特别是乡镇企业的快速发展，为我国城市工业的改革提供了重要的参考价值。他说：“农村改革的成功增加了我们的信心，我们把农村改革的经验运用到城市，进行以城市为重点的全面经济体制改革。”[④]

四、邓小平对发展我国农村经济的探索创新的启示

改革开放以来，我国农村经济快速发展，这与邓小平不断探索农村经济发展道路、不断创新农村经济政策的努力是分不开的。回顾邓小平对发展农村经济的探索道路，我们可以得到以下启示：

（一）实事求是、一切从实际出发，根据农村发展的客观需要不断调整发展农村经济的政策，是推进农村经济不断发展的重要保证

改革开放以来农村经济不断发展的进程，实际上也是不断解放思想、实事求是的进程。在这一进程中，每当农村经济进入发展的关键时刻，邓小平总能根据农村的客观实际，实事求是地制定农村经济政策，对农村的改革和发展方向给予指导和部署。20 世纪 60 年代，邓小平就提出，“在生产关系上不能完全采取一种固定不变的形式”，“生产关系究竟以什么形式为最好，恐

① 《邓小平文选》，1 版，第 3 卷，214 页。
② 《邓小平文选》，1 版，第 3 卷，252 页。
③ 《邓小平文选》，1 版，第 3 卷，238 页。
④ 《邓小平文选》，1 版，第 3 卷，238～239 页。

怕要采取这样一种态度，就是哪种形式在哪个地方能够比较容易比较快地恢复和发展农业生产，就采取哪种形式；群众愿意采取哪种形式，就应该采取哪种形式，不合法的使它合法起来”①。改革开放后，在推进家庭联产承包责任制的进程中，邓小平又多次强调要根据农村的客观实际，实事求是、因地制宜。他说：“不论搞农业，搞工业，搞科学研究，搞现代化，都要实事求是，老老实实。……所有在一个县工作、在一个公社工作的同志，都要根据一个县、一个公社的条件，在大队工作的同志也要根据一个大队的条件，搞好工作。”② 而且认为，如果不实事求是，中国的现代化建设就没有希望。

任何政策都是基于当时的具体条件而制定的，随着时间的推移、环境的变化，已有的政策或多或少地会出现不适应、不符合新的实际需要的问题，因此要根据变化了的客观现实，进行必要的修改和调整。正如邓小平多次强调的：“我们每走一步，都兢兢业业，大胆细心，及时总结经验，发现问题就做些调整，使之符合实际情况”③。这样，我们的政策才能持续、健康地推动农村经济的发展。

（二）要尊重农民的意愿、选择和首创精神，善于及时发现、总结群众的创造并加以推广，这是我们制定农村政策的活水源泉

面对新的情况和新的问题，在没有任何先验的理论和模式可供借鉴的情况下，只有从实践中不断地摸索总结，形成正确的认识后，才能在现实中真正地发挥指导作用。在探索农村改革政策的过程中，邓小平总是坚持“从群众中来，到群众中去”的路线，积极总结农民的创造和农村工作中产生的经验、措施，作为制定政策的依据。从实践层面来说，家庭联产承包责任制和发展乡镇企业这两项最为重要的改革，都是农民群众的伟大创造。邓小平的伟大之处正是在于他及时地发现并总结了这些源于农村实际的发展经验，并将之上升为理论政策，推广开来，应用于实践。邓小平说：“农村搞家庭联产承包，这个发明权是农民的。农村改革中的好多东西，都是基层创造出来，我们把它拿来加工提高作为全国的指导。”④ “乡镇企业容纳了百分之五十的

---

① 《邓小平文选》，2版，第1卷，323页。
② 《邓小平思想年谱》，77～78页。
③ 《邓小平文选》，1版，第3卷，263页。
④ 《邓小平文选》，1版，第3卷，382页。

农村剩余劳动力。那不是我们领导出的主意，而是基层农业单位和农民自己创造的。”①

广大农民群众是农村改革与发展的直接实践者，在他们中间蕴藏着巨大的创造力和无穷的智慧；再加上我国经济发展水平的不均衡，很多地方的实际情况差异很大。只有放开农民的手脚，为他们创造宽松的环境，“大胆地试，大胆地闯”②，才能够探索出适合当地情况的发展路子，找到解决当地实际问题的有效办法。只要这些办法是有助于建设有中国特色的社会主义，有助于人民的富裕幸福，有助于国家的兴旺发达的，领导机关都可以拿来研究、总结，这样就一定能够制定出为农民所接受、对农民有帮助、对农村发展有益处的方针政策。

（三）调动和保护农民积极性是制定农村政策的出发点和落脚点

邓小平十分重视农村经济的发展问题，一个重要的原因就是，“中国人口的百分之八十在农村，如果不解决这百分之八十的人的生活问题，社会就不会是安定的。工业的发展，商业的和其他的经济活动，不能建立在百分之八十的人口贫困的基础之上”③。邓小平认为：“农民没有积极性，国家就发展不起来。”④“农业本身的问题，现在看来，主要还得从生产关系上解决。这就是要调动农民的积极性。”⑤说起农村的改革，邓小平曾说：“改革首先是从农村做起的，农村改革的内容总的说就是搞责任制，抛弃吃大锅饭的办法，调动农民的积极性。”⑥正是因为以家庭联产承包为主的责任制，让农民看到了劳动的实惠，充分调动了农民的生产积极性，短时间内就促进了农业的快速发展，农村的改革事业才顺利进展。后来，农村基本解决了温饱问题，邓小平等中央领导同志又进一步探索，相继推出了改革农产品流通体制，调整农村产业结构，积极发展多种经营和大力发展乡镇企业的重大决策，进一步促进了农业和农村经济全面深入发展。回顾农村的改革开放，邓小平说：“这

---

① 《邓小平文选》，1版，第3卷，252页。
② 《邓小平文选》，1版，第3卷，372页。
③ 《邓小平文选》，1版，第3卷，117页。
④ 《邓小平文选》，1版，第3卷，213页。
⑤ 《邓小平文选》，2版，第1卷，323页。
⑥ 《邓小平文选》，1版，第3卷，117页。

些年来搞改革的一条经验，就是首先调动农民的积极性，把生产经营的自主权力下放给农民。”① 确是精辟之言。

如今，随着我国农村经济的不断发展，特别是党的十六届五中全会提出建设社会主义新农村的重要决策后，在进一步发展农村经济方面又出现了不少新情况和新问题，怎样适应农村经济发展的需要，不断推陈出新，邓小平探索农村经济发展政策的经验，当有所借鉴。

（原载《改革开放三十年研究文集》，中央文献出版社2009年版）

① 《邓小平文选》，1版，第3卷，180页。

邓小平金融改革思想中蕴含的方法论启示

——兼析2008年越南金融动荡的原因

高长武

金融改革是我国经济体制改革的重要组成部分。关于金融改革，邓小平有过许多精辟、深刻的论述。这些论述不仅是邓小平关于金融改革的思想的具体体现，也是邓小平从国民经济发展和改革开放大局的高度，为我国金融改革给出的方法指导。在经济全球化日益深刻地影响到我国改革开放进程的背景下，对比与我国同样处在社会主义改革进程中的越南在2008年发生的金融动荡，认真学习和研究邓小平关于金融改革的思想，至少可以得到以下五点方法论启示：

一、金融是现代经济的核心。必须把金融工作搞好，有效发挥金融的核心作用，这是关系社会经济发展全局的重要因素

关于金融在现代经济中的地位和作用，邓小平有一个著名的论断。1991年初，邓小平在上海视察听取上海市负责同志的工作汇报时，针对浦东新区"金融先行"的做法，明确指出："金融很重要，是现代经济的核心。金融搞好了，一着棋活，全盘皆活。"[①] 邓小平透过现代经济纷繁复杂的表象，敏锐

① 《邓小平文选》，1版，第3卷，366页。

地抓住了现代经济的核心，对金融在现代经济中的作用给出了科学定位，深刻地揭示了现代经济与金融之间的辩证关系。

金融是人类社会商品货币关系发展的必然产物，金融的发展对社会经济的发展起着重要的促进和推动作用。在现代经济中，金融的作用几乎影响到社会经济生活的各个方面，从社会资源的配置、社会财富的分配，到货币发行、投资就业，再到价格水平、个人收入等等，无不通过金融活动来实现。因此，从这个意义上讲，搞好金融工作，是推动一国社会经济发展的关键。

话分正反两面。从正面来讲，如果金融搞好了，就会给经济发展注入很大的活力，带动整个经济的健康发展。邓小平所说的“一着棋活，全盘皆活”①，就是这个道理。我国改革开放的实践充分说明了这一点。正是在深刻认识金融的核心作用的基础上，我们不断深化金融改革，建立健全金融组织体系、货币制度和资本市场，发展适应市场经济的现代金融，有效发挥金融在经济发展中的核心作用，推动了国民经济持续健康发展。可以说，金融改革的深入和金融业的兴盛，既是我国改革开放取得的巨大成就，也是取得成就的重要原因。

反之，如果金融这盘棋没有下好，必然会影响社会经济的正常发展，甚至导致整个经济的动荡和滑坡，正所谓“一招不慎，满盘皆输”。最近发生在越南的金融动荡就是一个例证。自 1986 年 12 月越南正式实行“革新开放”以来，越南经济保持高速发展，国内生产总值（GDP）迅速增加，创造了所谓的“红河奇迹”，越南也由此被列为“展望五国”之首（其他四国为印度尼西亚、南非、土耳其和阿根廷）。然而，自今年年初以来，越南经济形势急转直下，通货膨胀严重，股市楼市暴跌，越南盾急剧贬值，人民生活受到巨大影响，曾经的投资者的乐土一下子变成了烫手山芋。分析其中的原因，越南政府在金融改革过程中措施不力以至失当，进而导致金融出现问题，是最主要的因素。

二、通货膨胀如果长期得不到治理，就将成为诱发金融动荡甚至危机的一个危险因素。要适时调整货币政策，保持物价平稳，尽量避免出现通货膨胀；一旦出现，要高度重视并立即治理

邓小平十分重视通货膨胀问题。首先，他对通货膨胀的危害有着深刻认

① 《邓小平文选》，1 版，第 3 卷，366 页。

识。1988年夏天，我国不少地方出现了抢购商品、挤提存款的风潮，物价指数一下子上涨了18.5%。针对这一情况，邓小平一针见血地指出："我们现在的问题是通货膨胀，物价上涨得太快，给国家和人民都带来了困难。"[①] 1990年3月3日，他在与中央几位负责同志谈论国际形势和经济问题时，将通货膨胀所带来的危害提到关系政权巩固和社会稳定的高度来认识。他尖锐地指出："世界上一些国家发生问题，从根本上说，都是因为经济上不去，没有饭吃，没有衣穿，工资增长被通货膨胀抵消，生活水平下降，长期过紧日子。""这不只是经济问题，实际上是个政治问题。"[②] 从世界各国治理国家的实践来看，确实如邓小平所判断的，通货膨胀如果不及时治理，就会引发国民经济的无序和混乱，降低人民的生活水平，进而危及社会稳定。

同时，邓小平还对通货膨胀的产生原因和治理方法有精彩论述。1985年1月23日，邓小平在听取中央负责同志汇报经济工作，谈到货币发行与经济增长速度的关系问题时指出：生产增长速度降低1%至2%不要紧。改革走一步看一步好，但是也不要丧失时机。时机丧失了很可惜。票子发那么多，外汇降下来那么多，这是风险。[③] 同年5月15日，在会见新加坡前第一副总理吴庆瑞时，邓小平再次提到货币发行问题：1984年12月，经济体制改革的决定刚刚公布不久，就出现了多发行100亿元票子的事情。这样的事情出现后，国内有人提出了疑问，更多的人是担心。对这种事，我们应该十分注意，切实总结经验教训。倘若出现，发现要早，纠正要及时，这样就能保证我们的事业顺利进行。[④] 邓小平的这些论述，深刻地揭示了导致通货膨胀发生的一个最重要的原因，即纸币发行量超过了流通中实际需要的货币量。因此，适时调整货币政策，严格控制好货币发行量，使货币发行量与经济运行所需的货币流通量相适应，是预防和治理通货膨胀的有效手段。

越南的这次金融动荡，究其起因就是经济出现过热迹象时，政府没有采取得力措施预防通货膨胀，而当通货膨胀出现后，政府的调控措施效果也并不明显。

自2000年以来，越南GDP增长率一直保持在7%以上的高水平，2007年更是达到8.5%。然而，经济高速增长也带来了物价的上涨，特别是2007

---

① 《邓小平文选》，1版，第3卷，288页。

② 《邓小平文选》，1版，第3卷，354页。

③ 参见《邓小平年谱（1975—1997）》（下），1027页。

④ 参见《邓小平年谱（1975—1997）》（下），1045～1046页。

年以来，越南国内基础设施建设增速过快，2007 年固定资产实际投资增速达到 29%的高位[①]，开始出现经济过热的苗头；而从国际环境看，受美国次贷危机影响，发达国家普遍实行从紧的货币政策，巨额热钱开始逃离发达国家资本市场寻求新的投机场所，加上石油、粮食等重要商品价格的普遍上涨，进一步加剧了越南国内面临的通胀压力。在这种形势下，越南政府本该迅速调整货币政策，紧缩银根，因为如果本国货币紧缩不够及时，对需求压制不够大，那么通胀压力将直接导致本国通胀预期的产生，并导致人们对本国货币需求降低，对各种商品包括外汇的囤积需求增大，倘若放任这种通胀预期，通货膨胀就会发生并愈演愈烈。但是，面对这种局面，越南政府既想维持经济高增长，又不愿付出调控代价，迟迟不愿意采取提高基准利率、削减低息贷款规模或者通过加税来遏制总需求等从紧的财政货币政策，来控制通货膨胀。越南政府在通货膨胀压力面前的不作为，致使越南的信贷增速不仅没有降低，反而保持了快速上涨的态势。2007 年，越南国内信贷全年增速高达 54%，2008 年第一季度国内信贷同比竟然增长 65%。

越南政府在遏制通货膨胀问题上的优柔寡断终于酿成了苦果。从 2008 年 5 月开始，越南终于爆发了严重的通货膨胀。根据越南政府公布的数据，越南居民消费价格指数（CPI）与 2007 年同比增幅从 2008 年年初的 10%左右到 5 月份已攀升至 25.2%。其中，食品类价格同比上涨 42.35%，国产食品类同比涨幅高达 67.84%。6 月份 CPI 同比增幅再创新高，达到 26.8%。[②] 通货膨胀严重地影响了人们的日常生活，在有些地方人们不堪忍受通胀之痛，出现了抗议、罢工甚至冲突等情况。根据越南劳动部公布的数据，在过去的 15 个月里，越南发生了高达 600 次的罢工。尽管后来越南政府已认识到了通胀的严重性，出台了包括降低经济增长速度目标、继续加息、降低经常项目赤字、提高商业银行准备金率等调控政策，但由于错过了最佳的调控时机，单凭紧缩政策已难以化解通货膨胀以及由此引发的经济困局，而且由于一些措施出台前准备并不充分，以致宽严失当，更加剧了人们对局势的悲观预期，恶化了金融动荡局面。

越南由通货膨胀引发严重金融动荡的事实，再次证明了邓小平关于通货膨胀论断的正确（此前 1997 年亚洲金融危机就是明证）。结合越南由通货膨

---

① 参见中国银行全球金融市场部全球调研团队：《越南的未来以及未来的“越南”——对越南金融动荡的分析与预测》，见 www.boc.cn 网站。

② 参见苏文：《越南放宽汇率波幅至 2%》，载《第一财经日报》，2008-06-27。

胀引发严重金融动荡的教训，邓小平关于通货膨胀的论断至少有以下几点特别值得注意：第一，通货膨胀危害巨大；第二，治理通货膨胀要及时，愈早愈好；第三，灵活、合理调整货币政策，是治理通货膨胀的有效手段；第四，为了预防或治理通货膨胀，牺牲一点经济增长速度是值得的。

三、利用外资是一柄“双刃剑”。在利用外资问题上，要坚持既积极又适度的原则，既有效利用外资推动经济发展，又不断提高国内需求对经济增长的贡献度，避免经济增长过度依赖外资

处于由计划经济向市场经济转型的国家，转型之初往往面临建设资金不足的难题。而积极吸引和利用外资，是解决这个难题的重要途径。那么，怎样利用呢？对此，邓小平有过多次论述。

一方面，邓小平强调要积极利用外资。在改革之初，邓小平就提出了利用外资的问题。1979 年 10 月 4 日，他在中共省、自治区、直辖市委员会第一书记座谈会上指出：“利用外资是一个很大的政策”，“应该坚持”。“外资是两种，一种叫自由外汇，一种叫设备贷款。不管哪一种，我们都要利用，因为这个机会太难得了，这个条件不用太可惜了”①。同年 11 月 26 日，邓小平在会见美国不列颠百科全书出版公司编委会副主席吉布尼和加拿大麦吉尔大学东亚研究所主任林达光等时，又进一步指出：“应该充分利用世界的先进的成果，包括利用世界上可能提供的资金，来加速四个现代化的建设。”② 此后，邓小平还多次强调要大量吸收外国资金和技术来加速我国社会主义现代化进程。

另一方面，邓小平也特别强调，利用外资要合理、适度，不能过分依赖外资，主要还是靠自力更生。1980 年 1 月 16 日，邓小平在中共中央召集的干部会议上谈到当时的任务和形势时指出：“我们要利用外国的资金和技术，也要大力发展对外贸易，但是必然要以自力更生为主。”③ 对外借债是利用外

① 《邓小平文选》，2 版，第 2 卷，198 页。
② 《邓小平文选》，2 版，第 2 卷，234 页。
③ 《邓小平文选》，2 版，第 2 卷，257 页。

资的一种重要形式，邓小平在多个场合对此作出过分析。1983 年 1 月 12 日，邓小平会见墨西哥统一社会党代表团，在谈到发展中国家的债务问题时，他说：建设量力而行，这是我们的方针。宁肯速度不要太快，也不要欠太多的债，借债必须放在有能力偿还的基础上。① 1985 年 9 月 21 日，邓小平在会见日中经济协会访华团时又以拉丁美洲国家为例，说明举债过多的路“我们是不可以走的”②。1986 年 12 月 19 日，在同几位中央负责同志谈话时，邓小平再次强调：“对借外债要作具体分析。有些国家借了很多外债，不能说都是失败的，有得有失。”“我们要借鉴两条，一是学习他们勇于借外债的精神，二是借外债要适度，不要借得太多。”③ 邓小平这三段分析所表达的核心意思，就是举债要适度，而衡量适度的标准是借债规模是否与偿还能力和经济实际相适应。

上述两个方面是邓小平关于利用外资的思想的两个基本点，二者互相联系，不可偏废，忽视了哪一点，都不利于经济发展。面对本国资金困难的局面却不敢大胆、有效利用外资，对于本国经济发展无疑是个损失；而盲目地不加限制地引进外资，则容易导致本国经济对外资的过度依赖，削弱经济自主度。对于寻求改革和开放的发展中国家而言，如果说改革和开放之前或乍一开始的时候，容易犯排斥外资的错误的话，那么，当改革到了一定阶段，就往往容易陷入过分依赖外资的误区。2008 年越南的金融动荡之所以发生，其中一个很重要的原因就是越南经济过分依赖外资。

为了创造良好的投资环境，吸引外资，越南于 1987 年实施了《外国投资法》，对一些建设项目特别是大项目、基础设施建设项目以及高科技项目的引资采取了极为宽松和优惠的政策。同时，越南还提供了更多优惠的外部融资条件，比如，允许外国金融机构进入，提高其对境内金融机构的参股比例等，来降低外国企业投资中所产生的交易成本。政府政策的引导使越南吸引外资的数量呈快速增长态势。据统计，1991 年，越南利用外资的总规模仅为 10 亿美元左右，而截至 2007 年，越南累计批准 9 500 多个外商直接投资（FDI）项目，合同金额约达 980 亿美元。仅 2007 年一年，FDI 总额就达到 178.56 亿美元，为 2006 年 76.66 亿元的 232.9%，约占整个越南 GDP 的 1/4。2008 年前 5 个月，更多的 FDI 流入越南，达到 147 亿美元，占到今年预计 GDP 的 1/6 强。这些投资中有很大一部分流向了股市和房地产等容易产生波动的资

---

① 参见《邓小平年谱（1975—1997）》（下），881 页。

② 转引自高屹、许保利：《邓小平论中国金融改革问题》，载《中国金融》，1999（10）。

③ 《邓小平文选》，1 版，第 3 卷，193 页。

本市场。据统计，越南股市大约一半的交易量来自外国投资者，2008 年 5 月份这一数字高达 77%。[①] 外资在越南股市的投资总额约占越南股市总市值的 25%。在 2007 年 3 月最高点 1 170 点时，外资在越南股市的投资总额，按照当时市值计算，竟然达到了越南 GDP 的 40%。另一方面，为了尽快缩小与东亚其他国家的经济差距，越南政府持续高投资，大量举借外债。根据世界银行早先的预测，2008 年越南的外债规模达到 240 亿美元（占 GDP 的 30.2%），且有不少将在当年底到期。截至 2007 年 3 月份，越南的外汇储备总额为 185.33 亿美元[②]，即便以 30%的高增长率估计，2008 年越南的外汇储备也就是接近 240 亿美元，与外债规模大致持平。

分析上面的数据可以得见，越南经济的增长对外资的依存度很高，而内部需求对经济增长的贡献度相对较低。从表面上看，大量外资流入似乎缓解了越南的财政资金紧张问题，但是，一旦越南经济形势出现波动，曾经热情高涨的外资就会选择迅速逃离。而且，有些外资实质上是国际热钱在“投资”的外衣下进入越南的，其目的无非是通过投机攫取暴利，它们来得快，跑得更快。这大大增加了越南经济的不稳定性，严重降低了越南经济抗御风险的能力，外资大量撤离给越南经济带来的严重后果由此可想而知。而事实上，从今年 5 月开始，越南就出现了这样的情况。越南官方公布的数据显示，2008 年以来，越南 CPI 相比 2007 年继续上涨，上涨幅度到 6 月份超过 26%，刷新了 10 年来的最高纪录；6 月 11 日，越南股市跌至 370 点，与 2007 年 3 月 12 日的最高指数 1 170 点相比，缩水 68%；越南两大主要城市胡志明市和河内的房地产价格已较最高点下跌 15%～20%，一些黄金地段楼价下跌甚至超过 50%；越南盾也在连续下跌 2 个月后，6 月 11 日再跌 2%，1 美元兑换 16 623.50 盾，创下 1998 年 8 月 11 日以来的最大单日跌幅。[③] 越南金融业一时处于飘摇动荡之中，越南经济也受到很大影响。

从上述越南的情况来看，利用外资问题并不是一件简单的事情。在这个问题上，邓小平关于积极而又合理利用外资的思想，无疑给我们提供了重要的方法论指导。

---

① 参见中国银行全球金融市场部全球调研团队：《越南的未来以及未来的“越南”——对越南金融动荡的分析与预测》，见 www. boc. cn 网站。

② 参见李欣：《越南经济亮红灯》，载《中国城乡金融报》，2008 - 06 - 12。

③ 参见中国银行全球金融市场部全球调研团队：《越南的未来以及未来的“越南”——对越南金融动荡的分析与预测》，见 www. boc. cn 网站。

四、成熟健康的银行体系是抵御金融风险、推动经济发展的重要保障。必须“把银行真正办成银行”，提高银行信贷资产质量，充分发挥银行在现代经济中的杠杆作用

银行是现代市场经济中重要的微观主体，也是现代金融体系的核心力量，因此，建立成熟健康的银行体系，应该成为建立适应社会主义市场经济发展需要的现代金融的现实起点。邓小平以其深邃的洞察力抓住了问题的要点。改革开放伊始，邓小平就针对计划体制下银行形式单一、经营不独立、资金供给效率低等弊端，高瞻远瞩地提出：“必须把银行真正办成银行。”[①] 1986年12月19日，邓小平再次指出：“要把银行真正办成银行。我们过去的银行是货币发行公司，是金库，不是真正的银行。”[②] 邓小平所说的要“真正办成”的“银行”应该有两大类。一是商业银行。1979年10月8日，邓小平出席中共中央召开的各省、市、自治区第一书记座谈会时插话说：是不是设想把银行作为发展经济、更新技术的杠杆。银行本来是要生利的，可是我们现在的银行只是算账，当会计，并没有真正起银行的作用。[③] 具体地来说，邓小平这里所指的银行应该是自主经营、自负盈亏的经营货币的现代企业。只有这样的银行才能有效地配置资金，提高资金使用效率，成为“发展经济、更新技术的杠杆”。二是中央银行。邓小平认为中央银行不能只是“货币发行公司”和“金库”，更为重要的是成为具备制定和执行货币政策、维护金融稳定、提供金融服务职能的经济宏观调控部门。

根据邓小平关于银行改革的思想，从1979年开始，我国进行了以银行改革为突破口的金融体制改革。经过30年的努力，已经建立起由“一行三会”（即中国人民银行、银监会、证监会、保监会）、三大政策性银行、四大国有商业银行、多家全国性股份银行和区域性城市商业银行、地方农村信用社、邮政储蓄以及部分外资银行等组成的比较健全的银行体系。这些银行适应并推动了社会主义市场经济的发展，真正起到了“经济杠杆”的作用，特别是

---

① 《邓小平文选》，2版，第2卷，200页。

② 《邓小平年谱（1975—1997）》（下），1159页。

③ 参见《邓小平年谱（1975—1997）》（上），565页。

在 1997 年亚洲金融危机中，为保持我国金融和经济稳定、降低金融危机带来的影响提供了保障。当然，我国目前的银行体系中也还存在一些问题，需要不断完善。

在这次越南金融动荡中，越南银行的许多问题暴露出来。首先是越南央行。越南投资过热的预警在 2007 年下半年早已拉响。2007 年，越南贷款增长幅度接近 50%，CPI 增幅也达到了 10%的高点。到了 2008 年，银行系统的信贷增长仍在持续，CPI 继续上扬，居民实际生活水准开始下降，内需出现明显不足，这时，通货膨胀上行的形势已非常明显。但或许是由于越南央行对通胀的严峻形势根本就没有认识清楚，抑或被连续多年的经济高增长蒙蔽了眼睛，越南央行并没有迅速采取措施，比如实行紧缩货币政策，监管和限制信贷投放等。其次是商业银行。越南银行比较多地存在着机构发育不成熟、资本金不充分、放贷监管不严、脱离经济发展等问题。许多银行（特别是股份制银行）没有把重心放到促进实体经济的发展上，而是将大量资金投向股票和房地产市场，比如一些合资银行股票抵押贷款量占全部贷款量的 30%～40%，这不仅制造了很多经济泡沫，而且使银行体系直接受到股市风险的威胁。也有不少银行在对企业还款能力没有进行认真考察的情况下，给国内企业特别是国有企业提供了大量的低息贷款，形成大量不良信贷资产。因此，越南民众对本国货币和银行体系明显信心不足，个人储蓄中仅有大约 40%放在银行，其他以美元、黄金等形式存在，以至于出现了在现代经济条件下还有新建楼盘以黄金开价的有意思的现象。如此一来，货币政策调整的效果势必大打折扣。由于这些问题的存在，银行不仅没能在“社会主义定向的市场经济”中很好地发挥“经济杠杆”的作用，给越南金融稳定提供有效保障，而且成为这次金融动荡的诱因。这也充分表明，“把银行真正办成银行”，完善银行体系，对于一国金融和经济的稳定发展是多么重要。

五、金融改革没有现成的方案，也不可能一蹴而就。必须结合我国实际，坚持“既大胆又慎重”和渐进、可控的原则，排除新自由主义金融观的干扰，探索中国特色的社会主义金融改革之路

改革有没有现成的方案？改革的速度如何把握？这是改革开放过程中必

须予以解答的问题。邓小平适时地给出了答案。他认为，改革“没有现成的经验可以照搬，一切都要根据我国的实际情况来进行”①；改革“不能蛮干”，“必须有秩序地进行”，做到“既大胆又慎重”②，“每走一步都要总结经验”③，稳步前进。作为我国经济体制改革的重要组成部分，金融改革当然也要坚持这种立足我国实际、稳步推进的方针。事实上，对金融改革，邓小平也确实是分步骤、分阶段提出具体要求，循序渐进地将其推向深化的。从银行改革到物价改革，再到股票、债券市场的建立，莫不如此。其后我国的金融改革和开放，也都是在坚持主动性、可控性和渐进性原则的基础上，根据我国市场经济发展的实际情况，经过不断探索、总结、再探索的过程而稳步推进的。

关于改革的社会主义方向问题，邓小平一直都特别强调。他认为，改革是社会主义的自我完善和发展，改革必须坚持四项基本原则，如果脱离了社会主义方向，我们的改革就是失败的。他还十分注意拉丁美洲国家的改革，明确指出我们不能走他们的路子。邓小平如此强调改革的方向问题，除了我国改革本身的性质之外，还和改革所处的时代背景密切相关。虽然和平与发展已经成为时代的主题，但是两种社会制度的斗争还会持续下去，西方资本主义国家颠覆社会主义制度的图谋没有变，它们还会通过一切手段特别是借社会主义国家改革之机，向社会主义国家输入西方价值观，来影响、破坏甚至颠覆社会主义制度。新自由主义的经济政策（往往是以新自由主义金融观为先导）就是西方国家向包括社会主义国家在内的广大发展中国家重点推介的“改革良药”。

然而，这真的是一剂良药吗？许多国家的遭遇，早已证明这实际上不过是一副毒药。不幸的是，这次越南以沉痛的代价再次给出了证明。1986 年，越共六大决策实行“革新开放”。由此开始，越南在认真学习和吸收社会主义国家特别是中国改革开放的实践经验的基础上，结合本国实际，出台了一系列改革措施，把改革稳定地推向前进，取得了显著成绩。但是在成绩面前，越南政府有些头脑发热，为实现在不长的时间内“超印赶中”的目标，过度地追求经济高增长。此时，一些西方经济学家趁机向越南政府提供政策咨询（主要是新自由主义政策），对其进行“春风化雨”般的劝导，再加上

---

① 《邓小平文选》，1 版，第 3 卷，248 页。
② 《邓小平文选》，1 版，第 3 卷，199 页。
③ 《邓小平文选》，1 版，第 3 卷，219 页。

部分受过西方教育、颇受新自由主义政策熏陶的越南本国经济学家从旁鼓劲，越南政府受到了很大影响，武断地认为革新开放的步子不够大，思想还不够解放。于是，越南政府脱离实际地加快了改革步伐，把改革引向了误区。这集中体现在金融改革方面。为迎合国际金融机构和西方社会的赞许，越南加大了金融市场开放程度，加快了资本自由化进程。2000 年，越南在胡志明市成立了第一家证券交易所，但是为了加快吸引资本特别是外资，2005 年又在河内开了一家。2006 年 3 月，越南总理潘文凯签署文件，称越南将全面开放本国金融市场，外资银行可从事金融、开放、投资方面所有的业务；同年 11 月越南加入世贸组织后，过快地开放了本国资本账户，外资持有上市公司股票的上限迅速放宽到 49%。2007 年 12 月，越南放宽汇率管理，将越南盾对美元的汇率浮动区间由 0.5 提高到 0.75，2008 年 3 月提高到 1%，5 月又提高至 2%。如此快的金融开放过程，吸引了大量外资特别是国际热钱的流入，造成了巨大的金融泡沫，为国际投机商施展“提款机战术”，套取巨额利润提供了便利，越南金融风险陡增。然而，越南政府显然没有意识到这种风险。2008 年 1 月，在纪念越南正式成为世贸组织成员一周年的论坛上，越南副总理范家谦兴奋地说：“实际上，我们所开放的市场比对世贸组织所承诺的更快更宽，而这一切首先是为了国民经济的发展”，“下一步，越南要继续加快国内经济革新的进程”①。可是，两个多月后，越南就发生了严重的金融动荡。

越南的教训表明，金融改革不能急于求成，新自由主义的金融观也不适合发展中国家，把握好改革的节奏和次序，循序渐进地探索符合本国实际的具有本国特色的金融改革之路才是上策。

改革开放 30 年来，我们将邓小平关于金融改革的思想运用到金融改革的实践中，保证了我国金融改革没有发生大的问题，特别是成功抵御了 1997 年亚洲金融危机，实现了金融改革的平稳推进，为社会经济全局的发展和进步提供了可靠保障。同时，应该看到，我国金融业也还存在不少问题，必须予以高度重视。这次的越南金融动荡表明，金融改革之路并不平坦，稍有不慎就会引发严重后果。在我国今后的金融改革过程中，肯定还会遇到许多新问题，有些问题或许会比较尖锐和棘手。继续深入学习和研究邓小平关于金融

---

① 转引自吴金勇、袁瑛：《越南遭遇经济危机》，载《商务周刊》，2008-06-20。

改革的思想，特别是仔细体会和认真借鉴其中蕴含的方法论启示，对于我们解决好这些问题大有裨益。

（原载《广东行政学院学报》2008 年第 6 期，原文题为“邓小平金融改革思想及其方法论启示——以 2008 年春夏之交的越南金融动荡为背景”，原文收入本书时有改动）

邓小平的晚年思考及其启示

戚义明

在历史上，伟大人物的晚年总是令人着迷，尤其对于像邓小平这样开辟了一个伟大新时代的领袖人物来说，更是如此。作为改革开放的总设计师，邓小平在晚年对改革开放和现代化建设有哪些重要的战略思考呢？系统考察这个问题，有助于我们更好地走进伟人晚年丰富的内心世界；对于我们今天更好地坚持改革开放、加快推进现代化建设，也具有重大意义。

一、对本文研究范围、研究内容、研究方法的简要说明

研究邓小平的晚年思考，首先有三个问题需要说明。

第一个问题是研究范围，即研究邓小平的晚年，其上界从何算起？大致来说可以有三种划分法：第一种划分是从 1987 年 10 月党的十三大的召开算起，因为在党的十三大上，邓小平退出了中央委员会，从而也退出了一线领导机构；第二种划分是从 1989 年 11 月中共十三届五中全会算起，因为这次会议同意邓小平辞去最后一个职务——中央军委主席，从而实现了其完全退休的愿望；第三种划分是从 1992 年 10 月党的十四大的召开算起，因为这次大会在组织上最终完成了从第二代中央领导集体向第三代中央领导集体的过渡。本文倾向于第二种划分。但是，为了全面把握邓小平的晚年思想，我们有必要把考察的起点向前回溯半年，即从 1989 年 5 月算起。因为在此之后的

半年里，邓小平一直在酝酿着退休，其间的思考是他的“政治交代”，也应归属于他晚年思想的范畴。这样把握邓小平的晚年思想也更具完整性和连续性。

第二个问题是研究内容。邓小平晚年有很多思考，本文不是全盘照录，“眉毛胡子一把抓”，而是选择邓小平作为一个伟大政治家在晚年所思考的那些事关党和国家前途命运、事关改革开放和现代化建设的全局性问题来考察。

第三个问题是研究方法。本文力图史论结合，对邓小平的晚年思考进行全景式、轮廓式的考察，力图完整表现晚年邓小平，使伟人形象更加丰满。换言之，本文的研究方法是要以人物为中心，而不是以理论为中心，否则就变成邓小平理论研究了。

二、邓小平晚年思考的三个阶段及主要内容

（一）退休前后的“政治交代”（1989年5月—1989年底）

早在1980年，邓小平就提出要改革党和国家的领导制度，废除领导干部职务终身制。在1987年党的十三大上，邓小平退出中央委员会，留任中央军委主席，实现“半退”。此后，实现完全退休一直是邓小平的一个夙愿。在1989年五六月间酝酿平息政治风波和风波平息之后，邓小平在同中央负责同志的谈话中多次提出要真正建立起第三代中央领导集体。[①] 并且明确表示：“新的领导班子一经建立了威信，我坚决退出，不干扰你们的事”[②]，“绝不要正式再搞个什么头衔”，“不希望在新的政治局、新的常委会产生以后再宣布我起一个什么样的作用”[③]。这表明，邓小平退休的愿望已经比较坚定了。1989年8月17日，他在同杨尚昆、王震的谈话中更是明确表示了要在1989年年内退休的想法。9月4日，他正式同中央负责同志谈话，商量自己退休

---

① 1989年5月31日，邓小平同李鹏、姚依林谈话，在谈到平息政治风波后怎么办时提出要更换领导层，“真正建立一个新的第三代领导”（《邓小平文选》，1版，第3卷，298页）。1989年6月16日，邓小平在同中央负责同志谈话时开宗明义地指出：“我们中国共产党现在要建立起第三代的领导集体。”（《邓小平文选》，1版，第3卷，309页）

② 《邓小平文选》，1版，第3卷，301页。

③ 《邓小平文选》，1版，第3卷，310、311页。

的时间和方式，提出希望在 11 月初十三届五中全会召开时正式退休。他说，到那时“政治局面就比较平静了，这是个时机”①。同日，他致信中共中央政治局，请求辞去中央军委主席职务。11 月初，十三届五中全会同意了邓小平的请求，并高度评价他对党和国家作出的卓著功勋。至此，邓小平实现了完全退休的夙愿。

作为第二代中央领导集体核心，邓小平在酝酿退休期间，对党和国家的一些重大问题作了很多思考和交代，其中最重要的是两条：一是要继续贯彻党的“一个中心、两个基本点”的路线；二是要选出一个好的中央领导集体。前一条是政治路线问题，后一条是组织路线问题。在邓小平看来，只有这两个问题解决好了，他才算是圆满完成了自己的历史使命。

1. 要坚定不移地执行党的十一届三中全会以来的路线方针政策

十一届三中全会以来，邓小平带领全党和全国人民开辟了一条新路，这就是十三大概括的“一个中心、两个基本点”的基本路线。1989 年 5 月 16 日，邓小平在会见苏共中央总书记戈尔巴乔夫，总结自己在改革开放后所做的事情时，将对国内工作的参与概括为“确定了党的基本路线，确定了以四个现代化建设为中心，确定了改革开放政策，确定了坚持四项基本原则”②。可见，他对自己所做的工作最看重的就是确立了“一个中心、两个基本点”的路线。在酝酿“交班”时，他首先强调的也是这条路线不能变。他指出：“我们原来制定的基本路线、方针、政策，照样干下去，坚定不移地干下去”③。既不能因为发生了政治风波，而否定我们制定的在 21 世纪中叶达到中等发达国家水平的发展目标和“三部曲”的发展战略；也不能因为政治风波和领导人的变换，而否定我们的基本路线，否定改革开放政策，否定四项基本原则。针对一部分同志因为十三大报告是赵紫阳所作而主张加以否定的做法，邓小平强调：“十三大政治报告是经过党的代表大会通过的，一个字都不能动。”④

新时期最鲜明的特征是改革开放。在政治风波发生后，国际上普遍关注中国的改革开放政策会不会因此而改变，国内也确实有人主张“收”。邓小平

① 《邓小平文选》，1 版，第 3 卷，316 页。
② 《邓小平文选》，1 版，第 3 卷，295 页。
③ 《邓小平文选》，1 版，第 3 卷，307 页。
④ 《邓小平文选》，1 版，第 3 卷，296 页。

对此明确指出，改革开放这个基本观点没有错，要一直讲到底。对“十年改革开放的成绩要充分估计够”，“没有改革开放，怎么会有今天?”[①] 不仅如此，邓小平还提出要进一步深化和扩大改革开放。他指出：“现在的问题不是改革开放政策对不对，搞不搞，而是如何搞，开哪方面，关哪方面。”[②] “要把进一步开放的旗帜打出去”，“要做几件事情，表明我们改革开放的政策不变，而且要进一步地改革开放”[③]。在邓小平看来，之所以必须坚持而且要进一步扩大改革开放，是因为不如此，我们的发展目标和发展战略就会落空。他说：“改革开放放弃不得”[④]，“如果放弃改革开放，就等于放弃我们的根本发展战略”[⑤]。这些重要论述，在当时的政治环境下澄清了错误认识，统一了大家的思想，保证了改革开放的继续进行。

党的基本路线的另一个重要方面——坚持四项基本原则，是邓小平在改革开放之初提出来的，是改革开放顺利进行的政治保证。然而一段时期内我们对四项基本原则贯彻得不够，导致资产阶级自由化思潮泛滥，造成思想上的混乱，最终酿成了 1989 年春夏之交的政治风波。在政治风波期间，邓小平一直在深入反思这个问题：四项基本原则有没有错？他的思考结论是：“我们没有错。四个坚持本身没有错，如果说有错误的话，就是坚持四项基本原则还不够一贯，没有把它作为基本思想来教育人民，教育学生，教育全体干部和共产党员。”[⑥] 早在 1989 年 3 月，邓小平就曾多次提出，十年来我们的最大失误是在教育方面。[⑦]在政治风波平息之后 6 月 9 日的讲话中，他再次强调要改变“一手比较硬，一手比较软”的状况，加强对包括青年学生在内的全体人民的教育。邓小平这里讲的教育主要是指思想政治教育，包括四项基本原则的教育、爱国主义教育、艰苦奋斗教育、国情教育、理想教育等等。在他看来，不坚持四项基本原则、加强思想政治教育，我们就不能形成共同的理想和信念，就不能保持安定团结的政治局面，就不能形成良好的社会秩序和社会风气，就不能保证改革开放沿着正确的方向健康前进。

---

① 《邓小平文选》，1 版，第 3 卷，306 页。
② 《邓小平文选》，1 版，第 3 卷，308 页。
③ 《邓小平文选》，1 版，第 3 卷，313 页。
④ 《邓小平文选》，1 版，第 3 卷，318 页。
⑤ 《邓小平文选》，1 版，第 3 卷，347 页。
⑥ 《邓小平文选》，1 版，第 3 卷，305 页。
⑦ 参见《邓小平年谱（1975—1997）》（下），1268、1270 页。

2. 建立一个有希望的中央领导集体

政治路线问题解决之后，干部就是决定因素。邓小平在酝酿退休期间考虑的另一个重大问题就是要建立一个有希望的领导集体。1989 年 5 月 31 日，邓小平在同李鹏、姚依林谈话谈到平息政治风波后怎么办时提出，要改换领导层，建立一个有希望的领导班子。这里所说的领导班子主要是指中央领导机构。在邓小平看来，中国一切问题的关键在于要有一个好的中央政治局、政治局常委会、书记处，这样国家大局才能稳如泰山。那么，什么样的中央领导集体才是人民满意的有希望的领导集体呢？在改换领导层之际，邓小平提出了三条主要标准。

第一，首要标准是坚持改革开放。在政治风波平息之后，什么样的人进入新的领导机构，众所瞩目。邓小平认为，新的领导班子要取信于民，除了旗帜鲜明地反腐败外，最关键的是要真正坚持改革开放，这样人民才会放心。“如果我们摆一个阵容，使人民感到是一个僵化的班子，保守的班子，或者人民认为是个平平庸庸体现不出中国前途的班子，将来闹事的情形就还会很多很多，那就真正要永无宁日。”① 因此，他提出要从改革开放的角度选人，“要选人民公认是坚持改革开放路线并有政绩的人，大胆地将他们放进新的领导机构里，要使人民感到我们真心诚意要搞改革开放”②。

第二，关键问题是要团结。一个团结的中央领导集体才是稳定的，也才是最有战斗力的。只要中央领导集体是团结的，“即使是平平稳稳地发展几十年，中国也会发生根本的变化”③。邓小平所说的团结主要包含两层意思。一是党内不能形成小派、小圈子。“小圈子那个东西害死人呐！很多失误就从这里出来，错误就从这里犯起。”④ 二是要相互包容、容忍。在他看来，人无完人，每个人都有缺点和弱点，他提出“要相互容忍，相互谦让，相互帮助，相互补充，包括相互克服错误和缺点”⑤。只要领导集体是团结的，就能拧成一股绳，劲往一处使。这样即使“人们对班子里的每个人都会有这样那样的意见，但对整个集体表示满意就行了”⑥。

---

① 《邓小平文选》，1 版，第 3 卷，296 页。
② 《邓小平文选》，1 版，第 3 卷，300 页。
③④ 《邓小平文选》，1 版，第 3 卷，301 页。
⑤ 《邓小平文选》，1 版，第 3 卷，318 页。
⑥ 《邓小平文选》，1 版，第 3 卷，298～299 页。

第三，根本要求是眼界和胸襟非常开阔。在邓小平看来，进入中央领导集体的成员责任重大，因此每个人在责任心、领导水平、工作作风等方面都要自觉地变化。要管大事，“考虑任何问题都要着眼于长远，着眼于大局”①；“放眼世界，放眼未来，也放眼当前，放眼一切方面”②。一句话，就是要有长远眼光、大局意识和责任意识。

此外，领导班子建设方面还要注意培养和使用年轻人，使领导班子的年龄结构更加合理，使党的事业后继有人，这也是邓小平一直注意思考并着重解决的问题。

（二）指明新的方向，吹响新的号角（1990年初—1992年10月）

进入20世纪90年代初，中国的改革开放和现代化建设处于一个新的关口。从国际上来说，苏东局势的持续恶化使社会主义事业处于低潮，西方大国也在联合对我进行制裁，我们面临的国际形势一度十分严峻。从国内来说，政治风波的发生也使一些人对改革开放提出质疑，“左”倾思想有所抬头。这引起了邓小平的深思和担忧。在政治局面稳定之后，能不能争取较快的发展速度，成为他思考的一个中心问题。当时，经济治理整顿已取得明显成效，经济过热和通货膨胀的势头得到有效遏制，经济形势趋向好转。但邓小平也敏锐地提出了他的隐忧。1990年3月3日，他在同中央负责同志谈话时说：“现在特别要注意经济发展速度滑坡的问题，我担心滑坡”，“我们要力争在治理整顿中早一点取得适度的发展”③。

什么叫适当的发展速度？就是要能保证我们“三步走”的战略目标的顺利实现。在邓小平看来，实现适当的发展速度，“这不只是经济问题，实际上是个政治问题”④。经济能不能保持适当的发展速度，人民生活水平能不能够稳步提高，这关系到我们的发展战略能不能实现，关系到社会主义制度能否得到巩固。为了实现适当的发展速度，他特别强调以下三点：

第一，实现适当的发展速度，必须有宏观的战略。邓小平指出：“要实现适当的发展速度，不能只在眼前的事务里面打圈子，要用宏观战略的眼光分

① 《邓小平文选》，1版，第3卷，298页。
② 《邓小平文选》，1版，第3卷，300页。
③④ 《邓小平文选》，1版，第3卷，354页。

析问题，拿出具体措施。”① 比如，抓上海，抓浦东开发，就是一个大战略、大措施。1990 年、1991 年和 1992 年，邓小平连续三年春节期间都在上海谈到，上海搞晚了，浦东开发晚了。他说：“开发浦东，不只是浦东的问题，是关系上海发展的问题，是利用上海这个基地发展长江三角洲和长江流域的问题。”② 可以看出，他是从全国发展的大局出发来思考上海开发问题的。

第二，实现适当的发展速度，必须进一步深化和扩大改革开放。1991 年 1 月在上海期间，邓小平就提出请上海的同志思考一下，能采取什么大的动作，在国际上树立我们更加改革开放的旗帜。③ 但是，受国际国内形势的影响，当时在扩大改革开放问题上，人们在思想上还存在“姓社姓资”的疑虑，迈不开脚步。对此，邓小平提出了著名的“三个有利于”的判断标准，特别是在计划与市场关系上，提出“计划和市场都是经济手段”，“不是社会主义与资本主义的本质区别”④ 的著名论断，吹响了进一步扩大改革开放的新号角。

第三，实现适当的发展速度，必须抢抓机遇上台阶。在 20 世纪 90 年代初，邓小平的抢抓机遇意识特别强烈。这与他对国际国内形势的科学判断有关。从国际形势看，和平与发展仍是时代主题；同时，随着两极格局的解体和世界多极化趋势的发展，“世界发生大转折”⑤，“我们可利用的矛盾存在着，对我们有利的条件存在着，机遇存在着，问题是要善于把握”⑥。从国内形势看，经过 20 世纪 80 年代的改革开放，我们已经取得了一定的发展成就，积累了一定的经验，打下了坚实的基础；并且经过平息政治风波和经济治理整顿，我们也具备了加快发展的政治条件和经济条件。在科学判断形势的基础上，邓小平认为“现在中国遇到一个难得的发展机遇，不要丧失这个机遇”⑦。他提出“要善于把握时机来解决我们的发展问题”⑧。

邓小平围绕着加快发展提出的一系列新思想、新论断，在 1992 年的南方谈话中得到系统总结和升华，对开好党的十四大和开辟社会主义现代化建设

---

① 《邓小平文选》，1 版，第 3 卷，355 页。
② 《邓小平年谱（1975—1997）》（下），1325 页。
③ 参见《邓小平年谱（1975—1997）》（下），1307 页。
④ 《邓小平文选》，1 版，第 3 卷，373 页。
⑤ 《邓小平年谱（1975—1997）》（下），1331 页。
⑥ 《邓小平文选》，1 版，第 3 卷，354 页。
⑦ 《邓小平年谱（1975—1997）》（下），1316 页。
⑧ 《邓小平文选》，1 版，第 3 卷，365 页。

新局面产生了深远影响。党的十四大贯彻了邓小平的这些思想和主张，作出抓住机遇、加快发展的战略决策，并正式确立我国经济体制改革的目标是建立社会主义市场经济体制。以邓小平南方谈话和党的十四大的召开为标志，中国社会主义现代化建设掀起了新的高潮，改革开放进入了一个全新的阶段。邓小平在其中的“鼓动”功不可没。①

（三）观察和思考中国发展起来以后面临的新挑战（1992 年底—1997 年 2 月）

经过南方谈话和党的十四大，党在社会主义初级阶段的基本路线已经深入人心，弥漫在中华大地上的影响改革开放深入进行的思想疑云逐步消散，中国的改革开放再也不可能走回头路了。同时，十四大也选出了新的坚持改革开放的团结的领导集体，为改革开放的深入进行提供了组织保证。对此，邓小平感到非常欣慰，他觉得终于完成了自己的历史使命。1993 年 1 月 3 日，他在给孙辈的信中说：“对中国的责任，我已经交卷了，就看你们的了。”②

党的十四大后，邓小平已经完全不过问工作了。但是，作为一位领导中国开辟改革开放新时代的伟大政治家，他对中国问题的思考却并没有停止。1993 年 9 月 16 日，他在同弟弟邓垦谈话时说，他“退休以后也不是无事可做”，“观察社会问题，出点主意，原则上要掌握几条”③。

党的十四大以后，中国进入高速发展的“快车道”。邓小平一方面继续强调“对中国来说，大发展的机遇并不多”④，“要抓住二十世纪的尾巴”⑤，“珍惜这个好的发展机遇，保持好的发展势头”⑥。另一方面，邓小平这时候也开始思考中国发展起来以后面临的新问题。随着改革开放的进一步引向深入，随着经济体制改革的突破，中国在发展过程中必然会遇到预料之中和预料之外的各种新问题。对于这一点，邓小平有着清醒的估计，他说：“过去我们讲

---

① 1990 年 2 月 13 日，邓小平在上海同朱镕基谈话时曾说：“从八十年代到九十年代，我就在鼓动改革开放这件事。”（《邓小平年谱（1975—1997）》（下），1308 页。）

② 《邓小平年谱（1975—1997）》（下），1358 页。

③ 《邓小平年谱（1975—1997）》（下），1364 页。

④ 《邓小平年谱（1975—1997）》（下），1359 页。

⑤ 《邓小平年谱（1975—1997）》（下），1368 页。

⑥ 《邓小平年谱（1975—1997）》（下），1358 页。

先发展起来。现在看，发展起来以后的问题不比不发展时少。”随着改革的不断深入，“问题也会越来越多，越来越复杂，随时都会出现新问题”①。

比如说，对于中国发展起来以后收入如何分配，就是邓小平这时候提得比较多的一个问题。1992 年 12 月 18 日，《参考消息》上刊登的两篇文章《中国将成为最大的经济国》、《马克思主义新挑战更加令人生畏》，引起他对分配问题的思考。他说：“中国发展到一定的程度后，一定要考虑分配问题。也就是说，要考虑落后地区和发达地区的差距问题。不同地区总会有一定的差距。这种差距太小不行，太大也不行。如果仅仅是少数人富有，那就会落到资本主义去了。要研究提出分配这个问题和它的意义。”② 1993 年 9 月 16 日，他在同弟弟邓垦谈话时又提到：富裕起来财富怎样分配，这是个“大问题”，“分配不公，会导致两极分化，到一定时候问题就会出来。这个问题要解决”③。邓小平不仅提出问题，而且指明解决问题的时机和原则。时机就是“到本世纪末就应该考虑这个问题”；原则就是“既不能鼓励懒汉，又不能造成打‘内仗’”④。

在邓小平看来，中国发展起来以后面临的新挑战，不仅表现在经济社会方面，还表现在政治、文化以及意识形态等各个方面。比如，在改革开放之初，我们提出必须坚持四项基本原则。随着经济社会的发展，人们的利益格局不断分化、思想日趋多元化，如何适应不断发展变化的形势，更好地坚持四项基本原则成为一个重大课题。邓小平深刻提出：“现在经济发展这么快，没有四个坚持，究竟会是个什么局面？提出四个坚持，以后怎么做，还有文章，还有一大堆的事情，还有没有理清楚的东西。”⑤ 比如说，如何不断坚持和开辟社会主义道路，如何不断加强和改善党的领导，如何进一步巩固马克思主义在意识形态领域的指导地位，如何进一步扩大民主、推动有序政治参与等等，都是需要我们不断结合实际加以思考和解决的问题。如何更好地坚持四项基本原则，我们还有很多事情要做。

今天看来，邓小平当时所思考的关于中国发展起来以后面临的上述新挑战，现在都成为我们所要着力解决的现实问题。这再次表明了邓小平的高瞻

---

① 《邓小平年谱（1975—1997）》（下），1364 页。
② 《邓小平年谱（1975—1997）》（下），1356～1357 页。
③ 《邓小平年谱（1975—1997）》（下），1364 页。
④ 《邓小平年谱（1975—1997）》（下），1357 页。
⑤ 《邓小平年谱（1975—1997）》（下），1363 页。

远瞩和远见卓识。

三、邓小平晚年思考所体现出的思想方法和品格风范

邓小平晚年的上述这些思考，对我们今天更好地坚持走中国特色社会主义道路无疑具有重要启示意义，同时，这些思考中所蕴含的丰富思想方法和崇高品格风范，也给我们留下了一笔宝贵的精神财富。

（一）邓小平的晚年思考体现了他战略性、宏观性的思维特点

邓小平是一个伟大的战略家，不管是在战争年代还是在建设时期，他思考问题都善于从大处着眼，他的晚年思考也是如此。坚持“一个中心、两个基本点”的基本路线不动摇，社会主义也可以搞市场经济，要建立坚强的领导集体等等，邓小平晚年思考的这些问题，都不是细枝末节的问题，而是关系党和国家前途命运的重大问题。即使是考虑经济发展问题，邓小平的思考也不是事务主义的，而是带有鲜明的战略性和宏观性特点。正如他自己所说：“在经济问题上，我是个外行，也讲了一些话，都是从政治角度讲的。”① 从政治角度讲，实际上就是从战略和全局的角度讲。比如开发浦东、抢抓机遇上台阶等，都是事关我们的发展目标能否实现的大问题，都是大的宏观发展战略，而不是微观的小问题。

（二）邓小平的晚年思考体现了他辩证性的思维方法

在战争年代，邓小平就有一句得到毛泽东赏识的名言：一切照辩证法办事。他这种科学的思维方法一直延续到晚年。在1989年政治风波发生后，一个重大问题突出地摆在全党面前，即对这次事件怎么看？对十一届三中全会以来的路线怎么看？今后怎么办？邓小平认为，对这些问题要辩证地看。政治风波本身是一个不好的事，但如果我们冷静考虑、善于总结，坏事也可以

---

① 《邓小平文选》，1版，第3卷，77页。

变成好事，可以“使我们改革开放的步子迈得更稳、更好，甚至于更快，使我们的失误纠正得更快，使我们的长处发扬得更好”①。邓小平实际上是主张反对两个片面性，既不能因为发生政治风波而全盘否定我们“三步走”的发展战略目标，否定改革开放，否定四项基本原则；也不能因为发生政治风波而忽视解决我们工作中存在的问题。正确的态度应该是辩证看待，认真总结，“对的要继续坚持，失误的要纠正，不足的要加点劲”②，“新问题出来抓紧解决”③。这充分体现了邓小平辩证性的思维方法。

（三）邓小平的晚年思考体现了他对党和人民事业的高度责任心和使命感

支持果断平息政治风波、在政治风波平息之后强调继续坚持改革开放方针政策不动摇、主张建立新的第三代中央领导集体，这些都是邓小平从党和人民的事业长远发展出发作出的战略决断。他在酝酿退休期间曾表示，退休之后“我将继续忠于党和国家的事业”④，仍然“关注我们党的事业，关注国家的事业，关注军队的前景”⑤。他是这么说的，也是这么做的。虽然退出领导岗位，但对中国发展的紧迫心情他比谁都强烈。他反复强调要抢抓机遇上台阶，害怕丧失机遇，就体现了这一点。在1992年春，他更是以88岁高龄到南方视察，以巨大的政治勇气和理论勇气发表一系列谈话。他说：“从现在起到下世纪中叶，将是很要紧的时期，我们要埋头苦干。我们肩膀上的担子重，责任大啊！”⑥ 谆谆教诲，语重心长，对党和人民事业的拳拳之心，溢于言表。

（四）邓小平的晚年思考体现了他坦荡的胸襟和无私的情怀

邓小平晚年坦荡无私的胸襟和情怀，集中体现在他对自己退休问题的看

---

① 《邓小平文选》，1版，第3卷，304页。
② 《邓小平文选》，1版，第3卷，308页。
③ 《邓小平文选》，1版，第3卷，372页。
④ 《邓小平文选》，1版，第3卷，323页。
⑤ 《邓小平文选》，1版，第3卷，335页。
⑥ 《邓小平文选》，1版，第3卷，383页。

法和对第三代中央领导集体的支持上。邓小平之所以下定决心退休，用他自己的话说，并不是因为谦虚或者别的什么，主要是大局的问题，是保证党和国家的长治久安的问题。因此，他多次说过，他最后的作用是带头退休。在退休之后，他对第三代中央领导集体的工作也非常支持，并且多次公开表示，以江泽民同志为核心的党中央领导集体工作做得是好的，是可以信任的。1993 年 9 月 16 日，在同弟弟邓垦的谈话中，他还集中谈了对自己退休问题的看法。他说："没有退休制度，我们的事业难以为继。长久下去，会背起一个大包袱，一堆老人。不仅是数量问题，更重要的是活力没有了，战斗力没有了。国家发展了，我当一个富裕国家的公民就行了。""现在证明，我退休以后，江泽民他们搞得不错。我算是比较活泼的人，不走死路的人，但毕竟年龄到这个时候了，没有精力搞了。我在旁边看到成功，在旁边鼓掌，不也是很好的一件事情嘛！要创造一种风气，一代一代传下去，让国家逐步兴旺起来。"① 这些话语朴实无华，言辞恳切，每每读来，犹在耳边；掩卷思之，一个为党和人民的事业奋斗了一辈子的老人的可敬可亲的形象立现眼前，令人感佩不已！

（原载《中国共产党 90 年研究文集》（上），中央文献出版社 2011 年版）

① 《邓小平年谱（1975—1997）》（下），1364 页。

试论邓小平的发展观

戚义明

和平与发展是当今世界的主题。新时期中国最鲜明的特征就是工作重心转移，聚精会神搞建设，一心一意谋发展。在领导中国改革开放和现代化建设的进程中，邓小平有一系列关于为什么要发展、实现什么样的发展、怎样实现发展的论述和思想，是科学发展观的主要渊源之一。学习这些思想和论述，对于我们今天更好地全面贯彻科学发展观，具有重要的启示意义。

一、关于为什么要发展

1978年，党的十一届三中全会及时、果断地将全党工作重心转移到社会主义建设上来，发展成为新时期中国的主题。在邓小平的视野中，工作重心的转移是同对社会主义的本质思考联系在一起的。他并不仅仅满足于在实践中将工作重心转移到四个现代化建设上来，而是更加注重从理论上搞清这个问题。为什么建国以后我们会在建设问题上走那么多弯路？党的八大已经提出把党的工作重心转移到社会主义建设上来，为什么后来“左”倾思想却逐渐发展以致在“文革”时期又提“以阶级斗争为纲”？这些问题固然有深刻的历史原因，然而其中一个很重要的原因，在邓小平看来，是因为我们没有真正搞清楚什么叫社会主义、怎样建设社会主义。

邓小平总结正反两方面的历史经验教训，在新时期总是不断强调发展的重要性，并且将发展视为社会主义的本质要求。《邓小平文选》第2卷中收入的邓小平在1980年4月至5月的四次谈话节录《社会主义首先要发展生产力》，是邓小平对这一问题的一个初步总结。在这篇文稿中，邓小平总结反思认为，“四人帮”的“宁肯要穷的社会主义，不要富的资本主义”的说法不符合马列主义、毛泽东思想的原则。他指出：“经济长期处于停滞状态总不能叫社会主义。人民生活长期停止在很低的水平总不能叫社会主义。”① “讲社会主义，首先就要使生产力发展，这是主要的。只有这样，才能表明社会主义的优越性。”② 到了1992年初的南方谈话，邓小平又进一步强调这个问题，并以格言式的精炼语言掷地有声地指出：“社会主义的本质，是解放生产力，发展生产力，消灭剥削，消除两极分化，最终达到共同富裕。”③ “不坚持社会主义，不改革开放，不发展经济，不改善人民生活，只能是死路一条。”④ “发展才是硬道理。”⑤

同时，从现实层面看，发展也是保持政局稳定、实现祖国完全统一的基础，是维护世界和平的重要条件。因此，邓小平强调：发展“是我们解决国际问题、国内问题的最主要的条件。一切决定于我们自己的事情干得好不好”⑥，“中国解决所有问题的关键是要靠自己的发展”⑦。

以江泽民同志为核心的党的第三代中央领导集体继承邓小平“发展才是硬道理”的思想，进一步提出“发展是党执政兴国的第一要务”的论断。这个论断在强调发展的重要性的同时，进一步明确了发展在党的目标任务体系中的首要位置，将发展与党的历史使命和先进性联系起来，从而实现了我们党在执政理念上的与时俱进。

二、关于要实现什么样的发展

（一）发展要保持一定的速度

“文革”期间，我们耽误了十年的宝贵建设时间；而在同时期，世界上的

---

① 《邓小平文选》，1版，第2卷，312页。
② 《邓小平文选》，2版，第2卷，314页。
③ 《邓小平文选》，1版，第3卷，373页。
④ 《邓小平文选》，1版，第3卷，370页。
⑤ 《邓小平文选》，1版，第3卷，377页。
⑥ 《邓小平文选》，2版，第2卷，240页。
⑦ 《邓小平文选》，1版，第3卷，265页。

许多国家都经历了一个快速发展期。因此，在与世界经济相比较之下，邓小平指出要承认我们暂时落后，并强调要奋起直追。早在1975年的全面整顿期间，他就很迫切地要把国民经济搞上去，强调解决问题不能拖，搞社会主义不能等。在新时期领导现代化建设的进程中，邓小平更是始终强调发展要保持一定的速度，并且认为这是社会主义优越性的一个体现。1987年10月13日，他在会见匈牙利社会主义工人党总书记卡达尔时指出："贫穷不是社会主义，发展太慢也不是社会主义。否则社会主义有什么优越性呢？"① 也就是说，社会主义不仅要发展，而且要实现比资本主义更快的发展，否则就不能体现出社会主义的优越性。

同时，从现实层面看，保持一定的发展速度，不仅仅是个经济问题，实际上也是一个政治问题。因为如果我们发展很慢，而同时期世界尤其是周边国家发展很快，那我们实际上就是落后了，老百姓一比较就会有问题，那么就有可能造成一些社会问题甚至引起政局动荡。正因为为此，1989年政治风波后，面对因治理整顿带来的经济滑坡苗头，邓小平表现出明显的担忧。1990年3月3日，他在同几位中央负责同志谈话时指出："如果经济发展老是停留在低速度，生活水平就很难提高。人民现在为什么拥护我们？就是这十年有发展，发展很明显。"②

（二）发展要"按经济规律办事"，讲求效益，实现稳步协调发展

社会主义要实现比较快的发展，但同时又不能超越客观现实、追求不适当的盲目的发展速度。在这方面，我们有过1958年"大跃进"的严重教训。"文革"结束后，我们又经历了1977年和1978年两年的"洋跃进"，国民经济再次陷入失衡和比例失调，不得不进行新的调整。对此，1979年10月4日，邓小平在各省、市、自治区党委第一书记座谈会上指出："经济工作要按经济规律办事，不能弄虚作假，不能空喊口号，要有一套科学的办法。"③ 他强调国民经济的调整是必要的，是为了创造条件，使得在调整过程中，特别是调整后，能够有一个比较好的又比较快的发展速度。

---

① 《邓小平文选》，1版，第3卷，255页。
② 《邓小平文选》，1版，第3卷，354页。
③ 《邓小平文选》，2版，第2卷，196页。

在规划20世纪最后20年的发展时，邓小平指出要以历史经验为戒，不要过分追求高速度，要增强发展后劲，前十年要为后十年打好基础，后十年的发展速度可以更高一些。在1992年初的南方谈话中，他又再次强调，我们的经济发展“不是鼓励不切实际的高速度，还是要扎扎实实，讲求效益，稳步协调地发展”①。

保持一定的发展速度与实现稳步协调发展两个方面结合起来，就是要实现又快又好的发展。“好”与“快”是一个矛盾的统一体，两者互为条件和基础，片面强调某一方面都是不对的。总结正反两方面的历史经验教训，邓小平还高度概括地提出了“波浪式”前进的发展理论。他指出：“可能我们经济发展规律还是波浪式前进。过几年有一个飞跃，跳一个台阶，跳了以后，发现问题及时调整一下，再前进。”② “波浪式”前进的发展理论，将发展的阶段性、周期性和连续性结合起来，符合事物矛盾发展的辩证法，符合事物发展前进的客观规律。“波浪式”前进的发展理论，是邓小平以马列主义基本原理为指导探索中国发展道路所取得的一个重要理论成果。

（三）关于“两个文明建设”一起抓的发展布局

发展是一个全面系统的过程。社会主义不仅要有强大的物质文明，还要有强大的精神文明。在谋划中国现代化建设总体布局时，邓小平明确提出要“两个文明建设”（即物质文明建设和精神文明建设）一起抓，这才是中国特色的社会主义。所谓社会主义要超过资本主义，是指要在物质文明建设和精神文明建设两个方面都超过，这样才是真正体现社会主义优越性。

随着实践的不断发展特别是政治体制改革的不断深入，党的十五大报告第一次明确提出了“建设有中国特色社会主义的政治”的目标，概括出党在社会主义初级阶段的基本纲领，形成“三位一体”（即政治建设、经济建设、文化建设）的发展总体布局；党的十六大以来，以胡锦涛同志为总书记的党中央，又在此基础上，顺应新的形势要求，进一步作出了“四位一体”（即政治建设、经济建设、文化建设、社会建设）的总体发展布局。

不管是政治建设还是社会建设，其中的很多内容都是改革开放以来邓小

① 《邓小平文选》，1版，第3卷，375页。
② 《邓小平文选》，1版，第3卷，368页。

平所一直强调的。如他强调要发展民主法制、加强打击违法犯罪、保持社会稳定等等，这些都是政治建设或社会建设的内容。但那时更多的是从工作任务这个层次、从为现代化建设创造条件这个角度讲的，还没有上升到目标和纲领层次。根据形势和时代的变化要求，明确提出政治建设和社会建设的纲领，这是对邓小平发展思想的继承、丰富和发展。从“两个文明建设”一起抓，到社会主义初级阶段的政治、经济、文化三大基本纲领，再到明确提出社会建设目标，从一个侧面反映了我们党治国理政方略的不断完善，也体现了马克思主义中国化过程中继承与创新的辩证统一关系。

（四）关于发展的成果属于全体人民

在领导改革开放和现代化建设的过程中，邓小平始终强调我们的改革是社会主义制度的自我完善，我们发展的目的是为了提高人民群众的生活水平，成果是属于人民的。我们实现让一部分人先富起来的战略，但这只是手段，社会主义的最终目标是要达到全体人民共同富裕。如果我们发展的成果只为少部分人所拥有，而不是为全体人民所拥有，那么我们的改革就失败了，就走上邪路了。在新的条件下，邓小平的这一思想要求我们在发展经济的同时，要更加注重社会公平，切实解决关系群众切身利益的社会问题，让发展的成果为全体人民共同享有，构建人人共享的和谐社会。

（五）关于中国的发展与世界和平

中国人民酷爱和平。新中国成立以来，坚持和平一直是我们一贯的对外政策。而鲜明地将“和平”与“发展”这两个问题联系起来一同考虑，是从邓小平这儿才开始的，这是他的一大贡献和特色。

在新时期，邓小平根据变化了的国际形势，改变了“战争不可避免”的判断，得出“和平与发展是当今世界主题”的正确结论。在此基础上，一方面，他强调要充分利用国际和平环境来发展自己。另外一方面，他强调中国的发展是维护世界和平、制约战争的可靠力量，中国发展得越强大，世界和平越靠得住；中国永远属于第三世界，现在不会称霸，将来发展起来了也不会称霸。

总之，在发展模式上，邓小平认为我们的发展应该是既保持一定速度又讲究质量和效益的；在发展总体布局上，邓小平明确提出“两个文明建设”一起抓；在发展的价值取向上，邓小平认为，我们发展的成果必须为全体人民所共享；在发展道路上，邓小平强调要利用和平环境发展自己，同时以自己的发展维护世界和平和稳定。

三、关于怎样实现发展

怎样实现发展属于发展的手段层次，包括发展思路、发展战略、发展步骤、依靠力量等等。这里笔者不一一赘述邓小平的这些思想，而只是选取其中特别能体现邓小平的思维特性、对我们今天仍极具启示性的几点加以阐述。

（一）发展要紧紧依靠人民群众

紧紧依靠人民群众，是我们党充满力量的不竭源泉。只有充分依靠广大人民群众，我们党才能够提出一系列深入民心的政策措施、取得发展进程中一个又一个胜利，也才能够真正获得人民群众的衷心拥护。在领导改革开放和现代化的过程中，邓小平同志始终坚持尊重实践，尊重群众的首创精神，强调要依靠广大人民群众，支持群众在实践中的探索和创新；同时他强调要调动一切积极因素为我们的发展服务。在发展过程中，邓小平总是将人民群众的根本利益看成最根本的目标，以人民群众答应不答应、高兴不高兴、赞成不赞成、拥护不拥护，作为判断我们改革和发展成功与否的标准。邓小平的这种“民本”思想，既是马克思主义群众路线的具体体现，也是中华民族文化传统中的优秀“民本”思想的反映。

（二）发展要“走自己的路”、不断“研究新情况、解决新问题”，不断总结经验教训

建设有中国特色社会主义是一项前无古人的新事业，没有现成的路可走，没有现成的模式可以借鉴。早在1978年底的十一届三中全会上，邓小平就强

调搞现代化建设要恢复解放思想、实事求是的思想路线，要不断研究新情况、解决新问题。1982年，在党的十二大上，他响亮地提出“把马克思主义的普遍真理同我国的具体实际结合起来，走自己的道路，建设有中国特色的社会主义”① 的口号。可以说，中国的改革开放和现代化建设过程，就是一个不断开拓进取，不断把马克思主义同中国具体实际相结合的过程。

邓小平强调，在前进的道路上，我们要“摸着石头过河”，不断探索，开拓新路。必须要有“闯”的勇气和胆识，要敢于走出前人没走过的新路，这样才有出路，才会打开发展的新局面。在这个探索过程中，不冒一点风险是不可能的，关键是要善于不断总结经验教训，对的继续坚持，错的加紧改，不足的加把劲，发现新问题及时抓紧解决，以为进一步的发展创造条件。

“摸着石头过河”，其思想精髓是强调在谋划发展的过程中要不断开拓进取、敢于探索新路，这体现了邓小平思维的开拓性和创新性。在新的条件下，我们要正确把握和准确领会邓小平的这一思想实质，继续大力提倡这种开拓精神和创新精神，这是我们前进过程中的强大精神动力。

（三）关于“机遇论”

在领导现代化建设的过程中，邓小平总是有一种强烈的紧迫感。这种紧迫感，与他对国际国内形势的深刻洞察以及由此而产生的“机遇论”思想有关。在邓小平看来，形势为我们提供了很好的发展机遇，我们要及时把握、充分利用。

改革开放之初，从国际形势看，一方面，和平与发展已经成为世界的主题；另外一方面，由于新技术革命的推动，资本主义世界在20世纪60年代以来出现了新一轮发展高潮。从国内形势看，一方面，建国后我们耽误了20年的发展时机；另外一方面，“文革”的结束、工作重心的转移又为我们创造了发展的条件。分析这些国内外形势，邓小平有一种强烈的危机感。1978年10月和1979年一二月间分别对日本和美国两个发达资本主义国家的访问，以及1978年11月对泰国、马来西亚、新加坡等新兴发展国家的访问，更增加了邓小平谋划发展的紧迫感。国内外形势要求我们把握历史难得的机遇，奋起直追。

---

① 《邓小平文选》，1版，第3卷，3页。

机不可失，但机遇往往是潜在的，并且稍纵即逝，因此关键在于善于把握。只有及时抓住机遇，才能取得发展的主动权，否则就会一步被动、步步被动。1989 年 11 月召开的党的十三届五中全会作出了进一步治理整顿和深化改革的决定，这个决定是必要的，有利于保持国民经济持续、稳定、协调发展。但同时，邓小平也对另一种倾向表示出明显的担忧，即一味强调“稳”，束手束脚，发展打不开新局面。在 1990 年至 1991 年的多次谈话中，邓小平比较集中地论述了“机遇论”的思想，指出一味强调“稳”可能会导致丧失时机，还是要善于抓住时机发展自己。他在进一步分析总结国际经验后认为，一些国家在发展过程中，都曾有过若干高速发展阶段，并且 20 世纪 80 年代的发展已经为我们打下了坚实的基础，因此要抢抓机遇上一个新台阶。面对当时西方发达资本主义国家对我国实行制裁，以及苏东剧变等错综复杂的国际形势，他认为国际上的矛盾虽然很多，但总体上有利于我，我们可利用的条件很多，可利用的矛盾也很多，关键是要善于把握，抓住机遇把自己的事情办好。在 1992 年初的南方谈话中，他进一步强调要争取若干个发展较快、效益较好的发展阶段，提出“我国的经济发展，总要力争隔几年上一个台阶”①。

邓小平的“抢抓机遇发展自己”的思想对我们今天仍具有重要的启示意义。世纪之交，我国的现代化建设又面临着新的机遇和挑战，改革和发展进入关键时期和重要关口。我们要按照党的十六大的部署，紧紧抓住本世纪头 20 年的战略机遇期，进一步从全局和战略角度谋划发展，抓住机遇，迎接挑战，趋利避害，推动经济社会更好更快发展。

（四）关于“两手论”

“两手抓”，“两手都要硬”，是邓小平的一个重要的发展战略。邓小平认为，为了建设现代化的社会主义强国，任务很多，需要做的事情很多，各种任务之间又有相互依存的关系，不能顾此失彼，不能单打一，各个方面需要综合平衡。在谋划发展的过程中，邓小平总是强调要“两手抓”、“两手都要硬”。一手抓经济建设，一手抓精神文明；一手抓改革开放，一手抓反腐败；一手抓民主，一手抓法制；等等。总之，他强调是要有两手，而不是一手，

---

① 《邓小平文选》，1 版，第 3 卷，375 页。

"任何一只手削弱都不行"[①]。"两手抓"的思想，实际上就是要反对片面性，强调全面性，反对以一种偏向掩盖另一种偏向，强调综合平衡、统筹兼顾。邓小平十分强调在工作中要"按辩证法办事"，"两手抓"的思想，就生动体现了马克思主义的辩证法，反映了邓小平思维的辩证性。

邓小平的上述四点思想对于我们今天谋划发展仍然具有极强的现实启示意义。

总之，邓小平紧紧抓住时代的脉搏，以时代的要求来审视中国自身的发展，以世界的眼光来谋划中国的发展，根据中国长期处于社会主义初级阶段这个最大的实际，初步回答了中国为什么要发展、要实现什么样的发展以及怎样实现发展等问题，提出新的发展思路，打开了中国新的发展局面。以江泽民同志为核心的党的第三代中央领导集体继承了邓小平的发展观，并在实践中不断丰富和发展，作出了新的理论概括，形成了"三个代表"重要思想中的发展思想。进入新世纪以来，以胡锦涛同志为总书记的党中央，在继承邓小平的发展观和"三个代表"重要思想中的发展思想的同时，根据新的形势和实践的要求，明确提出科学发展观，进一步深化了我们党对发展问题的认识，实现了我们党在发展指导思想上的又一次与时俱进。

（原载《邓小平改革与发展思想研究》，四川人民出版社2007年版）

---

① 《邓小平文选》，2版，第2卷，189页。

全面准确地理解邓小平理论中的几个问题

高长武

邓小平理论是中国特色社会主义理论体系的重要组成部分，是以邓小平为核心的党的第二代中央领导集体凝聚全党智慧留给我们的宝贵精神财富，对今天中国特色社会主义的伟大实践具有重要的指导意义。对于邓小平理论，我们理应全面准确、严肃科学地去理解。但是，对邓小平理论的片面甚至错误的理解却一直存在着，特别是近些年来，随着中国特色社会主义实践的持续推进和改革开放的不断深化，新情况、新问题不断涌现，这种状况有日益加重的趋势。这些片面、错误理解主要集中在"不争论"、姓"社"姓"资"、解放思想、共同富裕、农村的"两个飞跃"等问题上。虽然这些片面、错误理解只是支流，但危害很大。作为党的文献工作者，我们有义务作出回应，指出事情的本来面目，全面准确地理解邓小平理论。

一、关于"不争论"

提起"不争论"，人们自然很容易想到邓小平在南方谈话中的那段经典论述："对改革开放，一开始就有不同意见，这是正常的。不只是经济特区问题，更大的问题是农村改革，搞农村家庭联产承包，废除人民公社制度。开始的时候只有三分之一的省干起来，第二年超过三分之二，第三年才差不多全部跟上，这是就全国范围讲的。开始搞并不踊跃呀，好多人在看。我们的政策就是允许看。允许看，比强制好得多。我们推行三中全会以来的路线、方针、政策，不搞强迫，不搞运动，愿意干就干，干多少是多少，这样慢慢就跟上来了。不搞争论，是我的一个发明。不争论，是为了争取时间干。一争论就复杂了，把时间都争掉了，什么也干不成。不争论，大胆地试，大胆地闯。农村改革是如此，城市改革也应如此。”①

有人由此将“不争论”绝对化，提出“只管改革开放，一切不用争论”的观点。这当然是完全误解和违背邓小平本意的。首先，邓小平不是泛泛而论，而是针对特定问题讲的。改革开放开始后，由于受“左”的思想的束缚，有些人不加分析地对改革的一切具体措施进行争论，非要争出个姓“社”姓“资”来，阻碍了改革开放的步伐。针对这种情况，邓小平提出在一些不涉及改革方向和根本原则的具体措施上不搞争论。其次，之所以提出“不争论”，邓小平考虑的主要是争取时间。在和平与发展成为时代主题的大背景下，如果浪费大量时间用于无谓的抽象争论，就有可能再次错失发展的机遇，进一步拉大与发达国家的发展差距。最后，允许看、允许试、不搞争论并不是放任自流，而是要通过实践来检验，拿事实来说话，用改革的实际进展去说服人们。实践证明对了的要坚持，错了的要改正，不完善的要进一步完善。为增加说服力，邓小平在这里专门列举了设立经济特区、实行农村家庭联产承包制从起初受到质疑到经过实践检验逐步得到普遍拥护的例子。

通过上述分析可见，邓小平提出不搞争论显然是有特定的指向和用意的，并不能由此推出对任何问题都不要争论的结论。实际上，不搞争论只是邓小平对待意见分歧、观点不一的其中一种态度，他在主张不搞争论的同时，还经常强调要争论。

比如，在改革的方向和根本原则问题上，邓小平旗帜鲜明、毫不含糊地坚持社会主义这个大方向和根本原则，对于任何有悖于此的错误思想和做法，他主张必须进行争论，甚至运用行政、纪律和法律手段进行批评、教育和斗争。早在改革开放之初，在 1979 年 3 月召开的党的理论工作务虚会上，邓小平就针对怀疑或反对四项基本原则的错误思想明确指出：要在中国实现四个现代化，必须在思想政治上坚持社会主义道路，坚持无产阶级专政，坚持中国共产党的领导，坚持马列主义、毛泽东思想。这是实现四个现代化的根本前提。“今天必须反复强调坚持这四项基本原则，因为某些人（哪怕只是极少

---

① 《邓小平文选》，1 版，第 3 卷，374 页。

数人）企图动摇这些基本原则。这是决不许可的”[①]。1985 年 8 月 28 日，他在会见外宾时进一步指出：“在改革中坚持社会主义方向，这是一个很重要的问题。我们要实现工业、农业、国防和科技现代化，但在四个现代化前面有‘社会主义’四个字，叫‘社会主义四个现代化’。我们现在讲的对内搞活经济、对外开放是在坚持社会主义原则下开展的。”[②] 在推进改革开放过程中，邓小平特别注意强调反对资产阶级自由化问题，用他自己的话讲：“反对资产阶级自由化，我讲得最多，而且我最坚持。”[③] 他批评资产阶级自由化倾向说：“自由化是一种什么东西？实际上就是要把我们中国现行的政策引导到走资本主义道路。”[④] “某些人所谓的改革，应该换个名字，叫作自由化，即资本主义化。他们‘改革’的中心是资本主义化。我们讲的改革与他们不同，这个问题还要继续争论的”[⑤]。邓小平认为，反对资产阶级自由化，坚持社会主义方向，是关系改革成败和中国未来的重大问题，“只讲四化，不讲社会主义。这就忘记了事物的本质，也就离开了中国的发展道路。这样，关系就大了。在这个问题上我们不能让步。这个斗争将贯穿在实现四化的整个过程中，不仅本世纪内要进行，下个世纪还要继续进行”[⑥]。

再如，在马克思主义的一些重大理论问题上，邓小平主张通过争论、辩论来统一和深化认识。改革开放之初，全国理论界发起了一场关于真理标准问题的大讨论。实践是检验真理的唯一标准，这本来是马克思主义认识论的一个基本原理，但受“左”的思想的影响，这一基本原理遭到了质疑甚至否定。邓小平十分关注这场大讨论。1978 年 7 月 22 日，他在同中央有关同志谈话时明确肯定和支持真理标准问题的讨论，他指出，《实践是检验真理的唯一标准》这篇文章是马克思主义的，争论不可避免，争得好。[⑦] 12 月 13 日在中共中央工作会议闭幕会上，邓小平又进一步指出：关于实践是检验真理的唯一标准问题的讨论，实际上也是要不要解放思想的争论。进行这个争论很有必要，意义很大。从争论的情况来看，越看越重要。“只有解放思想，坚持实事求是，一切从实际出发，理论联系实际，我们的社会主义现代化建设才能顺利进行，我们党的马列主义、毛泽东思想的理论也才能顺利发展。从这

---

① 《邓小平文选》，2 版，第 2 卷，173 页。
② 《邓小平文选》，1 版，第 3 卷，138 页。
③④ 《邓小平文选》，1 版，第 3 卷，181 页。
⑤ 《邓小平文选》，1 版，第 3 卷，297 页。
⑥ 《邓小平文选》，1 版，第 3 卷，204 页。
⑦ 参见《邓小平年谱（1975—1997）》（上），345～346 页。

个意义上说，关于真理标准问题的争论，的确是个思想路线问题，是个政治问题，是个关系到党和国家的前途和命运的问题。”[①] 1979 年 7 月 29 日，在接见出席中国人民解放军海军委员会常委扩大会议的全体同志时，邓小平对真理标准讨论的必要性和重要意义作了进一步阐述，他形象地将真理标准讨论比作“基本建设”，如果不进行这场讨论，不解决思想路线问题，不解放思想，正确的政治路线就制定不出来，制定了也贯彻不下去。因此，“这场争论的意义太大了，它的实质就在于是不是坚持马列主义、毛泽东思想”[②]。邓小平对真理标准问题讨论的支持和肯定充分表明了他在马克思主义的重大理论问题上允许通过争论来消除分歧、形成共识的一贯主张，但是这种争论是以坚持马克思主义为前提的，其目的是使真理越辩越明，深化对马克思主义的重大理论问题的认识，特别是要结合中国社会主义建设的实践对这些问题作出正确的回答。

又如，在一些学术问题上，邓小平反对思想僵化，主张坚持“百花齐放、百家争鸣”的方针，提倡不同学派、不同观点之间的交流和争论。他还指出，我们要永远坚持“百花齐放、百家争鸣”方针，但这并不是说百花齐放、百家争鸣没有任何限度，可以不利于安定团结的大局。他尖锐批评了误解、滥用这一方针的错误倾向：“有些人把‘双百’方针理解为鸣放绝对自由，甚至只让错误的东西放，不让马克思主义争。这还叫什么百家争鸣？这就把‘双百’方针这个无产阶级的马克思主义的方针，歪曲为资产阶级的自由主义的方针了。”[③] 他还从社会主义现代化建设大局的高度进一步阐释说：在安定团结的基础上进行社会主义现代化建设，这是全国人民的最大利益。“‘双百’方针当然要为这个最大利益服务，而决不能反对这个最大利益”；“如果说百花齐放、百家争鸣可以不顾安定团结，那就是对于这个方针的误解和滥用”[④]。

总之，邓小平既主张“不搞争论”，又主张“要争论”。这看似矛盾，实际上并不矛盾。二者是辩证统一的，虽各有所指，却又不可分割，在一定条件下还会转化，无论是把“不搞争论”还是“要争论”简单化、绝对化、扩大化，都是错误的。在社会主义改革的具体措施、方法问题上，不要陷入无

---

① 《邓小平文选》，2 版，第 2 卷，143 页。
② 《邓小平文选》，2 版，第 2 卷，191 页。
③ 《邓小平文选》，1 版，第 3 卷，47 页。
④ 《邓小平文选》，2 版，第 2 卷，256 页。

休止的抽象争论中，而在改革的社会主义方向和根本原则问题上，则要同任何违背这一方向和原则的思想、做法争论甚至进行批评和斗争；在马克思主义的重大理论问题以及学术文化领域的问题上，允许、鼓励、提倡通过争论深化对重大理论问题的认识，繁荣社会主义思想文化，但争论并不是没有限度，不能脱离马克思主义这个前提。无论是“不搞争论”还是“要争论”，都不过是手段，其共同的根本目的都是为了推动我国改革开放和社会主义建设事业顺利平稳健康进行。正确认识二者的辩证关系，着眼于改革开放和社会主义现代化建设的大局，一切从实际出发，具体分析改革进程中遇到的各种问题，不该“争”的不“争”，需要“争”的必须“争”，这才符合邓小平的本意。

二、关于“姓‘社’姓‘资’”

这个问题是与“不争论”问题密切关联的。“不争论”的一个焦点问题就是姓“社”还是姓“资”。关于这一问题，从目前已经公开的材料看，邓小平在 1992 年南方谈话中集中谈过：“改革开放迈不开步子，不敢闯，说来说去就是怕资本主义的东西多了，走了资本主义道路。要害是姓‘资’还是姓‘社’的问题。判断的标准，应该主要看是否有利于发展社会主义社会的生产力，是否有利于增强社会主义国家的综合国力，是否有利于提高人民的生活水平。”①

有人由此演绎出这样的观点：只要能够推动经济发展，一切无须问姓“社”姓“资”，谁问姓“社”姓“资”就是“左”，就是阻碍和反对改革。这符合邓小平的本意吗？如果联系当时邓小平谈话的上下文，就会发现这实际上是断章取义，是对邓小平本意的误解和篡改。

先联系上文。邓小平在南方谈话的第一部分中强调：“要坚持党的十一届三中全会以来的路线、方针、政策，关键是坚持‘一个中心、两个基本点’。不坚持社会主义，不改革开放，不发展经济，不改善人民生活，只能是死路一条。基本路线要管一百年，动摇不得。只有坚持这条路线，人民才会相信你，拥护你。”② 这里十分明确地指明了改革的社会主义方向，这是后面谈话

---

① 《邓小平文选》，1 版，第 3 卷，372 页。
② 《邓小平文选》，1 版，第 3 卷，370～371 页。

内容的一个根本前提。

再联系下文。接下来邓小平明确回答了经济特区姓"社"姓"资"的问题。他说："对办特区，从一开始就有不同意见，担心是不是搞资本主义。深圳的建设成就，明确回答了那些有这样那样担心的人。特区姓'社'不姓'资'。"① 随后，邓小平又举了深圳的例子，认为深圳姓"社"不姓"资"。他指出："从深圳的情况看，公有制是主体，外商投资只占四分之一"，"我们有优势，有国营大中型企业，有乡镇企业，更重要的是政权在我们手里"。"'三资'企业受到我国整个政治、经济条件的制约，是社会主义经济的有益补充，归根到底是有利于社会主义的"②。这是不问姓"社"姓"资"吗？

讲到姓"社"姓"资"问题，不得不提到另一则材料。1998年2月18日，吴邦国在《光明日报》发表了一篇文章，回忆1992年他陪同邓小平在上海考察时的情况。文中透露的一些内容，对全面和深入了解邓小平在姓"社"姓"资"问题上的想法是很有帮助的。据吴邦国回忆，1992年2月10日，邓小平视察上海贝岭公司。当公司总经理陆德纯介绍通过合资引进的大束流离子注入机时，邓小平沉思了一会儿，意味深长地指着离子注入机问：你们说这台设备姓"社"还是姓"资"？当我们正在发愣的时候，小平同志接着说，这台设备原来姓"资"，因为是资本主义国家生产的，现在它姓"社"，因为在为社会主义服务。"资"可以转化为"社"，"社"也可能转化为"资"。对外开放就是要引进先进技术为我所用，这台设备现在姓"社"不姓"资"。两天后，邓小平在视察上海闵行开发区时又谈到姓"社"姓"资"的问题：到20世纪末，上海浦东和深圳要回答一个问题，姓"社"不姓"资"，两个地方都要做标兵。要讲综合国力，讲社会生产力，要回答改革开放有利于社会主义，不利于资本主义。姓"社"还是姓"资"？这是个大原则，要用事实来回答。实践这个标准最硬，它不会作假。你们闵行开发区在很短的时间内就收回了投资，是原投资的2.8倍，这就是事实。但这还不够，还要用上百、上千的事实来回答，回答改革开放姓"社"不姓"资"，有利于社会主义，不利于资本主义。③

综合上述分析可见，邓小平既反对事事问姓"社"姓"资"，也反对事事都不问姓"社"姓"资"。邓小平在这个问题上的态度，既是唯物的又是辩

① 《邓小平文选》，1版，第3卷，372页。
② 《邓小平文选》，1版，第3卷，372～373页。
③ 参见吴邦国：《牢记谆谆教导，推进伟大事业》，载《光明日报》，1998-02-18。

证的。

一方面，邓小平不是空发议论，而是专门针对当时党内和社会上对引进外资、设立经济特区、引入市场竞争机制等做法甚至整个改革开放产生姓“社”还是姓“资”的无端担心和怀疑的现象而说的。出现这种现象的一个重要原因，是“左”的思想的影响，就像邓小平所讲的：“说来说去就是怕资本主义的东西多了，走了资本主义道路”①。这种现象的存在势必会影响和阻碍改革开放的步伐，因此，正确分析和辨清姓“社”姓“资”的问题，走出抽象争论姓“社”姓“资”的误区是非常有必要的。邓小平的做法是让实践和事实来说话，他提出了判断改革开放得失成败的“三个有利于”标准，即是否有利于发展社会主义社会的生产力，是否有利于增强社会主义国家的综合国力，是否有利于提高人民的生活水平。在这个判断标准中，“生产力”、“综合国力”之前特地加上了“社会主义”这个限定词（“人民”之前无须加），这就巧妙地把生产力和生产关系这对辩证统一的矛盾寓含其中。只有既强调推动经济发展，又始终坚持社会主义这个前提，达到既有利于推动经济发展，又有利于巩固社会主义制度的目的，才能说我们的改革开放是成功的，是姓“社”而不是姓“资”的。偏废其中任何一条，都不符合邓小平的本意，是十分错误和危险的。

另一方面，邓小平主张以辩证的分析方法对待姓“社”姓“资”，不能笼统地说问或不问姓“社”姓“资”。在涉及改革开放和我国社会发展的政治方向、发展道路、基本制度的问题上，必须旗帜鲜明地问姓“社”姓“资”。邓小平多次强调，“在改革中坚持社会主义方向，这是一个很重要的问题”②；“我们干的是社会主义事业，最终目的是实现共产主义”③。在改革开放过程中，必须坚定不移地走社会主义道路，反对走资本主义道路。在这个问题上，是绝不能含糊的。而在一些不涉及政治方向、发展道路、基本制度的具体方法、手段以及资金、技术等问题上，不必拘泥于姓“社”姓“资”的争论，只要符合“三个有利于”标准，可以积极、大胆地采用、引进。邓小平对此有过多次分析。1980 年 8 月在答意大利记者法拉奇问时，他说：“有些东西并不能说是资本主义的。比如说，技术问题是科学，生产管理是科学，在任何社会，对任何国家都是有用的。我们学习先进的技术、先进的科学、先进

---

① 《邓小平文选》，1 版，第 3 卷，372 页。
② 《邓小平文选》，1 版，第 3 卷，138 页。
③ 《邓小平文选》，1 版，第 3 卷，110 页。

的管理来为社会主义服务，而这些东西本身并没有阶级性。”[1] 1986 年 12 月 19 日，在听取几位中央负责同志汇报时，他又指出：“许多经营形式，都属于发展社会生产力的手段、方法，既可为资本主义所用，也可为社会主义所用，谁用得好，就为谁服务”[2]。南方谈话中关于计划与市场关系的那段论述，即“计划多一点还是市场多一点，不是社会主义与资本主义的本质区别。计划经济不等于社会主义，资本主义也有计划；市场经济不等于资本主义，社会主义也有市场。计划和市场都是经济手段”[3]，更可以算得上经典。

三、关于解放思想

解放思想、实事求是，是邓小平理论中的精髓。邓小平曾给解放思想下过三个定义：“解放思想，就是要运用马列主义、毛泽东思想的基本原理，研究新情况，解决新问题”[4]；“我们讲解放思想，是指在马克思主义指导下打破习惯势力和主观偏见的束缚，研究新情况，解决新问题”[5]；“解放思想，就是使思想和实际相符合，使主观和客观相符合，就是实事求是”[6]。这三段话虽然文字表述不甚一样，但其基本精神是一致的，核心意思有三条：一是要做到实事求是，使思想和客观实际相结合，这是解放思想的实质；二是要坚持马克思主义基本原理和马克思主义中国化理论成果的指导，这是解放思想的前提；三是要在研究新情况、解决新问题即认识和改造客观世界的实践中去实现思想解放，这是解放思想的唯一正确途径。根据这三点，再结合邓小平的其他相关论述，就足以对容易出现曲解、误解的几个关键点分别作出分析。

第一，解放思想并不是说思想不受任何限制和约束，追求什么思想的“绝对自由”，而必须坚持以马克思主义为指导，坚持社会主义方向，遵守中华人民共和国宪法和法律。“绝对自由”只是一个概念，实际上根本不可能存

① 《邓小平文选》，2 版，第 2 卷，351 页。
② 《邓小平文选》，1 版，第 3 卷，192 页。
③ 《邓小平文选》，1 版，第 3 卷，373 页。
④ 《邓小平文选》，2 版，第 2 卷，179 页。
⑤ 《邓小平文选》，2 版，第 2 卷，279 页。
⑥ 《邓小平文选》，2 版，第 2 卷，364 页。

在。恩格斯说："自由不在于幻想中摆脱自然规律而独立，而在于认识这些规律，从而能够有计划地使自然规律为一定的目的服务"，"在于根据对自然界的必然性的认识来支配我们自己和外部自然界"①。这就是说，自由来源于人们对事物必然性的认识，认识越深，自由越大、思想越解放。但是人们的认识总是要受到特定客观条件及自身主观条件的制约，因此，抽象的绝对的自由是不存在的，自由总是具体的、相对的、有条件的。坚持改革的社会主义方向，是邓小平反复强调的关系我国改革成败的关键问题。因此，在谈到解放思想时，邓小平总是强调要坚持以马克思主义为指导，坚持四项基本原则不动摇。那种追求所谓"思想绝对自由"的做法，既是违背马克思主义的，也是违背邓小平本意的，更为严重的是，为有些人企图打着解放思想的旗号，宣传资产阶级自由化思想，引导中国走资本主义道路提供了便利。这种做法无疑危害巨大，正如邓小平所指出的："解放思想决不能够偏离四项基本原则的轨道，不能损害安定团结、生动活泼的政治局面。全党对这个问题要有一个统一的认识。""离开四项基本原则去'解放思想'，实际上是把自己放到党和人民的对立面去了"②。实际上，只有坚持以马克思主义为指导，运用马克思主义的立场、观点和方法来观察和分析思想领域的问题，才能得出符合客观实际的正确结论，也才能真正做到解放思想。

第二，解放思想"既要反'左'，又要反右"③。解放思想过程中，总是伴随着反对"左"的、右的各种错误思想的斗争。无论是"左"的还是右的思想，其错误的根源是在政治上脱离了实事求是这条马克思主义的根本思想原则，导致思想与实际、主观与客观相脱节。因此，"左"的、右的思想都是对人们思想的束缚，只有摆脱"左"的、右的思想束缚，才能真正做到解放思想。在这个问题上，邓小平一贯主张"既要反'左'，又要反右"，运用两点论与重点论相结合的方法论来分析和处理。当初党的十一届三中全会提出解放思想，主要是针对"两个凡是"，重点是纠正"左"的错误。但在纠"左"过程中又出现了右的倾向。所以邓小平提出，"要批判'左'的错误思想，也要批判右的错误思想"，"对'左'的错误思想不能忽略，它的根子很深。重点是纠正指导思想上'左'的倾向，但只是这样还不能完全解决问题，

---

① 《马克思恩格斯全集》，中文1版，第20卷，125、125～126页，北京，人民出版社，1971。
② 《邓小平文选》，2版，第2卷，279页。
③ 《邓小平文选》，2版，第2卷，379页。

同时也要纠正右的倾向”[①]。1983年10月12日，邓小平在党的十二届二中全会上又指出：“‘左’的错误决不允许重犯。但是，不少同志片面地总结历史教训，认为一讲思想斗争和严肃处理就是‘左’，只提反‘左’不提反右，这就走到软弱涣散的另一个极端”[②]。1987年，针对资产阶级自由化思潮的传播和蔓延，邓小平几次讲到既要反“左”又要反右的问题。他指出：搞社会主义，搞四个现代化，一定会有来自多方面的干扰，有“左”的干扰，也有右的干扰。如果说我们过去对“左”的干扰注意得多，对右的干扰注意不够，那么现在出现的情况提醒了我们，要加强注意右的干扰。“我们党的十一届三中全会以来，着重反对‘左’，因为我们过去的错误就在于‘左’。但是也有右的干扰。所谓右的干扰，就是要全盘西化，不是坚持社会主义，而是把中国引导到资本主义。”[③] 1992年春，邓小平在南方考察时再次提到这个问题：搞现代化建设，搞改革、开放，存在“左”和右的干扰问题。“左”的干扰更多是来自习惯势力。旧的一套搞惯了，要改不容易。右的干扰就是搞资产阶级自由化，全盘西化，包括照搬西方民主。他旗帜鲜明地表明了自己的态度：“我是实事求是派，坚持改革、开放政策，坚持党的领导和社会主义道路”[④]。概而言之，要真正做到解放思想，就必须坚持实事求是的原则，一切从当时当地的实际出发，具体分析出现的具体问题，有针对性地反对和批判不同的错误思想，有什么批什么。就像邓小平所指出的：“有‘左’就反‘左’，有右就反右”，“对‘左’对右，都要做具体分析”。[⑤]

第三，解放思想将贯穿我国改革开放和社会主义现代化建设的全过程，不存在“到头”和“终止”的问题。解放思想，简单地说，就是使思想符合客观实际，就是实事求是。但是，世界万物总是处在不断发展变化之中，人们的认识水平和改造客观世界的能力也要受到特定条件的制约，因此，人们的主观思想难免出现与客观实际不完全一致的情况，这就需要解放思想。具体到人类社会领域，社会发展往往并非一帆风顺，社会现象纷繁复杂，特别是在国际共产主义运动陷入低潮的时候，在中国这样一个人口众多、经济文化发展水平相对落后的大国，进行社会主义改革和现代化建设，求得主观思

① 《邓小平文选》，2版，第2卷，379页。
② 《邓小平文选》，1版，第3卷，37～38页。
③ 《邓小平文选》，1版，第3卷，225页。
④ 《邓小平文选》，1版，第3卷，249页。
⑤ 《邓小平文选》，2版，第2卷，379页。

想与社会实际的一致，更是十分困难。正因为如此，更要坚持不断解放思想。特别需要指出，一时的思想解放不可能一劳永逸，因为随着我国改革开放和社会主义现代化建设实践的不断推进，新情况、新问题将会不断出现，这就必然要求我们不断解放思想、与时俱进，研究新情况、解决新问题。从这个角度讲，解放思想没有一个时间期限，它将贯穿我国改革开放和社会主义现代化建设始终。邓小平说的好："解放思想，就是使思想和实际相符合，使主观和客观相符合，就是实事求是。今后，在一切工作中要真正坚持实事求是，就必须继续解放思想。认为解放思想已经到头了，甚至过头了，显然是不对的。"① 当然，万变不离其宗，无论怎样解放思想，都不能脱离马克思主义这个"宗"。

四、关于共同富裕

按照邓小平的构想，共同富裕之路应该是这样的：让一部分地区、一部分人先富起来，由先富带动未富，逐步实现共同富裕。由此，有人提出这样的观点：先富和共富是两个不同的发展阶段，共富是未来的事情，现阶段的任务就是要实现先富。这实际上割裂了先富与共富的辩证关系。

一部分地区、一部分人先富起来，是实现共同富裕的必经之路。邓小平指出，平均发展是不可能的，搞平均主义没有希望。"过去搞平均主义，吃'大锅饭'，实际上是共同落后，共同贫穷，我们就是吃了这个亏。改革首先要打破平均主义"②。改革开放 30 多年的实践已经说明，实现共同富裕的第一步，即让一部分地区、一部分人先富起来，是明智的，也是卓有成效的，有效激发了人们勤劳致富的积极性，极大地推动了生产力的发展，显著提高了人民生活水平。

同时，也应看到，先富起来只是途径和手段，实现全体人民的共同富裕才是最终目标。离开共富这个根本目标而空谈先富，先富也就失去了本来的意义。邓小平多次谈到实现共同富裕的问题。例如，"我们坚持走社会主义道

---

① 《邓小平文选》，2 版，第 2 卷，364 页。

② 《邓小平文选》，1 版，第 3 卷，155 页。

路，根本目标是实现共同富裕”[①]；“大原则是共同富裕”[②]；“社会主义与资本主义不同的特点就是共同富裕”[③]；“社会主义的致富是全民共同致富。社会主义原则，第一是发展生产，第二是共同致富”[④]；“社会主义的特点不是穷，而是富，但这种富是人民共同富裕”[⑤]；“共同富裕是社会主义制度不能动摇的原则”[⑥]；“我们要的是共同富裕，这样社会就稳定了”[⑦]；“社会主义的目的就是要全国人民共同富裕，不是两极分化”[⑧]；“社会主义的一个含义就是共同富裕”[⑨]；“社会主义最大的优越性就是共同富裕，这是体现社会主义本质的一个东西”[⑩]。虽然邓小平在表述共同富裕的重要性时分别用了“目标”、“目的”、“原则”、“含义”、“优越性”等不同词汇，但他始终把共同富裕与社会主义联系在一起，把共同富裕看作社会主义优越于资本主义的最本质的东西。邓小平还多次提醒，要始终警惕贫富差距拉大的情况，特别要注意防止出现两极分化。他反复讲，每走一步都要注意不使我们的政策导致两极分化，也就是要走全国各地区、全国人民共同富裕的道路。如果导致两极分化，改革就算失败了[⑪]；如果搞两极分化，情况就不同了，民族矛盾、区域间矛盾、阶级矛盾都会发展，相应地中央和地方的矛盾也会发展，就可能出乱子[⑫]。

邓小平对共同富裕的反复强调和对两极分化的多次提醒是有深层考虑的。一部分地区、一部分人先富起来并不必然带来共同富裕，整个社会生产力的发展也并不必然带来共同富裕，从部分先富到共同富裕还要有一段既漫长又艰难的路要走。正是基于这样的考虑，邓小平指出：“少部分人获得那么多财富，大多数人没有，这样发展下去总有一天会出问题”[⑬]，“过去我们讲先发展起来。现在看，发展起来以后的问题不比不发展时少”[⑭]。他还指出：“十二亿人口怎样实现富裕，富裕起来以后财富怎样分配，这都是大问题。题目

---

① 《邓小平文选》，1版，第3卷，155页。
② 《邓小平文选》，1版，第3卷，166页。
③ 《邓小平文选》，1版，第3卷，123页。
④ 《邓小平文选》，1版，第3卷，172页。
⑤ 《邓小平文选》，1版，第3卷，265页。
⑥ 《邓小平年谱（1975—1997）》（下），1253页。
⑦ 《邓小平年谱（1975—1997）》（下），1312页。
⑧ 《邓小平文选》，1版，第3卷，110～111页。
⑨ 《邓小平年谱（1975—1997）》（下），1312页。
⑩ 《邓小平文选》，1版，第3卷，364页。
⑪ 参见《邓小平文选》，1版，第3卷，139页。
⑫ 参见《邓小平文选》，1版，第3卷，364页。
⑬⑭ 《邓小平年谱（1975—1997）》（下），1364页。

已经出来了，解决这个问题比解决发展起来的问题还困难。分配的问题大得很。我们讲要防止两极分化，实际上两极分化自然出现。”[①]

怎样由一部分地区、一部分人先富起来走向全体人民共同富裕呢？归纳起来看，邓小平主要讲了三条：第一，注意宣传和发挥通过诚实合法经营实现勤劳致富的先进典型的示范作用，激发和带动未富、后富者的劳动积极性。“一部分人生活先好起来，就必然产生极大的示范力量，影响左邻右舍，带动其他地区、其他单位的人们向他们学习。”[②] 第二，政府要通过政策的、经济的、法律的手段加强收入和分配领域的调控。对于先富起来的一部分人，邓小平指出，要有一些限制和调节，例如，征收所得税。[③] 对于通过偷税漏税或其他不正当、不合法手段致富的个人，要通过法律手段进行制裁。对于先富起来的地区，邓小平认为，先进地区帮助落后地区是一个义务，先富起来的地区应该多交点利税，支持贫困地区的发展。[④] 他还提出著名的“两个大局”的战略构想，即：沿海地区要加快对外开放，使这个拥有两亿人口的广大地带较快地先发展起来，从而带动内地更好地发展，这是一个事关大局的问题。内地要顾全这个大局。反过来，发展到一定的时候，又要求沿海拿出更多力量来帮助内地发展，这也是个大局。[⑤] 那时沿海也要服从这个大局。此外，邓小平还要求政府多注意改善民生。他说：创造的财富，第一归国家，第二归人民。国家拿的这一部分，也是为了人民，搞点国防，更大部分用来发展经济，发展教育和科学，改善人民生活，提高人民文化水平。[⑥] 总之，“要利用各种手段、各种方法、各种方案来解决这些问题”[⑦]。第三，必须坚持社会主义制度。邓小平指出：“作为制度来说，没有社会主义这个前提，改革开放就会走向资本主义，比如说两极分化。中国有十一亿人口，如果十分之一富裕，就是一亿多人富裕，相应地有九亿多人就要革命。”[⑧] “只有社会主义，才能有凝聚力，才能解决大家的困难，才能避免两极分化，逐步实现共同富裕。……中国搞资本主义行不通，只有搞社会主义，实现共同富裕，

---

① 《邓小平年谱（1975—1997）》（下），1364页。

② 《邓小平文选》，2版，第2卷，152页。

③ 参见《邓小平文选》，1版，第3卷，111页。

④ 参见《邓小平文选》，1版，第3卷，155页。

⑤ 参见《邓小平文选》，1版，第3卷，277～278页。

⑥ 参见《邓小平文选》，1版，第3卷，123页。

⑦ 《邓小平年谱（1975—1997）》（下），1364页。

⑧ 《邓小平年谱（1975—1997）》（下），1317页。

社会才能稳定，才能发展。”[①]

这三条侧重点和重要性各有不同。第一条是从调动和激发劳动者的积极性的角度讲的。改革之初，人与人之间、地区与地区之间普遍比较贫穷、贫富差别比较小，在这种情形下，先富的典型示范作用尤其明显。但当贫富差别开始变得比较大的时候，不仅这种示范作用将大打折扣，而且会由此滋生对社会的不满情绪。第二条是从国家加强调控的角度讲的。调控的手段、方法、方案既应该是多样的、配套的，也应该是根据形势的变化而不断调整完善的。这一条应该成为实现共同富裕的最主要环节。第三条是从制度前提的角度讲的。坚持社会主义制度是实现共同富裕的根本前提和有效保证。离开社会主义，共同富裕就无从谈起。这是最根本的一条。

邓小平讲，“共同致富，我们从改革一开始就讲，将来总有一天要成为中心课题”[②]。什么时候会成为中心课题呢？邓小平没有明确讲，但是邓小平晚年讲过这样两段话：“什么时候突出地提出和解决这个问题，在什么基础上提出和解决这个问题，要研究。可以设想，在本世纪末达到小康水平的时候，就要突出地提出和解决这个问题。”[③] “中国发展到一定程度后，一定要考虑分配问题。也就是说，要考虑落后地区和发达地区的差距问题。不同地区总会有一定的差距。这种差距太小不行，太大也不行。如果仅仅是少数人富有，那就会落到资本主义去了。要研究提出分配这个问题和它的意义。到本世纪末就应该考虑这个问题了。”[④] 这里有两点值得注意：一是，虽然从字面意思看这两段话主要是针对实现不同地区之间的共同富裕问题而言的，但实际上也自然隐含了针对不同个人之间的共同富裕问题。二者虽然说法上侧重点不同，但实质是一样的，实际上是一个问题的两个不同侧面。就像邓小平所说的，“我们提倡一部分地区先富裕起来，是为了激励和带动其他地区也富裕起来，并且使先富裕起来的地区帮助落后的地区更好地发展。提倡人民中有一部分人先富裕起来，也是同样的道理”[⑤]。二是，邓小平提出到 20 世纪末要突出地提出和解决共同富裕问题时，用了“设想”、“考虑”、“研究”等字眼，这也体现了他实事求是的一贯风格。对于未来的事情，可以根据当前的情况

---

① 《邓小平年谱（1975—1997）》（下），1312 页。

② 《邓小平年谱（1975—1997）》（下），1324 页。

③ 《邓小平文选》，1 版，第 3 卷，374 页。

④ 《邓小平年谱（1975—1997）》（下），1356～1357 页。

⑤ 《邓小平文选》，1 版，第 3 卷，111 页。

和事物的发展规律作出一定的预测，但最重要的还是一切从实际出发，根据事物的实际变化和届时的具体情况，制定具体政策和措施，“每走一步都要考虑客观世界，制定下一步的方法和步骤”①。共同富裕什么时候会成为中心课题、成为第一位的问题？具体时间不好说，但底限应该是明确的，那就是人与人、地区与地区之间的贫富差距不至于拉大到引发对立甚至仇视、冲突以致影响社会稳定大局的程度。

世纪之交以来，中央就共同富裕问题陆续作出一些重大决策，如实施并不断推进西部大开发战略，推动区域协调发展，大力改善民生等等，取得良好的效果，但是离实现全体人民共同富裕的目标还有很大差距，特别是贫富差距在一些地区和范围内有不断拉大的趋势，这都值得我们高度重视。全面认真学习邓小平关于共同富裕的论述并从中汲取智慧，对于我们分析和解决贫富差距问题，稳步地朝着共同富裕的目标推进，将是很有裨益的。

五、关于农村的“两个飞跃”

20 世纪 90 年代初，邓小平提出了我国农村改革和发展的“两个飞跃”思想。1990 年 3 月 3 日，邓小平同江泽民等几位中央负责同志谈话时指出：“中国社会主义农业的改革和发展，从长远的观点看，要有两个飞跃。第一个飞跃，是废除人民公社，实行家庭联产承包为主的责任制。这是一个很大的前进，要长期坚持不变。第二个飞跃，是适应科学种田和生产社会化的需要，发展适度规模经营，发展集体经济。这是又一个很大的前进，当然这是很长的过程。”② 1992 年 7 月，他在审阅中共十四大报告稿时再次指出：“农业的改革和发展会有两个飞跃，第一个飞跃是废除人民公社，实行家庭联产承包为主的责任制，第二个飞跃就是发展集体经济。”③这一重要思想把生产力决定生产关系、生产关系反作用于生产力这一历史唯物主义的基本原理科学地与当代中国农村的实际相结合，既重视及时调整生产关系推动生产力的发展，又抓住发展生产力这一关键因素促进生产关系的变革，使生产力和生产关系

① 《邓小平年谱（1975—1997）》（下），1253 页。
② 《邓小平年谱（1975—1997）》（下），1310～1311 页。
③ 《邓小平年谱（1975—1997）》（下），1349 页。

这一对矛盾处于良性互动之中，揭示了中国农村经济发展的客观规律，规划了实现我国农业现代化的科学道路，指明了中国农村改革和发展的正确方向。

两个飞跃既有区别，又有联系，是辩证统一、相辅相成的关系。第一个飞跃是第二个飞跃的基础和前提，为实现第二个飞跃创造必要的条件；第二个飞跃是第一个飞跃的目的和归宿，为实现第一个飞跃之后的进一步发展指明方向。任何割裂二者关系，片面强调某一方面的做法都是不可取的。改革开放以来我国农村取得的举世瞩目的成就已经有力地证明了第一个飞跃的重要性，但如果从此满于现状，裹足不前，忽略甚至忘记了第二个飞跃的发展方向，将是十分错误的。

发展农村集体经济即第二个飞跃是“两个飞跃”思想的核心所在，是我国农业改革和发展的根本方向，是实现我国农业从传统农业向社会主义现代化农业转变的重要保证。在这个问题上，邓小平的态度是明确的，也是一贯的。他多次强调：“我们总的方向是发展集体经济”，“关键是发展生产力，要在这方面为集体化的进一步发展创造条件”①；“走集体化集约化的道路是必要的”，“仅靠双手劳动，仅是一家一户的耕作，不向集体化集约化经济发展，农业现代化的实现是不可能的”，“最终还是要走这条路”②。

邓小平之所以如此强调发展集体经济、推动实现第二个飞跃，主要原因有两个方面。其一，发展集体经济是保证农村改革沿着社会主义方向前进的必然要求。坚持社会主义方向、巩固和完善社会主义制度是改革的题中应有之义。邓小平指出，“在改革中，我们始终坚持两条根本原则，一是以社会主义公有制经济为主体，一是共同富裕”③。具体到农村改革也当如此：“社会主义经济以公有制为主体，农业也一样，最终要以公有制为主体。公有制不仅有国有企业那样的全民所有制，农村集体所有制也属于公有制范畴。”④可以说，发展集体经济既是社会主义公有制经济在农村经济中占主体地位的基本保证，也是农村实现共同富裕和农村社会长期稳定的重要基础。只有不断发展壮大集体经济，才可能坚持农村改革的社会主义方向不动摇。其二，发展集体经济是实现农业现代化的必然要求。实现我国农业从传统农业向社会主义现代化农业的转变，是我国农村改革的宏伟目标，也是第二个飞跃的实质。家庭联

---

① 《邓小平文选》，2 版，第 2 卷，315 页。
② 《邓小平年谱（1975—1997）》（下），1349、1350 页。
③ 《邓小平文选》，1 版，第 3 卷，142 页。
④ 《邓小平年谱（1975—1997）》（下），1349 页。

产承包责任制由于受限于其以农户为单位的分散的小生产方式的弊端，是根本无法达到实现农业现代化所必需的科学技术和机械设备的广泛应用、劳动生产率的大幅提高以及经营的规模化和生产的社会化的要求的，而只能通过发展集体经济、推动集体化集约化来实现。“要提高机械化程度，利用科学技术发展成果，一家一户是做不到的。特别是高科技成果的应用，有的要超过村的界线，甚至超过区的界线。仅靠双手劳动，仅是一家一户的耕作，不向集体化集约化经济发展，农业现代化的实现是不可能的。”① 特别是在社会主义市场经济条件下，分散的农户是很难以一己之力应对汹涌的市场浪潮冲击的。早在 1980 年 9 月 27 日，中共中央印发的《关于进一步加强和完善农业生产责任制的几个问题》就已对此作出凝练的阐述：“集体经济是我国农业向现代化前进的不可动摇的基础。它具有个体经济所不能比拟的优越性”。“在我国条件下，不能设想可以在一家一户的小农经济的基础上，建立起现代化的农业，可以实现较高的劳动生产率和商品率，可以使农村根本摆脱贫困和达到共同富裕。因此，毫无疑问，农业集体化的方向是正确的，是必须坚持的。”②

实现第二个飞跃的大方向无疑是明确的，那么应该怎样推动这一飞跃的实现呢？邓小平认为，“关键是发展生产力，要在这方面为集体化的进一步发展创造条件”。他具体提出了四个条件：“第一，机械化水平提高了（这是说广义的机械化，不限于耕种收割的机械化），在一定程度上实现了适合当地自然条件和经济情况的、受到人们欢迎的机械化。第二，管理水平提高了，积累了经验，有了一批具备相当管理能力的干部。第三，多种经营发展了，并随之而来成立了各种专业组或专业队，从而使农村的商品经济大大发展起来。第四，集体收入增加而且在整个收入中的比重提高了。”③ 显然，这四个条件个个讲的都是生产力的提高。只有具备了这四个条件，第二个飞跃才可能实现。就像邓小平指出的：“具备了这四个条件，目前搞包产到户的地方，形式就会有发展变化。这种转变不是自上而下的，不是行政命令的，而是生产发展本身必然提出的要求。”④

虽然邓小平在这里只是讲了一个原则性构想，具体什么时候、以什么样的具体形式实现第二个飞跃，他并没有讲，但我们可以按照邓小平提出的这

---

① 《邓小平年谱（1975—1997）》（下），1350 页。

② 《三中全会以来重要文献选编》（上），542、544 页，北京，人民出版社，1982。

③ 《邓小平文选》，2 版，第 2 卷，315、315～316 页。

④ 《邓小平文选》，2 版，第 2 卷，316 页。

四个条件对今天我国农村的情况作一个衡量。可以说，全国各地农村的情况千差万别。在经济发展比较快的地区特别是沿海省份的不少农村，这四个条件已经初步具备；在经济比较落后的地区特别是中西部的大多数农村，虽然农村面貌发生了很大变化，农民生活水平也有了显著提高，但与上述四个条件还是有很大差距。这里有一个现象特别需要关注：在不少农村，在经历了实行家庭联产承包责任制推动生产力水平快速提高之后，经济社会发展面临大量问题，经济发展开始变得缓慢甚至出现停滞，统分结合的双层经营体制中“统”的成分遭到漠视，集体经济遭到严重削弱甚至荡然无存，成为“空壳村”，实质上出现了“分田单干”、“各顾各”的局面，分散的农户难以抗击市场经济大潮和跨国农业公司的冲击，利益得不到有效保障。此外，还面临着贫富差距日益拉大、大量青壮年劳动力去城市打工致使许多农村土地撂荒、基层党组织功能削弱、社会风气滑坡等问题。这显然与实现第二个飞跃的目标是背道而驰的。与此同时，有些农村，如华西村、南街村等，始终注意发展和壮大集体经济，在市场经济大潮中，已经显示出走集体经济道路的发展优势。在这种鲜明对比的影响下，近些年，在很多农村地区兴起了各种合作经济组织，有的是农民们自发地组织起来进行互助合作，有的是村集体组织农民创办集体企业，种类多样，形式灵活，取得了不错的效果。这一切都有力地说明，家庭联产承包责任制虽然一度极大地解放和推动了农村生产力的发展，但它毕竟尚未从根本上摆脱传统小农经济、小生产方式的弊端，必然会随着生产力的提高逐渐丧失以往对生产力的适应性而成为生产力进一步发展的障碍，而生产力必然要冲破束缚寻找新的发展空间，进而呼唤农村生产关系的再一次变革，发展集体经济无疑将是变革的正确方向。

因此，在实现农村第二个飞跃问题上，既不能操之过急，因为实现第二个飞跃毕竟需要一个长期的过程，也不能消极等待，在条件成熟的农村，在农民自愿的基础上，应该积极引导他们向实现第二个飞跃的方向前进。

上面分述的五个问题，说到底是怎样对待邓小平理论的问题。那么，究竟应该怎样做呢？20 世纪 90 年代，在学习邓小平理论的热潮中，江泽民曾多次阐述过这个问题。他认为，浅尝辄止、一知半解，断章取义、各取所需，照本宣科、脱离实际等做法都是不足取的、错误的，“害己害人，误党误国，危害极大”①。他强调：“要在把握邓小平理论的科学体系和领会它的精神实

① 《十五大以来重要文献选编》（上），496 页，北京，人民出版社，2000。

质上下功夫，尤其要着重领会解放思想、实事求是这个邓小平理论的精髓”[①]，“要始终注意从总体上、相互联系上和精神实质上去全面地正确地把握，不能搞片面性”，要“善于把邓小平同志的基本观点联系起来学习，联系起来思考，真正做到融会贯通”，要把其中“贯穿和体现的辩证唯物主义和历史唯物主义学到手，把他的科学态度、创造精神和革命风格学到手”[②]，要“在邓小平理论指引下，在实践中不断探索，不断开拓，总结新的经验，形成新的认识”，“创造性地继承邓小平同志开创的建设有中国特色社会主义事业”，“创造性地发展邓小平理论”。“这是对待邓小平理论的正确态度，也是邓小平同志期望于我们的”[③]。一言以蔽之，只有坚持实事求是的科学态度，运用辩证唯物主义和历史唯物主义的马克思主义的正确方法，才能全面准确地理解邓小平理论的基本观点和精神实质，才能运用好、发展好邓小平理论。

（原载《党的文献》2012年第2期）

① 江泽民：《深入学习邓小平理论》，载《求是》，1998（4）。
② 《江泽民论有中国特色社会主义（专题摘编）》，14页，北京，中央文献出版社，2002。
③ 江泽民：《深入学习邓小平理论》，载《求是》，1998（4）。

从小康社会到全面建设小康社会

——江泽民对我国跨世纪发展战略的思考

樊宪雷

在革命、建设、改革的各个历史时期，我们党根据人民的意愿和党的事业的发展，提出过许多明确的具有感召力的目标，并团结和带领广大人民为之奋斗。这是我们党一个十分重要的政治领导艺术。2002 年，党的十六大基于我国国情，明确提出了全面建设小康社会的发展目标，并将这一目标与之前确定的“新三步走”发展战略结合起来，要求紧紧抓住 21 世纪头 20 年这一重要战略机遇期，集中力量，“全面建设惠及十几亿人口的更高水平的小康社会，使经济更加发展、民主更加健全、科教更加进步、文化更加繁荣、社会更加和谐、人民生活更加殷实”①。全面建设小康社会的发展目标，是中国特色社会主义经济、政治、文化全面发展的目标，是与加快推进现代化相统一的目标。这一目标为我们勾画了一幅社会主义物质文明、政治文明、精神文明全面发展的宏伟图景，反映了完善和发展社会主义的新要求。

一

江泽民在十六大报告中说，全面建设小康社会“是实现现代化建设第三

① 《江泽民文选》，第 3 卷，543 页，北京，人民出版社，2006。

步战略目标必经的承上启下的发展阶段”①。承上启下，是说全面建设小康社会目标继承并发展了邓小平关于“小康社会”和“三步走”发展战略的思想，同时又要为到本世纪中叶基本实现现代化，把我国建成富强民主文明的社会主义奠定基础。为准确深入地理解全面建设小康社会目标，首先要回顾一下邓小平的“小康社会”和“三步走”发展战略的思想。

新中国成立后，为激励全国人民建设社会主义的热忱，凝聚民心，以毛泽东为核心的党的第一代中央领导集体在20世纪60年代就确立了在20世纪末实现四个现代化的奋斗目标，即：在完成国民经济调整以后，搞一个五年设想，就是基本上搞一个初步的独立的国民经济体系，或者说工业体系；然后再有15年左右，建成一个具有现代农业、现代工业、现代国防和现代科学技术的社会主义强国。② 四个现代化的发展目标一度极大地鼓舞了广大人民群众的建设热情，发挥了重要的精神支柱作用。但是，由于当时对现代化的艰巨性和长期性认识不够，特别是在后来的经济建设中发生的急于求成的偏差，使得四个现代化的发展目标难以如期完成。四个现代化的标准必须降低，以适应我国处于社会主义初级阶段的基本国情。

邓小平在总结过去的成功经验和挫折教训后，对社会发展目标有了新的认识。他明确指出：实现社会主义现代化不能急于求成，只能分阶段、有步骤地进行。③ 正是在这种思想的指导下，邓小平开始重新思考我国经济社会发展的新目标。他说：“我们讲四个现代化，开始时提出的是一个雄心壮志。但我们一摸索，才感到还只能是中国式的现代化。”④ “中国式的现代化”是什么样的呢？1979年12月6日，邓小平在会见日本首相大平正芳时第一次使用了“小康”概念。他说：“我们要实现的四个现代化，是中国式的四个现代化。我们的四个现代化的概念，不是像你们那样的现代化的概念，而是‘小康之家’。到本世纪末，中国的四个现代化即使达到了某种目标，我们的国民生产总值人均水平也还是很低的。要达到第三世界中比较富裕一点的国家的水平，比如国民生产总值人均一千美元，也还得付出很大的努力。就算达到那样的水平，同西方来比，也还是落后的。所以，我只能说，中国到那

① 《江泽民文选》，第3卷，543页。
② 参见逄先知：《毛泽东关于建设社会主义的一些思路和构想》，载《党的文献》，2009（6）。
③ 参见《邓小平文选》，2版，第2卷，355～356页。
④ 《邓小平思想年谱》，187页。

时也还是一个小康的状态。”① 邓小平借用“小康”这个名词，作为我国在20世纪内所要达到的目标，表达的却是全新的内容。根据邓小平的思想，1982年党的十二大确定从1981年到20世纪末的20年，我国经济建设总的奋斗目标是：在不断提高经济效益的前提下，力争使全国工农业的年总产值翻两番。并指出，实现这个目标，城乡人民的收入将成倍增长，人民物质生活可以达到小康水平。1987年，党的十三大又提出了我国经济建设分“三步走”的战略方针：“第一步，实现国民生产总值比1980年翻一番，解决人民的温饱问题……第二步，到本世纪末，使国民生产总值再增长一倍，人民生活达到小康水平。第三步，到下个世纪中叶，人均国民生产总值达到中等发达国家水平，人民生活比较富裕，基本实现现代化。”② “小康社会”是邓小平提出的阶段性发展目标，“三步走”发展战略是实现“小康社会”并最终实现现代化发展目标的步骤安排，二者紧密相连，不可分割。

按照邓小平关于我国社会主义现代化建设分三步走的战略部署，我国的现代化建设不断前进。1990年，全国国内生产总值达18 547.9亿元，提前达到温饱水平；1995年，提前实现国内生产总值比1980年翻两番的目标；1997年，提前实现人均国内生产总值比1980年翻两番的目标；2000年，人均国内生产总值超过了800美元，全国国内生产总值达到89 404亿元，总体达到小康水平。

二

2000年，当我国国内生产总值超过原定20年翻两番目标的时候，“三步走”发展战略的前两步已经顺利实现，全国人民的生活总体上达到了小康。接下来，就要进入“三步走”发展战略的第三步了。邓小平设计的“三步走”发展战略，对第三步只作了一个大致的构想，即到21世纪中叶，基本实现现代化，达到中等发达国家水平。世纪之交，如何走好“第三步”，并最终基本实现现代化，成为以江泽民同志为核心的党的第三代中央领导集体必须回答的问题。

---

① 《邓小平文选》，2版，第2卷，237页。

② 《中共中央文件选编》，381页，北京，中共中央党校出版社，1992。

对于这个问题，以江泽民同志为核心的党的第三代中央领导集体自20世纪90年代初就已经开始思考并逐步形成了初步规划。1991年，江泽民在庆祝中国共产党成立70周年大会上的讲话中说："在实现第二步战略目标、并为实现第三步战略目标打下坚实基础的过程中，我们面临大量新问题，都需要用改革的精神来解决。"① 用改革的精神来解决面临的大量新问题，就需要有新的举措和思路。1992年，在党的十四大报告中，江泽民又根据我国20世纪90年代的发展实际，指出，"到本世纪末我国国民经济整体素质和综合国力将迈上一个新的台阶。国民生产总值将超过原定比一九八〇年翻两番的要求"，"人民生活由温饱进入小康"。由此，他"建议国务院对'八五'计划做出必要的调整，并着手研究制订'九五'计划"②。此后，跨世纪发展这个问题，就一直萦绕在江泽民心头，是他不断思考的一个重要问题。

到了1997年党的十五大上，江泽民就比较明确地指出："从现在起到下世纪的前十年，是我国实现第二步战略目标、向第三步战略目标迈进的关键时期。我们要积极推进经济体制和经济增长方式的根本转变，努力实现'九五'计划和二〇一〇年远景目标，为下世纪中叶基本实现现代化打下坚实基础。"③ 他还对21世纪的发展目标作出了初步规划："展望下世纪，我们的目标是，第一个十年实现国民生产总值比二〇〇〇年翻一番，使人民的小康生活更加宽余，形成比较完善的社会主义市场经济体制；再经过十年的努力，到建党一百年时，使国民经济更加发展，各项制度更加完善；到世纪中叶建国一百年时，基本实现现代化，建成富强民主文明的社会主义国家。"④

相对于邓小平的"三步走"发展战略，江泽民为顺利完成"三步走"发展战略中的第三步而部署设计的新的三个发展阶段，被称为"新三步走"发展战略（也称为"小三步走"发展战略）。

2002年，在党的十六大召开前夕，江泽民在文件起草组会议上对"新三步走"发展战略又作了进一步的阐述。他说："党的十五大对我国到二〇一〇年、建党一百年和建国一百年这三段时期改革和发展的任务作出了大体部署，这也可以叫做实现第三步战略目标的'小三步走'。"⑤ 他要求文件起草组要对这三

① 《江泽民文选》，第1卷，162页，北京，人民出版社，2006。
② 《江泽民文选》，第1卷，224、225页。
③ 《江泽民文选》，第2卷，18页，北京，人民出版社，2006。
④ 《江泽民文选》，第2卷，4页。
⑤ 《江泽民文选》，第3卷，413页。

个阶段的目标作出科学的表述。在江泽民看来，这三个阶段的目标的大体情况是：“（一）到二〇一〇年，实现国内生产总值比二〇〇〇年翻一番，经济结构战略性调整取得明显进展，社会主义市场经济体制进一步完善，人民的小康生活更加宽裕。（二）到建党一百年时，国内生产总值比二〇一〇年再翻一番，基本完成工业化，建成经济更加发展、民主更加健全、科教更加进步、文化更加繁荣、社会更加和谐、人民生活更加殷实的小康社会。（三）在此基础上再奋斗三十年，到建国一百年时，基本实现现代化，进入中等发达国家行列，把我国建成富强民主文明的社会主义现代化国家。”① 至此，“新三步走”发展战略已经有了清晰的发展步骤，为我们顺利实现“三步走”发展战略中的第三步，即到本世纪中叶基本实现现代化指明了前进的方向。

江泽民提出的“新三步走”发展战略是对邓小平“三步走”发展战略中第三步的具体化，呈现出鲜明的承续性，二者在品格上也有一致性。

首先，二者的总体目标是一致的。“新三步走”发展战略作为“三步走”发展战略总体规划中实现第三步的具体化，其目标与“三步走”必然是一致的，都是通过不断发展经济实力，以改善和提高人民生活水平为出发点和落脚点，以缩小与发达国家的差距，基本实现现代化，达到中等发达国家水平为目标。

其次，二者都体现了“台阶式”、阶段性的发展思路。邓小平在设计“三步走”发展战略时指出，“从国际经验来看，一些国家在发展过程中，都曾经有过高速发展时期，或若干高速发展阶段”②。具体到我国的发展思路，邓小平认为也应该是“过几年有一个飞跃，跳一个台阶”③。江泽民也强调：“在现代化建设的长过程中要抓住时机，争取出现若干个发展速度比较快、效益又比较好的阶段，每隔几年上一个台阶。”④ 两个“三步走”发展战略都体现循序渐进、有步骤、台阶式的发展特征。

最后，二者都是对中国特色社会主义建设发展规律深刻认识之后的选择。20 世纪 80 年代以后，国际形势趋向缓和，和平与发展成为时代主题。邓小平抓住了加快经济发展的契机，在深刻认识中国国情和社会主义建设规律的基础上，提出了“三步走”发展战略。“新三步走”发展战略的提出，是中央在我国人民生活总体达到小康水平、社会主义市场经济体制初步建立、全方

① 《江泽民文选》，第 3 卷，413～414 页。
② 《邓小平文选》，1 版，第 3 卷，377 页。
③ 《邓小平文选》，1 版，第 3 卷，368 页。
④ 《江泽民文选》，第 1 卷，220 页。

位的改革开放格局基本形成的条件下，对新的发展阶段深刻认识的结果。二者都反映了我们党对国情及经济发展规律的认识和把握。

三

在确立“新三步走”发展战略的过程中，世纪之交中国面临的重要发展机遇，也促使以江泽民同志为核心的党的第三代中央领导集体对我国经济社会的发展目标作更为深入的思考。

世纪之交，我国的经济社会有着很好的发展机遇。第一，我们有着中国共产党的坚强领导，并在党的带领下成功地走出了一条建设中国特色社会主义的正确道路，我国社会主义事业日益呈现出蓬勃生机和活力。第二，社会主义市场经济体制初步建立，社会生产力获得进一步的解放，为经济持续快速增长提供了体制保证。第三，我国经济有广阔的增长空间。我国工业化的历史任务尚未完成，现代化建设已经大规模展开，刚从温饱进入小康，不论投资还是消费，都有巨大的市场潜力，正处于经济迅速扩张的时期。第四，和平与发展仍然是时代的主题。虽然国际政治和经济形势的不稳定性和不确定性增加，但要和平、求合作、促发展是各国人民的共同愿望，也是不可阻挡的历史潮流。第五，全球范围的新技术革命，以及由此而引起的世界信息技术的快速发展，知识经济时代的来临，为我国发挥后发优势，实现跨越式的发展提供了可能。

在这种背景下，2000 年 6 月 9 日，江泽民在全国党校工作会议上的讲话中首次提出了全面建设小康社会的概念。他在分析了我国社会主义现代化建设进程中取得的成绩以及国内外经济形势发生的重大变化后说：“我们要在胜利完成第二步战略目标的基础上，开始实施第三步战略目标，全面建设小康社会并继续向现代化目标迈进。”① 其后，2000 年 10 月 11 日，党的十五届五中全会在制定国民经济和社会发展第十个五年计划的建议中又提出：“从新世纪开始，我国将进入全面建设小康社会，加快推进社会主义现代化的新的发展阶段。”② 全面建设小康社会的目标在党的全会上开始出现。之后，江泽民

① 江泽民：《论党的建设》，419 页，北京，中央文献出版社，2001。

② 《十五大以来重要文献选编》(中)，1369 页，北京，人民出版社，2001。

多次提及全面建设小康社会，其内涵也不断得到充实和丰富。

到了 2002 年 1 月 14 日，江泽民在党的十六大文件起草组会议上的讲话中明确提出了全面建设小康社会的目标，并且将全面建设小康社会目标与“新三步走”发展战略中的前两步紧密结合起来。江泽民说：“不少同志在讨论中提出，从现在起到本世纪中叶基本实现现代化这五十年，实践跨度比较大，能否划出一段时间，提出一个鲜明的阶段性目标，也就是以本世纪头二十年为期，明确提出全面建设小康社会的目标。我认真考虑了大家的意见，认为基本是可行的。”①

提出全面建设小康社会目标可行的原因，江泽民认为有以下几点：

第一，明确提出全面建设小康社会的目标，符合邓小平关于实现现代化的战略思想。邓小平从我国国情出发，提出了分三步走基本实现现代化的发展战略，他对“三步走”战略的前两步目标作了明确的规划，而且这两步战略目标都实现了。现在，如何实现第三步战略目标，需要我们根据新的情况加以确定。明确提出全面建设小康社会的阶段性目标，既同邓小平的战略构想相衔接，也根据新的实际体现了邓小平关于分阶段实现现代化的重要思想。

第二，明确提出全面建设小康社会的目标，与党的十五大对新世纪的展望、党的十五届五中全会提出的我国进入新的发展阶段的要求相一致。党的十五大对我国到 2010 年、建党 100 年和建国 100 年这三段时期的发展目标作出了展望。党的十五届五中全会明确提出，从新世纪开始，我国进入全面建设小康社会、加快推进社会主义现代化的新的发展阶段。基于对进入新世纪国际国内形势的基本判断和对我国现代化建设的战略部署，提出全面建设小康社会的目标并加以具体化，是我们党和国家的事业不断向前发展的必然要求。

第三，明确提出全面建设小康社会的目标，符合党心民意，也有利于我国进一步展示良好的国际形象。

第四，明确提出全面建设小康社会的目标，符合我国国情和现代化建设的实际，同我们实现社会全面发展和共同富裕的目标也是吻合的。我国人民生活总体上虽达到小康水平，但人均国内生产总值还比较低，同世界发达国家相比差距还很大。我们现在的小康，总的来说，还是低水平的、不全面的、发展很不平衡的小康。全面建设小康社会，就是要进一步巩固和发展我国初步建成的小康社会，使全体人民都能够更加充分、更加稳定地享受小康生活。

---

① 《江泽民文选》，第 3 卷，414 页。

2002年11月，党的十六大报告中正式将全面建设小康社会作为我国在本世纪头20年的社会发展目标提了出来。十六大报告从我国正处于并将长期处于社会主义初级阶段的基本国情出发，指出已经达到的小康还是低水平的、不全面的、发展很不平衡的小康。这种“低水平、不全面、发展不平衡”体现在七个方面：我国生产力和科技、教育还比较落后，实现工业化和现代化还有很长的路要走；城乡二元经济结构还没有改变，地区差距扩大的趋势尚未扭转，贫困人口还为数不少；人口总量继续增加，老龄人口比重上升，就业和社会保障压力增大；生态环境、自然资源与经济社会发展的矛盾日益突出；我们仍面临发达国家在经济科技等方面占优势的巨大压力；经济体制和其他方面的管理体制还不完善；民主法制建设和思想道德建设等方面还存在一些不容忽视的问题。为了解决“低水平、不全面、发展不均衡”的问题，在“总体小康”的基础上，党中央明确提出了“全面建设小康社会”的发展目标。

相较于已经实现的“低水平、不全面、发展不平衡”的总体小康，“全面小康”的内涵更为丰富。当初邓小平提出小康的概念，主要是为了纠正过去我们在建设现代化问题上的急于求成的倾向。他所提的“小康”，虽是物质文明和精神文明相统一的社会，但根据20世纪80年代我国的实际情况，主要还是从经济方面着眼，解决的生存需要。邓小平曾把“小康社会”描绘为：“没有太富的人，也没有太穷的人，所以日子普遍好过”[①]。这种小康是以经济发展和生产力水平的提高为重要内涵的。江泽民提出的全面建设小康社会，是要“全面建设惠及十几亿人口的更高水平的小康社会，使经济更加发展、民主更加健全、科教更加进步、文化更加繁荣、社会更加和谐、人民生活更加殷实”[②]，其最大的特色在于它是惠及十几亿人口的小康，其目标不仅有物质生活方面的要求，还包含了社会主义民主与法制，全民族的思想道德、科学文化素质和健康素质，可持续发展能力，生态环境等方面，是经济、政治、文化、环境协调发展，物质文明、政治文明、精神文明共同发展，谋求人的全面发展和实现社会全面进步的社会状态。

十六大报告在提出全面建设小康社会目标的同时，还将“新三步走”发展战略中的前两步与实现全面建设小康社会的目标紧密地结合起来。报告指出，“综观全局，二十一世纪头二十年，对我国来说，是一个必须紧紧抓住并且可以大有作为的重要战略机遇期。根据十五大提出的到二〇一〇年、建党

---

① 《邓小平文选》，1版，第3卷，161～162页。

② 《江泽民文选》，第3卷，543页。

一百年和新中国成立一百年的发展目标，我们要在本世纪头二十年，集中力量，全面建设惠及十几亿人口的更高水平的小康社会”①。

四

如果说邓小平提出小康社会目标和“三步走”发展战略，主要是基于当时中国的实际，围绕“建设什么样的社会主义和怎样建设社会主义”这一问题展开的，那么江泽民提出全面建设小康社会目标和“新三步走”发展战略，则主要是围绕如何实现“跨世纪发展”这一问题展开的。全面建设小康社会目标和“新三步走”发展战略是在小康社会目标和“三步走”发展战略的基础上产生的，它继承了小康社会的基本内涵，延续了“三步走”战略的发展趋向。

全面建设小康社会目标和“新三步走”发展战略也突出了它的时代特征，对于指导我国的社会主义建设事业具有重大意义。2002 年 1 月 14 日，江泽民在十六大文件起草组会议上的讲话中指出：“明确提出全面建设小康社会的目标，并在科学论证的基础上加以阐述，对凝聚人心、鼓舞斗志，加快推进我国的现代化建设，具有十分重大的意义”②。在十六大报告中，江泽民进一步强调：“全面建设小康社会的目标，是中国特色社会主义经济、政治、文化全面发展的目标，是与加快推进现代化相统一的目标，符合我国国情和现代化建设的实际，符合人民的愿望，意义十分重大”③。

全面建设小康社会，就是要在中国共产党的坚强领导下，推进中华民族的伟大复兴。在实现中华民族的伟大复兴之路中，充满了众多的挑战。

从世界范围来看，在经济全球化条件下，世界经济的不稳定和不确定性因素增多。经济全球化的迅速发展，将我国经济和世界经济更加紧密地联系在一起。在我们获得发展机遇、开拓发展空间的同时，经济发展的不稳定和不确定性因素也给我国经济的发展带来直接影响。2008 年爆发的金融危机更是证实了这一点。同时，全球贫富差距进一步拉大，少数发达国家以牺牲发

① 《江泽民文选》，第 3 卷，542～543 页。
② 《江泽民文选》，第 3 卷，416 页。
③ 《江泽民文选》，第 3 卷，544 页。

展中国家的利益谋求自身快速发展，加大了世界的不安定因素，不利于世界经济的发展。我国经济和科技发展整体水平偏低，在综合国力的激烈竞争中，我们面临发达国家在经济、科技等方面的优势地位的压力。

从国内来看，当时我国正处于改革的攻坚阶段和发展的关键时期，社会转型和利益关系的调整会带来一些不稳定的因素。我国的科技教育文化还比较落后，国民的整体素质尚待提高。农村、农业和农民问题上还存在着生产力发展水平跟不上国民经济发展速度的矛盾，城乡关系严重失衡，地区差距也比较明显。此外，经济发展与人口、资源、环境等方面的矛盾也日益突出。后来，以胡锦涛同志为总书记的党中央在十七大报告中将我国进入新世纪新阶段后呈现出的阶段性特征概括为八个方面的内容，进行了全面的总结和分析。

对于这些全面建设小康社会进程中必须面对和需要解决的问题，江泽民有着清醒的认识。他在党的十六大报告中说："面对很不安宁的世界，面对艰巨繁重的任务，全党同志一定要增强忧患意识，居安思危，清醒地看到日趋激烈的国际竞争带来的严峻挑战，清醒地看到前进道路上的困难和风险，倍加顾全大局，倍加珍视团结，倍加维护稳定。"①

党的十六大提出全面建设小康社会的目标以来，以胡锦涛同志为总书记的党中央，朝着这一宏伟目标迈出了坚实的步伐：进一步深化了机构改革，完善了社会主义市场经济体制，加强了党的执政能力建设，制定并实施了"十一五"规划，初步构建了社会主义和谐社会，并在此基础上提出了科学发展观重大战略思想。党和国家的工作取得了诸多新的成就，经济实力大幅提升，改革开放取得重大突破，人民生活显著改善，民主法制建设取得新进步，文化建设开创新局面，社会建设全面展开，国防和军队建设取得历史性成就，港澳工作和对台工作进一步加强，全方位外交取得重大进展，党的建设新的伟大工程扎实推进。全面建设小康社会进入新的发展阶段。根据变化了的客观实际和新的时代发展要求，以胡锦涛同志为总书记的党中央在十七大上对全面建设小康社会提出了新的更高要求。

——增强发展协调性，努力实现经济又好又快发展。

——扩大社会主义民主，更好保障人民权益和社会公平正义。

——加强文化建设，明显提高全民族文明素质。

---

① 《江泽民文选》，第3卷，574～575页。

——加快发展社会事业，全面改善人民生活。

——建设生态文明，基本形成节约能源资源和保护生态环境的产业结构、增长方式、消费模式。[①]

目前，我们正按照党中央的部署，以科学发展观为指导，为到建党100周年时把我国建设成为“经济更加发展、民主更加健全、科教更加进步、文化更加繁荣、社会更加和谐、人民生活更加殷实”的全面小康社会而努力奋斗。

（原载《科学发展观与全面建设小康社会》（下），凤凰出版传媒集团、江苏人民出版社2010年版）

① 参见《十七大以来重要文献选编》（上），15～16页，北京，中央文献出版社，2009。

对青年要“爱”和“严”

——兼论江泽民青年工作思想的辩证思维和时代特征

宿　凌

青年是祖国的未来，是我们党的事业兴旺发达的希望所在。不论是在革命年代，还是社会主义建设时期，青年作为一支生力军都发挥了十分重要的作用。党自成立以来就十分注重青年群体和开展青年工作，并从长期的实践中，总结了一系列关于做好青年工作的思想方法。

江泽民作为党的第三代中央领导集体的核心，时刻关心青年人的成长。1990 年 3 月 23 日，江泽民在同北京大学部分学生座谈时，发表了题为“对青年人，一要爱二要严”的讲话，正式提出他对开展青年工作既爱又严的思想方法。他对如何做好青年工作的一系列经验总结，是党在新时期新阶段面临新问题的情况下对如何做好和加强对青年这一重要群体工作的新探索，同时也体现了江泽民科学运用马克思主义唯物辩证法进行的一系列思考和分析，具有鲜明的时代特征。

一、江泽民思想中对青年“爱”的思想方法

江泽民指出，对青年人，第一要爱，这个爱包含着以下几个方面的含义：

第一，江泽民对当代青年群体的总体特征作出客观科学判断和分析，实事求是，明确指出当代青年主流是好的，是热爱党、热爱社会主义的。

1989年经历政治风波后，由于对中国的实际情况缺乏深刻的了解，以及国内外复杂因素的综合影响，社会上对于青年群体的认识和定位出现了偏差。改革开放以来，外来文化从国门一拥而入，经历改革开放的重大变化而成长起来的新一代青年，缺乏正确甄别各种文化的良莠的能力，一定程度上受到了西方消极主义、享乐主义、虚无主义等不良风气影响，而对社会产生了一定的消极作用。因此，人们对青年的行为和价值观念的改变多数持不理解的态度，社会对青年人的期望与评价逐渐降低。如何正确看待青年群体在社会中的地位和作用，如何引导青年群体向健康方向发展，使之成为改革开放以后建设祖国的生力军，成为摆在全党全社会面前的一个重大课题。

江泽民在对当代青年群体进行客观的分析后，呼吁社会要正确对待青年人，要相信青年人。他认为，青年人涉世不深，容易不同程度地受到西方资产阶级人生观、价值观的影响，受到民族虚无主义的影响。之所以在青年群体中存在这样的现象，主要还是党的工作做得不够全面细致，放松了对青年人的思想政治工作和优良传统的教育，因此，“发生这些问题，主要责任不在青年身上，而在我们党工作上的失误”[①]。他指出，“我们年轻一代的心是纯洁的，主流是好的……青年中有一大批热爱共产党、热爱社会主义，决心为共产主义事业而献身的人，他们代表了当代青年的主流”[②]，“广大青年学生有爱国心和正义感”[③]，“对青年，我们一向是既满腔热情，充分信任，又严格要求，积极引导”[④]。江泽民既充分表达了党对当代青年给予充分肯定和信任的态度，又充分否定了社会近年来对青年的不良评价，使全社会更加注重从客观科学的角度出发来认识当代青年这一重要社会群体。人们开始更加重视对青少年的关注与关爱，共同探索如何科学引导青年群体向更健康的方向发展，努力为青年人的成长创造良好的社会环境。江泽民还认为，必须清醒认识到国际国内复杂因素对青年人的影响，抓好党的思想政治工作。

第二，江泽民对青年寄予厚望，多次在讲话中提到，青少年是我们的希望。这一厚望，来自他长期以来对青年群体的观察和关注。

---

① 《江泽民文选》，第1卷，129页。

② 《“希望寄托在你们身上”——江泽民总书记关怀青年一代纪事》，载《人民日报》，1998-05-04。

③ 《江泽民思想年编（1989—2008）》，5页，北京，中央文献出版社，2010。

④ 《毛泽东 邓小平 江泽民论青少年和青少年工作》（增订本），251页，北京，中国青年出版社、中央文献出版社，2003。

“二十一世纪是你们的世纪。中国社会主义现代化建设的重任，历史地落在你们的肩上。”① “社会主义的巩固和发展，需要一代又一代人坚持不懈地努力奋斗。我们的事业任重道远，希望寄托在青年人身上。”② 青年的成长与党的成长息息相关，更是我们建设祖国未来的希望。革命年代，一大批优秀的青年为革命事业洒热血；建设时期，更有一批进步青年为建设国家贡献自己全部的青春。在改革开放初期，党同样对青年人寄予深切厚望，希望青年人作为承担未来的主力军，更好地为祖国作出应有的贡献。正如江泽民借用毛泽东经常说的一句话：“你们青年人朝气蓬勃，正在兴旺时期，好像早晨八、九点钟的太阳。希望寄托在你们身上。”③ 党过去是这样，现在也没有改变，党和国家对青年人始终充满着殷切的希望。党的事业任重道远，全部的希望也都寄托在青年人的身上。为了能够更加深入地了解青年，江泽民多次接见各界青年代表，与他们保持通信联系，多次深入多所高校与学生们展开亲切座谈，听取学生们的反映，满腔热情地为学生们指点迷津，解答疑惑。

“赢得青年，才能赢得未来。”④ 江泽民对青年人寄予厚望，也是他对青年发自内心的关爱。他常用“长江后浪推前浪”的比喻来形容他对青年人的殷切期望。1999 年，他在观看了“青春之歌”文艺晚会后，激动地对参加演出的青年演员说：“你们的歌声和朗诵，跳动着时代的脉搏，憧憬着美好的未来。未来是属于青年的，青春万岁！”⑤

第三，江泽民对青年人“爱”的另一个体现是时时为青年人考虑，创造有利于青少年发展的社会环境，提出一系列保护青少年的思想和措施。

江泽民经常在各种场合下强调全社会都来关心青年。他认为，社会环境是青少年成长的重要影响因素，社会对青年的成长具有极大的影响，要有一个安定团结的政治局面。“出现社会动乱，一切都无从谈起。”⑥ 为了青年一代的健康成长，必须在全社会形成爱护青年、关心青年、支持青年的良好氛围。

江泽民还十分重视青年们的身心健康，号召全党全社会都来关心青少年的健康成长。青年人的身心健康与否，影响到青年人能否适应社会交往，以

---

① 《江泽民文选》，第 1 卷，133 页。
② 《江泽民文选》，第 1 卷，248 页。
③ 《毛泽东 邓小平 江泽民论青少年和青少年工作》（增订本），235 页。
④ 《江泽民文选》，第 1 卷，248 页。
⑤ 《毛泽东 邓小平 江泽民论青少年和青少年工作》（增订本），346 页。
⑥ 《江泽民思想年编（1989—2008）》，5 页。

及能否为社会作出应有的贡献。改革开放的进一步深化及社会主义市场经济体制的确立，给中国社会带来了一系列的变迁。社会环境的改变也同时给青年人带来了一些来自社会各个方面的压力，比如文化植入的压力、价值冲突的压力、生活事变的压力等。身处价值观多元化时代的青年人，面对金钱、正义、公平、爱情、社会责任等问题往往难以正确衡量和区分，他们在学习、就业和人际交往中出现的一系列的身心问题，亟待关注。江泽民通过长期观察，清楚地认识到当代青年中存在的心理弱点，他在多个场合下指出，青年人由于社会阅历不丰富、经受的人生锻炼不多，在顺利时容易自我满足，受一点挫折容易产生悲观情绪，不利于自己的进步。针对这种情况，他认为要引导、鼓励和支持青年人，使其学会胜不骄、败不馁，“要有坚韧不拔的充分思想准备，取得成绩时不盲目乐观，遇到困难时不气馁悲观”①，要看到青年的优点，满腔热情地支持青年发挥自己的长处；同时要客观地看待青年身上存在的不足和缺点，加强教育和引导。

此外，江泽民十分关注新的科技的发展，特别是关注信息技术和网络技术对青年人的影响，提出要高度重视信息网络的发展带来的严峻挑战，保护青少年。他指出：“随着信息网络化的发展，网上一些迷信、色情、暴力和其他有害信息的传播，对人民群众尤其是青少年的身心健康造成很大危害。”② 因此，要对此高度警惕和注意，切实加强网络安全保障体系建设，搞好对信息网络的管理工作。

第四，江泽民提出的对青年的“爱”是从长远出发，既是作为党的领导人对国家未来的关爱，也是一位长辈对晚辈的疼爱，但绝对不是溺爱。

作为党的领导人，江泽民认为要从永葆中华民族生机与活力的高度，从确保我们祖国长治久安的高度，热情关心青年一代的成长。“青年兴则国家兴，青年强则国家强，青年有希望，未来的发展就有希望。”③ 青年是党和社会主义事业的接班人。江泽民在多种场合下为多个青年团体题词，以此来表达对青年人的关爱。1994 年，江泽民为“跨世纪中国少年雏鹰行动”题词：“自学、自理、自护、自强、自律，做社会主义事业的合格建设者和接班人。”④ 题词中不仅对当代青少年提出要求，而且在字里行间透出了江泽民对青少年的深切关爱，这种关爱更是从长远的角度出发，对祖国未来的关爱。

---

① 《江泽民文选》，第 2 卷，125 页。

② 江泽民：《论中国信息技术产业发展》，271 页，上海，上海交通大学出版社，2009。

③ 《江泽民思想年编（1989—2008）》，334 页。

④ 《毛泽东 邓小平 江泽民论青少年和青少年工作》（增订本），300 页。

江泽民在青年时代就是一名优秀的青年先锋，为当代青年作出了表率。同时，作为老一辈无产阶级革命家，他对青年人的这种关爱，绝不是溺爱。他认为当前青年大多是没有经历过考验的，缺乏社会历练。只是一味地溺爱，不利于青年的成长。因此，他对青年关心的同时，也对青年人提出了更高的要求。比如，他从长远考虑，鼓励青年人参加社会实践，希望青年人能够在社会实践中开拓事业，增长经验，不要禁锢在书本和屋子里。再比如，他时刻提醒青年人要珍惜大好时光，努力学习，不断进步，“畏惧劳苦，贪图安逸，坐享其成，最终只能虚度年华”[①]。总之，不论在任何时期，他给予青年人的这份深深热爱，也是对青年人“严”的情感基础。

二、江泽民思想中对青年“严”的思想方法

江泽民指出，对青少年要“严”，要热情帮助，要有批评，就是要对他们严格要求。对青年要“严”的工作思想，就是要对青年有所要求，主要包含以下几个方面：

第一，要求青年人树立正确的世界观、人生观、价值观。

改革开放以来，青年人的世界观、人生观、价值观不同程度上受到了西方一些思潮的影响，青年的价值观开始向多元化发展。社会上一些关于价值观的热点讨论与批判，也逐渐影响到了青年群体，比如人的价值在于人本身，在于个人的自我完善，这是一种个人主义的价值观；再比如以金钱来衡量人的价值的标准，这是一种拜金主义的价值观；等等。针对青年群体价值观出现多元化趋势的现象，江泽民在1994年全国教育工作会议上明确指出：“要引导和帮助青年学生树立正确的世界观、人生观、价值观，打下科学理论的基础，确立为建设有中国特色社会主义而奋斗的政治方向”。其目的在于“增强青少年抵御错误思潮和拜金主义、享乐主义、极端个人主义等腐朽思想侵蚀的能力”[②]。

此外，江泽民还反复强调，青年人要在政治上时刻抵制资产阶级腐朽思想，坚守无产阶级思想阵地。他说：“香港来的人讲，上海、北京的黄色书摊比香港还

---

① 《江泽民文选》，第3卷，486页。
② 《江泽民文选》，第1卷，372页。

厉害，这是要贻害子孙后代的，对青年人的腐蚀很严重。‘扫黄’，不单单是收他的书摊，首先是要挖他的根。他的那些黄色书刊是从哪里来的？对于思想阵地，无产阶级不去占领，资产阶级就必然要去占领。这是千真万确的。”①

如何使青年人树立正确的世界观、人生观、价值观？江泽民在 1989 年全国组织部长会议上的讲话中指出，要用无产阶级思想教育青年，要把被资产阶级自由化搞乱了的思想观点一一纠正过来。只有用科学的理论即马克思主义武装青年人的头脑，并教育他们用马克思主义的立场、观点、方法指导实践，才能排除各种错误倾向的干扰，才能牢固树立正确的世界观、人生观、价值观。②

第二，弘扬爱国主义，要求青年把个人的前途同国家的前途结合起来，实现人生价值。

20 世纪 80 年代后期，国内社会中出现了盲目推崇外国文化、外国思想的不良风气，特别是青年人受这种思想的影响程度比较大。针对青年群体中存在的这种倾向，江泽民指出，“坚决摒弃一切封建的、资本主义的文化糟粕和精神垃圾”③，“有的人认为什么都是外国的好，宣传那套‘外国月亮比中国圆’的崇洋哲学，在他们身上，一点民族气节的影子也找不到”④，“有的人只看到我国与西方发达国家在物质生产和生活水平上的差距，就以为一切都是外国的好，对外国盲目崇拜，对祖国妄自菲薄。有的人甚至为了个人的私利，不惜丧失国格、人格，不惜损害国家和民族的利益”⑤。江泽民对全盘否定中国传统文化的民族虚无主义和崇洋媚外思想进行了坚决的抨击。他指出，“现在，有不少的年轻人，对于我们的国家和民族过去饱经忧患的历史，争取独立和解放的斗争历史，不了解，不熟悉”⑥。他强调要克服这种不良思想，必须让青年人了解中国的近代史。同时，江泽民提出了党在加强青年工作中的一个重要的任务，就是“必须向人们特别是青年人加强国情教育，加强爱国主义、社会主义教育”⑦，只有让青年人懂得中国的历史，懂得党带领中国人民把一个受尽列强凌辱的旧中国建设成为一个初步繁荣的社会主义国

---

① 《在全国组织部长会议上的讲话》，载《人民日报》，1989－10－07。

② 参见《在全国组织部长会议上的讲话》，载《人民日报》，1989－10－07。

③ 《在庆祝中华人民共和国成立四十周年大会上的讲话》，载《人民日报》，1989－09－30。

④ 《毛泽东 邓小平 江泽民论青少年和青少年工作》（增订本），248 页。

⑤ 《江泽民文选》，第 1 卷，582 页。

⑥ 《毛泽东 邓小平 江泽民论青少年和青少年工作》（增订本），247 页。

⑦ 《江泽民思想年编（1989—2008）》，38 页。

家的事实，增强民族自尊心和自信心，才能激发青年们希望祖国进一步强大、要求赶超世界发达国家的强烈愿望，使他们能够发自内心地去热爱自己的国家。他指出，爱中国，就要把中国建设得更美好。

80年代后的青年，没有经历过大的苦难，与改革开放同步成长，人生阅历严重不足。社会上存在的一些如拜金主义、享乐主义、利己主义等消极因素的冲击，使当前一些青年人的人生目标迷失，冲淡了青年人为理想而奋斗的愿望。江泽民针对这种现状进行了深刻的分析，为一些还在迷失中的青年人指明了正确的方向。他认为青年人富有遐想和抱负，憧憬着美好的未来，这是青年的特点，也是优点。但个人的抱负不可能孤立地实现，而是应该将个人的前途同国家的命运联系起来，与国家、人民的需要结合起来，主动挑起振兴中华的重担。他指出："有一些青年人感到迷惘和困惑，感到没有前途，根本问题在于他们离开祖国的前途去追求个人的前途。如果不投身于国家和人民的事业，没有远大的理想和抱负，当然会感到孤单无援，没有前途。"[①] 他希望青年人要以振兴中华为己任，趁着年轻，自觉地到基层中去锻炼。他说："要使国家富起来，就需要有一批有志气的青年人，到贫困的地方去，到艰苦的地方去，改变那里的贫困落后面貌"[②]。只有在这样的奋斗中，才能发挥青年人更大的作用。

第三，要求青年人倡导民族精神，树立时代精神，继承和发扬优秀文化传统和民族精神。

高尚的民族精神是一个国家和民族前进的动力。在当今社会，思想文化呈现出一种浮躁的态势，青年人经验少、阅历浅，面对纷纭复杂的社会现实和形形色色的文化思潮会感到迷惑，因此，倡导优秀的民族精神和时代精神对于青年来说显得十分重要。

中华民族的优秀传统延续了五千年。江泽民认为，一种好的民族精神就是一种强大的精神力量，文天祥的"人生自古谁无死，留取丹心照汗青"、林则徐的"苟利国家生死以，岂因祸福避趋之"、"谁知盘中餐，粒粒皆辛苦"、"一粥一饭，当思来之不易"、"少壮不努力，老大徒伤悲"、"只要功夫深，铁杵磨成针"、"三人行，必有吾师"、"学而时习之，不亦说乎"等等，都是我们民族文化精神的精粹，青年们更应该继承和发扬。"要有一种民族志气，要

---

① 《毛泽东 邓小平 江泽民论青少年和青少年工作》（增订本），236～237页。

② 《青年同志们，奋发努力啊——江泽民总书记关怀青年和青年工作纪实》，载《人民日报》，1998-06-21。

有一种民族气节。”① 另外，时代精神也是中华民族优秀传统的体现。江泽民还要求青年人去学习大庆精神以及尊重科学、艰苦奋斗、为国分忧等在新时代不断涌现的优秀时代精神。

此外，中国共产党在领导中国人民进行革命、建设、改革的过程中涌现的革命精神，也是需要青年人去继承和发扬的。江泽民在1996年纪念红军长征胜利60周年大会上指出，长征精神是中华民族百折不挠、自强不息的民族精神的最高体现，要把长征精神作为青少年中进行理想信念和思想道德教育的重要内容，要把长征精神一代一代地传下去。②

第四，要求青年们努力学习现代科技文化知识，提高个人素质，用知识的力量武装自己。在掌握科学技术知识的同时，更要掌握马克思主义基本理论和毛泽东思想以及中国特色社会主义理论。

当代科技日新月异，科学技术突飞猛进，科技竞争已经成为各国国力竞争的一个重要方面。江泽民大力推进科教兴国战略，而实现该战略的主力军则是广大青年。江泽民指出：“青年人一定要发愤学习，勇于创新。青年的素质，关系到我们国家和民族的长远发展。事业无止境，知识无止境。”③ 他希望广大青年在推动科学技术进步方面，努力作出自己的贡献。

江泽民认为，马克思主义的基本原理，辩证唯物主义和历史唯物主义的世界观和方法论是永具生命力的。马列主义、毛泽东思想是科学真理，也是青年人健康成长的行动指南。同样，他也要求广大青年在做好业务学习的同时，必须高度重视和努力学习关于建设有中国特色社会主义的理论，要学好学透，用以武装自己的思想。

三、江泽民青年工作思想“爱”与“严”的辩证思维

江泽民的青年工作思想，闪耀着马克思主义哲学辩证思维的光辉，是他科学运用马克思主义辩证法，在长期实践的基础上总结出来的。

第一，“爱”和“严”体现了马克思主义辩证法中对立与统一的关系。

---

① 《江泽民思想年编（1989—2008）》，30页。

② 参见《毛泽东 邓小平 江泽民论青少年和青少年工作》（增订本），329页。

③ 《毛泽东 邓小平 江泽民论青少年和青少年工作》（增订本），342页。

马克思主义辩证原理告诉我们，矛盾的对立统一是事物发展的源泉、动力和实质内容。矛盾的统一性表现在互相贯通，互相渗透，互相联系，互相依存。“爱”和“严”，正如影响青年发展的两个对立的方面，并不是孤立的。正如江泽民所说，“爱”和“严”要结合起来，真正的爱必然体现在严格要求之中，只爱不严不是真正的爱。也就是说，“爱”和“严”的思想，是有机结合、互相影响的，既不能因为“爱”而忽略了“严”，也不能盲目为了促进青年发展而只“严”不“爱”。

第二，“爱”和“严”体现了马克思主义辩证法中矛盾的特殊性与多样性的关系。

矛盾是客观世界和人类思维的普遍现象，不同事物中的矛盾，内部矛盾双方又是对立统一的关系，并且矛盾的体现形式也是各不相同的，即矛盾的特殊性。因此，为了使事物发展，解决的方法也是多样的，而且是不同的。江泽民的青年工作思想，根据青年群体的不同状况、发展的不同阶段以及青年问题不同的表现形式，分别用关心与严格要求相结合的方式去解决他们存在的问题，即在什么情况下要爱，在什么条件下要严。这是他在长期的实践与观察中运用矛盾的特殊性原理总结的科学方法。

第三，“爱”和“严”的思想也体现了马克思主义辩证法中内因与外因相互作用的原理。

内因是事物变化的本质和源泉，规定着事物发展的方向。江泽民通过对广大青年的观察和了解，作出了对青年本质的判断，这是他对青年开展工作的最根本判断。同时，外因是事物存在和发展的必要条件。对青年“爱”和“严”的思想既为青年的发展创造了良好的外部条件，又通过作用于青年群体内部产生作用，即外因通过内因起作用，从而推动青年的全面发展。

四、江泽民青年工作思想的时代特征

如上所述，江泽民的青年工作思想，既有马克思主义科学的辩证思维，又带有十分鲜明的时代特征。这种时代特征产生于改革开放初期的中国，产生于计划经济体制向社会主义市场经济体制过渡的关键时期。在国际上，苏东剧变，国际社会主义运动遭受短暂挫折，两极格局逐渐向多元化发展，经济全球化趋势日益加强，从而产生了纷繁复杂的外部环境；与此同时，新的科学技术革命产生，对转型中的中国提出了新的挑战，使江泽民深入地思考如何合理引导青年群体，加强青年思想工作。

第一，转型中的中国，出现了一系列社会问题，特别是1989年的政治风波在青年群体中造成了一些不良影响，如何清除这些影响，合理引导青年人，成为江泽民首先思考的一个重要方面。

江泽民对青年人主流是好的，是热爱党热爱社会主义的，是值得信任的判断，是他根据当时复杂的国内环境作出的客观的科学的判断。这一判断贯穿于他的青年工作思想之中，并且成为党在新时期青年工作的基本出发点和落脚点。同时他也希望广大青年能够珍惜安定的政治局面，维护社会稳定，更好地成为建设国家的主力军。“爱”与“严”的思想，都是基于当时中国处于转型的复杂时期这一点去考虑问题的。

第二，国际上，苏东剧变，国际社会主义运动遭受短暂挫折，使一些青年对社会主义的认知出现偏差，如何及时地转变这种思想认识，使青年坚定对社会主义事业的信心，抵制西方不良思潮对青年思想的腐蚀，成为江泽民不断强调的一个重要方面。因此，帮青年树立信心，抵制不良思潮，为青年人解惑，是“爱”与“严”的思想中的又一个时代特征。

针对青年人对社会主义未来产生迷惑的问题，江泽民对他们说：“共产主义事业是人类空前伟大而壮丽的、又是空前艰苦而困难的事业，尽管它汹涌澎湃，滚滚向前，但必然也有曲折、逆流和险滩。”① 他鼓励青年人继续坚定信念，要从人类社会发展的总进程来看待社会主义运动的发展，相信“只有那些不仅在顺风之时，而且在逆流之中都能始终如一地坚持自己的信念的人，才是真正的共产主义战士”②，坚信经过漫长的斗争和发展，共产主义在世界上最终一定会胜利。

江泽民特别重视告诫青年抵制消极与腐朽思想。他说：“在改革和建设的进程中，无疑会不断涌现出新的创造和美好的东西，但不可能一切都是美好的，也会暴露出一些消极的和腐朽的东西。”③ 遇到消极的和腐朽的东西时，他强调要保持清醒的认识，不必大惊小怪，要相信党和人民对腐朽的东西是会坚决反对和克服的。不要因此泄气，不要悲观失望，更不能随波逐流。他

---

① 《1989年12月11日给北京医科大学蒙古族学生布仁巴雅尔的回信》，载《人民日报》，1989-12-17。

② 《“希望寄托在你们身上”——江泽民总书记关怀青年一代纪事》，载《人民日报》，1998-05-04。

③ 《毛泽东 邓小平 江泽民论青少年和青少年工作》（增订本），286页。

强调抵制和斗争腐朽是青年人义不容辞的义务。

第三，20 世纪八九十年代，计算机的普及、信息网络技术的发展，给人类的生活方式带来了巨大的改变，中国也面临着新的机遇和挑战。青年接受新事物的能力强，是掌握新的科学技术的主力，因此江泽民的青年工作思想的重点，也充分落实在了这一方面。“爱”与“严”的思想中也充分考虑到了技术革命因素的影响，既全面又发展地去做青年工作。

科教兴国战略与做好青年工作息息相关。江泽民充分地认识到，世界上许多发明都是在青年手中诞生的，必须要给青年人提供广阔的施展空间和平台，努力培养青年科技人才。此外，加强对信息网络的管理和规范，引导青年合理利用网络平台，抵制不良信息，也是江泽民面对新情况、新问题作出的新思考。

五、结语

“爱”与“严”的思想方法，贯穿于江泽民的青年工作思想之中，是他运用马克思主义辩证原理进行思考和实践的重要成果。他的青年工作思想，与毛泽东、邓小平等中共领导人的青年思想是一脉相承的。比如始终重视青年的全面发展，关注青年的创造性，鼓励青年理论与实践相结合，等等。江泽民的青年思想同时具有鲜明的时代特征。把握时代特点，研究和关注当代青年的重大问题，是江泽民思想的一个重要组成部分。他的青年工作思想方法，也体现了我们党在新时期面对新情况、新问题时对青年工作的不断思考和探索，是党的青年工作思想的丰富和发展。

（原载《世纪桥》2013 年第 2 期）

战略决策梳理

新中国成立第一年解决粮食问题的实践及其经验

高长武

新中国成立前夕，美国国务卿艾奇逊曾表示：人民的吃饭问题是每个中国政府必然面临的第一个问题。一直到现在没有一个政府使这个问题得到了解决。① 关于艾奇逊这一言论的真实意图，毛泽东曾尖锐地指出："艾奇逊在这里寄予了很大的希望"，"这就是所谓中国共产党解决不了自己的经济问题，中国将永远是天下大乱，只有靠美国的面粉，即是说变为美国的殖民地，才有出路"②。新中国能不能解决人民的吃饭问题呢？吃饭问题的核心是粮食问题。从 1949 年 10 月到 1950 年 10 月一年间，党和政府出台了一系列重大举措，成功应对并有效缓解了粮食紧张局势，总体上保证了人民的基本粮食需求，同时也向世界表明：新中国是有能力解决人民的吃饭问题的。

一、新中国成立之初面临的严峻粮食形势

解决问题谈何容易？当时摆在中国共产党和人民政府面前的是异常严峻的粮食形势。

第一，粮食产需矛盾十分尖锐。由于国民党政府的腐朽统治及长期战

① 参见《毛泽东选集》，2 版，第 4 卷，1510 页。

② 《毛泽东选集》，2 版，第 4 卷，1511 页。

争带来的破坏，又赶上严重的自然灾害，1949 年全国粮食产量很低。据统计，1949 年全国粮食总产量为2 254.768亿斤，比旧中国历史上产量最高的 1936—1937 年的 2 844.6 亿斤下降 21%，平均每人每年仅 475 斤原粮，如果除去牲畜饲料、榨油、种子、酿酒及为换取经济建设必需的设备而出口的部分粗粮，平均每人仅 425 斤原粮。[①] 然而，在粮食产量大幅萎缩、粮食供应已然紧张的情况下，社会对粮食的需求却在不断增加。有越来越多的地方解放，开始地方政权建设，同时，国家对国民党军政人员采取“包下来”的政策，吃公家饭的公职人员人数不断增加，到 1949 年底，“军政公教人员已经超过了七百万”[②]。此外，严重的自然灾害导致约 4 000 万人受灾，其中在华东、华北等灾害集中的地区的重灾民有 700 多万人。[③] 同时，连年战争致使许多人流离失所，成为难民。原来一些以进口粮食为重要粮食来源的沿海城市，由于帝国主义的封锁，许多人陷入无粮可吃的境地。上述几类情况，都需要大批粮食供应。然而，当时政府掌握的粮食非常有限，在广大新解放区，因为战争刚刚结束，只有一部分地区开始征收公粮。如此一来，粮食供应出现较大缺口，供需矛盾十分尖锐。因此，中央人民政府内务部在关于救灾工作的报告中指出：“一九五〇年在全国部分地区，将要发生严重的春荒。”[④]

第二，粮食市场秩序混乱，投机行为猖獗，粮价波动剧烈。新中国成立之初，市场上多种性质的粮食经营企业并存，国营粮食企业占有的份额较小，经营网点和人员很少，手中掌握的和能够在市场上收购到的粮食比较有限，而且当时各地粮食工作尚未实现统一管理，采取“政策上统一领导、业务上分散管理”的政策，更不利于集中本来就有限的力量控制全国粮食市场。相比之下，私营粮食企业则占有较大市场份额。在国家财政经济出现困难，粮食等物资供应紧张的情况下，一些不法资本家乘机囤积居奇，哄抬物价，扰乱市场秩序。从 1949 年 4 月到 1950 年 2 月，全国先后发生 4 次大的物价波动。每次物价上涨风，都是从大城市开始，然后波及各地，带头波动的都是粮食和纱布。据统计，北京市 1950 年 3 月的粮食批发价格总指数比 1949 年 2 月上升 70 多倍；上

---

① 参见中国社会科学院、中央档案馆编：《中华人民共和国经济档案资料选编（1949—1952）》（农业卷），7～8 页，北京，社会科学文献出版社，1990。

② 《陈云文选》，第 2 卷，34 页，北京，人民出版社，1984。

③ 参见《陈云文集》，第 2 卷，112 页。

④ 《人民日报》，1950－01－15。

海市 1950 年 2 月 27 日每石大米的市场成交价为 28 万元，比 1949 年 5 月 30 日的成交价上涨了 60 多倍。[①] 剧烈的粮价波动给人民的生活带来了很大困难，尽快出台措施稳定粮价成为人民对新生的人民政府的迫切期望。1956 年 9 月，李先念在回顾当时的情况时说："解放初期，我国经过十二年的战争和长期的通货膨胀，人民日夜不安于货币贬值和物价波动的痛苦……资本主义工商业当时在全国范围内还占着很大的比重，他们习惯于投机倒把，而国家从经济上支配市场的力量还很薄弱。这就是当时我们所面临的情况。"[②]

第三，恢复和发展粮食生产、保证粮食供给面临重重困难。在粮食供应紧张的情况下，尽快恢复和发展粮食生产是解决问题的根本办法。但是，恢复和发展粮食生产面临重重困难。其一，长期战争破坏使农村生产力大幅下降。这主要表现在：劳动力大量减少，据统计，1949 年华北地区劳动力比 1936 年减少约 1/3；耕畜锐减，据华北、山东、东北三个地区的调查统计，1949 年比抗日战争爆发前平均减少 36%；农具损坏严重，在太岳区，按耕地正常需要，犁镜、大锄、小锄、镰刀、耙分别缺少 40%、45%、40%、40%、57%[③]；水利工程方面，"在国民党反动统治 20 多年来，只破坏不建设"，"各大河流，不但治本问题没有解决，即修防工程亦十分薄弱"，以致"洪水泛滥"[④]；耕地大量减少，在许多农村，许多耕地无人耕种，撂荒闲置。其二，由于新中国刚刚建立，战争还在进行，在广大的新解放区还没有进行土改，地权尚未确定，同时社会秩序尚不稳定，匪特恶霸势力不时制造破坏，帝国主义除了对我国进行封锁外，还造谣夸大我国面临的粮食困难，再加上长期战乱带给人们心理上的创伤一时难以抚平，因此，人心尚不安定，人们的生产积极性并不高，出现了"地主无兴趣，农民不下肥"[⑤] 的现象。其三，旧中国交通运输业落后，加之战争破坏，情况更糟。陈云曾对此评论道："我们的火车不够，船舶只有小的，还要防空，晚上才能走，东西不能及时运来"[⑥]。运输不便给城乡和各地之间的正常粮食贸易和政府对粮食的合理调剂

---

① 参见《当代中国》丛书编辑部编：《当代中国的粮食工作》，35 页，北京，中国社会科学出版社，1988。此处的粮食价格是按旧人民币计算的。1955 年 3 月 1 日发行新人民币，1 元新币等于 1 万元旧币。

② 《建国以来重要文献选编》，第 9 册，288 页，北京，中央文献出版社，1994。

③ 参见《中华人民共和国经济档案资料选编（1949—1952）》（农业卷），3～4 页。

④ 《中华人民共和国经济档案资料选编（1949—1952）》（农业卷），5 页。

⑤ 《陈云文选》，第 2 卷，56 页。

⑥ 《陈云文选》，第 2 卷，21 页。

带来很大困难。这对稳定粮食市场、保证粮食供应来说显然十分不利。

可以说，异常严峻的粮食形势给刚刚执政的中国共产党和新生的人民政府出了一道难题。

二、党和政府解决粮食问题的决策与举措

摆脱困境、渡过难关，需要大智慧。中国共产党和人民政府在认真分析当时形势的基础上，果断决策，紧紧抓住粮食从生产到流通的各个环节，制定并实施了一系列重大举措。

（一）集中力量打击市场投机行为，平抑粮价，稳定市场

粮价的剧烈波动既是粮食形势严峻的表现，也不断加剧着粮食紧张形势。造成粮价剧烈波动的一个重要原因，是市场投机活动猖獗。因此，严厉打击投机行为，平抑粮价，稳定市场，便成为缓解粮食形势的有效手段之一。

时任政务院副总理兼中财委主任的陈云亲自部署和指挥了这场平抑粮价的斗争。1949 年 11 月 1 日、5 日，陈云先后主持召开中财委第一次和第二次委务会议，讨论收缩通货、抛售物资、加强市场管理等平抑物价的具体办法。从当时的情况来看，粮食作为重要战略物资，成为投机商投机的主要对象之一，粮价波动最为剧烈，于是稳定粮价便成为平抑物价的重中之重。

打击投机行为，稳定粮价，最直接的办法，是掌握足够的粮食，然后在合适的时机抛售。这两个环节缺一不可。掌握足够的粮食是前提，手中无粮，根本不可能与投机商在市场上斗争；选择合适的时机抛售是关键，如果时机选择不合理，则可能白搭进粮食而于事无补。

先是筹集粮食。根据中央统一部署，各地除了做好公粮征收外，还积极收购市场上的商品粮。解放较早的东北地区在 1949 年 10 月初就开始了粮食收购。由于准备了充足的购粮资金，并以较高的价格收购，农民售粮积极性高涨，10 月份收购到的粮食量超过原计划 50%。[①] 其他解

---

① 参见《当代中国》丛书编辑部编：《当代中国的粮食工作》，37 页。

放区也都通过收购或委托私商代购等方式，掌握了一定数量的粮食。据统计，当时国家掌握的可以作为商品调用的粮食不下 50 亿斤。[①] 1949 年 11 月 11 日，陈云、薄一波致电李富春、叶季壮，要求"东北每日保证运一千万至一千二百万斤粮食入关"[②]。11 月 13 日，中财委下达了陈云起草的关于制止物价猛涨的指示，提出 12 条措施，要求各地贸易公司"从各方调集主要物资于主要地点，并力争于十一月二十五日（至迟三十日）完成"[③]。按照要求，各解放区的公粮很快便在各主要城市及交通干线完成了集中。

接下来是选择时机。1949 年 11 月中旬，粮价在经过几个月的持续上涨后出现企稳的迹象。陈云在认真分析市场上的粮食和货币情况后认为，"稳住物价已有可能"[④]。在中财委下发制止物价猛涨的指示后第三天，陈云又以他和薄一波的名义致电邓子恢并华东、西北、华南等大区财政经济委员会，指出："估计各地紧缩通货及沪汉纱布涨足之后，在十一月二十五日前即可全国稳住。这种可能性是存在的。但为稳当起见，各地仍照十一月十三日电全力准备物资，勿稍松弛。"[⑤] 11 月 20 日，中财委发出指示，要求各地在税收、信贷、资金管理等方面采取措施，同时贸易公司自 11 月 20 日起逐步提高牌价，到 24 日与黑市价格齐平，然后 25 日一起抛售。而与此同时，"投机商人认定物价还将上涨，不惜高利拆借巨款，继续吃进"[⑥]。这时集中抛售的时机已趋于成熟。

各地按照指示于 11 月 25 日统一行动，一方面敞开抛售粮食，使暴涨的粮价迅速下跌；另一方面收紧银根，征收税款。这样一来，投机商囤积的粮食大幅贬值，又难以筹到周转资金，因此，损失惨重，陷入破产者众多；而国营粮食企业则扩大了市场份额，提高了市场影响力，逐渐在粮食市场上占据领导地位。自此之后，虽然 1950 年春节前后又出现了一次粮价波动，但由于投机商人与国营粮食企业之间力量的消长，政府又及时采取了应对措施，粮价没有出现剧烈波动。

---

① 参见金冲及、陈群主编：《陈云传》（上），642 页。

② 陈云、薄一波给李富春、叶季壮的电报（1949 年 11 月 11 日），转引自金冲及、陈群主编：《陈云传》（上），643 页。

③ 《陈云文选》，第 2 卷，31 页。

④ 《陈云文选》，第 2 卷，30 页。

⑤ 《陈云文选》，第 2 卷，33 页。

⑥ 《薛暮桥回忆录》，202 页，天津，天津人民出版社，1996。

(二) 多头并举，努力恢复和发展粮食生产

粮食紧张，根本上是因为粮食产量供不应求。因此，恢复和发展粮食生产，是解决粮食问题的根本办法。从这一点出发，1950 年 2 月 27 日，农业部发布《关于一九五〇年农业生产方针及粮棉增产计划的指示》，明确将 1950 年农业生产的中心定为“增产粮食和棉花”，并提出要使粮食产量在当时已有的生产水平上增产 100 亿斤。[①] 同日，中共中央和政务院分别发出《关于保证实施农业部一九五〇年农业生产方针及粮棉增产计划的通知》和《关于实施农业部一九五〇年农业生产方针及粮棉增产计划的指令》，要求各级人民政府按照指示，根据当地具体情况，切实地进行农业生产的布置、督促和检查，以保证实现 1950 年的农业生产任务。[②] 为完成计划，党和政府考虑到了可能影响粮食生产的诸多因素，并相应出台多项措施，恢复和增加粮食产量。

首先，在广大农村主要是新解放区的农村，组织和发动群众开展剿匪反霸运动。为消灭影响农村稳定的特务、土匪、恶霸地主、国民党散兵游勇等反动残余，党和政府决定：一方面，从人民解放军各野战军抽调大批人员，结合地方干部，组成农村工作队，采取军事清剿与政治争取相结合和镇压与宽大相结合的正确方针，开展剿匪反霸斗争；另一方面，发动群众组织农民协会，建立农民自卫武装，维持农村秩序。[③] 到 1950 年 10 月，“西北地区、西南地区、中南及华东两地腹心地区的匪患已基本肃清”[④]。通过这一措施，农村社会秩序趋向稳定，为粮食生产创造了比较安定的环境。

其次，开展大规模农田水利建设。新中国成立不久，1949 年 11 月 20 日，周恩来就召集参加各解放区水利联席会议的代表和水利专家，召开水利问题谈话会。他指出，水利工作是恢复与发展农工业生产的主要关键之一，像黄泛区、洞庭湖等问题，政府一定注意研究解决。[⑤] 1950 年 3 月 20 日，周

---

① 参见《中华人民共和国经济档案资料选编（1949—1952）》（农业卷），35 页。

② 参见《建国以来周恩来文稿》，第 1 册，129 页，北京，中央文献出版社，2008。

③ 参见赵德馨主编：《中华人民共和国经济史（1949—1966）》，180 页，郑州，河南人民出版社，1989。

④ 《人民日报》，1950-10-01。

⑤ 参见《建国以来周恩来文稿》，第 1 册，565 页。

恩来又与水利部部长傅作义联名发布《关于一九五〇年水利春修工程的指示》，对水利春修工作作出部署。指示发出后，各地水利春修工作迅速展开。一个多月后，水利部针对各地水利建设过程中出现的一些问题，又发布了一个补充指示，特别强调保证工程质量、避免浪费、分清先后缓急等问题。据统计，1950 年全国水利春修工程完成土方 3.65 亿立方公尺，“如果把这些土方，筑成高与厚各一公尺的堤，连接起来，那么这条堤可以环绕地球九点一周”①。这些水利工程在 1950 年春旱和夏汛中起到了很好的调节作用，为粮食生产提供了保障。

再次，注意抓好播种、收割等粮食生产关键环节。1950 年 3 月 10 日，政务院下发《关于春耕生产的指示》，要求各地政府在春耕期间，“应以组织群众春耕生产为第一要务”，“努力做好解放后的第一个春耕工作”②。4 月 28 日，毛泽东亲自致电邓小平、邓子恢等询问各地春耕状况，并督促各地落实：“目前春耕状况如何，所属各省区党委是否已集中主要注意力从事春耕生产的组织和领导，农民缺乏种子肥料及食粮的问题是否可以得到解决，今年是否有争取一个丰收年成的希望，此事关系极为重大，务望注意”③。夏收来临之际，5 月 15 日，中央向各中央局、分局转发了华北局《关于夏收夏种的指示》，要求各地“同样发布这样一个指示，在种麦地区组织夏收夏种”④。为做好相关工作，政府在资金、粮种、农具、防治虫害等方面给农民提供支持，奖励农民通过勤劳耕作、改良技术、开荒等方式实现增产。1950 年春夏之间，中共中央和政府有关部门颁布和发出了《中共中央关于发放农业贷款的指示（草案）》、《农业部关于五年良种普及计划（草案）》、《农业部关于一九五〇年开展主要粮食作物的群众选种运动实施办法》、《农业部关于防治病虫害的指示》等规定，对相关工作作了具体规定。⑤

最后，设法减少军队对公粮的消耗。中央主要采取了两条具体措施。一方面，要求军队直接参加生产。1949 年 12 月 5 日，毛泽东签发《军委关于一九五〇年军队参加生产建设工作的指示》，指出：人民解放军“除继续作战和服勤务者而外，应当担负一部分生产任务，使我人民解放军不仅是一支国

---

① 《人民日报》，1980－08－25。

② 《建国以来周恩来文稿》，第 2 册，161 页，北京，中央文献出版社，2008。

③ 《建国以来毛泽东文稿》，第 1 册，314 页。

④ 《建国以来刘少奇文稿》第 2 册，172 页。

⑤ 详情分别参见《中华人民共和国经济档案资料选编（1949—1952）》（农业卷），134、264、280、363 页。

防军，而且是一支生产军”；“军队首长可和当地人民政府商量并在农民自愿原则下，参加劳力、资金、肥料、农具，与农民伙种，使之增加产量，公平分配成果”①。同日，中央向各中央局、各军区等发出通知，要求参照军委指示，“就自己管辖范围内使一切可能参加生产建设工作的部队和机关积极地适当地实施起来”② 进行生产。以新疆军区为例，到 1950 年 8 月，新疆军区各部队“共垦荒八十五万亩……现麦子已上场，包谷、棉花等也接近成熟……今年农产品收获五十万石粮食（即一万万斤）确有把握”③。另一方面，根据战争进展情况，适时开展军队复员工作。1950 年 4 月 21 日，毛泽东亲自起草给各军区《中央关于军队复员工作的指示》，要求各军区根据各自情况尽快制定并实施复员计划，以便节省财政支出、减轻人民粮食负担。④ 5 月 19 日，中央军队整编复员委员会成立，统一处理复员人数、时间、回家生产补助费、地方安置等项问题。

（三）一切从实际出发，灵活合理制定土改和公粮征收政策，确保公粮征收计划按时完成

在革命战争时期，公粮是人民政权的主要收入来源。建国之初，在中财委提出的 1950 年财政预算中，“公粮收入仍占第一位，占全部收入的 41.4%”⑤。因此，“只有征起了公粮，才能供应军政人员的食粮和保证大城市的粮食供应”⑥。公粮征收对国家财政具有重要的意义。

但是，当时公粮征收却面临复杂形势。人们对包括公粮征收在内的税收问题认识并不统一，甚至存在错误观点。有人认为，既然全国已经解放，不用打仗了，国家不应该再向农民收粮，“向老百姓要钱越少越好，向国家要钱越多越好”；有人对税收工作的重要性认识不足，认为“税务工作就是向老百姓收钱，是不体面的工作；甚至有的同志把新中国的税收工作看成和国民党收税一样，因而不大愿意搞税务工作”⑦；还有人说：“解放军好，地方政府

① 《建国以来毛泽东文稿》，第 1 册，182、185 页。
② 《建国以来毛泽东文稿》第 1 册，186 页。
③ 《王震给朱总司令的报告》，载《党的文献》，1996 (2)，25 页。
④ 参见《建国以来毛泽东文稿》，第 1 册，310 页。
⑤ 《中华人民共和国经济档案资料选编 (1949—1952)》(农业卷)，87 页。
⑥ 《陈云文集》，第 2 卷，173 页。
⑦ 转引自金冲及、陈群主编：《陈云传》(上)，657～658 页。

不好，因为军队是解放者，而地方政府只是要粮、收税。”① 特别是在尚未进行土改的广大新解放区，出现了一些情况：“农民已有很多不向地主交租，地主亦不敢向农民要租，而今年征粮又向地主征得比较高，因此，据说有不少地主将所有收到的租谷全交公粮还不够，或根本无法交公粮。又说各区征粮虽定有累进比率，但由于分派征粮任务较大，征收面太小，这种累进比率事实上未实行。此外，一些地方分配任务过重，地方政府随意附加，以及由于其他缺点，再加反动分子煽动，以至发生了某些事变，有些地主则要求赶快土改。”②

形势不容拖延，党和政府密切结合形势，有针对性地采取了措施。1949年11月24日至12月9日，中央财政部召开全国第一次税务会议，讨论税收问题。陈云在12月8日的讲话中，着重阐述了税收问题的重要性。他说：“摆在我们面前的只有两条道路，需要我们作出选择：一为增加税收，一为发行票子。发行票子有什么结果呢？通货膨胀，物价上涨，老百姓叫苦，共产党被骂为与国民党没有什么区别，而投机商人则大发横财，社会经济紊乱。……只有一条路可走，即增加税收。这是最好的办法，不但解决了财政需要，而且在与农民的合理负担上需要这样做，同时税收可以经常回笼货币。……以为向老百姓要钱越少越好，向国家要钱越多越好，殊不知国家从何处来钱？”③ 这次会议加深并统一了人们对税收重要性的认识。

1950年1月4日，中共中央向华东局等发出《关于各区军政委员会应讨论土改与征粮等项工作的电报》，就土改时间和土改前的土地关系提出指导性意见：江苏等11省应该准备在1950年秋收以后再分配土地。土改以前地主及旧式富农的土地，仍归地主及旧式富农所有，农民租种他们的土地在“二五减租”后仍应交租给他们，他们在依法实行“二五减租”后向农民收租仍是合法的。这种关系，在土改以前确定不变更，对生产是有好处的。④ 电报发出后，各地进行了认真讨论，并将讨论情况，特别是土改和征粮过程中出现的问题上报中央。各地出现的主要问题是：过于强调完成征收任务，采取单纯的强迫命令方式；个别地区逐级增加任务面，不顾政策搞摊派，对确实有困难的群众考虑不足；有些地方简单地按阶级评定产量，地主负担过重，

① 《陈云文集》，第2卷，86页。

② 《建国以来刘少奇文稿》，第1册，284页。

③ 《陈云文集》，第2卷，40页。

④ 参见《建国以来刘少奇文稿》，第1册，284页。

超过了其负担能力，个别地方甚至发生了逼死人的情况。[①]

结合上述情况，刘少奇起草了一份草案，并报毛泽东、周恩来等修改，同时广泛征求各方面意见，最终形成《关于新解放区土地改革及征收公粮的指示》，经政务院政务会议通过后，于1950年2月28日予以发布。该指示对新解放区的土改工作作了明确细致的规定：由于准备工作及群众的觉悟与组织还未达到应有的程度，所有新解放区在1950年秋收以前，一律不实行分配土地的改革。1950年秋以后由各省人民政府根据情况决定是否开始实行分配土地的改革。在分配以前，应一律实行减租。地主依法实行减租后向农民收租，仍然是合法的，农民仍应向地主交租，而地主之土地仍归地主所有，但地主不得将自己所有的土地出卖及以典当、抵押、赠送等方式分散土地。[②]这一指示不仅确定了土改的时间，为土改的准备工作提供了时间参考，而且明确了土改前实行减租减息的政策，为农村的稳定和春耕工作的顺利开展提供了保障。

之后，政务院又陆续发出《中央关于停止退租集中力量进行春耕与准备土改的指示》、《关于新解放区夏征公粮的决定》、《中央关于新区减租交租问题的指示》、《新解放区农业税暂行条例》、《关于新解放区征收农业税的指示》等文件，对土改政策和公粮征收作了进一步规定，对土改前继续实行减租交租政策作了进一步明确，在公粮征收方面将过去的摊派统一改为以率计征，相应制定了国家税收及地方附加税占农民总收入的比例，减轻农民负担；对由于经营有方、勤劳耕作超过年应产量者，其增加部分，予以免税；因怠于耕作，产量偏低者，不予免税；对受灾的农民则视受灾程度实行减征或免征。这些规定兼顾了农村各阶层的利益，使各阶层的负担减轻了，而且比例更趋合理，对新解放区土改前社会秩序的稳定、农业生产的恢复与发展起了重要作用。

（四）统一和加强全国粮食管理，实施全国粮食大调运

在粮食困难时期，统一和加强全国粮食的管理和调度，集中力量优先解决粮食最为困难地区的燃眉之急，可以使有限的粮食储量发挥更大的效用。

---

① 参见《建国以来刘少奇文稿》，第1册，386、439页。

② 参见《建国以来刘少奇文稿》，第1册，552页。

因此，建国伊始，党和政府十分注意加强粮食管理和调度问题。

1949年12月，中央财政部召开第一次全国粮食会议，拟定了1950年公粮调度计划，决定将有余粮的东北、内蒙古、中南、四川的粮食，调拨给华东、东北等缺粮地区，特别是这些地区的大中城市，此外，在其他地区之间和各地区内部也进行一些调剂。与此同时，还召开全国城市供应会议。会议决定，由中央贸易部成立全国性的粮食专业公司。1950年3月1日，中国粮食公司正式成立，下辖华北、华东等6个区公司，同时各地分、支公司相继成立，具体负责粮食贸易、收购、调拨等。3月3日，政务院发布《关于统一国家财政经济工作的决定》，指出：全国各地所收公粮，除地方附加粮外，全部归中央人民政府财政部统一调度使用，各省、市、县、区人民政府，非依粮局支付命令，不得支取公粮。该《决定》还对加强粮食调度的必要性作了阐释："由于若干地区去年歉收和大城市需粮浩大，因此，必须由政务院财政经济委员会拟定全国范围的公粮调拨计划，以便达到合理使用的目的。"① 20天后，为健全与统一国家公粮收支、保管和调度相关的制度，调节粮食市场供求关系，政务院又发布了《关于统一国家公粮收支、保管、调度的决定》，对公粮管理作了细化规定。据此，各大行政区、省及省以下的专署、县等相继成立各级粮食局和中央公粮库。根据中央统一部署，一场空前规模的粮食大调运在全国各地展开了。

然而，粮食调运并非一帆风顺。一些地方要求减运粮食出境，在湖南等地甚至出现了群众为反对公粮出境而请愿以致引发骚动事件。1950年2月5日，中央发出《关于合理调运粮食的电报》，要求各地"极大注意"调粮过程中出现的问题，"切实保证本地人民需要之食粮，再将多余粮食运出口"，"为了使公粮调运能够合理，并为了向群众作充分的解释，使群众了解全盘粮食情况，号召群众支援人民解放军及城市人口的食粮而自愿赞助粮食合理的出口，必须普遍召开省县和区乡的人民代表会议及农民代表会议，以便对粮食出口及公粮平价售卖问题作出决定。而不可由少数人作出决定"②。为应对一些农村在公粮调运出境后，万一出现缺粮的情况，陈云提出，将调拨公粮"运储于机动位置"，"万一某处发生粮荒时，大城市粮食随时可以回运"③。这一巧妙措施，大大提高了粮食调剂的机动性，缓解了运粮出境地区人们的

① 《人民日报》，1950-03-04。

② 《建国以来刘少奇文稿》，第1册，458、458～459页。

③ 《陈云文集》，第2卷，100～101、100页。

忧虑，保证了粮食调运顺利进行。

有些地方的干部忽视粮食调运工作，对粮食调运缺乏有效组织和领导，酿成恶果。对此，中央予以严肃处理。1949 年冬，平原省濮阳专区在运输公粮时，由于中共濮阳专区地委及专署对于公粮运输工作极不重视，未予以亲自领导和具体组织，几个粮站在接收粮食过程中办事拖沓，毫不顾及运粮农民生死，以致运粮农民冻死 4 人、伤 5 人，牲畜死百余头。[①] 华北局于 1950 年 2 月 26 日就检查濮阳运粮工作中的错误问题给平原省委并中央发了电报。3 月 2 日，刘少奇作出批示："主张党的华北纪律检查委员会及中央人民监察委员会去过问这件事。"[②]随后，中央人民监察委员会、中共华北纪律检查委员会责成平原省人民政府对此事展开调查，并在调查基础上对失职干部作出严肃处理，同时对受害群众的抚恤、赔偿等作了妥善安排。

此外，反革命残余分子的破坏也给粮食调运造成了很大麻烦。当时，一些反革命残余分子蓄意制造破坏，他们造谣惑众，阻止运粮，甚至偷袭运粮队、残杀干部。在西南、中南等地破坏最严重，"据川东统计，在旧历年前，干部、学生、战士即伤亡五百七十人，被劫公粮二千五百八十九万余斤。川北三月份，仅遂宁专区被劫公粮一百二十万斤，剑阁专区被劫一万斤以上，两区伤亡干部战士五十八人"[③]。为此，各地抽调部分军队或组织村民武装，保卫粮食调运。中南军政委员会和中南军区专门下达《关于地方部队押运保护公粮的决定》，规定各省军区、地方部队要密切配合调粮机关押运、护仓，要把武装保粮当成一项战斗任务去执行。西南军区则派出护粮武装，实行分段押运，从而保证调粮任务的完成。[④]

为做好粮食调运，还需要解决交通运输问题。交通运输与粮食调运密切相关。正如陈云所说："运输是全国经济的杠杆"[⑤]，"今天城市中的粮、盐、煤的供应，实质上是运输问题"[⑥]。因此，新中国政府从建国伊始就积极做好运输路线的修复工作，特别是抢修津浦、京汉、粤汉、陇海、同蒲、京绥等铁路干线以及淮河大桥、湘江大桥、珠江大桥等。自 1949 年至 1950 年 5 月，

---

① 参见《人民日报》，1950-03-09。

② 《建国以来刘少奇文稿》，第 1 册，561 页。

③ 《中华人民共和国经济档案资料选编（1949—1952）》（综合卷），18 页，北京，中国城市经济社会出版社，1990。

④ 参见唐正芒：《一九五〇年上半年粮食大调运解析》，载《中共党史研究》，2008（6），64 页。

⑤ 《陈云文选》，第 2 卷，17 页。

⑥ 《陈云文选》，第 2 卷，119 页。

共修复铁路 8 718 公里，占全国通车铁路的 40.39%，全国原有铁道已基本上完全恢复。[①] 此外，相关部门和地方政府还积极组织一切可用的船只、畜力车、独轮车等运输工具参与运粮。这对保证粮食的全国统一调运发挥了重要作用。

（五）组织开展大规模的社会救济、抗灾救灾和节约互助运动

长期战争破坏和严重的自然灾害，导致大量无家可归、无饭可吃的灾民出现。对他们进行救济，是摆在人民政府面前的一项十分迫切的任务。

1949 年 12 月 19 日，周恩来发出《政务院关于生产救灾的指示》，要求各级人民政府把生产救灾作为工作中心，灾区的各级人民代表会议或人民代表大会要以生产救灾为讨论的中心问题，各地要成立生产救灾委员会，组织和领导生产救灾工作。该《指示》还特别指出，“必须克服单纯靠救济的恩赐观点与怕麻烦、推出了事的不负责观点”，要积极开展生产自救和节约互助运动。[②]

政务院指示发出后，中央人民政府内务部于 1950 年 1 月 6 日向各大行政区军政委员会、各省市人民政府、行署发出《关于生产救灾的补充指示》，要求“各级人民政府要对救灾负起高度的责任，不许饿死一个人”[③]。为更好地贯彻政务院的指示，指导各地开展生产救灾工作，中央决定成立中央救灾委员会。1950 年 2 月 27 日，中央救灾委员会成立大会召开，政务院副总理董必武任委员会主任，他在会上指出：关键就在于我们生产救灾工作的好坏，工作做得好，重灾即可变为轻灾，灾荒可以渡过，否则轻灾也会变为重灾。为此，中央救灾委员会提出了“生产自救、节约渡荒、群众互助、以工代赈，并辅之以必要的救济”的方针。[④] 同时，各地纷纷按照中央的指示和要求，积极开展生产救灾工作。

具体来讲，生产救灾采取政府救济与农民生产自救相结合的方式。政务院的指示指出：“为了帮助灾民进行生产自救，解决他们生产自救中的某些困难，各地人民政府应给予灾民或合作社一部分贷款，并拨出一部救济粮扶助

---

① 参见《陈云文集》，第 2 卷，175 页。

② 参见《建国以来周恩来文稿》，第 1 册，700～701 页。

③ 《中华人民共和国经济档案资料选编（1949—1952）》（农业卷），60 页。

④ 参见《人民日报》，1950-03-07。

灾民生产自救。”[①]为此，中央人民政府从十分有限的粮源中拿出很大一部分用于社会救济。据 1950 年 4 月 12 日陈云在全国政协一届常委会第四次扩大会议上的报告中的数据，“中央人民政府用在救灾上的（粮食）支出总数是十五亿三千二百万斤。其中救济用三亿四千多万斤，水利以工代赈三亿四千五百多万斤，此外还有合作贷款、农民运粮、收买灾民土布、借粗还细以及地方救济粮等，合计七十六万六千吨”[②]。

当然，社会救济并不是简单地发放粮食，“救济灾民，重点是组织灾民生产自救。政府的救济粮食是用在协助灾民进行各种生产上面，而不是只管发放不管生产的单纯救济办法”[③]。为深入开展生产救灾工作，各地按照中央指示，普遍召开各界人民代表会议或村人民大会，激发生产自救热情并寻求因地制宜的具体生产办法，恰当地分配贷粮及救济粮，使政府救济能发挥更大的力量。各地纷纷通过灾来抢救、灾过补种、大力发展副业生产、以工代赈等形式开展生产自救，取得不错效果。[④] 到 1950 年 5 月，“全国灾情基本上已停止发展，重灾区灾情亦渐趋稳定，严重的春荒已度过了一大半”[⑤]。

除救济灾民外，救济城市失业者的工作也在进行中。据统计，新中国成立之初，全国失业总人数达到 117 万人。失业者生活极为困难，在有的城市连续出现有人因生活没有出路而自杀的现象。[⑥] 关于这一问题，政务会议作了两次讨论，“原则上决定拨款救济”，并“初步拟定各种救济办法，而以以工代赈为主”[⑦]。1950 年 4 月 19 日，中央发出关于救济失业工人问题的电报，明确指出：“中央已决定救济失业工人……中央人民政府拟即颁布法令在各城市劳动局中组织失业工人救济处与劳动介绍所，并规定统一办法，由政府及资本家与在业工人出钱对失业工人作必要的救济。”[⑧] 5 月 20 日，中央劳动部公布《市劳动介绍所组织通则》，规定各市劳动局为办理失业工人的登记及职业介绍事宜，应设置劳动介绍所。6 月 17 日，政务院发布《关于救济

---

① 《建国以来周恩来文稿》，第 1 册，702 页。
② 《陈云文集》，第 2 卷，114 页。
③ 《陈云文选》，第 2 卷，82 页。
④ 参见《人民日报》，1950－03－07。
⑤ 《人民日报》，1950－05－06。
⑥ 参见《周恩来传》（三），974 页，北京，中央文献出版社，1998。
⑦ 《建国以来周恩来文稿》，第 2 册，387 页。
⑧ 《建国以来刘少奇文稿》，第 2 册，62 页。

失业工人的指示》，同时批准公布《救济失业工人暂行办法》，对城市工人救济具体办法作了细致规定。各地根据这些规定，设立了失业工人救济委员会，广泛开展救济失业工人工作。到1950年9月底，全国失业工人得到救济的，已达半数以上。

为渡过灾荒，党和政府还积极组织和开展了节约互助运动。1949年11月29日，中央人民政府机关节约救灾会议召开，号召中央各机关继续开展原华北人民政府的一两米运动，并规定各机关工作人员自1949年11月起，至1950年2月底止，每人每月节约小米二斤，救助灾民。① 1950年3月17日，全国总工会、全国妇联、新民主主义青年团中央等13家单位联合召开会议，号召开展全国性的一两米运动。② 为节省粮食，1950年3月24日，政务院通过《关于改变粮食加工标准、增加食用粮食的决定》，要求切实改变粮食加工办法，降低碾米精度，制作标准米面（定名“九二米”、“八一面”），号召全国各级人民政府、各人民团体普遍提倡人人吃标准米面，节约可能节约的粮食。1950年4月，中财委、中央财政部先后发布关于公粮保管工作的指示和损坏公粮处理办法的通知，要求各地做好公粮保管工作，减少和防止破坏粮食情况的发生，对损坏浪费粮食者给以严肃追究。此外，党和政府还号召并鼓励灾区群众自由借贷，互助有无，共渡难关。

上述一系列措施的实施，取得了明显效果：努力克服了阻碍粮食生产的重重困难，实现了粮食增产（至1950年秋，原粮产量达2 402.14亿斤，比1949年多150亿斤，恢复到抗战前粮食最高产量的约85%③），基本扭转了抗日战争以来农业生产下降的总体趋势；靠国家掌握的有限的粮食资源，比较成功地救济了大量灾民，保障了基本的民食需求。通过一年的努力，当初异常严峻的粮食形势逐步得到有效缓解，中国共产党的执政能力得到初步彰显，由此稳定和凝聚了民心，为国民经济的迅速恢复奠定了基础，为全国的解放和政权的巩固提供了保障。这是了不起的成就。1950年春，陈云曾很有信心地指出：“那些幸灾乐祸，幻想我们发生粮食危机的人们，是注定要失望的。”④ 事实确实让他们失望了。

---

① 参见《人民日报》，1949-12-08。

② 参见《人民日报》，1950-03-18。

③ 参见《中华人民共和国经济档案资料选编（1949—1952）》（农业卷），559页。

④ 《陈云文选》，第2卷，83页。

三、几点经验

历史事实证明，开国第一年党和政府关于粮食问题的决策和实践是正确的。认真梳理和总结这段历史，至少可以得到如下几点经验：

第一，粮食是人类赖以生存的基本生活资料，是关系国计民生的重要战略资源，粮食问题不单纯是经济问题，也是关系人心向背和社会稳定、政权巩固的政治问题。建国之初，异常严峻的粮食形势，使人心浮动。人们心存疑虑：共产党是否可以搞得下去？帝国主义者、国民党反动残余等则趁机造谣，夸大危机。人们都在注视着中国共产党和新生的人民政府，“老百姓不仅在军事上、政治上看我们，他们还透过经济看我们，看物价能不能稳定，还饿死不饿死人”[①]。党和政府提出“不许饿死一个人”的口号，果断平抑粮价，千方百计筹粮、调粮、发放救济粮，大规模兴修水利和发展粮食生产，号召机关工作人员带头节约，等等，成功缓解了粮食紧张局势。此时，帝国主义的谣言不攻自破，艾奇逊之流的“希望”落空，人们很自然地拿新中国政府与国民党政府进行对比，相差何其之大，由此，许多人的疑虑和担心打消了，人心趋向安定，政权得到巩固。前后形势的鲜明变化表明，让人民吃上饭，是社会稳定最基础的前提。粮食问题的重要性即在于此。

第二，解决粮食问题，最主要的是抓好粮食的生产以及流通和分配。粮食生产是基础。“手中有粮，心中不慌”，像中国这样一个人口大国，如果生产不出足够的粮食满足社会需求，便失去了解决粮食问题的主动权，最终是不可能解决好粮食问题的。建国之初的粮食紧张，最根本的原因还是粮食减产、供不应求。粮食流通和分配是关键。社会有分工，各地的自然条件也有差异，种粮者只可能是一部分人，因此，只有使粮食进入流通领域，才可能解决所有人的吃饭问题。一旦粮食流通不能正常进行、分配不合理，人们的吃饭问题还是要受到威胁。建国之初的粮食紧张，与一些不法商人猖獗投机、破坏粮食正常流通，私营粮商占市场较大份额、粮食分配有很大盲目性有很大关系。综合分析前文所述五条措施可见，剿匪反霸、农田水利建设、抓好粮食作物耕种与收晒、军队参加农业生产等措施都是为了解决粮食生产的问

---

① 《陈云文选》，第2卷，60～61页。

题，而打击投机行为、平抑粮价、确立国营粮食企业的领导地位以及做好公粮征收、加强公粮收支管理、实施社会救济、倡导节约互助等措施本质上讲则都是在解决粮食的流通和分配上做文章。

第三，在粮食这类关系国计民生的重要资源问题上，国家要特别注意统一管理和调度（即宏观调控）。建国第一年，之所以能较好地解决粮食问题，与国家对粮食的统一管理和调度不无关系。生产方面，政府适时向各地发出耕种、收播的指示，在推广良种、防治病虫害、兴修水利等环节上统一安排；征收和调运方面，国家统一制定粮食征收计划，规定征收上来的公粮，除地方附加粮外，全归中央人民政府统一调度使用，具体的调拨计划则由中央根据各地实际并通盘考虑全国情况后拟定；稳定市场方面，为打击投机行为，中央统一安排抛售，同时成立中国粮食公司（各地设分支公司），在中央贸易部的统一领导下，负责城乡粮食收购、零售和财政拨粮。这一切措施，都是在国家的统一安排和调度下实现的。如果离开这一点，由市场或各地、各部门自行负责，几乎不可能在那么短的时间内解决问题。陈云在具体谈到粮食调剂问题时曾有一段很形象的评论："中央财委如不调剂，则要饿死人"①，"若无有计划地调剂粮食，即使下雨了（指影响粮食收成的天气因素——引者注），人心也会不安的。若能有计划地调剂，即使不下雨，人心是有些不安，但还发生不了大问题"②。

第四，主客观条件不成熟时，根据实际情况，灵活制定政策，采取以退为进的策略，不失为明智之举。这一点集中体现在新解放区土改政策的制定上。粮食生产与土地政策有着密切联系。从长远来看，实行土地改革、废除封建土地所有制是中国新民主主义革命的主要内容之一，对中国农村生产力的解放和发展具有决定性意义，也是获得国家财政经济情况根本好转的三个基本条件之一。③ 新中国成立之初，已完成或基本上完成了土改的地区约有农业人口1.45亿，没有进行的地区约有农业人口2.64亿。④ 在新解放区实行土改势在必行。但是，从当时的条件来看，地主富农占中国农村人口的10%，单算地主也有约2 000万；地主在土地占有关系上常常变换，情况非常复杂；地主与城市工商业者等各阶层联系很多，如仓促土改，必然引起很大震动；群众没有组织好，干部没有那么多，且本地干部少；战争时期土改可以用战争形

① 《陈云文集》，第2卷，43页。
② 《陈云文集》，第2卷，89页。
③ 参见《毛泽东文集》，第6卷，70页。
④ 参见《建国以来刘少奇文稿》，第2册，227页。

势动员，但现在解放了，土改问题就很突出。[1] 这表明条件并不成熟。而从实际需要来看，保持广大新解放区的稳定，集中力量恢复和发展粮食生产是最迫切、最要紧的事情。在这种情况下，如果强行土改，势必影响新解放区社会稳定，并波及粮食生产。因此，党和政府决定在新解放区暂不进行土改，延续之前实行的减租交租政策。后来的历史发展证明，此举对稳定农村秩序、恢复粮食生产、顺利渡过灾荒的确起了重要作用。到 1950 年秋收以后，各地条件逐步趋向成熟，土改也陆续展开。这实在是以退为进的明智之举。

第五，不断发现问题、解决问题，并注意从中总结、积累经验，用以指导下一步的实践，是解决重大难题的有效途径。建国第一年解决粮食这个大问题的过程实际上就是不断发现和解决其中的小问题，并不断总结、积累经验的过程。比如粮食征收。当时中央收到各地报告及一些民主人士的反映，了解到征粮过程中出现了一些问题，如：华南分局报告西江地区征粮负担过重，出现卖牲口、缴种子或拆房屋顶公粮等现象[2]；浙江省委报告一些地方对地主负担缺乏明确规定，使他们几乎毫无收入[3]；刘揆一、粟济世、黄炎培等反映征粮流弊甚多[4]。中央非常重视这些意见，针对各地政府报告的情况，要求各地立即采取措施，纠正错误，改进工作，同时将相关情况转发其他地区以引起注意；对民主人士反映的情况，要求各地尽快调查、核实，确实存在问题的，立即着手纠正，情况不实者，也应加以注意、避免犯错，而且无论属实与否，都应向反映者回馈处理情况。在这一过程中，中央和各地政府积累了相关经验，为做好下一步的征粮工作提供了借鉴。再如粮食保管，也是在发现一些地方存在匪特破坏粮库、保管人员挪用私盗粮食、保管不善至霉变鼠咬等问题，并注意总结经验教训，有针对性地采取措施解决问题的过程中开展的。总之，重大难题的解决不可能那么容易，总会出现这样那样的问题，只有不断发现并及时解决这些问题，并从中总结、积累经验，指导下一步的实践，才可能逐步走向成功。

（原载《毛泽东邓小平理论研究》2009 年第 10 期）

---

① 参见周恩来对纺织等 10 个专业会议代表的讲话记录（1950 年 3 月 14 日），见《周恩来传》（三），980～981 页。

② 参见《建国以来刘少奇文稿》，第 1 册，579 页。

③ 参见《建国以来刘少奇文稿》，第 1 册，386～387 页。

④ 参见《建国以来毛泽东文稿》，第 1 册，276、328、402 页。

新中国特赦的决策过程及其经验启示

王香平

新中国成立后，党中央立足当时的国际国内大局和中华民族的统一大业，团结一切可以团结的力量参与新中国的建设，酝酿、推动并成功实施了新中国的特赦政策，产生了广泛而深刻的社会影响。

一、赦免决策的酝酿和提出

新中国成立初期，人民政权刚刚建立，主要任务是巩固政权，再加上抗美援朝战争的爆发，处理罪犯尤其是战犯问题被暂时搁置起来。正如周恩来所说："哪里有一个国家在战争还未结束时就处理战俘的？所以慢一点是合乎形势和政策的。"[①] 20 世纪 50 年代中期，国家政治经济秩序基本建立，特别是社会主义改造基本完成后，处理罪犯和战犯问题提上议程。

（一）党中央首次酝酿大赦，成为实施特赦政策的先声

1954 年毛泽东主持制定的《中华人民共和国宪法》，对"大赦"和"特赦"作出规定，赦免政策的提出由此有了明确的法律依据。同年 12 月 18 日，

① 周恩来在政协二届常委会第 19 次扩大会议上的发言，1956 年 3 月 15 日。

根据毛泽东关于释放一批在押国民党战俘的指示，周恩来主持国务院汇报会议。会议决定对"在押战俘情况进行调查，做些释放的准备工作。可以考虑先释放一批小的（如尉官）战俘，对其他较大一些的战俘拟采用大赦的办法"[①]。这是党中央最早酝酿大赦的情况。

大赦是否可行？时机如何考虑？毛泽东和党中央非常慎重，向党内外人士反复征询意见。

1955年5月12日，毛泽东主持召开最高国务会议，议题之一就是讨论实行大赦问题。参加者除周恩来、朱德、陈云、邓小平等领导人外，还有李济深、郭沫若、黄炎培、沈钧儒、陈叔通、张治中、傅作义等各民主党派和无党派人士。这是党中央第一次关于大赦问题召开的最高国务会议，笔者没有查到有关会议记录。5月25日，黄炎培致信毛泽东，表示已经把毛泽东关于大赦问题的讲话精神在中国民主建国会一定范围内进行了传达，并说："对于大赦，大都主张可在适当时期进行有教育性的有原则的赦免。对毛主席博采众议、高度民主的精神，一致表示感佩。"[②] 可见，是否实施大赦，在会上未作定论，还要进一步收集和听取各界人士的意见。

5月26日，党中央发出了《关于征求党内外对继续镇压反革命和举行大赦问题的意见的通知》。通知指出："应否大赦及如何大赦的问题，是一个关连到广大群众的政治行动，必须在党内党外更多地交换意见之后，才能作出决定"。要求各省市委以政协为主体举行座谈会专门讨论，然后将意见上报中央。毛泽东在修改通知稿时加了这样一段话："或者第一个五年计划期内不举行大赦，以避免可能产生的不利影响（反革命气焰高涨，人民不高兴），过几年再谈这件事，这种意见，民主人士中也有不少人提出。究以何者为宜，请你们征询电告。"[③]

经过进一步征求意见，中央最后决定不向一届全国人大二次会议提出关于大赦的议案，但赦免政策基本确定，何时实施主要是时机问题。

（二）向党内外人士征求意见，确立了宽大处理国内外战犯的基本方针

赦免政策提出以后，处理战犯的基本方针和具体办法，成为首先要讨

① 《周恩来年谱（1949—1976）》，上卷，432页，北京，中央文献出版社，1997。

② 《建国以来毛泽东文稿》，第5册，137页，北京，中央文献出版社，1991。

③ 《建国以来毛泽东文稿》，第5册，133、134页。

论的问题。针对日本战犯，1955 年 12 月 28 日，周恩来主持中央政治局会议，讨论通过了处理意见：宽大处理，不判死刑和无期徒刑，极少数判有期徒刑。至于国内战犯，1956 年 1 月 30 日，周恩来在政协二届全委会第二次会议上的《政治报告》中提出“争取和平解放台湾”的新方针，这就需要对待国内战犯的政策与这个新方针相适应。第二天，周恩来在陆定一《为配合周恩来同志在政协所作的政治报告》上批示：“政协会后，可放十几个战犯看看。”这是中央准备赦免战犯的重要信号。

如何执行赦免政策，关系到党的政策、人民群众的利益和感情，甚至新中国的国际声誉。1956 年 3 月 14 日至 15 日，政协二届常委会第 19 次扩大会议召开。周恩来在会上强调，对日本战犯“分批释放，不判刑”，“要判的也是极少数”，“对国内战犯处理的原则是一个不杀，分批释放”①，并提出宽大处理的方针。公安部部长罗瑞卿和最高人民检察院副检察长谭政文分别作了关于战犯问题的专门报告。到会的程潜、蔡廷锴、傅作义、卫立煌、郑洞国、刘斐、王芸生、侯镜如、邵力子等“纷纷发言，盛赞党的政策的英明、伟大”②，并提出许多好的建议和意见。

程潜代表民革中央发言，认为党的宽大政策很好，听后很振奋。蔡廷锴同意对原国民党中将范汉杰的处理意见，说：“虽说中央统战部在调查他的历史罪恶时我曾把他出卖十九路军的经过写了书面材料，现在我撤销这个材料，对他的仇恨不算账，同意释放他。”傅作义两次发言，认为政府对战犯的处理政策自始至终是正确的，是对人民有利的事。他曾就此问题与毛泽东单独谈过，还写过书面建议。与会者普遍认为党的政策“不是宽大无边，而是伟大无边”③。经过两天讨论，对中央宽大处理的方针，与会者基本上都表示赞同，但在具体方法和步骤上，没有达成一致意见。

为了在更大范围内征求意见，1956 年 4 月 11 日，中央给各省市自治区党委并中央各部委、国家机关、人民群众团体各党组下发《中共中央关于征求对蒋、日、伪战犯和其他反革命罪犯的处理意见的通知》。通知强调：从宽处理有助于“巩固和扩大人民民主统一战线，对国家对人民都比较有利。但是，这样处理，也可能引起一些人的不满，认为太便宜了这些罪犯，也可能使一部分反动分子感到无所畏惧，因而助长他们的反动气焰。

① 《周恩来年谱（1949—1976）》，上卷，557、558 页。
② 《中共中央关于征求对蒋、日、伪战犯和其他反革命罪犯的处理意见的通知》，1956－04－11。
③ 任海生编著：《共和国特赦战犯始末》，28、30 页，北京，华文出版社，1995。

为此，提请各省、市、自治区党委在四、五两月内召开当地政协常委扩大会，或其他适当范围的座谈会，征求意见，会后将结果向中央作报告，以便中央作出最后决定”。为了尽可能扩大征求意见的范围，毛泽东在通知上专门加了一段话：“除此以外，请你们将此件印发给所属地委、省辖市委和县委，也请他们召集党内外的适当会议加以讨论，征求意见，于五月中旬以前由你们汇集报告中央。”①

各地各部门向党内外传达中央精神后，引起了强烈反响。多数人都同意中央宽大处理的方针，认为体现了革命的人道主义。有人说：“宽赦他们一个人，他们周围有许多人感激；杀他们一个人，他们周围有许多人愤怒。我们虽不怕他们愤怒，似不如使之感激为愈。”因此，这是“以德服人”的“仁政”。也有人对宽大处理方针表示异议，甚至有抵触情绪，认为这是“一种软弱的表现”，从感情上“很难接受”，不符合“首恶必办”的既定政策。②

总体上看，对日本战犯，中央认为应从宽，地方和人民群众认为应从严；对国内战犯，由于成员比较复杂，具体什么时间放、怎么放，意见也不一致。正如周恩来在一次讲话中所说：国内战犯“这些人不好判，当时判，就会要判一部分死刑，现在过了 7 年，如果判，也还有人要求处死。但是，不很有利，所以宁可缓判，多押一个时期，情况慢慢变了，将来逐步的放一些，特赦一批”。“处理这批人还需要时间、需要分析、需要分别处理，因为这里有个群众的觉悟问题。”③ 有鉴于此，中央在 1956 年没有作出有关特赦问题的决定。关于这一点，毛泽东解释说：“放早了，老百姓不那么清楚，我们也不好向老百姓说明，还要过几年，老百姓的生活更加过得好了，我们再来放。同时要向老百姓作说明……不讲清这个道理，一下子把他们放掉了，人家就不了解，同时也没有必要。”④ 但中央最终确立了处理战犯的基本方针：对日本战犯，一个不杀，宽大处理；对国内战犯，一个不杀，分批释放。

---

① 《建国以来毛泽东文稿》，第 6 册，72 页，北京，中央文献出版社，1992。

② 参见任海生编著：《共和国特赦战犯始末》，35、36 页。

③ 周恩来在全国省市检察长、法院院长、公安厅局长联席会议上的讲话记录，1956 年 7 月 15 日。

④ 毛泽东在最高国务会议第七次会议上的讲话，1956 年 5 月 2 日。

二、新中国实施特赦的几个关节点

（一）1956 年对日本战犯无特赦之名而具特赦之实的赦免，为正式特赦积累了有益经验

按照宽大处理的方针，1956 年 4 月 25 日，一届全国人大常委会第 34 次会议通过了《关于处理在押日本侵略中国战争中战争犯罪分子的决定》，并由毛泽东当天以《中华人民共和国主席令》向全世界公布。该《决定》是审判和处理日本战犯的第一个法律文件，也是我国国内法审判战犯的第一个法律依据。最高人民检察院根据《决定》于当年分三批释放了免予起诉的 1 017 名日本战犯。另外 45 名从宽判处有期徒刑的，后来或服满刑期、或获得减刑、或因病释放，至 1964 年 3 月 6 日最后 3 名战犯获释回国，日本战犯全部释放完毕。中国政府宽大处理日本战犯，被认为是无特赦之名而具特赦之实的赦免。这一举措，在日本各界深得人心，也为处理国内战犯积累了有益经验。

（二）1959 年第一个《中华人民共和国主席特赦令》的产生经过

1957 年 1 月 29 日，公安部向中央提交了一份关于对国民党少将刘焕东等 12 名病患战犯处理意见的报告。2 月 2 日，毛泽东作出批示："不但这些人应当处理，其他战犯凡犯罪较轻、表现较好的，都应考虑判决释放"。他请公安部"将战犯全体审查一下，定出一个处理方案送中央审阅"①。由于不久后即发生了"反右派"斗争和"大跃进"运动，赦免工作受到影响。1959 年国庆十周年来临，为正式实施赦免政策迎来一个良好契机。

1959 年 8 月 24 日，毛泽东在杭州致信刘少奇："我想到，今年国庆十年纪念，是否可以赦免一批（不是'大赦'，而是古时所谓'曲赦'，即局部的赦免）确实改恶从善的战犯及一般正在服刑的刑事罪犯。如办此事，离国庆

① 《建国以来毛泽东文稿》，第 6 册，299 页。

只有三十几天时间，是否来得〔及〕审查清楚？或者不赶国庆，在秋天办理即可，但仍用国庆十年的名义。此事是否可行，亦请召集有关同志商议一下”①。毛泽东的信表明三点：第一，借国庆十周年实施赦免是个重要时机，国内外影响较大。第二，这种赦免不是“大赦”，是“曲赦”，即特赦。所谓大赦，一般指在特定情况下对在押罪犯无条件一律赦免，而特赦是针对特殊群体的有条件的赦免，即“改恶从善”的予以赦免。第三，赦免对象包括普通刑事罪犯和战犯。据统计，当时战犯在在押罪犯中的比例是非常小的（约占 0.04%）。把普通刑事罪犯作为特赦对象，不仅大大增加了特赦对象的数量，也让新中国的首次特赦具有了更广泛而典型的刑事政策意义。

按照毛泽东的建议，1959 年 9 月 8 日，刘少奇主持召开中央政治局会议，讨论并通过了《中共中央关于特赦一批确实已经改恶从善的战争罪犯、反革命罪犯和普通刑事罪犯的建议》。9 月 14 日，毛泽东代表中央提请全国人大常委会考虑该建议。9 月 15 日，毛泽东邀集各民主党派、人民团体、文化教育界和无党派人士举行座谈会，通报并征求对特赦问题的意见。关于特赦条件，毛泽东说：“凡是改好了的，我们赦免。按照宪法，叫特赦，不是大赦。”② 关于为什么要实施特赦政策，毛泽东说：主要是又经过几年的发展，“人民自己站起来了，人民有神气了，问题是个人民问题”③。实施特赦的条件业已成熟。

9 月 17 日，朱德主持召开二届全国人大九次会议并通过了《关于特赦确实改恶从善的罪犯的决定》。当天，刘少奇发布《中华人民共和国主席特赦令》，宣布“对于确实改恶从善的蒋介石集团和伪满洲国的战争罪犯、反革命罪犯和普通刑事罪犯，实行特赦”④。这是由毛泽东、刘少奇、周恩来、朱德等党和国家领导人共同推动出台的新中国第一个特赦令。为了更具体地指导各地执行特赦政策，当天还下发了《中共中央关于特赦罪犯的指示》，对特赦的具体步骤、方法、宣传以及特赦后的安置等作出详细规定。首次特赦，释放反革命罪犯和刑事罪犯 12 082 名、战犯 33 名，另有 389 名获减刑。自此，中央决定以后每年特赦一批战犯，1960 年、1961 年、1963 年、1964 年、1966 年和 1975 年相继实施专门针对战犯的六次特赦，共释放战犯 556 名，

---

① 《建国以来毛泽东文稿》，第 8 册，475～476 页，北京，中央文献出版社，1993。

②③ 毛泽东在邀集各民主党派、各人民团体负责人，著名无党派人士和著名文化教育界人士举行的座谈会上的讲话记录，1959 年 9 月 15 日。

④ 《建国以来重要文献选编》，第 12 册，578 页，北京，中央文献出版社，1996。

另有 90 名获减刑。

（三）1975 年无条件赦免全部在押战犯，这是新中国实施的最后一次特赦

在“文革”的非常环境中，中央没有放松对改造罪犯的关注。1971 年 5 月，公安部报送了《关于抚顺战犯管理所战犯死亡情况的报告》。周恩来立刻作出批示，批评公安部疏于检查和指导，导致“战犯病亡每年增长，证明工作水平日益下降”；对病患罪犯要加强治疗，应“体现党的政策，给他们以‘特赦’的出路”①。公安部意识到问题的严重性，多次召开专题座谈会落实指示，于 6 月 28 日向周恩来提交了《关于加强改造战犯工作的请示报告》，并建议在四届全国人大时特赦一批战犯。由于四届全国人大一再推延，特赦也随之推迟。

1974 年 12 月 12 日，周恩来在公安部一则反映在押人员思想动态的简报上批示，要求公安部开列全部战犯名单，以便在四届全国人大后特赦。23 日，周恩来到长沙向毛泽东汇报工作，毛泽东说：“还有一批战犯，关了这么多年，建议把这批人释放。”② 29 日，周恩来分别在中央政治局常委会和政治局会议上传达毛泽东的指示：四届全国人大之后，要实行特赦，释放战犯。

1975 年 1 月中旬，四届全国人大召开。2 月 25 日，公安部向中央提交了《关于第七批特赦问题的报告》。2 月 27 日，毛泽东作了长篇批示：“一个不杀”，“都放了算了，强迫人家改造也不好”。在具体政策和待遇方面特别交代：“放战犯的时候要开欢送会，请他们吃顿饭，多吃点鱼、肉，每人发 100 元零用钱，每人都有公民权。”“有些人有能力可以做工作。年老有病的要给治病，跟我们的干部一样治。”③ 3 月 17、18 日，四届全国人大二次会议讨论并通过了《关于特赦释放全部在押战争罪犯的决定》。19 日，最高人民法院宣布特赦全部在押战犯名单。这次特赦，是没有任何前提条件的一次赦免。新中国先后实施七次特赦，直至彻底释放全部在押战犯，充分体现了中央“宽大政策一贯到底”的精神。

---

① 转引自任海生：《特赦最后一批国民党战犯》，载《人民公安》，2001（4）。

② 转引自日星：《特赦国内战犯决策内幕》，载《湖北档案》，2004（4）。

③ 《建国以来毛泽东文稿》，第 13 册，421 页。

三、新中国实施特赦政策的基本条件和根本目的

(一) 新中国实施特赦政策的基本条件

首先，新中国政权的巩固、社会主义基本制度的确立及新中国取得的发展成就，为实行特赦政策创造了根本的政治前提。党中央提出：从宽处理，“从情况和原则方面来讲，也是可以这样办的。从国内形势来看，现在我们不但已经完成了土地改革和大张旗鼓镇压反革命运动等新民主主义的社会改革，大大巩固了人民民主专政；并且已经在社会主义改造方面获得了决定性的胜利”①。

其次，新中国的特赦，除第七次无条件赦免外，前六次都以“确实已改恶从善”作为赦免罪犯的主要标准和具体前提条件。1959 年 9 月 17 日中央下发的《中共中央关于特赦罪犯的指示》中说：“我们这次对罪犯的特赦，不同于我国历代反动统治者的大赦，也不同于近代各国的大赦。我们的特赦，是以罪犯是否确实改恶从善为主要标准，也就是以罪犯在政治上思想上和实际行动上是否确实改造好了为主要标准。”新中国的特赦，与不问罪犯悔罪与否的赦免制度是有本质区别的。有条件的赦免，既说明了中央制定政策的严肃谨慎、尊重和维护法律秩序与司法权威的公正性和严肃性，也充分体现了以挽救人、教育人为宗旨的党的改造政策。为什么实行“特赦”而不是“大赦”，毛泽东是有深层考虑的：“大赦是危险的，老是赦，一定有问题，一定是统治不巩固，要靠赦来争取群众。我们是对真正改好了的才赦，没有改好的也才有希望。”②

实施有条件的特赦，对在押罪犯是一种激励和鞭策，有利于增强罪犯改造的自觉性和主动性。号称“死顽固”的原国民党中将黄维回忆说：“第一批特赦时，周总理点名要特赦我，可是被管理所给顶住了，他们说

① 《中共中央关于征求对蒋、日、伪战犯和其他反革命罪犯的处理意见的通知》，1956-04-11。

② 毛泽东在邀集各民主党派、各人民团体负责人、著名无党派人士和著名文化教育界人士举行的座谈会上的讲话，1959 年 9 月 15 日。

我没有改造好，不同意特赦我，如果特赦我，别的战犯不服呀！后来继续接受改造。1968 年以后思想有了较大转变，慢慢向好的方面发展变化。”原国民党军队某师参谋长魏煜焜说：“特赦，对长期关押改造的战犯来说，是具有很大吸引力的。每个人都觉得改造的最后目的，就是特赦、新生、重新做人。这在继续接受改造的人的心目中，就产生了特赦是非常光荣，非常幸福的，也就暗暗下定决心要认真加强改造，争取特赦。”在 1961 年的特赦座谈会上，马上就刑满释放的原国民党某军政工处长田文奎提出：“不争取到特赦，虽刑满也不走。我改造了十多年，还争取不到特赦，说明我没有改恶从善，我有何面目见家乡亲友和妻子儿女呢！”[①] 他言词恳切、态度坚决，终于得到所方的同意继续改造，并于 1966 年获赦。以长达 4 年的监管生活换取“特赦”殊荣，这确实是中外历史上罕见之事，也充分说明党的特赦政策的巨大感召力。正如毛泽东所说：有条件的特赦，“将使他们感到在我们伟大的社会主义制度下，只要改恶从善，都有自己的前途”[②]。

（二）新中国实施特赦政策的根本目的

第一，为了创造安定、和平的国内外政治环境。中央明确指出，从宽处理国内战犯，“会有助于我们孤立、动摇、瓦解国内外敌人，首先会有助于孤立瓦解蒋介石集团和解放台湾的斗争；会有助于安定社会上同统一战线内部对我们还抱有疑惧的分子——主要是右翼分子和有过政治劣迹的民主人士，使人民民主统一战线获得进一步的巩固和扩大”[③]。1956 年 4 月 27 日，朱德在中央政治局扩大会议上谈到对反革命的政策问题时也说：“对反革命不杀的政策有国际意义，可以减少仇恨，争取更多的人相信社会主义。”[④] 可见，宽大处理国内战犯，是从为新中国创造和平发展的国内外环境和中华民族的统一大业考虑的，这是中国人民的长远利益。

---

① 转引自《从战犯到公民——原国民党将领改造生活的回忆》，131、239、114 页，北京，中国文史出版社，1987。

② 毛泽东代表中共中央给全国人大常委会的建议，1959 年 9 月 14 日。

③ 《中共中央关于征求对蒋、日、伪战犯和其他反革命罪犯的处理意见的通知》，1956 - 04 - 11。

④ 《朱德年谱（1886—1976）》新编本（下），1547 页，北京，中央文献出版社，2006。

第二，为社会主义建设增加积极因素。1956年4月25日，毛泽东在中央政治局扩大会议上谈到“一个不杀”方针时说：“不杀他们，不是没有可杀之罪，而是杀了不利……杀了他们，一不能增加生产，二不能提高科学水平，三不能帮助除四害，四不能强大国防，五不能收复台湾。”① 周恩来也说过：“杀他们是容易的，杀了他们，他们就不能再起积极作用，只能起消极作用。”② 换句话说，严惩战犯，对于社会主义的生产和建设丝毫无益。相反，如果实行特赦政策，他们还有可能为国家建设添砖加瓦。正如毛泽东所说：“由于我们采取了正确的政策，现在就有不少反革命被改造成不反革命了，有些人还做了一些有益的事。”③ 事实证明，很多获赦罪犯改恶从善，成为自食其力且对社会有用的人。实行宽大处理，可以化消极因素为积极因素，有利于社会主义建设。

第三，为了体现和贯彻党关于改造罪犯的基本方针。党改造罪犯的基本方针是惩办与宽大相结合、劳动改造与思想教育相结合。毛泽东曾说：“人是可以改造的，就是政策和方法要正确才行。”④ 周恩来也说：“剥削阶级的出身不能改，思想却是可以改造的。”⑤ 对已改造好的罪犯实行从宽处理符合党的基本方针。已经被关了六七年甚至十多年的罪犯，“多数已经有了不同程度的悔改表现，有些并且要求立功赎罪，重新做人。因此，现在对这些罪犯并没有一定杀一批或者从重处刑的必要”⑥。即便现在没有悔改，但“在我国的条件下，他们中间的大多数将来会有不同程度的转变”⑦。

总之，毛泽东和党中央推动实施特赦政策，根本目的“是要使我们的一切设想都有利于我国人民民主专政的巩固，有利于祖国的完全统一，有利于社会主义建设事业”⑧。

---

① 《毛泽东文集》，第7卷，38页。

② 周恩来在政协二届常委会第19次扩大会议上的发言，1956年3月14日。

③ 《建国以来毛泽东文稿》，第6册，96页。

④ 《建国以来毛泽东文稿》，第11册，64页，北京，中央文献出版社，1996。

⑤ 《周恩来选集》，下卷，467页，北京，人民出版社，1984。

⑥ 《中共中央关于征求对蒋、日、伪战犯和其他反革命罪犯的处理意见的通知》，1956-04-11。

⑦ 《建国以来毛泽东文稿》，第6册，96页。

⑧ 周恩来在上海市第一次代表大会上的发言，1956年7月21日。

四、新中国特赦产生的社会影响

（一）被赦对象的体验和认识

作为新中国特赦政策的直接受益者，被赦对象得到的体验和认识更为深刻。特赦进一步增强了他们对党的改造政策的认同。1959 年获赦的原国民党中将杜聿明说："特赦令使党的宽大政策恩惠到我们一切罪犯，特别是涉及我这个罪无可赦的罪犯，真是天高地厚恩同再造，感恩图报之情罄笔难书。这是党改造人类改造世界的伟大胜利给我带来的光明前途，是无产阶级伟大人道主义的体现。"① 1975 年获赦的原国民党吉林省民政厅厅长兼长春市市长尚传道在特赦大会上说："我的新生命是中国共产党和人民赐给的，我誓献余生报人民。新生开始，不是改造的结束，而是在新的条件下继续改造的开始，我一定要活到老，学到老，改造到老。"②

特赦使被赦对象在古今中外的历史对比中体会到党的政策所显示的现代执政理念。1959 年获赦的原国民党中将宋希濂说：唐太宗李世民于贞观六年将 300 多名准备赴死的囚犯放回家，让他们料理后事，结果全部按期归还，遂赦免了他们。唐太宗确实了不起。可唐太宗的做法和共产党、人民政府对待战犯的做法简直不能相提并论。唐太宗纵囚不过是沽名钓誉，收买人心。而中国共产党和人民政府对待我们这些罪犯采取的方法却是既人道又实际的改造方法，目的是化消极因素为积极因素，使犯人能够脱胎换骨、重新做人。这要比唐太宗的做法更具有积极性，进步得多。③ 溥仪在给其侄子的信中说："蒙到特赦，完全是做梦也想不到的事……这真是任何古今中外历史上空前的事情。这只有以改造社会、改造人类为历史使命的中国共产党，才能这样。"④

---

① 任海生编著：《共和国特赦战犯始末》，134 页。

② 转引自《从战犯到公民——原国民党将领改造生活的回忆》，190 页。

③ 参见《从战犯到公民——原国民党将领改造生活的回忆》，20 页。

④ 转引自《伪满皇帝群臣改造纪实》，299～300 页，沈阳，辽宁人民出版社，1992。

（二）党外人士和人民群众的看法和态度

新中国特赦政策的实施，使社会各界人士进一步坚信，只有跟随中国共产党走社会主义道路才有光明的前途。正如周恩来所说：我们团结的各方面代表都联系或影响着一定的阶级、阶层和群众，他们背后站着一批人。我们党的政策对头了，争取的就不仅仅是几十、几百人，而是成千上万的人。

著名民主革命家、爱国进步人士张难先看望获赦人员时说："我张难先活到近80岁了，在中国共产党为中国找到一条出路之后，才有了我晚年的真正出路。共产党人待你们亲如家人的照顾，采取的思想改造方法与生活设施，都是我闻所未闻，见所未见……你们同我一样，算是找到了真正的出路。我祝福你们从此踏上大道，这是一条新中国人民共同要走的光明大道。"① 1959年特赦令公布后，一位战犯的妻子写信说："我们都很好的，孩子也工作了，就是希望你接受改造，争取早日获释，当初我还怨你没带我们去台湾，现在我们为没去台湾庆幸，我们等你出来。"② 湖北一个刑事罪犯获赦后，回家第二天就下地劳动，后来还试制成一种小麦条播器，提高了劳动效率。周围群众感慨说："同样是两只手，没有改造前，给人民造下多大灾难；经过了改造，为人民做下了有益的事。"③

（三）海外的舆论和评价

新中国实行的特赦政策，受到海外媒体和西方各界人士的广泛关注，美联社、合众国际社、共同社、路透社、法新社、德新社等都进行过报道和评论。在香港，内地特赦首批战犯的消息公布后，刊登内容最详的《大公报》、《文汇报》一时呈现抢购的局面。

第一次特赦时，很多西方观察家对一次特赦1.2万余名罪犯"感到惊

① 转引自《从战犯到公民——原国民党将领改造生活的回忆》，160页。

② 转引自潜尢：《特赦令：中国无在押战犯》，9页，北京，中国社会出版社，1995。

③ 《党的改造罪犯政策的伟大胜利最高人民法院院长谢觉哉在人大二次会议上的发言》，载《人民日报》，1960－04－10。

奇”，认为这表明了中国共产党的“宽宏大量”，同时也“可能是配合对台湾进行的新的和平攻势”[①]。共同社评论说，中共领导人实施特赦“是中国庆祝建国十周年的一个做法”，但“它是一个一箭多雕的手法”，其用意在于“对外界展示中国十年间建设发展的实际成就”[②]。1975 年 3 月 26 日，曼谷《新中原报》就第七次特赦发表题为《北京特赦释放全部在押战犯》的社论说：“为建设社会主义祖国，为提早解决台湾问题，必须团结一切可以团结的力量，转化消极因素为积极因素。北京此次特赦释放全部在押战犯，便是具备着此一重大意义和作用。此举不只对台湾同胞有所影响，对海外华侨亦是一种有力启示。”

新中国特赦在海内外引起了很大震动。一位印度商人给我国有关部门来信说：“此举告诉我们：共产主义的最终目的是消灭阶级，而不是消灭具体的剥削者，中国共产党的政策叫我们心服口服，引起我无限向往。”[③] 美国耶鲁大学华人教授赵浩生说：“特赦证明中共的政策是一贯的，我们再也不相信反华大合唱的信口雌黄。”[④] 1975 年，一位在香港的前国民党将领接受《文汇报》采访时说：“黄维等国民党战俘被特赦释放，生活工作又有照顾，而且他们愿意回台湾的还可回台湾，这说明了共产党对待战俘的政策是正确的，这样广阔的政策胸怀，只有共产党才有。”[⑤]

五、几点经验和启示

回顾新中国特赦的决策与实施过程，可得出以下几点经验和启示：

（一）新中国的特赦政策反映了中国共产党从革命和巩固政权到执政和从事建设的巨大转变

如何对待罪犯，不仅是党的政策问题，还关涉到党的基本执政理念。

① 《香港两方人士对我特赦“感到惊奇”》，载《参考消息》，1959 - 12 - 11。
② 《表明我建国十年成就巨大和稳如泰山》，载《参考消息》1959 - 12 - 08。
③ 转引自刘家常、铁汉：《日伪蒋战犯改造纪实》，385 页，沈阳，春风文艺出版社，1993。
④ 转引自刘家常、铁汉：《日伪蒋战犯改造纪实》，385 页。
⑤ 转引自潜尤：《特赦令：中国无在押战犯》，103 页。

1956年9月13日，毛泽东在中共七届七中全会第三次会议上，针对八大政治报告稿中“我们对反革命分子和其他犯罪分子一贯地实行惩办和宽大相结合的政策”，说：“以前都是讲‘镇压和宽大’，是我改成‘惩办’的。‘镇压’那个事情吓人……人家一想，镇压就是杀人”，“我们国家根本上不杀人了，再杀人由中央批准”。一词之改，反映出中国共产党从革命到执政角色转变的自觉意识。毛泽东还说：“中国历史上，要么就你灭掉我，要么就我灭掉你，没有第三种办法，没有一个妥协的方法。我们采取的道路是第三种方法，就是不把从前当权的、犯过错误的和被自己推翻的人都消灭掉。”“不论反革命，敌我，是非，凡是能保存的都保存，都给工作，但是要把是非弄清楚。这就是第三种办法。”[①] 以极富创造性的“第三种办法”对待“被自己推翻的人”，这是一种亘古未有的对待罪犯的办法，既反映了中国共产党的执政理念，也深刻体现了社会主义不仅要改变旧的社会制度，而且要改造全部社会关系，包括改造人与人的关系，从而真正解放全社会的生产力的本质特征。

（二）新中国特赦决策的酝酿出台，充分体现了我党以人民利益和意愿为执政决策的基本立足点

从党中央酝酿、提出和实施特赦决策的过程可以看出，毛泽东和党中央在决策过程中，始终把广大人民群众的利益、要求和意愿置于第一位。1955年酝酿“大赦”未果，因为毛泽东担心“人民不高兴”[②]。1956年制定处理办法，中央提出方针，周恩来说“还要在人民中去解释”[③]；因群众意见分歧大，毛泽东说，放早了“不好向老百姓说明”[④]，遂暂时放弃宽赦。之所以要对一小部分日本战犯判刑，周恩来说为了“对中国人民要有一个交待”[⑤]。1959年决定实施特赦，毛泽东认为人民生活日益改善，人民的政治觉悟提高了[⑥]。可见，人民高兴不高兴、答应不答应、意见一致不一致，是毛泽东、党中央决策的着眼点。从这个角度看，新中国特赦的决策和实施过程充分体

---

① 毛泽东：《在中共七届七中全会第三次会议上的讲话》（1956年9月13日），载《党的文献》2006（1）。

② 《建国以来毛泽东文稿》，第5册，134页。

③ 《周恩来军事文选》，第4卷，374页，北京，人民出版社，1997。

④ 毛泽东在最高国务会议第七次会议上的讲话，1956年3月2日。

⑤ 《周恩来年谱（1949—1976）》，上卷，593页。

⑥ 参见《毛泽东文集》，第8卷，87页。

现了人民民主专政的本质和崭新风貌。

（三）新中国特赦的决策过程体现了民主人士参政进言、党内党外共同协商的民主氛围

从1955年5月12日毛泽东主持最高国务会议到1956年3月周恩来主持政协二届常委会扩大会议，从全国政协常委会扩大会议到各省市自治区政协常委会扩大会议乃至地、县委的各种党内外座谈会，赦免政策的每一次酝酿与讨论，都是党内党外民主协商、共谋国事的过程，以致黄炎培等民建同人“对毛主席博采众议、高度民主的精神，一致表示感佩”①。这是新中国政治协商制度的典型体现。而各党派和无党派民主人士也从大局出发，发表中肯的建设性意见，发挥议政参政的积极作用。这种党内党外民主协商的气氛，使党的决定、政策、决策的制定实施更符合客观实际。

（四）对战犯在特赦前后的教育改造和生活安置，彰显了革命人道主义和中国共产党以人为本的价值追求

对于危害国家、民族利益及危害人民的人，不采取简单惩办和消灭的办法，而是把他们改造成自食其力、对社会有益的人，这是革命人道主义的生动体现。毛泽东说：我们对罪犯的改造“要搞人道主义。搞人道主义干什么呢？还不是要把他们改造为有用之人”②。1975年获赦的原国民党上校刘衍智说：“为了保证革命人道主义的贯彻执行，政府宣布‘三保障’政策：即保障人格，保障生活，保障健康。从1957年到1975年的18年间，管理所确实是完整而准确地贯彻执行了党中央和毛主席这一改造政策的，并取得了伟大胜利，创造了古今中外的人间奇迹。”③ 为此，原苏联一名曾管理过伪满战犯的军官说：“中国管理战犯，是世界上改造人的工程的奇迹，他们在人道、人权上是无可挑剔的。”④

---

① 《建国以来毛泽东文稿》，第5册，137页。

② 毛泽东在中共七届七中全会第三次会议上的讲话，1956年9月13日。

③ 转引自《从战犯到公民——原国民党将领改造生活的回忆》，194页。

④ 转引自潜尤：《特赦令：中国无在押战犯》，90页。

党和国家领导人多次接见和慰问获赦罪犯，使很多人得到鼓励、重振信心。凡是特赦释放的罪犯，“不论是有家可归或无家可归，均应当把他们的生活安排好，给以必要的适当照顾”[①]。毛泽东、周恩来多次强调：允许战犯来去自由，愿意到台湾的到台湾，愿意到香港的到香港。“为了应付起见，你们可以骂我们……如果你们骂完了我们，你们要回来，还是允许回来。这个话，我们说了就算数。”[②] 从尊重人格到改造思想，从关心生活到关照前途，彰显了中国共产党以人为本的根本思想和价值追求。

（五）新中国实施特赦为正确处理历史遗留下来的特殊矛盾创造了成功范例

毛泽东和党中央通过特赦这一灵活的社会政策，成功地化解了革命战争遗留下来的敌对势力这一特殊矛盾，这与党和国家领导人高瞻远瞩的胸怀和视野是密不可分的。特赦的实施，与党改造人类、改造社会的崇高理想是相一致的。周恩来在谈到处理罪犯问题时曾说：“我们的革命是要把整个社会彻底地全部改造好。我们这一辈子要把道路开出来，这要大家努力，不是一个人的事，要使我们的后代看到我们的确为他们解决了问题，不要留下问题，将来又是历史案，我们要把整个历史解决好。既然工人阶级领导的政权是先进的，就能够改造整个社会。”[③] 正因为党和国家领导人秉持着对子孙后代、对中华民族高度负责的社会责任感和历史使命感，因此在新中国成立后不长的时间里成功地解决了古今中外都难以解决的这类特殊矛盾。实践证明，新中国特赦是经得起历史检验的重大决策。

（原载《党的文献》2009 年第 5 期）

---

① 公安部党组关于第二批拟特赦和减刑的战争罪犯名单的请示报告，1960 年 10 月 17 日。

② 周恩来在政协二届常委会第 19 次扩大会议上的发言，1956 年 3 月 14 日。

③ 周恩来在政协二届常委会第 19 次扩大会议上的发言，1956 年 3 月 15 日。

新中国成立初期对外贸易的战略决策及基本经验

宿 凌

新中国的成立，改变了中国近代长期以来受剥削、受奴役的半殖民地的地位，中国人民从此站立起来了。而中国的对外经济贸易关系，也发生了一次重要的历史性转折。中国从半殖民地半封建社会的不平等、被剥削的国际贸易地位中摆脱出来，以平等独立的姿态出现在国际经济贸易的舞台，中国开始在世界经济中占有举足轻重的地位。回顾建国初期我国开展对外贸易的艰难历程以及领导思想决策，有利于总结历史经验，有助于我国制定对外贸易政策，把握正确方向。

一、新中国开展对外贸易的基本环境

新中国经济的迅速恢复，是开展对外贸易的基本条件。

新中国成立初期，共产党人面对的是国民政府留下的一个生产凋敝、通货膨胀、经济崩溃、财政破产的千疮百孔、极其落后的烂摊子。由于长期的封建统治和帝国主义的掠夺，再加上战争的摧残，到 1949 年建国后，整个国民经济处于崩溃状态。生产萎缩，交通滞后，人民生活十分困苦。当时几种主要工农业产品的产量主要是：钢 15.8 万吨，原煤 3 243 万吨，原油 12 万吨，棉布 18.9 亿米，粮食11 318万吨，棉花 44.4 万吨。在工农业总产值中，农业占 70%，工业占 30%，现代工业只占 17%。解放初期中国的工业不但所占比重小，而且基础极为薄弱，没有独立完整的工业体系，机械工业几等于零，飞机、汽车、拖拉机、大型机械都不能制造。工业布局极不合理，70%以上的工业集中在东部沿海城市，内地很少甚至根本没有现代工业，交通和通讯设施极为落后，铁路仅有 2.2 万公里，但只有一半勉强通车，而主要干线没有一条能全线通车。在国内外反动势力看来，中国共产党难以解决这些问题，早晚会失败。因此毛泽东曾经说过："资产阶级怀疑我们的建设能力。帝国主义者估计我们终久会要向他们讨乞才能活下去。"① 然而在党的第一代领导人的正确领导下，新中国成立仅 8 个月后，全国的物价就已经开始趋于稳定，到 1950 年，全国的财政收支基本达到平衡，人民政府实现了全国财政经济的统一，工农业生产得到了全面的恢复。国民经济的迅速恢复，给新中国开展对外贸易提供了基本的条件。

特殊的国际环境，决定了新中国对外贸易发展方向。

新中国成立初期，美国是反对新中国开展对外贸易的主要国家。1949 年 9 月美国国务院发表的关于美国和中国的关系白皮书显示，美国一贯坚持敌视新中国的政策。1950 年 6 月，朝鲜战争爆发，美国对中国实行了比东欧国家更为严厉的全面禁运，同时还宣布武装援助南朝鲜，派海军第七舰队开入台湾海峡，侵犯中国的领土和主权。以美国为首的联合国军把战火烧到鸭绿江边，直接威胁中国的国家安全。朝鲜战争结束后，美国又联合其他西方国家对中国实行全面的封锁禁运，在美国的策划下，西方国家于新中国诞生一个月后成立了对社会主义国家实行禁运的"巴黎统筹委员会"，新中国亦在禁运之列，企图从经济上扼杀新中国政权。新中国一成立，就受到了长期的外交、经济、军事、科技、文化的全面封锁。以美国为首的西方国家不仅严厉禁止向中国出口战略物资，甚至连普通经济贸易也被限制。中国同西方国家的贸易额呈现陡然下降之势，某些国家的对华贸易甚至陷于完全停顿。除瑞典、丹麦、瑞士、芬兰以外，绝大多数西方国家被迫追随美国实行禁运政策，同中国中断了直接贸易关系。为了打破西方国家对中国的封锁、禁运，恢复和发展与世界各国的正常贸易往来，新中国加强了同苏联和东欧国家的贸易关系，以获得中国经济恢复和工业化建设急需的技术、设备和资金等，并努力与亚非新兴民族独立国家建立贸易合作关系，同时利用各种机会和途径，

① 《毛泽东选集》，2 版，第 4 卷，1438 页。

千方百计开拓对西方国家的民间和官方贸易渠道。

因此，在特殊的国际环境下，新中国采取的对外贸易政策是，优先发展与苏联东欧社会主义国家间的贸易往来，其次发展与非帝国主义国家特别是亚非拉发展中国家间的贸易关系，最后才是与西欧、日本等发达国家开展贸易往来。

二、新中国成立初的对外贸易政策

新中国成立初期，实行的是国家统制的对外贸易政策。毛泽东在 1949 年 3 月召开的中共七届二中全会上提出："人民共和国的国民经济的恢复和发展，没有对外贸易的统制政策是不可能的"，"中国革命在全国胜利，并且解决了土地问题以后，中国还存在着两种基本的矛盾。第一种是国内的，即工人阶级和资产阶级的矛盾。第二种是国外的，即中国和帝国主义国家的矛盾。因为这样，工人阶级领导的人民共和国的国家政权，在人民民主革命胜利以后，不是可以削弱，而是必须强化。对内的节制资本和对外的统制贸易，是这个国家在经济斗争中的两个基本政策"①。根据中共中央关于统制对外贸易的决策，1949 年 9 月通过的《中国人民政治协商会议共同纲领》规定："实行对外贸易的管制，并采用保护贸易政策。"据此确立了新中国在对外贸易方面的国家统制政策。《共同纲领》中明确指出，"中华人民共和国可在平等互利的基础上，与各外国的政府和人民恢复并发展通商贸易关系"。这就为建国后的对外经济贸易定下了基本政策和原则。

在《共同纲领》有关对外贸易方针的指导下，新中国成立初期实行了国家统制的对外贸易政策。内容是坚持平等互利原则，贯彻自力更生为主的建设方针，立足于生产发展对外贸易，对内外销统筹兼顾、适当安排。国家陆续颁布了一系列统制的对外贸易政策，并制定了有关的具体规定和实施办法。遵照统制的对外贸易政策，逐步加强计划管理，把全国对外贸易活动置于国家集中领导、统一管理之下，统一地进行对外经济活动，维护国家独立自主，促进国民经济的恢复和发展，保证社会主义改造和社会主义建设的顺利进行。

建国初期我国实行国家统制的对外贸易政策有两个方面的因素：由于缺

---

① 《毛泽东选集》，2 版，第 4 卷，1433 页。

乏建设经验，我国的经济体制照搬了苏联式的高度集中的计划经济模式，而与这种经济体制相适应的对外贸易形式就是实行国家统制型贸易制度。来源于殖民地、半殖民地的历史教训使得我国在开展对外贸易活动的过程中，往往存有戒备心理，过分强调独立自主、自力更生，忽视对外经济交往，认为这样就可以减少对发达国家的依附，这必然促成国家统制的贸易制度的形成。

国家统制的贸易制度在建国初期取得了重要的成就。1951 年，新中国对外贸易总额达到 19.55 亿美元，超过建国前的最高年份 1928 年的 15.33 亿美元。1952—1957 年，中国进出口总额增长比例指数为 161.8%，进口额增长比例指数为 133.3%，出口额增长比例指数为 201.1%。1950—1956 年，中国的年出口递增率达到 17%。1950—1956 年，中国出口额由 5.5 亿美元上升到 16.5 亿美元，进口额从 5.8 亿美元上升到 15.6 亿美元。① 出口的商品结构也发生了明显的变化，由一开始单一的农副产品和原料向多元化转变。

在国家统制为主的对外贸易过程中，鉴于新中国成立初期特殊的国内外环境，周恩来提出在“独立自主，集中统一”的外贸总原则下，采取灵活多样的外贸方式。根据周恩来的指示精神，1950 年 7 月，贸易部召开全国进出口会议，研究我国外贸方式和渠道，划分国营和私营的范围。会议决定国家除经营统购统销的进出口物品外，采用“国际贸易研究会”、“同业公会专业小组”、“联合经营”三种方式，把进出口商品统一协调领导起来。这种国家和私人互相补充、公私兼营的外贸方式，具有很强的灵活性。这些灵活多样的外贸形式和方法为日后中国进一步扩大与各国经贸往来打下了良好基础。

国家统制的贸易制度，在建国初期取得了较大的成就，但和高度集中的计划经济体制一样，有着自身不可避免的缺陷。国家统制的对外贸易政策使得我国无论在贸易范围还是在规模上都受到很大限制。据统计，直到 1979 年我国进出口总额仅为 293.4 亿美元，其中出口为 136.6 亿美元。出口额只占世界出口额的 0.83%，仅居世界各国和地区的第 32 位。国家统制的对外存在管得过宽、统得过死、不利于调动微观主体积极性的缺点。

---

① 参见《中国对外经济贸易年鉴 1984》，3 页，北京，中国对外经济贸易出版社，1984。

三、新中国第一代中央领导集体对新中国对外贸易的战略思考和贡献

新中国成立后，毛泽东审时度势，积极与以苏联为首的社会主义阵营进行经济交往。为了恢复和发展国民经济，粉碎帝国主义对我国封锁、禁运和遏制的阴谋，毛泽东积极发展同外国的经济交流与合作。

1949年底，毛泽东访苏，与苏联签订了《中苏友好同盟互助条约》、《关于中国长春铁路、旅顺口及大连的协定》、《关于苏联贷款给中华人民共和国的协定》，从此揭开了新中国对外经济交流实践的新篇章。50年代，中国总共从苏联获得14.27亿新卢布（折合人民币53.68亿元）的贷款，并用这些贷款主要从苏联引进了156项成套设备，促进了新中国发展现代化工业建设。这一时期，苏联还在技术上给予我国全面帮助，“一五”计划期间，在中国工作的苏联及东欧国家的专家和顾问多达400人。此外，毛泽东也十分重视发展与东欧国家的经济交流与合作。毛泽东为我国开展对外贸易奠定了一个良好的基础。

周恩来的对外贸易思考，在新中国开展对外贸易过程中产生了重要影响。

建国后，周恩来立足于中国的基本国情，明确指出，中国经济技术落后，进行社会主义现代化建设，需要同世界各国“发展和扩大经济、技术、文化的交流”①。当时，以美国为首的帝国主义国家对中国采取敌视态度，在经济上实行禁运政策，在政治上实行不承认政策，在军事上实行干预政策。对此，针对中国在国际中的严峻形势，周恩来公开宣布在平等互利和平经济政策下，“我们愿意同一切愿意维持和平关系的国家恢复和建立贸易关系，发展和平经济”，“凡是愿意和我们在平等互利的条件下发展贸易关系的资本主义国家，我们是不会予以歧视的，我们相信不同制度的国家可以和平共处”②。周恩来的讲话在国际社会引起广泛关注，对促进我国对外贸易工作的开展起到良好的促进作用，也表明周恩来对发展对外贸易工作的迫切心情和对开展对外贸易工作的重视。

---

① 参见《周恩来选集》，下卷，226页。

② 《不尽的思念》，264页，北京，中央文献出版社，1987。

在周恩来看来，新中国成立后，虽然实现了经济上的独立，但是我国在经济、文化上仍然很落后，又是面积大、人口多的大国。正是基于对中国国情的正确清醒的认识，周恩来反复阐明经济文化落后的中国，实行对外贸易，促进社会主义现代化建设的必要性和紧迫性。他强调："经济文化落后的现象，我们要承认。如工业就比英国落后，文化虽然源远流长，光辉灿烂，但从近代水平来看我们是落后了，自然科学、社会科学的水平都很低，从质和量看都是如此。""同工业发达的国家比，我们的机械化水平距现代化很远"①，中国在经济上要比西方国家落后至少一百年。中国经济技术落后，要进行社会主义建设，必须要同外国互通有无，进行贸易的往来以及技术的合作，不能采取闭关自守的排外政策。

平等互惠原则，始终是周恩来处理同世界各国关系（包括贸易关系）的指导思想。周恩来多次指出，发展多国对外贸易经济关系，从来不是单方面的，而是互助互利的。周恩来还把对外贸易扩展到与各国的经济合作领域，但这种经济合作的基础也必须是平等互惠的。周恩来指出，我们亚非国家需要在经济上和文化上合作，我们亚非国家之间的合作应该以平等互利为基础，而不应该附有任何特权条件。周恩来根据以往外交经验和对国际情势的科学判断，创造性地提出了同外国开展经济合作的战略思想，对我国进一步扩大对外贸易有着指导性的意义。

周恩来对世界形势进行了科学判断，他站在世界科学技术进步的高度指出，中国经济技术达到现代化的水平，需要进行国际间的合作，在社会化大生产条件下，现代科学技术正在一日千里地突飞猛进，中国要建设社会主义，科学是决定性的因素，中国要发展对外经济交往，吸收他国的先进成果。他认为，"掌握了最先进的科学，我们才能有巩固的国防，才能有强大的先进的经济力量"②，才能"使我国国民经济走在世界的前列"③。

刘少奇在指导城市接管与建设工作中，把对外贸易作为新中国参与世界性社会再生产的交换方式，充分重视其在发展国民经济中的战略地位，为新中国进一步开展对外贸易工作作出开创性的贡献。他认为，对外贸易对于国计民生影响很大，甚至会起决定的影响。它的任务是发展生产，周转经济。对外贸易开展不好就会不利于生产，经济也不得周转。我们必须切实地组织

---

① 《周恩来外交文选》，83页，北京，中央文献出版社，1990。
② 《周恩来选集》，下卷，182页。
③ 《周恩来选集》，下卷，479页。

好对外贸易，这是至关重要的工作，是人民的最大利益之一。为了组织好对外贸易，国家要管制对外贸易，对它加以统制。过去因受帝国主义侵略不能统制，今天必须统制。他深刻地阐明了在当时的国际情势下，我国开展对外贸易的迫切性和采取国家统制对外贸易的必要性。

为此，刘少奇为中共中央起草了《中共中央关于对外贸易的决定》以及《中央关于对外贸易方针的指示》。这两个文件系统阐述了国家统制对外贸易的原则与政策，明确提出了新中国将实行以苏联、东欧各国为重点、兼顾其他资本主义国家的对外贸易基本方针。这两个文件是指导新中国对外贸易工作的历史性文件，是日后制定对外贸易政策、法规的基本准则。

刘少奇认为，实行国家统制对外贸易政策，必须有相应的组织机构和规章制度予以保障。新中国成立以后，要全面建立从中央到地方的各级机构，进一步完善规章制度。此外，他还指出，国家统制对外贸易是必要的，但是“不要统制太严，统制死了，不要因统制而妨害正当的进出口贸易”[①]。他强调，要做好新中国的对外贸易工作，必须处理好公私关系、城乡关系和内外关系。坚持统中有活的对外贸易指导方针，正确处理好公私关系、城乡关系、内外关系，目的是使对外贸易工作更好地为发展新民主主义经济服务。建国初期，在这个方针的指导下，中央制定了一系列照顾各方面关系的对外贸易政策，较好地调动了公私、城乡、内外各个方面参加新中国对外贸易的积极性。实践证明，统中有活的对外贸易方针在新民主主义经济的繁荣与发展过程中有着重要的推动作用。

四、新中国开展对外贸易的基本经验和启示

新中国成立初期，在一段时期内，由于受到“左”的思想影响，新中国在对外经济关系方面表现为闭关自守。十一届三中全会以前，新中国在对外贸易方面有深刻的教训，比如否定客观存在的国际分工，否定随着国际分工的进一步发展，各国间越来越紧密的经济联系，否定我国参与国际分工从而促进国内经济发展的可能性和必要性，等等，使我国失去了许多宝贵时间和机会来利用各种国际因素发展国民经济，从而使我国的技术水平和管理水平

① 《刘少奇论新中国经济建设》，81页，北京，中央文献出版社，1993。

与国外的差距进一步扩大，产品竞争能力越来越差，使我国失去了许多国外市场。

我国以往的外贸体制，随着时间的推移，不能根据国内经济的发展和国际经济关系的变化而进行变革，从而在一定程度上束缚了我国对外贸易的进一步开展。这种国家统制的对外贸易体制的弊病主要表现为：统得过死、不够灵活、政企不分。这种体制在当时对于促进外贸事业的发展曾起过积极作用。但随着经济条件的变化，已经逐渐不能适应新的形势，最后导致在对外贸易方面产生各种负面的影响。我国社会主义生产方式的建立，为我国在自力更生、独立自主的条件下大力发展对外经济贸易提供了可能性和现实条件。在经济发展的基础之上，每个民族、每个国家都有自己的长处和短处，要吸取一切民族、一切国家的经济、科学、技术之长，补己之短。党的十二大明确提出，在社会主义现代化建设中，要充分发挥国内国外两种力量的作用，要利用国内外两种资源，打开国内和国际两个市场，学会组织国内建设和发展对外经济关系的两套本领，这是符合世界各国经济发展趋势和我国发展的长期正确的战略方针，也是我国今后开展对外贸易的必然方向。

（原载《新中国60年研究文集》，第4册，中央文献出版社2009年版）

20 世纪 50 年代至 60 年代初
我国兴修水利的探索实践及其基本经验

樊宪雷

新中国成立后，洪涝灾害十分严重。1949 年，全国发生大面积水灾，严重威胁人民群众的生命财产安全。治理水患，成为十分紧迫的任务。另外，恢复国民经济，为开展大规模经济建设做准备，也需要大力发展农业，兴修水利亦是急需之务。大规模兴修水利，成为新中国成立后着力开展的重要工作之一。

一、新中国成立初期以治理水患为目的的
大江大河水利工程建设

1950 年夏，淮河发大水，灾情严重。农田受灾面积达 4 687 万亩，灾民约 1 300 万人，倒塌房屋 89 万余间。[①] 安徽省委在给中央反映皖北灾情的电报中写道："由于水势凶猛，来不及逃走，或攀登树上，失足坠水（有在树上被毒蛇咬死者），或船小浪大，翻船而死者，统计 489 人。"得知淮河灾情后，党中央十分重视，毛泽东在短短一个月的时间内，就先后三次批示，提出："除目前防救外，须考虑根治办法，现在开始准备，秋起即组织大规模导淮工

① 参见淮河水利委员会编：《中国江河防洪丛书·淮河卷》，46 页，北京，中国水利水电出版社，1996。

程，期以一年完成导淮，免去明年水患。”[①] 从而拉开了治理淮河的序幕，也开启了新中国成立后为根除水患而对于大江大河的治理工作。

治理淮河，是在周恩来的亲自主持和指导下进行的。1950 年 8 月 25 日至 9 月 12 日，水利部召开治淮会议，研究治理淮河的方案，落实毛泽东关于治理淮河的批示。10 月 14 日，政务院发布由周恩来主持制定的《中央人民政府政务院关于治理淮河的决定》，提出了“蓄泄兼筹，以达根治之目的”的治淮方针。[②] 11 月 3 日，周恩来又在第 57 次政务会议上讨论水利部部长傅作义的《关于治理淮河问题的报告》时，提出了“统筹兼顾，标本兼施”的淮河治理原则，并且指出：“治淮总的方向是：上游蓄水，中游蓄泄并重，下游以泄为主。”[③] 11 月 6 日，治淮委员会在安徽蚌埠成立，具体领导淮河的治理工程。

治理淮河，得到了中央和地方各有关部门的大力支持。当时正值抗美援朝时期，财政十分紧张，国家仍在当年 11 月拨出治淮工程款原粮 4.5 亿斤、小麦2 000万斤，保证治淮工程按时开工。到 1951 年 6 月第一期工程即将完成前，治淮共花了 10 亿斤米。[④]

1951 年 7 月 20 日，控制淮河干流洪水的关键性工程——润河集分水闸工程胜利竣工，根治淮河的第一期工程胜利完成，收到了良好的效果。如动员 80 万名民工历时 80 天修建的苏北灌溉总渠，是黄河夺淮 700 多年以来，淮河重新得到的一条入海通道，长达 168 公里，排洪 800 立方米/秒。1954 年淮河发生特大洪水，由于灌溉总渠的巨大作用，以及三河闸工程的修建，洪泽湖、里运河堤防的加固，使里下河广大地区避免遭受像 1931 年那样的惨剧。[⑤]

其后，治淮委员会又组织豫、皖、苏三省的治淮部门共同进行以防洪为主的淮河水系流域规划工作，1956 年提出了《淮河流域规划报告（初稿）》，1957 年又提出了进一步修改补充的《淮河流域规划提要》。经过 8 年的治理，到 1957 年冬，治理淮河工程初见成效，国家共投入资金 12.4 亿元，初步治理了大小河道 175 条，修建山谷水库 9 座，湖泊洼地蓄洪 11 处，总库容 316

---

① 转引自逄先知、金冲及主编：《毛泽东传（1949—1976）》（上），94 页。

② 参见《中央人民政府政务院关于治理淮河的决定》，载《党的文献》，1997（2），12～13 页。

③ 《周恩来年谱（1949—1976）》，上卷，90～91 页。

④ 参见聂皖辉：《毛泽东与治理淮河》，见《毛泽东与 20 世纪中国社会的伟大变革》，（上），北京，中央文献出版社，2007；金冲及、陈群主编：《陈云传》（上），759 页。

⑤ 参见《当代中国的基本建设》（上），614 页，北京，中国社会科学出版社，1989。

亿立方米，培修淮河主要堤防 3 985 公里、运河堤防 633 公里，修建大小涵闸 559 座，桥梁 1 185 座[①]，极大地提高了防洪泄洪能力。

荆江分洪工程是继治淮工程之后新中国兴建的第二个大型水利工程。1950 年 2 月，长江水利委员会成立，随后，长江水利委员会主任林一山根据对荆江的勘测结果，提出了荆江分洪的建议。8 月，长江水利委员会正式提出《荆江分洪初步意见》上报水利部和中央人民政府。10 月，毛泽东、刘少奇、周恩来听取中南局代理书记邓子恢关于荆江分洪工程的汇报，不久，荆江分洪工程获得批准。

荆江分洪工程事关湖南、湖北两省。湖南省有些同志担心分洪区一旦蓄水，将给洞庭湖增加压力，万一分洪区南线大堤决口，将危及湖南，因而心存忧虑。处理好湖南、湖北两省的关系，成为荆江工程顺利实施的关键。

1952 年 2 月 17 日至 19 日，水利部在北京召开荆江分洪工程会议，具体协商荆江分洪工程事宜。在修建荆江分洪工程、保障荆江大堤的安全这个问题上，湖南、湖北两省的意见是一致的。"争论的关键，是万一 1952 年长江发生特大洪水是否分洪，如果分洪，如何能免除对湖南的威胁。"根据这次会议的讨论情况，周恩来向毛泽东报告说："荆江分洪工程虽在去年 10 月决定，但今年并不能完成，因之如遇洪水，进行无准备的分洪，必致危及洞庭沿湖居民，如肯定不分洪则在荆江大堤濒于溃决的威胁下，仍存在着不得已而分洪的可能和危险。这就是两省利害所在的焦点。"[②]

为了解决这个问题，周恩来费尽心力。早在 1950 年，他就给邓子恢写信，指出荆江分洪工程不能搞本位主义。周恩来特意让水利部党组书记李葆华持他的亲笔信去武汉找邓子恢，请他召集中南局会议征求意见，初步取得了两湖相近的看法。荆江分洪工程会议期间，周恩来又召集水利部相关人员及两湖来京人员开会，了解各方意见及相关情况，商讨对策。之后，周恩来主持起草了《政务院关于荆江分洪工程的决定》初稿，报送毛泽东审批同意。1952 年 3 月，邓子恢将荆江分洪工程方案提交中南局常委会讨论，制定了《关于荆江分洪工程的决定》，与会人员一致同意荆江分洪的计划，认为这一计划的方针是照顾全局，兼顾了两省，对两湖人民都是有利的。

为了使荆江分洪工程更为缜密可行，周恩来又让李葆华和苏联顾问布可

---

① 参见逄先知、金冲及主编：《毛泽东传（1949—1976）》（上），95 页。

② 《周恩来关于荆江分洪工程会议情况报告及毛泽东的批示》，载《党的文献》，1997（2），17 页。

夫亲往湖北沙市分洪地区察看。经过实地考察，“他们均认为分洪工程如成，对湖南滨湖地区毫无危险，且可减少水害”[①]。1952 年 3 月 31 日，政务院通过了《中央人民政府政务院关于分洪工程的规定》。

1952 年 3 月 15 日，中南军政委员会成立以李先念为主任的荆江分洪工程委员会和工程指挥部，具体负责工程的实施。4 月 5 日，荆江分洪主体工程全面开工，来自湖南、湖北两省的 4 万名工人、16 万名民工以及 10 万名人民解放军官兵投入工程建设中。至 6 月 20 日，荆江分洪工程顺利竣工。在 75 天的时间内，施工人员共完成土方作业 834.6 万立方米，混凝土 11.7 万立方米，石方 17.1 万立方米，采石 37 万立方米，扎钢筋 3 495 吨，运输各种物资 1 亿多吨公里。[②] 荆江分洪工程竣工后，很快就经受了特大洪水的考验，发挥了应有的作用。1954 年夏季，长江流域连降暴雨。7 月下旬至 8 月上旬，发生了百年一遇的特大洪水。在洪峰到来之际，经中央批准，先后三次启动荆江分洪工程，保住了荆江大堤，保全了人民群众的生命财产安全。

修建官厅水库，是治理永定河进而治理海河的重要举措。对于永定河的根治工作，1949 年华北人民政府水利委员会就提出了初步计划。新中国成立后，党中央对这项工作十分重视。在《中财委一九五〇年水利工作总结和一九五一年方针任务》中明确提出：“河北水系以永定、潮白、大清河为重点，整理堤防，疏浚下游及入海海道。并积极勘测上游水库和研究水土保持，以策根治。”[③] 此后不久就制定出了根治永定河全流域的计划，其中修建官厅水库是最为重要的工程。

官厅水库在洋河、桑干河、妫水河下游，对永定河全流域的控制意义最大，拦蓄洪水也最多。官厅水库工程于 1951 年 10 月开工，经过数万劳动人民的日夜努力，至 1954 年 5 月全部竣工。官厅水库在建设过程中就发挥了巨大作用。1953 年 8 月下旬，永定河发生有水文记载以来的第二次大水，官厅水库顺利拦洪成功，有效地防止了水灾的发生。

此外，新中国成立初期，还相继对黄河、沂河、沭河、大清河、潮白河、珠江、汉江等易发灾害的河流进行了治理。据统计，在 1950 年至 1952 年 3 年中，国家用于以大江大河治理为主的水利建设的投资共约 7 亿元，占预算

---

① 《周恩来送审水利工作两文件及毛泽东的批示》，载《党的文献》，1997（2），18 页。

② 参见《李先念传（1949—1992）》（上），239～240 页，北京，中央文献出版社，2009。

③ 《中共中央转发中财委一九五〇年水利工作总结和一九五一年方针任务》，载《党的文献》，1997（2），15 页。

内基本建设投资的10%，对全国2.4万多公里的重要堤防进行了修整，3年内直接参加水利工程的人员有2 000万人，完成土方17亿多。[1] 如此大规模的以大江大河治理为主的水利建设，改变了新中国成立前河道失修的状态，基本上解除了我国人民几千年所受洪水灾害的严重威胁，保证了大部分地区农业生产和人民生活的安全。

二、20世纪50年代中期以增产增收为目的的农田灌溉水利建设

新中国成立后，我们国家在水利建设方面首要解决的问题是对于对人民群众的生命财产安全有严重威胁的大江大河的治理。但同时，为了快速恢复国民经济，对农田水利建设也十分重视。新中国成立之初，就确定了“防止水患，兴修水利，以达到大量发展生产的目的”的水利建设的基本方针，并要求在这一原则下，“根据不同的情况和人力财力及技术等条件，分别轻重缓急，有计划、有步骤地恢复并发展防洪、灌溉、排水、放淤、水力、疏浚河流、兴修运河等水利事业”[2]。1950年12月，政务院又专门制定了《兴办农田水利事业暂行规则草案》，明确了指导农田水利建设的领导机关、资金来源、人力物力的使用、施工步骤等相关问题，为兴办农田水利作了具体规定。[3] 但因为客观条件的限制，特别是人力、财力和物力的不足，当时水利建设的重点只能是以防洪为目的的大江大河的治理。1950年《水利部工作报告》中说：“就全国范围来说，防洪排水约占全部事业费的73%，开渠灌溉约占19%，勘测研究约占4.7%，其余约占3.3%，又表现了本年全国水利工程以防洪为重点，并兼顾到开渠灌溉，及勘测研究。”[4]

到了50年代前中期，随着土地改革在全国范围内基本完成、过渡时期总路线的正式提出，以及农业生产合作社的蓬勃发展，农村集体经济得到了快

① 参见《当代中国的基本建设》（上），10～11页。

② 李葆华：《当前水利建设的方针和任务》（1949年11月14日），见《中华人民共和国经济档案资料选编（1949—1952）》（农业卷），443～444页。

③ 参见《兴办农田水利事业暂行规则草案》（1950年12月），见《中华人民共和国经济档案资料选编（1949—1952）》（农业卷），494～495页。

④ 《水利部工作报告》（1950年），见《中华人民共和国经济档案资料选编（1949—1952）》（农业卷），447～448页。

速发展，进行较大规模的农田水利建设有了一定的条件基础。

1953年3月6日至17日，水利部召开农田水利工作会议，对前几年的水利建设进行了总结。在总结中，水利部对群众性的小型农田水利建设给予了充分肯定，认为："根据目前农村分散的小农经济特点及目前国家财力、工业化的程度，以开展群众性的小型水利最为有效。"通过对以往经验教训的总结，水利部提出，"1953年以及今后的农田水利工作的方向"，"应该着重开展群众性的各种小型水利，整顿现有水利设施，加强灌溉管理，发掘潜在力量，以扩大灌溉面积"①。5月6日，水利部党组将这次会议的综合报告上报中央，中央批准了这个报告，并且指示："在农田水利建设中，现时应将重点放在开展群众性的各种小型水利。"随同这个指示一起下发的，还有《中共热河省委对发展农村中小型水利的几点意见》。同年10月，中央农村工作部又进一步提出，"今后农田水利工作，除了比较大型的灌溉工程，应由国家办理外，应根据广大群众'需要、可能、自愿'的条件，大力开展兴修群众性小型水利"。并明确要求："在南方应以整修兴修塘坝堰小型水库及添置龙骨水车等提水工具为主，着重地上水源的利用。在北方则以整修兴修小型渠道、打井贷水车为主。"②

从1953年开始，全国各地普遍开展了以农田灌溉为主要内容的小型水利建设，特别是原来农田水利建设所占比重较少的华东、中南等地区。比如华东地区的浙江省，新中国成立初期的水利建设以防洪为主。从1953年开始，逐步实行"旱、洪、涝兼治，蓄、引、提结合"的治理措施，从单一治理发展到综合开发利用，以小型为主，大、中、小结合，建设了多种多样的农田水利设施。中南地区的湖北省，在1953年连续两次召开重灾区水利会议，强调今后水利工作的方针，以兴修小型农田水利为主，至1954年春天，就完成各种小型水利设施建设7.4万多处。

随着合作化运动的开展和推进，农田水利建设也逐渐与之结合起来。早在1951年12月15日中央印发的《关于农业生产互助合作的决议（草案）》通知中，就已提出人民政府应该适当地采取一些办法援助修水利、修滩、造林等的互助组和合作社。1954年，中央批发农村工作部《关于全国第四次互

① 《建国以来重要文献选编》，第4册，260～264页，北京，中央文献出版社，1993。

② 《中共中央农村工作部三处：农田水利情况和存在的问题》（1953年10月13日），见《中华人民共和国经济档案资料选编（1953—1957）》（农业卷），624～625页，北京，中国物价出版社，1998。

助合作会议的报告》，提出："国家水利部门必须善于把农民的人力、财力组织起来发展小型水利，并有效地从技术上帮助他们。"[①] 1955 年 8 月，华北五省区农田水利工作会议召开。经过讨论，一致认为应紧密地结合互助合作的发展，"争取在今冬明春掀起一个广泛的群众性兴修农田水利的运动"。10 月 16 日，中央同意了水利部党组报送的《关于华北五省区农田水利工作会议纪要的报告》，并提出"第一个五年计划全国农田水利任务由 7 200 万亩增加到 1 亿亩"，要求开展一个规模宏大的农田水利建设运动。[②] 这期间，毛泽东在为《中国农村的社会主义高潮》一书所写的按语中提出："每县都应当在自己的全面规划中，做出一个适当的水利规划。兴修水利是保证农业增产的大事，小型水利是各县各区各乡和各个合作社都可以办的，十分需要定出一个在若干年内，分期实行，除了遇到不可抵抗的特大的水旱灾荒以外，保证遇旱有水，遇涝排水的规划。这是完全可以做得到的。在合作化的基础之上，群众有很大的力量。几千年不能解决的普通的水灾、旱灾问题，可能在几年之内获得解决。"[③] 从而掀起了农田水利建设的一个高潮。据统计，1953 年至 1957 年我国共扩大灌溉面积约21 808万亩，平均每年增加约4 360万亩，而在 1956 年一年，就新增灌溉面积11 870万亩。[④]

关于这一时期的农田水利建设，中央农村工作部部长邓子恢在 1955 年 8 月曾进行过总结。他认为，成功的经验主要有三条：第一，正确贯彻中央农田水利方针政策，因地制宜地普遍开展民办公助的群众性农田水利；第二，在党政统一领导下，统一安排，使农田水利兴修工作和中心工作紧密结合；第三，贯彻了"多受益多负担，少受益少负担，不受益不负担"的合理负担政策。[⑤] 这一时期的农田水利建设，对于减轻水旱灾害的威胁，促进农业生产，发挥了巨大的作用。但诚如中共中央、国务院在 1957 年《关于今冬明春大规模地开展兴修农田水利和积肥运动的决定》中所指出的："1955 年冬和 1956 年春高潮时期的缺点主要是：在规定水利任务计划时，有些地区数字偏大一些，与当时的农、副业生产结合不够，有些地方未充分与当地群众协商，有过某些强迫命令的现象。其次是工程多样性和因地制宜不够，有些地方强

① 《建国以来重要文献选编》，第 5 册，729 页，北京，中央文献出版社，1993。

② 参见《当代中国的基本建设》（上），49 页。

③ 《毛泽东文集》，第 6 卷，450 页。

④ 参见《中华人民共和国经济档案资料选编（1953—1957）》（农业卷），683 页。

⑤ 参见邓子恢：《农田水利建设中的经验和问题》，见《中华人民共和国经济档案资料选编（1953—1957）》（农业卷），629～630 页。

调工程的单一化，如过分强调打井，计划定得过死等。此外，对当时的兴修水利运动的具体指导不足，及时总结推广先进经验和纠正缺点不够，因而有些地方曾经产生了浪费劳力，引起群众不满的现象。”① 当然，这一时期农田水利建设的成绩还是主要的。

三、“大跃进”时期的农田水利建设热潮

1958 年，基于我国经济建设快速发展的形势和人民群众普遍要求加快建设社会主义速度的良好愿望，我们党发动了“大跃进”运动。1958 年 5 月召开的八大二次会议，通过了“鼓足干劲、力争上游、多快好省地建设社会主义”的总路线。从此，农业生产建设方面“跃进”式发展的要求和速度不断增高。作为“农业的命脉”的水利建设，也掀起了一个新的高潮。

应该说，伴随着“大跃进”发起的兴修农田水利的热潮，是 1955 年冬季和 1956 年春季农田水利建设高潮的延续和进一步发展。自 1955 年冬季和 1956 年春季兴修水利高潮以来，虽经周恩来等人的努力，进行过一些压缩调整，但速度一直没有降下来。1957 年 8 月全国农田水利会议召开，提出了 1958 年及第二个五年计划期间的工作指标。对于今后农田水利工作的任务，会议提出“要在 1967 年以前基本消灭普通的水灾和旱灾”②。1957 年 9 月 24 日，中共中央、国务院发出《关于今冬明春大规模地开展兴修农田水利和积肥运动的决定》。决定提出：“为了更好地迎接第二个五年计划的到来，实现进一步发展农业生产的需要，我们一定要在今年冬季，集中大力开展一个大规模的农田水利建设运动和积肥运动。”决定还规定了“根据我国农田水利条件的有利特点，必须切实贯彻执行小型为主，中型为辅，必要和可能的条件下兴修大型工程的水利建设方针”。决定还对运动的领导、规划、政策等作了说明和规定。③ 其后，党的八届三中全会又下达了“多、快、好、省”地发展农业的方针，为大规模兴修水利吹风鼓劲。全国各地重又掀起了兴修农田水利的热潮。

---

① 《建国以来重要文献选编》，第 10 册，567～568 页，北京，中央文献出版社，1994。

② 何基澧：《1957 年全国农田水利会议总结》（1957 年 8 月），见《中华人民共和国经济档案资料选编（1953—1957）》（农业卷），677～680 页。

③ 参见《建国以来重要文献选编》，第 10 册，567～572 页。

以河南省为例。1957 年，河南省根据此前治理漭河的经验，又开启了沙颍河的治理工程。12 月 10 日，河南省委召开“沙颍河治理工作会议”，为进一步发动群众修小型水利总结经验。会议根据漭河治理经验形成了“以蓄为主、以小型为主、以社队自办为主”的“三主”治水方针。在这一方针的指导下，1958 年，河南省宿鸭湖、白龟山和昭平台水库相继开工建成；与此同时，各地区和各县也掀起了兴修小型水库的高潮。在“大跃进”运动中，仅水渠一项河南省就修建了共产主义渠、东风渠、红旗渠、人民跃进渠等重要灌溉渠道。

根据河南省提出的“以蓄为主、以小型为主、以社队自办为主”的“三主”治水方针，1958 年 3 月 21 日《人民日报》发表社论《蓄水为主、小型为主、社办为主》进行推广。到了 1958 年 8 月，人民公社化运动又在全国开展起来，以人民公社为载体，农田水利兴修热潮进一步高涨。8 月 29 日，中共中央发出《关于水利工作的指示》，肯定了 1957 年冬季以来农田水利建设的成绩，肯定了“蓄水为主、小型为主、社办为主”的“三主”治水方针，认为这是“做好农田水利建设工作的基本关键”。根据 1957 年冬季以来所取得的农田水利建设成绩，指示提出：“只要再苦战两冬两春，全国现有耕地，基本上完成水利化是完全可能的。”并按照这一目标下达了 1959 年农田水利建设的任务，即“拟定 1959 年扩大灌溉面积 4 亿 9 000 万亩，治涝面积7 281 万亩，初步拟做的土石方 961 亿公方”[①]。这就将《1956 年到 1967 年全国农业发展纲要》中提出的在 12 年内基本上解决一般性的水旱灾害目标，大大提前了。

1959 年，我国农田水利建设的速度按照 1958 年中央《关于水利工作的指示》的要求快速发展。9 月 7 日，《人民日报》发表社论《大办水利好得很》，认为新中国成立的大量水利工程建设是我们社会主义制度取得的伟大成绩。而且已经完成的水利建设不是太多了，而是还很不够，要求还要继续用很大力量去做。

农田水利建设的快速发展，带来了不少的问题。铺设的摊子过大，开工的数量过多，工程的质量达不到要求，管理水平跟不上，建成的水利工程难以发挥应有的作用，是其中的主要问题。因此，到 1960 年，在继续进行农田水利建设的同时，中央也采取了一些调整措施。6 月 12 日，中共中央发出

① 参见《建国以来重要文献选编》，第 11 册，456～458 页，北京，中央文献出版社，1995。

《关于水利建设问题的指示》，决定“今冬明春的水利建设，只搞续建工程和配套工程，不搞新建工程”。同时，指示还针对农田水利建设中占用农村劳动力过多进行了纠正，规定“每年冬春用于水利和农村基本建设的劳动力必须切实遵守中央‘三三制’或者‘四一制’的规定，即在冬季的一百天中，用于水利和农村基本建设的劳动力，只能占农村劳动力总数的三分之一或者四分之一，绝对不准超过”①。但是，兴修农田水利仍是当时开展的重要工作之一。

三年“大跃进”时期我国的农田水利建设规模是空前的，也超过了其后40年中的任何一个历史时期。这一时期，在“蓄水为主、小型为主、社办为主”的“三主”治水方针指导下，农田水利建设开展了广泛的“全民大办”运动。据统计，从1958年到1960年，水利建设累计完成基本建设投资75.95亿元，其中还没有包括各省市自治区在“全民大办”运动中投入水利建设的劳动投资，而这一投资一般占各省区农业劳动力总数的20％至30％，最多的达80％。②

1961年，中共中央批转了水电部党组《关于当前水利工作的报告》。在报告中，水利电力部对三年“大跃进”时期的水利工作进行了总结。报告肯定了这三年水利建设所取得的成就，但更多的是总结了其中存在的问题和教训。报告认为：“问题主要是：（1）尾工配套任务大；（2）移民未安置好；（3）冀鲁豫部分地区发生碱化和水利纠纷；（4）老工程失修，破坏严重；（5）管理工作跟不上。”其中，“中心问题是管理工作跟不上”③。

总的来说，三年“大跃进”时期的农田水利建设，规模宏大，建设速度快，建成了一批大中型的水库和众多的小型水利工程，扩大了农田的灌溉面积，提高了抵抗水、旱灾害的能力。但同时，由于指导思想上的“左”的错误，决策和规划不能从当时的实际出发，一味追求数量，盲目施工，致使这一时期动工兴建的项目，除少数能够按期完成并真正发挥作用外，大多数项目或则在后来的调整中缓建，或则勉强续建而又难以发挥效用，或则干脆半途而废，造成了大量的浪费，留下了深刻的教训。

① 参见《建国以来重要文献选编》，第13册，415～416页，北京，中央文献出版社，1996。
② 参见《当代中国的基本建设》（上），104页。
③ 《建国以来重要文献选编》，第14册，859～860页，北京，中央文献出版社，1997。

四、20世纪50年代至60年代初兴修水利的基本经验

从20世纪50年代开始，一直到60年代初，我们党和政府领导人民进行了大规模的水利建设，取得了巨大的成就。但同时，我们也应该看到其中存在的不足，特别是在几个水利建设的高潮时期，由于急躁冒进情绪，对工程的规划、设计不免疏于周密的研究论证，再加上技术、管理、配套等方面落后，致使不少水利工程难以发挥应有的效用，造成了浪费。“历史是一面映照现实的明镜”，总结这段时期兴修水利的经验教训，对于今天我们更好地建设中国特色社会主义，无疑具有重要的借鉴意义。

（一）在一定时期内，面对千头万绪的工作和错综复杂的形势，善于抓住重点，并集中精力解决它，是一种行之有效的工作方法

新中国成立后，恢复和发展国民经济，不可能面面俱到，必须从带有全局性的基础性工作开始。经过深思熟虑，我们党和国家领导人一致认为水利建设是当时亟须解决的首要任务之一。

新中国成立后，以毛泽东为首的党和国家领导人十分关注水利建设工作。自1950年夏天看到反映淮北灾情的报告以后，毛泽东就一直关注着我国大江大河的治理工作和农田水利建设。以大江大河的治理为例，对于治理淮河，在工程启动之前，毛泽东就作出了三个批示，提出并督促治理淮河。1951年在中央治淮视察团赴治淮工地检查工作时，他又亲笔题词：“一定要把淮河修好。”[①] 关于荆江分洪工程，1952年他对周恩来报送的《政务院关于荆江分洪工程的规定》初稿迅速作出了批示，同意实施。1952年，中央委派水利部部长傅作义到荆江分洪工程工地慰问时，毛泽东又为工程题词：“为广大人民的利益，争取荆江分洪工程的胜利！”[②] 后来，荆江分洪工程经受了1954年长江特大洪水的考验，毛泽东又欣喜地题词：“庆贺武汉人民战胜了一九五四年

① 《建国以来毛泽东文稿》，第2册，293页。

② 《建国以来毛泽东文稿》，第3册，456页。

的洪水，还要准备战胜今后可能发生的同样严重的洪水。”① 治理海河的关键工程官厅水库竣工前夕，毛泽东不仅亲自前往视察了工地，还特意题词：“庆祝官厅水库工程胜利完成。”② 周恩来对于新中国成立初期的水利工程建设也十分重视。他多次说过恢复和发展国民经济，要把水利作为重点工作之一。不仅如此，对于治理淮河工程、荆江分洪工程、修建官厅水库等众多重要的水利建设，周恩来都要亲力亲为，给予具体的指导和部署，可以说，新中国成立初期的水利建设倾注了他的大量心血。此外，刘少奇、朱德、邓小平、陈云等人，对当时的水利建设也都给予了高度的重视和支持。

新中国成立初期，将水利建设作为恢复和发展国民经济的重要工作之一，并投入大量的人、财、物，集中精力进行建议，成效是十分显著的。1951年，陈云在当年财经工作要点中指出：“我们在水利方面花了很多钱，这是应该的，因为人民的政府就应该使荒年比从前减少。从前水利没人管，中央人民政府成立的第二年，在水利方面花的钱折合粮食27亿斤，今后水灾应该也一定比从前少。前年水灾冲了1亿2 000万亩，去年冲了7 000万亩，如果再减到5 000万亩，就等于增加100亿斤粮食，约值5亿美金，这是一件了不起的大事。整修水利，力争丰收，这是农业工作中的第一个问题。”③

（二）解决兴修水利这样庞大而又系统的问题，既要突出重点，又要有全局观念、统筹兼顾；根据变化了的客观情况，不断调整方针政策，循序渐进地开展工作

新中国成立之初，水利基础十分薄弱，江河水系紊乱，水旱灾害频繁。治理江河，兴修农田水利，建设渠道、水库，都是十分紧迫的任务。但刚成立的新中国物质基础十分薄弱，各项经济建设都要逐步展开，这就使得水利建设不可能面面俱到，必须突出重点，有所侧重。而当时对人民群众生命财产安全危害最大的是大江大河的洪涝灾害，因此大江大河的治理工程成为新中国成立初期水利建设的重点。新中国成立之初水利建设的方针便确定为“防止水患，兴修水利，以达到大量发展生产的目的”。但这并不是说，当时

① 《建国以来毛泽东文稿》，第5册，77页。

② 《建国以来毛泽东文稿》，第4册，493页，北京，中央文献出版社，1990。

③ 《建国以来重要文献选编》，第2册，194页，北京，中央文献出版社，1992。

兴修水利只关注大江大河的治理，而没有考虑农田水利的建设。根据上述方针，当时还要求："要依照国家经济建设计划和人民的需要，根据不同的情况和人力财力及技术等条件，分别轻重缓急，有计划、有步骤地恢复并发展防洪、灌溉、排水、放淤、水力、疏浚河流、兴修运河等水利事业。"①到了1952年，严重威胁人民生命财产安全的淮河、长江等的治理工程已经开展起来，这时国家水利建设的方针就开始有所转变，提出1952年水利建设总的要求是在继续加强防洪排水，减免水灾的同时，要大力扩展灌溉面积，以保证农业生产；并且还要注意到航运、发电等方面的工作。水利建设不仅更加注重全局观念，而且在突出重点的同时，也开始积极开展其他方面的工作，使整个水利工作循序渐进地全面发展。

1953年，大江大河的治理已经取得了明显的成效，而农田水利建设的速度却明显跟不上农业发展的要求。变化了的形势，要求水利建设的方针也有有所转变。中央对水利建设的要求就转变为"在农田水利建设中，现时应将重点放在开展群众性的各种小型水利，并切实整顿现有水利设施，发展其应用效益方面"②。从此，小型农田水利建设成为了水利工作的重点。当然，这种以小型农田水利建设为主的方针，发展到"大跃进"时期，就成了"小型工程为主、以蓄为主、以社队自办为主"的"三主"水利方针，没有正确处理好小型与大型、蓄水与排水、群众自办与国家指导的辩证关系，给水利建设留下了不少后患。这也正说明了既要突出重点，又要统筹兼顾、全面发展的重要性。

（三）要协调好不同地区、不同部门、不同方面之间的关系，注重多方利益，使它们能协力合作

水利建设是一项综合性系统工程，参与的人员和部门都非常多。据统计，1950年至1952年直接参与水利工程的人员就有2 000万人左右，而三年"大跃进"时期投入水利建设的人员更多，仅河南一省就有900万人。因此，在建设过程中，慎重权衡，协调好各方关系和利益，使之相互配合、共同努力，

---

① 李葆华：《当前水利建设的方针和任务》（1949年11月14日），见《中华人民共和国经济档案资料选编（1949—1952）》（农业卷），443～444页。

② 《中共中央批准中央水利部党组关于农田水利问题的报告及对此问题的指示》（1953年6月5日），见《中华人民共和国经济档案资料选编（1953—1957）》（农业卷），549页。

就成为一个十分重要的工作。

对于这个问题，党和国家领导人在部署大型水利工程建设的时候是有着充分认识的。以治理淮河为例。当时皖北区党委书记曾希圣提出治理淮河“不宜于一个地方独立进行，必须苏皖豫同时兴办”，“建议由华东派人主持江防及导淮工作或由三省协同办理”①。其后，苏北区党委也对治淮工程提出了自己的意见。对于这些情况，毛泽东进行了深入思考，并作出批示：“导淮必苏、皖、豫三省同时动手，三省党委的工作计划，均须以此为中心”②。从而提出了“三省联手、协同导淮”的治淮思想。1950 年 8 月 25 日至 9 月 12 日，周恩来在水利部召开的治淮会议上，也明确提出“淮河要蓄泄兼筹，三省共保”，强调了协同作战的重要性。1950 年 10 月 14 日，中央人民政府政务院发布《关于治理淮河的决定》，也提出治理淮河要加强统一领导，各方协同组织配合的要求。之后人民日报发表题为《为根治淮河而斗争》的社论，强调“上、中、下游工程，要互相照顾，互相配合”是治淮工作中要切实注意掌握的几个关键性问题之一。在“三省共保”、“协同导淮”思想的指导下，从 1950 年 12 月开始，治淮工程陆续开工，淮河上游、中游、下游共有 80 万名民工参加治淮，奋战 80 天，建成了一条长达 168 公里的苏北灌溉总渠，取得了治淮工程的初步成效。此外，像荆江分洪工程、引黄济卫灌溉工程、官厅水库等重大水利工程的顺利建成，无不体现了各部门、各方面密切配合、协同合作的工作原则。

（原载《新中国 60 年研究文集》，第 2 册，中央文献出版社 2009 年版）

---

① 《曾希圣传》，286～287 页，北京，中央党史出版社，2004。

② 《毛泽东文集》，第 6 卷，86 页。

1989—1992：中国成功应对西方制裁

刘志辉

1989 年春夏之交，北京和其他一些城市发生政治风波。平息这场风波本属于中国内政，但却遭到以美国为首的西方势力的攻击和制裁。一些西方国家不顾事实，不顾公认的国际关系准则，对纯属中国内政的事情横加指责，并对中国进行制裁，多方施加压力，在世界上掀起反华浪潮。中国政府从维护国家主权和民族尊严的角度出发，采取正确的外交战略方针和政策，逐步打破西方制裁，令国际社会刮目相看。

一、平息风波，引发制裁

政治风波发生之后，中国面临生死攸关的局面。为防止事态进一步恶化，中共中央、国务院采取断然措施，坚决制止了其进一步蔓延，国内政治危机解除。然而，这却引起美国等西方国家的围攻。它们以保护所谓“人权”为借口，无理指责我国政府平息政治风波的正确措施，联合对我国实施经济制裁。

1989 年 6 月 5 日，美国总统老布什发表声明，对中国局势进行指责，并宣布采取暂停中美政府间一切军售和商业性武器出口、暂停中美两国军事领导人之间的互访、重新研究中国留美学生要延长逗留时间的请求等五项制裁措施。随后，美国又采取了一系列不友好举动：美国国务卿贝克致函美国司法部长，建议“准许”所有旅居美国的中国公民在其签证到期后继续留在美国，而不改变其身份；美国国务院责成驻中国使馆和总领事馆放宽对去美国的中国公民的签证限制；美国国防部要求格鲁曼飞机公司驱逐在该公司工作的40名中国工程技术人员，中断了中美双方签署的一项改良中国战斗机的5亿美元的合同；等等。6月20日，美国白宫发言人又宣布了老布什采取的新的制裁措施，包括暂停同中国一切高级政府官员互访、美国将力求推迟考虑国际金融机构向中国提供新的贷款。6月29日和7月4日，美国国会众议院和参议院先后通过制裁中国的修正案，毫无根据地污蔑和攻击中国政府，并提出一系列对中国的制裁措施。7月14日至16日，在参加西方七国首脑会议期间，美国政府又策划会议发表政治宣言，宣称要中止对华高层政治接触，延缓世界银行的贷款，取消对华贸易的最惠国待遇。至此，对华制裁达到高潮。

除了美国之外，先后有20多个发达国家参与了对我国的制裁。欧共体国家宣布禁止对华销售武器，推迟新的官方出口信贷和经济开发项目。日本政府停止了两国之间部长级以上的高层往来和一些合作项目，推迟原定于秋季开始的第三批日元贷款谈判。另外，一些受美国影响的国际组织也采取了相应行动。世界银行停止了向中国提供7.8亿美元的贷款，关贸总协定表示该组织已无限期推迟有关中国申请加入的讨论。

经济制裁给中国经济发展造成了巨大障碍。中国在世界市场上获得中长期贷款的渠道被关闭，来华外国投资减少75%。据对外经济贸易部1989年10月公布的数据显示，自经济制裁以来，约有100亿美元的贷款被搁置。资金的不足，导致相关建设项目进展受阻。同时，由于海外订单的大幅取消，中国国内面向国际市场生产的产品大量积压。国家统计局的统计年报显示，国民生产总值增长率由1988年的11%下降为1989年的3.9%；进出口增长率由1988年的38%下降为1989年的8.6%，1990年为3.3%；外商直接投资增长率从1988年的13.1%下降到1989年的6.2%，1990年为2.8%。① 外交工作遭遇严峻挑战，中国面临被排除在国际社会之外的危险。

---

① 参见阮建平：《战后美国对外经济制裁》，278～279页，武汉，武汉大学出版社，2009。

二、统一认识，明确对策

1989 年 6 月 23 日至 24 日，党的十三届四中全会在北京举行，全会选举产生了以江泽民为核心的新的中央领导集体。

邓小平等老一辈革命家具有丰富的外交工作经验，成为新一代中央领导集体的坚强后盾。1989 年 6 月 16 日，在同江泽民、李鹏等谈话时，邓小平指出："现在国际舆论压我们，我们泰然处之，不受他们挑动。""美国人骂娘，造谣，没什么了不起。"① 7 月 2 日，邓小平会见了秘密访华的美国总统特使布伦特·斯考克罗夫特。在会谈前，邓小平对李鹏等明确表示："制裁措施我们不在意，吓不倒我们。"② 他还举了抗美援朝战争的例子，说那个时候，我们处于绝对劣势，没有制空权，但我们没有怕过，最终取得了胜利。9 月 4 日，邓小平再次同江泽民、李鹏等谈话。在谈到国际形势时，他明确指出："对于国际局势，概括起来就是三句话：第一句话，冷静观察；第二句话，稳住阵脚；第三句话，沉着应付。不要急，也急不得。要冷静、冷静、再冷静，埋头实干，做好一件事，我们自己的事"。他还强调："中国自己要稳住阵脚，否则，人家就要打我们的主意。世界上希望我们好起来的人很多，想整我们的人也有的是。我们自己要保持警惕，放松不得。要维护我们独立自主、不信邪、不怕鬼的形象。我们绝不能示弱。你越怕，越示弱，人家劲头就越大。并不因为你软了人家就对你好一些，反倒是你软了人家看不起你。"③ 这些谈话成为当时外交工作的重要指导方针，使得中国外交在困难时期顶住压力，打破和分化了西方制裁。

为统一认识，明确对策，7 月 6 日至 12 日，第七次驻外使节会议在北京召开。江泽民会见与会代表并讲话。在分析了这场政治风波发生的国际背景后，江泽民指出，对外开放是我们的一项不可动摇的基本国策，但对国际间复杂的政治斗争，要保持应有的警惕。"处理对外关系，既要讲经济，又要讲政治；既要讲友好，又要讲斗争；既要讲原则，又要讲

① 《邓小平文选》，1 版，第 3 卷，311～312、313 页。

② 《邓小平年谱（1975—1997）》（下），1284 页。

③ 《邓小平文选》，1 版，第 3 卷，321、319～320 页。

策略。这是外交工作中的‘两点论’，也符合党的‘一个中心、两个基本点’的基本路线的要求”①。这次会议还提出了应对制裁的总体方针，即“坚持原则，政策不变，利用矛盾，多做工作，打破制裁”②。

三、寻找突破，与日和解

打破制裁是一场艰巨的政治斗争，首先要选准突破口。驻外使节会议对西方国家进行了分析，认为日本是西方国家成员但也是亚洲成员，信仰西方价值观但又受东方传统道德影响，且历史上对中国有欠账，不愿在人权、民主自由等问题上向中方施压。最重要的一点是，作为近邻，长期与中方对抗对日本有害无利。因此，会议明确提出最有可能较早地取消制裁的国家当属日本。③

当会议明确了这一政策后，从中央领导到驻日使馆，利用各种渠道，多方做工作，极力推动中日关系尽快好转。不久，陷于困境的中日关系就开始出现松动。

在中方力促下，1989 年 9 月 17 日至 19 日，日本著名政治家、日中友好议员联盟会长伊东正义率团访华。伊东是中国人民的老朋友，邓小平把他当作“可以交心的朋友”④。18 日，江泽民与伊东进行会谈。他表示，中国以经济建设为中心，坚持四项基本原则和改革开放的方针政策是不会改变的，中国将在和平共处五项原则的基础上，一如既往地同世界各国发展友好关系，在平等互利的基础上同世界各国发展经济技术交流和合作。19 日，邓小平会见了伊东一行。针对不久前西方七国首脑会议对中国处理政治风波的指责，邓小平指出，那是不符合事实的，是根据谣言做出的，中国不能接受。他告诉日本客人，中国方面注意到日本在会议上的态度同其他国家“有所不同”，不管国际上有什么变化，也不管日本和中国国内有什么变化，“中日友好不能变，也不会变。中日两国世世代代友好下去，是大家的愿望”⑤。关于制裁问

① 《人民日报》，1989－07－13。

② 杨振亚：《出使东瀛》，33 页，上海，上海辞书出版社、汉语大词典出版社，2007。

③ 参见杨振亚：《推动日本带头打破西方对我国制裁的一些体会》，载《外交学院学报》，2001(1)。

④ 《人民日报》，1988－04－20。

⑤ 《人民日报》，1989－09－20。

题，邓小平说，中国不怕威胁，不怕孤立，也不怕制裁，“老实说，制裁十年二十年，中国也还是存在”①。

当天返回日本后，伊东正义接受了记者采访。在谈到日本的访华限制问题时，伊东认为，现在中国正在实施的戒严令，与日本和其他国家所想象的戒严令不一样，“从治安等各方面的情况看，我认为日本可以解除赴北京的限制”。关于日中经济合作问题，伊东指出，日中关系与美中、欧中关系不同，“日本应该率先与中国进行经济合作，哪怕提前半步或一步也好”②。次日，伊东便向日本首相和外相汇报了访华情况并提出了积极的建议。几天后，日本政府便宣布全部解除有关日本人访华的限制，中日两国人员往来恢复正常。

11 月 9 日至 13 日，以日本经济团体联合会会长斋藤英四郎为最高顾问、日中经济协会会长河合良一为团长的日中经济协会代表团访华。在与中国领导人会谈之前，日方在其举行的答谢宴会上表示：中日之间的友好关系是由强有力的纽带连接起来的，不会由于某些原因而被切断。12 日，江泽民会见了代表团。在谈到经济合作问题时，江泽民强调双方应该遵循“互相了解、互相信任、平等互利、长远考虑”③ 的原则，他希望日中经济协会能够采取积极措施，推进两国间的经济合作。13 日，邓小平与代表团进行会谈，这是他正式向政治生涯告别之前正式会见的最后一个访华团。邓小平告诉日本客人，中国 10 年来制定的方针、政策不会变，发展战略不会变。在谈到中日合作时，邓小平说，两国合作具有深厚的基础，这种合作要长期坚持下去。我们对中日友好的方针不会改变。“日本方面要自省，不要自大；中国需要自强，不要自卑”④。

随后，在双方的积极推动下，12 月 28 日，日本政府正式决定邀请时任国务委员兼计委主任邹家华访问日本，参加日本国际贸易促进协会成立 35 周年的庆祝活动。中日关系开始逐步改善。到了 1990 年，中日两国在政治关系、经济贸易关系和文化科技领域的交流均有不同程度的恢复。特别值得一提的是，这年 7 月，日本政府决定恢复第三批政府日元贷款。

进入 1991 年，日本大藏大臣、通产大臣、外务大臣和前首相中曾根康弘、竹下登陆续访华，我国国务委员兼外交部长钱其琛、对外经济贸易部部长李岚

① 《邓小平年谱（1975—1997）》（下），1290 页。

② 《人民日报》，1989－09－20。

③ 《人民日报》，1989－11－13。

④ 《邓小平年谱（1975—1997）》（下），1299 页。

清等也回访了日本。这些外交活动为日本首相海部俊树访华打下了基础。海部俊树一向重视发展日中关系，曾多次表明日本要自主地处理中日关系中存在的问题，主张西方国家不应该孤立中国。在访华之前，他曾接受中国记者采访，表示两国已经建立起“稳定的、牢固的、成熟的睦邻友好关系”①。

1991 年 8 月 10 日至 13 日，应中方邀请，海部俊树对我国进行正式访问。海部成为西方国家宣布对中国实施制裁后，第一位访华的西方国家政府首脑，是“我国在外交上实现‘打破制裁’目标的突破”②。江泽民、李鹏在与海部进行会谈时，都对日本政府和海部首相本人为恢复和发展两国关系所作的积极努力给予高度评价。海部俊树也强调了日中加强对话的重要性，认为稳定发展日中关系对亚太地区和世界的稳定与繁荣都具有重要意义，“日中友好一直是日本外交的支柱”③。他表示要通过这次访问，进一步推动日中两国关系的发展。海部俊树访华受到国际舆论的普遍关注。德国《斯图加特报》的评论指出，“中国在政治上和经济上太重要了，人们不能对其置之不理”。法国《费加罗报》在评论海部访华时认为，“中国对周边国家的外交努力显然取得了成功”。海部首相访华标志着中日关系全面恢复正常。

1992 年是中日邦交正常化 20 周年，这是深化两国关系的重要机遇。这年 4 月，江泽民访问日本，这是他就任总书记后首次访问西方经济发达国家。10 月，日本明仁天皇访华，成为有史以来第一位访华的日本天皇。两国关系在恢复正常的基础上又有了新的发展。中日关系的发展，有力地冲击了西方国家制裁中国的政策，在全世界产生了良好影响。

四、抓住重点，同美斡旋

打破制裁的重点是美国。在当时的国际格局中，中美两国在抗衡苏联扩张方面进行了较好的合作，中国巨大的市场更是美国所需要的，制裁中国并不符合美国的利益。在宣布制裁中国的同时，老布什总统也“对制裁的长远后果感到不安”④，他多次私下向中方表示：制裁中国是在国会和社会巨大压

---

① 《人民日报》，1991 - 08 - 03。

② 《和平发展合作：李鹏外事日记》（下），598 页，北京，新华出版社，2008。

③ 《人民日报》，1991 - 08 - 11。

④ ［美］亨利·基辛格：《论中国》，408 页，北京，中信出版社，2012。

力下采取的行动，希望中方理解。1989 年 6 月 21 日，老布什绕开禁止与中国高层接触的禁令，致信邓小平，请邓小平“理解美国公众的愤怒情绪”，认为“这是美国理想主义的自然流露”[①]。信中还建议派特使在完全保密的情况下访华，与邓小平进行“完全坦率”[②] 的谈话。

7 月 1 日，美国总统安全事务助理斯考克罗夫特作为总统特使秘密访华。邓小平、李鹏先后与其进行了会谈。会谈中，邓小平严厉地指出：事件发生以来，“我们感到美国外交政策实际上从各个方面将中国逼到了墙角”[③]。我要明确告诉阁下，“中国的内政决不允许任何人加以干涉，不管后果如何，中国都不会让步。中国的内政要由中国来管，什么灾难到来，中国都可以承受，决不会让步”。中国领导人在捍卫中国的独立、主权和国家尊严方面“决不含糊”[④]。“‘解铃还需系铃人’，希望美国今后能采取实际行动，取信于中国人民，而不要火上浇油了。”[⑤] 三个“决不”，清楚地表达了中国政府反对西方国家干涉中国内政的坚定立场。同时，邓小平也表达了希望美国采取积极行动的愿望。

斯考克罗夫特回国后不久，老布什致信邓小平，感谢他接见斯考克罗夫特，并表达了改善中美关系的愿望。8 月 11 日，邓小平给老布什回信，指出：“我说过‘解铃’、‘系铃’的话，意思是，美国深深地卷入了中国的内政，其后又带头对中国进行制裁，在很大范围内触犯了中国的利益和尊严，由此引起的中美关系的困难，责任完全在美国方面，应由美国来解决。”针对美国对华制裁措施还在继续、干涉中国内政的事件依然时有发生的情况，邓小平表示：“希望这种情况早日改变，相信布什总统在这方面是可以有所作为的。”[⑥]

在中美关系面临困难的关键时刻，应中国政府邀请，美国前总统理查德·尼克松于 10 月 28 日至 11 月 2 日以私人身份访华。邓小平、江泽民先后会见了尼克松。在会谈中，尼克松表达了“使两国的正常关系得到恢复和继续发展”[⑦] 的愿望，邓小平回应道，中美两国“应该结束这几个月的过去，开辟未来”[⑧]。他请尼克松转告老布什总统：结束过去，应该由美国采取主

---

① ［美］亨利·基辛格：《论中国》，412 页。
② 《邓小平年谱（1975—1997）》（下），1282 页。
③ 转引自［美］亨利·基辛格：《论中国》，414 页。
④ 《邓小平年谱（1975—1997）》（下），1284 页。
⑤ 转引自钱其琛：《外交十记》，175 页，北京，世界知识出版社，2003。
⑥ 转引自钱其琛：《外交十记》，178 页。
⑦ 《人民日报》，1989-11-01。
⑧ 《邓小平文选》，1 版，第 3 卷，331 页。

动，中国不可能主动，因为受害的是中国。“要中国来乞求，办不到。哪怕拖一百年，中国人也不会乞求取消制裁。如果中国不尊重自己，中国就站不住，国格没有了，关系太大了。中国任何一个领导人在这个问题上犯了错误都会垮台的，中国人民不会原谅的。”邓小平还特别强调：“这是我讲的真话。”在谈到中美发展经贸关系时，邓小平指出，中国市场还没有充分开发出来，美国利用中国市场还有很多事情能够做。“我们欢迎美国商人继续进行对华商业活动，这恐怕也是结束过去的一个重要内容。”[①] 在与尼克松会谈时，江泽民指出，美国对中国的制裁，“用得着中国的一句古话：‘天下本无事，庸人自扰之。’”责任不在中国方面。就中国而言，将坚定不移地走适合中国国情、具有中国特色的社会主义道路，中国已经打开的大门不会关上，不会走闭关锁国的道路。“我们始终坚持在和平共处五项原则的基础上发展同世界各国包括美国的友好关系，特别重视在平等互利的基础上同所有国家发展经贸关系，也欢迎所有国家来华投资。”江泽民也强调了中国的市场优势：“中国有一个大市场，可以成为同美国开展经济合作的良好条件”[②]。江泽民表示，我们将继续坚持改革开放的政策，这决不是只停留在口头上，我们将做一些切切实实的事情，包括落实一些重大项目和完善有关的法规，把改革和开放搞得更好。在与中国领导人会谈的过程中，尼克松多次表示，目前两国关系正面临着严峻考验，他建议两国的政治家采取措施，使两国的正常关系得到恢复和继续发展。回国后，尼克松向老布什总统汇报了中国之行的情况，美国领导人得以准确了解中国领导人的想法。正如老布什所言，尼克松的这次私人访华是“很有益”[③] 的。

11月7日至10日，应中方邀请，中美关系的另一位开拓者、美国前国务卿亨利·基辛格访华。此前不久，邓小平再一次收到老布什总统的来信。老布什建议再次派遣特使访华，探讨如何推动中美关系正常化。因此，在会见基辛格时，邓小平提出了结束中美关系纠葛的“一揽子建议”，请其向老布什总统转达。这些建议包括美国采取适当方式，明确取消对华制裁；双方共同努力，争取在较近期内落实几项较大的中美经济合作项目等项内容。会谈

---

① 《邓小平文选》，1版，第3卷，332、332～333页。

② 《江泽民文选》，第1卷，70、71页。

③ 1989年11月7日，在白宫举行的记者招待会上，老布什说，尼克松的“这次私人访华是很有益的”，中美关系是重要的，希望能够找到适当的方式使之回到正常化轨道。参见《人民日报》，1989-11-09。

中，邓小平表达了对中美关系的重视："我出来工作干的第一件事就是努力推动中美关系发展"，我"希望结束最近发生的事，从而中美关系得以恢复正常"①。11月15日，邓小平给老布什回信，表示"我一直把你看作中国的朋友，并非常希望在你任期内中美关系得到发展，而不是倒退。在我退休的时候，改变中美关系目前恶化的局面是我的心愿"②。12月1日，老布什总统致信邓小平。来信提出，美方将派斯考克罗夫特作为特使公开访华，来信还对邓小平提出的"一揽子建议"表示了兴趣。③

根据老布什总统的提议，12月9日至10日，斯考克罗夫特再次作为总统特使访华。与上一次不同的是，这一次是公开访问。江泽民、邓小平先后与他进行了会谈。在会谈中，江泽民强调了中美两国的共同点。例如，中美双方对世界的和平与发展负有义务，良好的中美关系对我们双方有利，也符合世界和平与发展的利益；中美友好合作，对亚太地区的稳定繁荣也十分重要；中国有11亿多人口，是一个巨大的潜在市场，中美双方在经贸合作和技术交流方面潜力很大。他建议中美双方"向前看"，积极改善中美关系，前景非常广阔。江泽民表示相信："只要双方都向前看，真诚地从维护两国人民的共同利益、世界和平与发展的根本利益出发，改善中美关系的前景是很广阔的"④。邓小平在会见斯考克罗夫特时，表达了尽快改善两国关系的愿望："恢复中美关系要双方努力，不要拖久了，拖久了对双方都不利。"⑤ 在他看来，中美两国虽然有些纠葛，但两国关系归根到底还是要好起来。邓小平还提出了"解决纠葛"⑥ 的办法，那就是："两国相处，要彼此尊重对方，尽可能照顾对方"⑦；"双方都让点步，总能找到好的都可以接受的办法"⑧。他请斯考克罗夫特转告老布什总统，"在东方的中国有一位退休老人，关心着中美关系的改善和发展"⑨。

斯考克罗夫特这次访华，推动了中美关系的改善。他与中国领导人的会

---

① 转引自［美］亨利·基辛格：《论中国》，419页。

② 《邓小平年谱（1975—1997）》（下），1299页。

③ 来信请中方对"一揽子建议"做出进一步说明。1989年12月9日，钱其琛与美国总统特使斯考克罗夫特会谈时指出，邓小平提出"一揽子建议"的考虑是：第一，从两国的根本利益出发，尽快结束纠葛，开辟未来。第二，中美间达成的解决办法，必须同步或基本同步实现。第三，将来两国之间如果发生纠纷和争执，双方都应该采取克制的态度，保持接触，解决问题。（参见《邓小平年谱（1975—1997）》（下），1305页。）

④ 《江泽民文选》，第1卷，85页。

⑤⑥⑦⑧ 《邓小平文选》，1版，第3卷，351页。

⑨ 《邓小平文选》，1版，第3卷，351页。

谈是“向前看的”，是“为改善中美关系铺平道路”的会谈。[①] 然而，不久发生的东欧剧变，使美国似乎又看到了“以压促变”的“希望”，改善对华关系的态度开始消极起来。直到海湾危机爆发，中美关系才走出僵局。

1990 年 8 月 3 日，伊拉克军队入侵科威特。对此，中国政府主张通过和平谈判的方式解决两国争端，而美国则急于通过武力将伊拉克军队赶出科威特。为了获得中国在联合国安理会上的支持，美国着手改善对华关系。8 月 31 日，邓小平收到老布什总统的来信。信中表示：“美国不会缩小或降低具有重要战略性的美中关系。”[②] 11 月 30 日至 12 月 1 日，钱其琛应邀对美国进行正式访问，这是 1989 年 6 月以来中国高层次官员首次正式访美，具有重要意义。访美期间，钱其琛会见了美国总统老布什和国务卿贝克，双方表示将采取一些措施，加强接触与交流，推动中美关系的恢复和发展。

时间进入 1991 年。这一年，中美关系进一步保持了改善的势头，中美之间的重要政治往来明显增多。据不完全统计，1991 年，中国有 5 个代表团访问美国；应中国方面的邀请，美国前总统卡特及前国务卿基辛格、舒尔茨、黑格先后访华，另外还有多个代表团访华。

在双方的积极推动下，11 月 15 日至 17 日，美国国务卿贝克正式访华。这是美国自 1989 年中止与中国高层接触和互访以后，美国国务卿首次访华。江泽民在与贝克会谈时指出：我们很重视中美关系，两个大国的高层领导互不来往，这既不正常，也不符合中美两国的利益。双方高级领导人应该加强来往和对话，增进相互了解和信任，在重大国际问题上开诚布公地交换意见。“我回忆起中国的诗句：‘欲穷千里目，更上一层楼’。这就是说，高瞻远瞩，着眼于未来。这样，我们就一定可以使中美关系逐步恢复和发展。”[③] 贝克表示，老布什总统派他来华访问，就是为了解决美中两国之间存在的问题，逐步恢复和发展同中国的关系。他表示，美中两国可以各走各的路，但是两国进行合作，对双方都有好处。

贝克访华具有重要意义，正如他与中国领导人会谈时所说的：“我这次来没有任何先决条件。我来本身就意味着取消了双方不进行高级接触的禁令。

① 斯考克罗夫特结束访华后，又飞抵东京与日本首相海部俊树举行会谈。谈到访华成果，他说了这番话。参见《人民日报》，1989－12－12。

② 《邓小平年谱（1975—1997）》（下），1319 页。

③ 《人民日报》，1991－11－17。

我这次访问对两国未来的关系具有关键的意义。”① 这次访华取得了积极成果，双方在一些问题上达成原则性的谅解和协议。例如，双方就《导弹及其技术控制制度》交换了意见。中方表示打算在转让时遵守《导弹及其技术控制制度》的准则和参数，条件是美方必须取消 1991 年 6 月对华实施的三项制裁措施②；美方表示愿意为此做出努力。根据这一谅解，1992 年 2 月 21 日，美国政府宣布，打算取消前述三项制裁措施。至此，美国的对华制裁开始被打破。

一年后，1993 年 11 月，江泽民出席在西雅图举行的亚太经济合作组织第一次领导人非正式会议。期间，江泽民与美国新任总统克林顿进行会晤。在江泽民看来，“中美首脑会晤本身就具有重要意义”③。这次会谈，双方都认识到，必须保持高层接触，两国的各个部门之间也要增加往来，以发展在促进经贸合作，维护国际和平与安全等领域的共同利益。中美两国元首的会晤，标志着美国对中国实行的制裁政策基本结束，“中美关系有了一个新的良好开端”④。正如《纽约时报》所指出的，这次会晤是“4 年来中美之间最具有意义的一次接触”⑤。

五、广交朋友，拓展舞台

在处理好与日本、美国关系的同时，中国政府还努力发展与其他国家的关系，开展全方位的积极主动的外交工作。

1989 年，西方国家宣布对中国实施制裁以后，中国政府努力保持和发展同世界各国的关系。这年下半年，中国与蒙古、老挝恢复关系正常化；同密克罗尼西亚联邦建立外交关系；跟沙特阿拉伯王国互设了商务代表处；和印度尼西亚复交的技术性会谈取得积极成果，两国关系正常化日益临近。年底，党和国家领导人先后访问了巴基斯坦、孟加拉国、尼泊尔、埃及、阿联酋、

① 《人民日报》，1991－11－17。

② 这三项制裁措施是：暂停向中国出口卫星和卫星部件；限制向中国出口高速计算机；禁止向中国一些公司出口与导弹有关的产品。

③ 《人民日报》，1991－11－22。

④ 在亚太经济合作组织第一次领导人非正式会议结束后举行的记者招待会上，谈到中美首脑会晤，江泽民作了如此评价。参见《人民日报》，1991－11－22。

⑤ 《人民日报》，1991－11－23。

科威特、阿曼七国，促进中国同第三世界国家的相互了解。这一年，东欧局势发生急剧变化，中国尊重东欧各国人民的选择，继续同其保持正常的友好关系。

1990年，中国的对外关系取得突破性进展。这一年，中国和印度尼西亚、新加坡、沙特阿拉伯、纳米比亚、马绍尔群岛共和国5个国家恢复或建立了外交关系。党和国家领导人出访朝鲜、巴基斯坦、印度尼西亚等近20个国家，同时接待了20多个国家的元首或政府首脑。这些国家基本上都是亚非拉国家，这些交往深化了中国与第三世界国家的友谊。

1991年，中国领导人与外国领导人互访频繁，开创了外交工作的新局面。党和国家领导人出访了亚洲、非洲、拉丁美洲和欧洲30多个国家，接待了100多位外国国家元首、政府首脑和其他高级领导人的来访。继8月份日本首相海部俊树访华之后，英国首相梅杰和意大利首相安德烈奥蒂也应邀先后访华。中英、中意关系随之正常化。在与两位首脑会谈时，江泽民对双边关系的“恢复与发展”表示高度赞赏。[①] 这一年，中越两国关系实现正常化，中国与文莱建立了正式外交关系，中国政府宣布承认俄罗斯联邦政府和各共和国的独立，并同爱沙尼亚、拉脱维亚和立陶宛三国建立了外交关系。

1992年，党和国家领导人的重要出访，除江泽民访问日本外，李鹏访问了意大利、瑞士、葡萄牙、西班牙。这是一次意义重大的外交活动。这次访问，连同前一年英国首相和意大利总理访华，标志着中国和西欧国家的关系已经恢复，“笼罩在双方上空的阴云已经散去”[②]。这一年，中国更是与韩国、乌克兰、白俄罗斯、乌兹别克斯坦、格鲁吉亚等15个国家建立外交关系。

外交工作的有效开展，对打破西方国家的制裁起了重要的推动作用。到1992年，绝大多数西方国家基本取消对中国的制裁。这一年，我国对外贸易保持高速增长势头，进出口贸易额达1 656.3亿美元，比上年增长22.1%，其中出口850亿美元，进口806.3亿美元，分别比上年增长18.3%和26.4%。同时，利用外资步伐大大加快，共批准外商投资项目40 291个，协议外资金额458.9亿美元，分别比上年增长2.6倍和3.8倍；实际投入外资83.4亿美元，比上年增长1.5倍。[③] 中国和西方国家的贸易往来和各个领域

① 参见《人民日报》1991-09-04；《人民日报》，1991-09-17。

② 《人民日报》，1992-01-27。

③ 1993年1月7日，时任中共中央政治局委员、对外经济贸易部部长李岚清，在国务院新闻办公室举行的中外记者迎春招待会上公布了上述数据。参见《人民日报》，1993-01-08。

的合作步入正常发展轨道。

在这次国际危机中，以江泽民同志为核心的党的第三代中央领导集体，在邓小平等老一辈革命家的指导下，坚持冷静观察、稳住阵脚、沉着应对的方针，准确判断国际形势，制定了科学的外交策略并予以坚决实施，成功应对了西方国家对我国的制裁，为改革开放的有效推进和深入开展创造了良好的国际环境。这一历程为外交工作提供了宝贵经验：一是“中国的内政决不允许任何人加以干涉”①。这是外交工作的根本，在原则问题上绝不能妥协。二是要正确判断世界大势，这是做好外交工作的基础。在经济全球化的大趋势下，各国的相互依存关系日益加强，中国的经济发展潜力和市场优势是西方发达国家所不能忽视的。以中美关系为例，“中国有一个大市场，可以成为同美国开展经济合作的良好条件”②。掌握了这个趋势，就能够从容应对各种复杂的国际环境。三是“既要讲原则，又要讲策略”③。在坚持原则的同时，寻找薄弱环节，并抓住重点，把原则性与灵活性有机统一起来。四是“不信邪、不怕鬼”④。在外交工作中绝不能示弱，要敢于斗争。只有这样，才能创造和平的国际环境。

---

① 这是1989年7月2日邓小平会见美国总统特使斯考克罗夫特时讲的，参见《邓小平年谱(1975—1997)》(下)，1284页。

② 这是1989年10月31日江泽民同美国前总统尼克松会谈时说的，参见《江泽民文选》，第1卷，71页。

③ 这是1989年7月12日江泽民在会见第七次驻外使节会议代表的讲话中提出的，参见《人民日报》，1989-07-13。

④ 这是1989年9月4日邓小平在同江泽民、李鹏等的谈话中指出的，参见《邓小平文选》，1版，第3卷，320页。

西部大开发战略的酝酿与决策实施

高长武

实施西部大开发战略是以江泽民同志为核心的党的第三代中央领导集体总揽全局，在分析国内外形势发展变化的基础上，为改变我国东西部经济发展不平衡局面，进一步推进我国现代化建设而作出的重大战略决策。这一战略决策提出后，学术界给予了持续关注并进行了深入研究，但稍显不足的是，对这一战略酝酿提出和决策实施全过程的研究却并不充分。本文试着通过梳理和解读相关的各种文献，对这一问题作进一步的研究。

党的第一代、第二代中央领导集体对西部开发和建设问题的思考与探索

我国东西部地区的发展差距早已有之，推动西部地区的开发和建设、缩小东西部差距并非新问题。新中国成立后，随着国民经济恢复任务的完成和大规模社会主义建设的开展，如何推动西部落后地区的开发和建设，缩小东西部发展差距，实现东西部协调发展，就成为党和政府必须要解决的重大问题之一。党的第一代、第二代中央领导集体先后就解决这一问题进行了不懈的思考与探索，作出了一些对西部发展影响深远的决策，其中最主要的有以下三次：

第一，1956 年 4 月 25 日，毛泽东在《论十大关系》的讲话中，就如何认识和处理“沿海工业与内地工业的关系”作了深入阐述。毛泽东指出，沿

海工业和内地工业的发展差距，“是历史上形成的一种不合理的状况。沿海的工业基地必须充分利用，但是，为了平衡工业发展的布局，内地工业必须大力发展”。“新的工业大部分应当摆在内地，使工业布局逐步平衡”，“这是毫无疑义的”[①]。在这里，毛泽东实际上已经提出了国家应重视西部地区开发，以东部地区支持和带动西部发展，实现东西部协调发展的问题。如果说《论十大关系》的发表标志着我们党集中探索适合中国国情的社会主义建设道路的发端，那么，《论十大关系》中关于“沿海工业与内地工业的关系”的论述则可以说是我们党对推动西部开发和建设、实现东西部协调发展问题进行系统思考的肇始。

第二，20 世纪 60 年代初期，中共中央作出根据战略位置的不同，将我国各地区分为一、二、三线，并在保证一、二线建设的情况下，着重进行三线建设的决策。三线的范围涵盖了我国中西部许多地区，三线建设一直持续到 20 世纪 80 年代才结束。虽然三线建设决策的作出，最初主要是出于备战和国家安全的考虑，在具体实施过程中也出现了一些失误，但在三线建设过程中建成和初步建成的一批国防和国民经济骨干企业，对于带动中西部资源的开发利用、改变东西部生产力不合理布局起了积极的作用，奠定了此后中国经济持续发展的重要基础。

第三，1988 年 9 月 12 日，邓小平提出“两个大局”的战略构想。一个大局是：“沿海地区要加快对外开放，使这个拥有两亿人口的广大地带较快地先发展起来，从而带动内地更好地发展，这是一个事关大局的问题。内地要顾全这个大局。”[②] 另一个大局是：“发展到一定的时候，又要求沿海拿出更多力量来帮助内地发展，这也是个大局。那时沿海也要服从这个大局”[③]。邓小平提出这个构想的时候，前一个大局的问题已经开始逐步解决，而后一个大局的问题要到什么时候才可以放到突出的位置予以解决呢？1992 年，邓小平在南方谈话中给出了答案。他说：“可以设想，在本世纪末达到小康水平的时候，就要突出地提出和解决这个问题。到那个时候，发达地区要继续发展，并通过多交利税和技术转让等方式大力支持不发达地区。不发达地区又大都是拥有丰富资源的地区，发展潜力是很大的。”[④] “两个大局”战略构想是在

① 《毛泽东文集》，第 7 卷，25、26 页。
② 《邓小平文选》，1 版，第 3 卷，277～278 页。
③ 《邓小平文选》，1 版，第 3 卷，278 页
④ 《邓小平文选》，1 版，第 3 卷，374 页。

改革开放新形势下提出的，它既充分考虑我国东西部发展不平衡和当时我国生产力比较落后、国家财力有限、发展经济的任务又十分迫切的实际，推动东部地区利用地理环境、国家政策和国外投资等方面的优势条件优先发展起来，同时又强调等东部充分发展起来后，利用东部的人才、技术、资金以及发展经验来发展西部，实现东西部地区协调发展，使全国人民实现共同富裕。

党的第一代、第二代中央领导集体对西部开发和建设问题的思考与探索，虽然在具体内容上不尽相同，但是推动西部开发和建设、缩小东西部发展差距、实现东西部协调发展的大方向是一致和一贯的。党的第三代中央领导集体正是在继承和发展这些思考和探索经验的基础上作出了西部大开发的战略决策。若寻找西部大开发的思想渊源，这些思考和探索无疑是其中很重要的部分。

20 世纪 90 年代初党的第三代中央领导集体对西部开发和建设问题的新思考

在党的十三届四中、五中全会上，党的第二代与第三代中央领导集体顺利完成过渡。在 20 世纪 90 年代初的几年中，在邓小平提出的“两个大局”战略构想的基础上，结合当时的国内外形势，党的第三代中央领导集体在做好研究和部署推动东部地区进一步发展的同时，还以很大精力对支持和推动西部开发和建设问题作了新的思考，并采取了一些具体措施。

最初的思考集中体现在 1991 年 11 月 29 日党的十三届八中全会作出的《中共中央关于进一步加强农业和农村工作的决定》，以及 1992 年 1 月 14 日江泽民在中央民族工作会议上的讲话之中。《中共中央关于进一步加强农业和农村工作的决定》指出，有计划地扶持西部不发达地区是关系国民经济协调发展、加强民族团结、巩固边疆，保障国家长治久安的大事。要按照优势互补、经济互利的原则，组织东部沿海地区和西部地区通过各种形式的经济联合，促进西部地区经济发展，使东西部地区之间差距拉大的趋势逐步得到缓解。《决定》还要求中央各有关部门要加强对西部地区资源的勘探和综合开发，有计划地安排一些大型基础设施建设，为 21 世纪西部经济更快发展打下基础。[①] 江泽民在中央民族工作会议上的讲话则对推动西部地区开发和建设

---

① 参见《十三大以来重要文献选编》(下)，136 页，北京，中央文献出版社，1997。

的意义作了阐述。他说："我国经济的发展，离不开东部地区，也离不开中西部地区包括民族地区的经济振兴"，"加快中西部地区包括民族地区开发建设，已成为我国经济发展的必然走向。生产力的合理布局和地区经济的协调发展，对国家的现代化建设和各民族的团结进步，都具有重大意义"①。这时中央在农村和民族工作中着重提到西部发展问题，虽然还尚未专门就西部开发和建设问题进行系统思考和研究，但显然中央已经开始有意识地考虑西部开发和建设问题了。

1992年3月9日至10日，中共中央政治局召开全体会议，讨论改革与发展的重大问题，强调要特别注意抓住改革和建设中牵动全局的重大问题，深入调查研究确定今后一个时期的战略思想和政策主张。② 为贯彻这次会议的精神，8月23日至26日，国家计委在乌鲁木齐召开西北地区（包括西藏自治区）经济规划座谈会，研究在改革开放新形势下，如何抓住有利时机，使西北地区经济更快、更好地上一个新台阶。会后，国家计委根据座谈会的情况，起草了《关于西北地区经济规划问题的报告》，并于1993年2月11日正式上报国务院。1993年3月12日，国务院将这一报告转发西北各省区（包括西藏自治区）和国务院有关部门，要求结合各地区、各部门的实际情况贯彻落实。这个报告不仅阐述了西北地区经济在全国经济发展中的重要地位和作用，而且确定了西北地区经济规划的基本思路、总体设想、发展政策，特别是确定了由国家重点支持的75个大中型基本建设项目。③

1992年10月，党的十四大召开。会议确立了建立社会主义市场经济体制的目标，提出了加快改革开放、推动经济发展和社会全面进步的十个关系全局的主要任务，其第五项任务便是充分发挥各地优势，加快地区经济发展，促进全国经济布局合理化。这项任务明确要求，国家要在统筹规划下对西部地区给予支持。④

十四大以后，中央在支持和推动西部发展方面投入了更多的精力。1993年4月1日，江泽民在经济情况通报会上，提出要把东西部地区经济发展差距扩大和个人收入悬殊的问题，作为关系全局的重大问题加以研究和解决。6月13日至14日，江泽民在西安主持召开西北五省区经济工作座谈会，研究

---

① 《江泽民文选》，第1卷，182、183页。

② 参见《人民日报》，1992-03-12。

③ 参见《十四大以来重要文献选编》（上），156～163页，北京，人民出版社，1996。

④ 参见《江泽民文选》，第1卷，234页。

促进西北经济发展问题。江泽民指出，东西部发展差距是历史形成的，是发展中的一种经济现象，“但这不是我们所希望的。如果重视不够，措施不力，差距过分拉大，经济问题就有可能引发出一些其他社会问题。因此，我们决不能掉以轻心”①。他还指出，为了逐步缩小东西部地区的发展差距，要发挥中央和地方两个积极性。在西北地区自力更生、艰苦奋斗的基础上，国家要在产业结构调整、税收、投资、人才等方面提供政策上的优惠和支持，为西部发展提供更为有利的竞争环境和发展条件。此后不久，江泽民又将关注的范围扩大到了中南、西南地区。9 月 27 日至 29 日，江泽民在广州主持召开中南、西南十省区经济工作座谈会。他在会上既强调了对待东西部发展差距的客观态度，又指明了缩小东西差距的方法。他说：“各地区的经济发展不可能没有差距。对于地区间存在的发展上的差距，要有一个全面认识和科学态度。既要看到这种差距是历史形成的客观存在，消除它需要一个历史过程，不是一朝一夕可以办到的；又要看到在发展过程中，这种差距是要逐步缩小的。办法就是通过一部分人、一部分地区先富起来的带动和促进作用，通过国家的宏观调节和地区自身的努力，在共同发展生产力的基础上，使这种差距逐步得到缩小，最终达到共同富裕。”② 11 月 11 日至 14 日党的十四届三中全会期间，先是李鹏在参加华北组会议时，就支持中西部发展问题作专题发言，强调国家要采取一系列措施逐步解决东西部发展不平衡问题。③ 随后，江泽民在中央全会上讲到各地经济发展不平衡问题时又强调指出：“国家对中西部经济不发达地区采取积极扶持的政策”，要“立足于发挥两个积极性：既发挥经济发达地区的积极性，也发挥经济不发达地区的积极性。我们在这方面的基本方针是明确的”④。明确这一方针是非常重要的。缩小东西部发展差距，实现东西部协调发展，毕竟是关系全局的大事，西部不发达地区要在国家的支持下努力创业，已经发展起来的东部地区也要在继续发展自己的同时支援西部地区，当然党和国家要从整体上进行引导和调控。

通过接连召开西北、中南、西南经济工作座谈会和中央全会，中央更全面地掌握了西部地区的实际情况，西部各省区对国家支持西部地区发展政策

---

① 江泽民：《论社会主义市场经济》，94 页，北京，中央文献出版社，2006。

② 江泽民：《论社会主义市场经济》，137 页。

③ 参见《市场与调控——李鹏经济日记》（中），1008～1009 页，北京，新华出版社、中国电力出版社，2007。

④ 江泽民：《论社会主义市场经济》，162～163、162 页。

也有了更深入的理解，既统一了思想，又树立了信心。接下来，江泽民和党中央把注意力放到了东部地区。要统一东部地区对国家支持西部发展政策的认识和理解，同样要做大量工作。

1994 年 6 月 22 日至 27 日，江泽民到福建多个地市考察调研。6 月 26 日下午，江泽民在听取福建省委的工作汇报时发表重要讲话。在谈到正确处理沿海与内地发展的关系时，他指出：在沿海地区相对发展得快一些的情况下，不但中央要给予支持，内地的中西部地区也要顾全大局，给予积极支持，沿海地区发达起来了，就越有实力支持内地的发展，就越能发挥带动的作用；在中西部地区加快发展步伐的情况下，同样不但中央要给予支持，沿海先发达起来的地区也要顾全大局，更多地支持中西部地区的发展，中西部地区发展起来了，又可以支持沿海地区更快更好地发展。总之，各地的发展，有先一点后一点，在同一时间内，发展的速度有快一点慢一点，不可能齐步走。但是，各个地区最终都要达到共同繁荣、共同富裕。这是我们社会主义制度的要求，是改革和发展的要求，也是维护社会稳定和巩固国家统一的重要条件。从长远的趋势看，地区发展差距，总是会越来越缩小，而不会越来越扩大下去。否则，我们的社会就不可能稳定，国家就不可能长治久安。这就是我们在认识和解决沿海与内地之间以及其他地区之间的发展差距问题上，应该掌握的一些原则精神。[①]

1995 年 6 月下旬，江泽民到东北三省考察。虽然这次考察的重点是国有企业改革问题，但江泽民对处理东西部地区的关系问题的思考却没有中断。据当时陪同考察的时任国家计委主任曾培炎的回忆：在吉林的一天晚上，江泽民把他叫到房间里，“作了很多重要指示，其中谈到，近几年东部地区发展比较快，人民群众的生活有了很大改善。他担心西部地区发展相对较慢，东部与中西部地区的差距还会继续扩大。他说，发展市场经济必然会有一部分人、一部分地区先富起来。但要未雨绸缪，研究一些政策，处理好先富与后富、发达地区与不发达地区的问题，逐步缩小差距，这样才能最后实现小平同志提出的共同富裕的目标。那晚谈了近两个小时。最后他说，你把今天谈的这些内容整理一下，我到长春开会的时候，听听大家的意见”[②]。6 月 26 日，江泽民在长春主持召开东北三省国有大中型企业座谈会。江泽民在会上除了谈国企改革的问题，还谈到在建设社会主义市场经济新形势下要处理好

---

① 参见《江泽民论有中国特色社会主义（专题摘编）》，171 页。

② 曾培炎：《西部大开发决策回顾》，4 页，北京，中共党史出版社、新华出版社，2010。

的若干重大关系，其中就包括东部地区与中西部地区的关系。

经过一段时间的考察调研和思考分析，江泽民对如何缩小东西部发展差距、处理好东部地区和中西部地区的关系问题有了更深入的认识。在此后不久召开的党的十四届五中全会上，江泽民系统地阐述了正确处理社会主义现代化建设中的12个重大关系，“东部地区和中西部地区的关系”就是其中一个。他指出：“对于东部地区与中西部地区经济发展中出现的差距扩大问题，必须认真对待，正确处理。”具体怎样认识和处理呢？江泽民讲了三条：“要用历史的、辩证的观点，认识和处理地区差距问题，一是要看到各个地区发展不平衡是一个长期的历史的现象。二是要高度重视和采取有效措施正确解决地区差距问题。三是解决地区差距问题需要一个过程。应当把缩小地区差距作为一条长期坚持的重要方针。”① 在讲话中，江泽民还将解决地区发展差距，坚持区域经济协调发展，作为以后改革和发展的一项战略任务，并强调从“九五”计划开始，要更加重视支持中西部地区经济的发展，逐步加大解决地区差距继续扩大趋势的力度，积极朝着缩小差距的方向努力。② 也正是在这次会议上通过了《中共中央关于制定国民经济和社会发展“九五”计划和二〇一〇年远景目标的建议》，对支持西部开发作了明确规定。

上述思考和实践，既丰富和完善了邓小平“两个大局”的战略构想，同时也为在20世纪末“突出地提出和解决”集中力量支持与推动西部开发和发展的问题，做了最初的思想准备。从这个意义上说，西部大开发的最初萌芽正是始自上述思考和实践。

酝酿加快西部开发和发展战略的重要开端

1995年12月21日至26日，江泽民先后到地处我国西部腹地的陕西、甘肃两省考察。江泽民此行的主要目的，是看望和慰问遭受严重旱灾的灾民和长期坚持在西部创业的广大干部群众，同时了解和研究西部贫困地区群众的生产、生活和生态环境情况。

如果说1993年江泽民主持召开几次经济工作座谈会了解西部社会发展情

① 江泽民：《论社会主义市场经济》，266、267页。

② 参见江泽民：《论社会主义市场经济》，267页。

况主要靠“听”，那么这次陕甘考察则更主要的是靠“看”。江泽民此次考察选定的几个点多是自然条件较为恶劣、群众生活较为贫困的地方。从陕西商州、丹凤，到甘肃榆中、定西，一路上，他不辞辛劳，走村串户，嘘寒问暖。每到一处，他都要摸摸农民的炕头热不热，看看锅里有没有吃的，瞧瞧水窖里有没有水。特别是在定西，这里的干旱和贫困程度是出了名的，“那里的农民群众是靠着积雨水窖维持全家一年的生计，为了节约用水，有些上了年纪的人很少洗脸，成了半拉‘黑人’”[①]。看到这些，江泽民心情沉重，他语重心长地对当地干部说：想到还有许多群众尚未解决温饱，还有不少地区由于自然条件恶劣经常遭受灾害的侵扰，我们的各级领导干部都应“寝不安席、食不甘味”啊![②] 西部地区贫困落后的现实表明，加快推动西部的开发和建设步伐已经是摆在党和国家面前一项重大而迫切的任务。这使江泽民陷入到深深的思索当中。据当时陪同考察的曾培炎回忆，在这次考察中，江泽民好几次与陪同考察的同志，一块探讨和追述起西部地区在历史上如何越来越陷入荒凉和贫困的演变情况。[③]

通过这次考察，江泽民对推动西部开发、缩小东西差距问题的认识更为深入，也更为系统了。12 月 25 日，在听了甘肃负责同志的工作汇报以后，江泽民发表重要讲话，其中很大的篇幅是讲如何正确看待和推动西部地区的发展问题。主要包括以下三个方面的内容：

第一，简单回顾了我国西部地区的历史变迁，并指出要站在历史长河的高度，来看待西部地区的发展问题。江泽民说：陕西、甘肃以及黄河流域的其他地区，是我们中华民族的主要发祥地，也曾经是我国经济文化比较发达的繁荣富庶之地。人们曾经称颂这些地方是“山川林谷美，天材之利多”。但是，后来经历“安史之乱”、五代十国时期以及宋末元初、明末清初几次大的战乱的破坏，加上其他社会因素和自然灾害造成的生态条件的衰败，再加上唐代以后中国政治、经济中心逐渐向东转移，使得从公元 8 世纪到 20 世纪 40 年代漫长的1 200多年间，西部地区的经济发展基本上处于衰落状态。新中国成立后，西部地区的经济文化面貌发生了崭新的变化，但尚未从根本上摆脱落后的状态。江泽民还指出了回顾和了解历史的主要目的：阅古可知今，鉴往为开来。不了解过去，就不可能深刻地认识现在，正确地把握未来。

---

① 曾培炎：《西部大开发决策回顾》，6 页。

② 参见《人民日报》，1995－12－27。

③ 参见曾培炎：《西部大开发决策回顾》，6 页。

第二，阐述了西部地区之于国家民族的重要战略地位。江泽民指出：总的看来，西部地区历史文化悠久。一是西部地区作为我国重要的发祥地之一，曾经为中华民族的形成和发展，为缔造辉煌的中国古代文化作出过巨大的历史性贡献；二是西部地区人民在近代以来，为实现祖国的独立，为中国人民的解放事业也作出过巨大的历史性贡献；三是西部地区是我们多民族聚居的地区，为促进各民族之间的文化交流、和睦相处，促进民族大团结和共同进步的优良传统的形成和发展，发挥了极其重要的历史作用；四是西部地区蕴藏着各种丰富的自然资源，是我国有待全面开发的重要资源基地，也是我国21世纪经济全面振兴的重要依托，还是我们巩固国防的军事战略要地。在上述基础上，江泽民进一步引申说：西部地区的发展在全国发展中具有举足轻重的地位。完全可以这样说：没有西部地区的繁荣，就不可能实现我们整个国家的繁荣昌盛；没有西部地区的社会稳定和民族团结，就不可能保持我们整个国家的社会稳定和民族团结；没有西部地区的全面振兴，就不可能有我们整个中华民族的振兴；没有西部地区的现代化，也就不可能有我们整个社会主义现代化的成功。这就是西部地区的经济社会发展在全国的极其重要而光荣的战略地位。

第三，明确中央对于西部地区发展的大政方针，并着重指出了加快西部发展步伐的几点要求。江泽民指出，中央对西部地区发展的大政方针，就是到21世纪初要开始朝着逐步缩小东西部地区差距的方向前进，到21世纪50年代，西部地区同全国其他地区一样，基本实现现代化。就如何实现这一目标，江泽民着重提出了四点要求。第一点要求是从西部地区干部群众的角度来说的：要大力发扬艰苦创业、自力更生的精神，立足本地实际，充分发挥自身优势，逐步加快开发步伐；其余三点是从中央和国家的角度说的：中央要扶助和支持西部地区发展，要引导和组织沿海及其他经济比较发达地区积极支援西部开发和建设，还要倡导和鼓励广大干部、有志青年和各种人才，积极投身西部建设。

江泽民这篇讲话对西部地区的开发历史、战略地位以及加快推动开发的措施作了初步而深入的归纳和阐述。关于这篇讲话和这次考察的重要性，曾培炎评价说："江泽民同志在这篇讲话中，虽然还没有像后来那样使用'西部大开发'的提法，但是应该说他的'西部大开发'思想，经过这次考察已基本形成了。"①

① 曾培炎：《西部大开发决策回顾》，7页。

加快西部开发和发展战略的进一步酝酿

经过 1995 年岁末江泽民考察陕甘两省并作重要讲话后，加快西部开发和发展问题在更多的场合更频繁地被提及，加快西部开发和发展的战略也由此得到进一步酝酿。

1996 年“两会”期间，江泽民在参加八届全国人大四次会议青海代表团讨论时，谈到加快西部地区的发展问题。他强调指出，从“九五”开始，国家将更加重视和支持西部地区的发展，实施有利于缓解东西部地区发展差距扩大趋势的政策，并逐步加大各项工作力度，积极朝着缩小差距的方向前进。中央这个决心已经下定了，方针已经明确了。青海省和其他西部地区，是我们的前人还没有来得及全面开发的地区，我们今天就是要干好这些前人还没有来得及干好的事业，要完成前人没有完成的任务，为后人的发展打下更好的基础。我们大家都要有这种民族的使命感和历史的责任感，要有这种雄心壮志。①

正是在八届全国人大四次会议上，高票通过了《国民经济和社会发展“九五”计划和二〇一〇年远景目标纲要》，把“坚持区域经济协调发展，逐步缩小地区发展差距”作为我国此后 15 年国民经济和社会发展的重要方针之一。《纲要》还就支持西部发展提出了具体的方针政策，包括优先安排资源勘探开发和基础设施建设项目、增加财政支持和引导国内外资金流入、加大对西部贫困地区支持力度、加强东部沿海地区与中西部地区的经济联合与技术合作等。②

为落实“坚持区域经济协调发展，逐步缩小地区发展差距”的发展方针，1996 年 9 月，中央召开扶贫开发工作会议，江泽民在会上重申了支持加快西部地区发展的问题。他指出，虽然改革开放以来东部地区和中西部地区经济都取得了前所未有的发展，但是，东部和中西部的发展差距在不断扩大。“这种趋势发展下去，不仅不利于资源优化配置和生产力合理布局，而且不利于社会稳定和国家振兴。邓小平同志提出，让一部分有条件的地区先发展起来，

---

① 参见《人民日报》1996－03－07。

② 参见《十四大以来重要文献选编》（中），1870～1871 页，北京，人民出版社，1997。

然后，在不削弱发达地区活力的前提下，先发展起来的地区支持贫困地区。党的十四届五中全会根据邓小平同志的构想，提出了坚持区域经济协调发展、逐步缩小地区发展差距的战略方针，决定从‘九五’时期开始，更加重视支持中西部地区经济发展，逐步加大工作力度，积极朝着缩小地区发展差距的方向努力。实施这一战略方针，必须切实解决贫困地区群众的温饱问题。”① 10月23日，中共中央、国务院发布《关于尽快解决农村贫困人口温饱问题的决定》，决定组织沿海发达省、直辖市对口帮扶西部贫困省、自治区，并指出“东西互助是促进东西部优势互补，缩小差距，逐步实现共同富裕的重要途径”②。1997年3月11日，中共中央、国务院转发农业部《关于我国乡镇企业情况和今后改革与发展意见的报告》，指出我国乡镇企业的发展应该走东西合作、以东带西、以西促东、携手共进的发展道路。这些措施不仅从政策上支持了西部地区的开发和发展，同时也丰富了加快推动西部开发和发展战略的思路和内容。

除了资金、人才、技术等困难外，西部开发和发展还受到恶劣生态环境的制约。认真了解西部地区的生态环境状况，特别是发掘和总结当地人民在治理和改善自然环境方面的有效经验，是一个十分重要的课题。1997年夏，时任国务院副总理的姜春云组织有关部门的同志到陕北地区，就防治水土流失、建设生态农业问题进行调研并撰写调研报告，对陕北地区治理水土流失、改善生态环境的经验进行了系统总结。江泽民、李鹏、朱镕基先后就这一报告作出批示。③ 江泽民在批示中肯定了陕北地区的做法，并就西部地区生态环境治理提出要求：“历史遗留下来的这种恶劣的生态环境，要靠我们发挥社会主义制度的优越性，发扬艰苦创业的精神，齐心协力地大抓植树造林，绿化荒漠，建设生态农业去加以根本的改观。”他满怀信心地写道：“经过一代一代人长期地、持续地奋斗，再造一个山川秀美的西北地区，应该是可以实现的。”④ 这一批示表明，在中央看来，治理和改善西部生态环境本来就是西部开发和建设的题中应有之意。如果生态环境得不到治理和改善，西部开发和建设必然无从谈起。如果在西部开发和建设过程中，生态环境没有改善甚

---

① 《江泽民文选》，第1卷，550页。

② 《十四大以来重要文献选编》(下)，2098页，北京，人民出版社，1999。

③ 参见《姜春云调研文集（生态文明与人类发展卷）》，8～10页，北京，中央文献出版社、新华出版社，2010。

④ 《江泽民文选》，第1卷，659～660页。

至进一步恶化，西部开发和建设也不算成功。

此后不久，党的十五大召开。江泽民在大会报告中讲到经济发展战略时强调，要“促进地区经济合理布局和协调发展”，“要加大对中西部地区的支持力度，优先安排基础设施和资源开发项目，逐步实行规范的财政转移支付制度，鼓励国内外投资者到中西部投资。进一步发展东部地区同中西部地区多种形式的联合和合作。更加重视和积极帮助少数民族地区发展经济。从多方面努力，逐步缩小地区发展差距”[①]。

就在这个时候，一场始自东南亚国家的大规模的金融危机爆发了。危机迅速波及全球，到 1997 年底 1998 年初，金融危机对我国社会经济的影响已经开始明显地显现出来，外向型经济占较大比重的东部沿海地区遭受的冲击最为严重。为有效应对金融危机，中央果断提出了扩大内需的方针。在这样的背景下，加快推动资源丰富、地域广阔的西部地区的开发和发展自然就增加了急迫感和特殊的意义。1998 年 2 月 25 日至 26 日，党的十五届二中全会召开。如何正确认识和应对亚洲金融危机、保持国民经济平稳健康发展成为会议的一个重要议题。江泽民在会上特别强调了经济工作要着力做好的几个方面，其中一个方面便是加快中西部地区的开发步伐。他说：“此事方针早已明确，问题是要加快实施进度。要利用当前国有工业企业正在调整和优化结构的有利时机，在进一步提高东部地区发展水平的同时，加强中西部地区基础设施建设和资源开发，并加大引导外资投向中西部地区的力度。这样做，有利于扩大内需、进一步启动生产资料和消费资料市场。”[②] 4 月 14 日，中共中央、国务院联合下发《关于进一步扩大对外开放提高利用外资水平的若干意见》，强调要积极引导和鼓励外资投向中西部地区，并制定了具体的措施。5 月 14 日，江泽民在国有企业下岗职工基本生活保障和再就业工作会议上再次提出了“要进一步研究如何加快中西部特别是西部地区的开发步伐”的问题。他指出：“广大西部地区的开发和发展如果不加快步伐，如果那里的经济搞不上去，广大群众的购买力提不高，就会影响我们整个经济的发展，影响我们扩大内需。现在离下个世纪中叶全国基本实现现代化，只有五十年了，逐步加快开发西部地区，是时候了。”[③]

经过几年的酝酿，加快西部开发和发展的战略终于呼之欲出了。

---

① 《江泽民文选》，第 2 卷，25 页。

② 《江泽民文选》，第 2 卷，105 页。

③ 江泽民：《论社会主义市场经济》，384～385 页。

西部大开发战略思想的正式提出和系统阐述

1999年3月3日，江泽民在九届全国人大二次会议和全国政协九届二次会议的党员负责人会上的讲话中，正式提出了“西部大开发”的战略思想。他指出：“中央已经明确了加快中西部地区开发的方针，并且把扩大国内需求作为促进经济增长的主要措施，实行积极的财政政策，这对于加快中西部的发展是一个很好的时机。西部地区那么大，占全国国土面积的一半以上，但大部分处于未开发或荒漠化状态。西部地区迟早是要大开发的，不开发，我们怎么实现全国的现代化？中国怎么能成为经济强国？美国当年如果不开发西部，它能发展到今天这个样子？”① “西部地区一旦加快步伐，加大力度全面开发起来，搞水的搞水，种草的种草，栽树的栽树，修路的修路，开矿的开矿，搞农业的搞农业，那就可以安排成百万成千万的劳动力。这是我们发展的大战略、大思路。”② 他在这段话的最后强调：“请大家进一步思考。这个问题，特别是有关部门要加强研究，统筹规划，提出大开发的实施步骤、政策、办法和组织形式等。”③ 相比江泽民此前历次谈到西部开发和建设问题，这次有两个显著特点：一是选择全国“两会”期间有各省区市负责同志参加的会议这样的特定场合；二是在战略、思路、开发之前都冠以“大”字。这表明，启动西部大开发即将提到党和国家的议事日程。

按照江泽民“有关部门要加强研究”的指示，1999年4月，国家计委先后召开了四个座谈会，主要围绕西部大开发的必要性、可行性以及西部大开发的目标、任务、方式、政策等问题，分别听取相关部门、地方、专家的意见。据此，国家计委又进行了进一步的研究，最后形成了四点意见。一是我国要在21世纪中叶实现第三步战略目标，没有西部地区的发展是不可能的。只要有条件，就要尽早加快西部地区发展。二是在有效需求不足的新形势下，抓住时机，实施西部大开发，对于整个国民经济的持续快速健康发展具有重要意义。西部发展潜力很大，只要策略对头、方法得当，开发西部不会成为

---

① 转引自曾培炎：《西部大开发决策回顾》，8页。
② 转引自曾培炎：《西部大开发决策回顾》，8～9页。
③ 转引自曾培炎：《西部大开发决策回顾》，9页。

国家的包袱。三是如果东西部地区发展长期不平衡，就会影响全国发展。经济问题也可能扩展到政治和社会层面，容易引发各种矛盾，影响社会稳定、民族团结和国家安全。四是西部地区生态环境加剧恶化，如果现在还不采取科学的应对措施，使生态环境恶化趋势得到有效遏制并逐渐改善，可持续发展就会落空。从综合国力来讲，我国已经具备了开发西部的条件。[①]

通过长期的调研和思考，江泽民关于西部大开发的战略思想逐渐丰富和完善。6月，江泽民接连在几个场合阐述西部大开发思想。

6月9日，江泽民在中央扶贫开发工作会议上谈及西部大开发问题。他先是结合扩大内需的方针强调西部大开发的意义说："有两亿多人口的西部地区，农民刚刚实现低水平的温饱。如果他们的收入和消费水平进一步提高，就会成为扩大内需很大的拉动力量。广大西部地区交通、通信、电力、水利等基础设施建设也有很大的需求。加大中西部地区扶贫开发的力度，不仅可以解决贫困人口的温饱问题，而且对于扩大内需、促进全国经济的发展也是至关重要的。"[②] 接着他再次重申邓小平提出的"两个大局"的重要战略构想。经过20多年的改革开放，到世纪之交，我国总体经济实力显著提高，全国人民生活总体上已达到小康水平，但东西部地区发展差距较大，西部地区发展明显滞后。此时，国家有能力也很有必要把解决"另一个大局"即加快西部发展的问题提上日程。因此，江泽民迫切地指出："加快中西部地区发展步伐的条件已经具备，时机已经成熟。如果我们看不到这些条件，不抓住这个时机，不把该做的事情努力做好，就会犯历史性的错误。在继续加快东部沿海地区发展的同时，必须不失时机地加快中西部地区的发展。从现在起，这要作为党和国家一项重大的战略任务，摆到更加突出的位置。"[③]

6月17日，江泽民在西北五省区国有企业改革和发展座谈会上更加系统地阐述了西部大开发的战略构想。他明确指出："我们正处在世纪之交，应该向全党全国人民明确提出，必须不失时机地加快中西部地区发展，特别是要抓紧研究实施西部地区大开发"[④]。关于西部大开发的战略意义，他站在实现现代化和振兴中华的高度深刻地指出："实施西部大开发，是一项振兴中华的宏伟战略任务。实现了这个宏图大略，其经济、文化、政治、军事、社会的

① 参见曾培炎：《西部大开发决策回顾》，10页。
② 江泽民：《论社会主义市场经济》，452页。
③ 江泽民：《论社会主义市场经济》，457页。
④ 《江泽民文选》，第2卷，341页。

深远意义，是难以估量的。全党同志和全国上下必须提高和统一认识。没有西部地区的稳定就没有全国的稳定，没有西部地区的小康就没有全国的小康，没有西部地区的现代化就不能说实现了全国的现代化。"[①] 江泽民特地讲到，这次西部开发之所以用一个"大"字，主要是说明，"不是小打小闹，而是在过去发展的基础上经过周密规划和精心组织，迈开更大的开发步伐，形成全面推进的新局面"[②]。江泽民还讲到了改革开放以后中央重视支持西部开发和建设的情况、世界其他国家采取措施缩小地区发展差距的情况、实施西部大开发的时机和条件、在市场经济条件下推动西部大开发的主要思路和对策等等。最后，江泽民指出，"加快开发西部地区是一个巨大的系统工程，也是一项空前艰难的历史任务。既要有紧迫感，抓紧研究方案、步骤和政策措施，又要做好长期奋斗的思想准备"，"我们要下决心通过几十年乃至整个下世纪的艰苦努力，建设一个经济繁荣、社会进步、生活安定、民族团结、山川秀美的西部地区"[③]。

6 月 26 日，江泽民在华东七省市国有企业改革和发展座谈会上又一次谈到西部大开发问题。这一次，他主要谈了西部开发与东部发展的关系。他指出："强调加快开发西部地区和东部地区对西部地区的支持，决不是说东部地区不要继续加快发展。只有东部地区更好地发展，才能更有力地支持西部地区发展。""无论是东部还是中西部，都要适应市场的要求，强化优势互补意识，胸怀全局，量力而行。西部地区的开发搞上去了，资源优势充分发挥了，潜在的市场变为现实的市场，也会有力地促进东部地区经济社会发展。只有谋求中华民族共同发展的大局，才能实现各地经济的快速和协调发展。"[④]

通过不断思考和反复阐述，江泽民关于西部大开发的战略思想已经比较清晰和系统了。

西部大开发战略决策的正式作出和部署实施

1999 年 9 月 19 日至 22 日，党的十五届四中全会召开。会议通过了《中

---

① 《江泽民文选》，第 2 卷，344 页。
② 《江泽民文选》，第 2 卷，342 页。
③ 《江泽民文选》，第 2 卷，345、346 页。
④ 《江泽民论有中国特色社会主义（专题摘编）》，174 页。

共中央关于国有企业改革和发展若干重大问题的决定》，其中明确提出："国家要实施西部大开发战略。"① 这是党和国家的文件中首次明确提到"实施西部大开发战略"。这表明，由江泽民提出的西部大开发战略构想已经上升到党和国家的决策层面，正式提上党和国家的议事日程。研究西部大开发战略的具体实施方案成为一个重大课题。

按照中央的要求，10月上旬，国家计委召开"十五"规划西部开发研讨会，讨论加快西部大开发的思路、目标、政策措施等。其后不久，时任国务院总理的朱镕基到甘肃、青海、宁夏就西部大开发问题进行调研。他强调，加快西部地区发展是邓小平同志关于我国现代化建设战略思想的重要组成部分，是促进各地区共同繁荣、共同富裕的必然要求，我们一定要站在现代化建设全局和长远发展的高度，统一思想认识，不失时机地实施西部大开发战略。② 从西部调研回来后，朱镕基于11月5日主持召开国务院第52次总理办公会议，听取了国家计委关于西部开发研讨会情况和西部大开发初步设想的汇报。

此后，江泽民分别于11月11日和12月30日主持召开中央政治局常委会和中央政治局会议，专门听取国家计委关于实施西部大开发战略初步设想的汇报。会上，中央领导同志对如何实施西部大开发战略提出了许多重要的指导性意见。李鹏说：这是个大事，西部开发范围的划定不能完全按地理界限来考虑，要与各地经济发展水平相结合。在开发中，要注意解决好西部的资源优势变成经济优势等问题。朱镕基说：西部大开发是一项长期任务，也是系统工程。退耕还林是一举多得的事，可以在条件好的地方先搞试点。资金要向西部倾斜，重点用在基础设施建设上，把发展的基础打牢。李瑞环说：我完全赞成西部大开发，这件事不简单，要看到它的长期性，在开发实施中要重视解决好水的问题。胡锦涛说：西部大开发意义重大，关系到经济社会发展全局，关系到国家长治久安。他还结合在西部地区工作的经历说，退耕还林还草的方式是受欢迎的，西部地区有那么多坡耕地，具体到每个县和乡是不一样的，在实施过程中要因地制宜。③ 之后国家计委根据这些意见对实施西部大开发战略的初步设想进行修改和完善。

除了专门召开会议讨论西部大开发问题外，江泽民还在11月中旬召开的

---

① 《十五大以来重要文献选编》(中)，1009页，北京，人民出版社，2001。

② 参见《人民日报》，1999-11-01。

③ 参见曾培炎：《西部大开发决策回顾》，15～16页。

中央经济工作会议上再次着重讲到了西部大开发问题。他高度评价邓小平提出的“两个大局”的思想，认为它符合我国经济发展的客观进程和各地区生产力的实际状况，是富有远见的战略思想。他强调：“现在研究实施西部大开发战略，条件基本具备，时机已经成熟。实施这个战略是党中央总揽全局、面向新世纪作出的重大决策”，“不失时机地实施西部大开发战略，直接关系到扩大内需、促进经济增长，关系到民族团结、社会稳定和边防巩固，关系到东西部地区协调发展和最终实现共同富裕，具有重要的现实意义和深远的历史意义”①。

在中央的积极倡导和大力推动下，实施西部大开发的政策氛围越来越浓厚，实施西部大开发的初步设想也在不断完善。2000 年 1 月 13 日，中共中央、国务院印发通知，全文转发国家计委《关于实施西部大开发战略初步设想的汇报》。这一文件全面阐述了西部大开发的重大意义、指导思想、重点任务、政策措施，成为指导西部大开发的纲领性文件。三天后，国务院印发《关于成立国务院西部地区开发领导小组的决定》。国务院总理朱镕基亲任组长。1 月 19 日至 22 日，国务院西部地区开发领导小组召开西部地区开发会议，学习党中央关于实施西部大开发战略的重要决策和指示精神，统一思想，提高认识，研究加快西部地区发展的基本思路和战略任务。会议强调，各部门、各地区要站在我国现代化建设全局和战略的高度，把思想和行动统一到党中央的重大决策上来，不失时机地推进西部大开发战略。② 至此，实施西部大开发战略终于拉开了帷幕。

通过以上梳理和归纳，至少可以说明如下两点：

第一，西部大开发不是在世纪之交一下子突然提出来的，而是经历了长期而充分的酝酿提出和决策实施过程。从 20 世纪 90 年代初对推动西部开发和建设问题的新思考到世纪之交中央正式作出西部大开发的战略决策并开始部署实施，前后历经 10 年。10 年间，以江泽民同志为核心的党的第三代中央领导集体在邓小平提出的“两个大局”思想的基础上，结合国内国际局势的变化，对加快西部开发问题开展大量调查研究，广泛听取各方面意见，不懈求索，充分酝酿，在条件具备、时机成熟时，不失时机地作出西部大开发的战略决策并迅速部署实施。这个过程印证了这样一个道理：任何正确决策的作出，都不可能一蹴而就，都必然要经过一个充分酝酿、反复论证，并结

① 《江泽民文选》，第 2 卷，437、436～437 页。

② 参见《人民日报》，2000 - 01 - 24。

合实践不断完善的过程。

第二，西部大开发不是权宜之计，而是我国经济社会发展的一项重大战略，应当长期实行下去。东西部发展不平衡既是我国经济社会发展中的一个基本事实，也是影响和限制我国经济社会发展的一个客观问题。不失时机地实施西部大开发，推动和加快西部地区发展步伐，是一项宏伟的战略任务。提出并集中力量实现这一战略任务，对于我国的现代化建设全局和长远发展具有难以估量的深远意义。正是从这样的战略高度出发，党的第三代中央领导集体继承了前两代中央领导集体的探索成果，无论世界风云如何变幻，都始终一心一意谋发展，特别是注意把加快西部发展、缩小东西部发展差距作为经济社会发展的一条重要红线，最终在世纪之交正式作出了西部大开发的战略决策。同时，西部地区发展落后的局面是历史形成的客观存在，改变这种情况不是一朝一夕可以办得到的，需要几代人长期不懈的奋斗。因此，西部大开发是一项长期的艰巨的历史任务，应当连续地长期地实行下去。

十年过去了，西部大开发的成效已经开始显现，西部地区的面貌有了很多新鲜的变化。可以说，西部大开发取得了一个良好的开局，实践已经证明了西部大开发战略决策的英明与正确。

（原载《中共党史研究》2011年第3期）

改革开放以来扩大内需战略方针的形成和发展

戚义明

现在，扩大内需已经是一个被广泛运用的概念了。扩大内需是怎么提出来的？为什么它是我国经济发展的一项长期战略方针？它有哪些丰富的政策内涵？其精神实质是什么？要回答这些问题，需要联系改革开放以来的伟大实践加以考察。

一、改革开放初期：强调坚持自力更生的方针和经济发展主要依靠国内市场的思想

新中国成立后，面对西方帝国主义对我国实施封锁孤立的严峻形势，以毛泽东为核心的党的第一代中央领导集体确立了以自力更生为主、争取外援为主〈辅〉的经济建设方针，并提出经济发展主要依靠国内市场的思想。如 1958 年 12 月 9 日，毛泽东在起草中共八届六中全会上的讲话提纲时写道："对外贸易方针：自力更生为主，争取外援为主〈辅〉，平等互利，互通有无，帮助民族主义国家建立独立经济。""对外贸易只能起辅助作用，主要靠国内市场"[1]。1954 年 8 月 24 日，毛泽东在同英国工党代表团谈话时也说："我们这类国家，如中国和苏联，主要依靠国内市场，而不是国外市场。这并不是说不要国外联系，

① 《建国以来毛泽东文稿》，第 7 册，641 页。

不做生意。不，需要联系，需要做生意，不要孤立。”①

进入改革开放新时期之后，在我国外部环境发生巨大变化的条件下，还要不要坚持自力更生的方针和经济发展主要依靠国内市场的思想呢？邓小平、陈云、李先念等党的第二代中央领导集体的主要成员对这个问题的回答是肯定的。在改革开放初期强调这一点是有很强的现实针对性的。

在粉碎“四人帮”后的两年间，我国国民经济得到了较好的恢复，开始摆脱瘫痪、半瘫痪状态。但同时，出于要把“文革”中的损失弥补回来、加快四个现代化建设速度的良好愿望，在实际工作中也产生了急于求成、片面追求高速度的现象。在对外经济关系上，没有周密考虑国情和国力，试图过急过多地引进外国的技术设备和举借外债。这种做法被人们称为“洋冒进”。当时将引进国外先进技术、学习国外先进经验提到了前所未有的战略高度，各部委分别派团出国参观访问。这对于我们开阔眼界、实施对外开放、加快发展速度是非常必要的，但同时一部分同志在思想上也出现了一些偏向，即认为通过大规模引进技术和设备，我们似乎能够在很短的时间内实现现代化。一些部门和行业将发展计划建立在巨大规模的引进上，甚至把所需资金寄托在借取外债上。

对这种做法，邓小平、陈云、李先念等是不赞成的。1980 年 4 月29 日，邓小平在接受卢森堡电视台采访时明确指出：“完全依靠外国资金来建设我们的国家是不可能的，必须立足于国内，立足于自力更生这个基本原则。就是立足于自己，也要照顾自己的特点，完全按照别的国家的模式来建设中国是不可能的。”② 陈云、李先念也多次在不同场合强调指出：“四个现代化怎么化法？当然，主要靠自力更生。”③ “我们必须把立足点放在自己力量的基础上，继续坚持自力更生的方针，任何时候也不能离开这个方针。”④ 1978 年 7 月至 9 月，国务院务虚会议召开，专门研究如何高速发展国民经济和引进国外先进技术设备问题。在这次会议上，针对部分同志一味热衷于引进国外技术和设备的倾向，李先念指出：“引进专利，必要，但要相信自己的力量。如果买一个四个现代化，这叫什么路线？”⑤ “首要的一条，还得自己干。把自己的力量估计太低也不行。”⑥ “否则，是买四个现代化，而不是自己建设现

① 《毛泽东文集》，第 6 卷，340 页。

② 《邓小平年谱（1975—1997）》（上），626 页。

③ 《陈云文选》，第 3 卷，262 页，北京，人民出版社，1995。

④ 《李先念文选》，407 页，北京，人民出版社，1989。

⑤ 《李先念传（1949—1992）》（下），1063 页，北京，中央文献出版社，2009。

⑥ 《李先念传（1949—1992）》（下），1063～1064 页。

代化，这是方向性的问题。”[①]

在邓小平等老一辈革命家看来，之所以在建设中必须坚持自力更生的方针，这是由我国人口多、底子薄的基本国情所决定的。由此，他们在改革开放初期反复强调我们与“亚洲四小龙”之间的不同。比如 1980 年 1 月 16 日，邓小平在中共中央召集的干部会议上指出：“过去，一些比较小的工资很低的国家和地区，由于有些发达的大国为了自己的利益在资金、技术等方面支持了它们，它们的廉价产品在一定时期的国际市场上也比较容易钻空子。资本家把高额利润分一点给这些地方的劳动者，劳动者的生活就显得改善很快了。中国这样的社会主义大国，不可能走‘捷径’。”[②] 1978 年 12 月 10 日，陈云在出席中央工作会议东北组的发言中指出，我们“不能同南朝鲜、台湾比，它们是美国有意扶植的，而且主要是搞加工工业，我们是要建设现代化的工业体系”[③]。1980 年 12 月 16 日，陈云在中央工作会议上再次强调：“我们是十亿人口、八亿农民的国家，我们是在这样一个国家中进行建设……我们必须认识这一点，看到这种困难。”[④] 也就是说，我们的基本国情决定了我们在现代化建设过程中靠别人是靠不住的，也是不现实的，只能依靠自己的力量。

当然，邓小平等老一辈革命家强调坚持自力更生，并不是要否定对外开放。经验证明，关起门来搞建设是不能取得成功的，中国的发展离不开世界；但像我们这样的大国，搞建设又不能不立足国内、坚持自力更生。因此，邓小平等强调，对外开放必须建立在自力更生的基础之上；我们搞对外开放就是为了增强自力更生的能力，加快我国经济的发展速度。我们不能将自力更生与改革开放人为地对立起来。对外开放和自力更生，这两者并不是互相矛盾的关系，而是相辅相成的。

与强调自力更生相联系的是，以邓小平为核心的党的第二代中央领导集体还强调坚持我国经济发展主要依靠国内市场的思想。比如，早在 1975 年 9 月 5 日，邓小平在会见新西兰新闻代表团时指出：“随着中国国民经济的发展，对外贸易一定会发展，但中国情况同别国不同。”“我国国内市场大，首先要作很大努力满足国内需求。”[⑤] 1981 年 3 月 24 日，他在会见坦桑尼亚总

---

① 《李先念传（1949—1992）》（下），1063 页。

② 《邓小平文选》，2 版，第 2 卷，257 页。

③ 《陈云文选》，第 3 卷，237 页。

④ 《陈云文选》，第 3 卷，281 页。

⑤ 《邓小平年谱（1975—1997）》（上），92 页。

统尼雷尔时指出："像我们这样一个社会主义国家，当然要对外开放，加强国际经济交往，但最大的市场还是在国内。如果占人口80%的农村不发达，没有购买力，那样，哪会有国内市场?"① 1989年3月7日，陈云同对外经贸部负责人谈话时也明确指出："中国发展经济，主要还是靠国内市场。"② 在邓小平、陈云看来，我国人口众多，国内市场大，这决定了我们发展经济必须立足国内、首先满足国内需求，在此基础上随着经济规模的扩大而逐步发展对外贸易。我们不能像"亚洲四小龙"那样过分依赖出口导向型经济、搞"两头在外"（即原材料和市场都在国外），我们的发展需要国际市场但不能过分依赖国际市场，而必须主要依靠国内市场。

当然，这里有两个问题需要特别说明：

第一，在改革开放初期，邓小平等老一辈革命家在强调发展立足国内市场方面的立场是明确的，但那时我们政策的重点放在了开拓国际市场上，因为在改革开放初期，我们与世界市场的联系还很少，我们面临的主要问题是如何充分利用国际市场上的资金、技术、管理等来加速我们的四个现代化建设。因此，在当时经济规模还很小的情况下，我们需要千方百计地从国内市场挤出一些在国际上有竞争优势的产品加大出口，开拓国际市场，换取外汇，以引进必要的技术和设备，加快我国的发展速度。

第二，在改革开放初期，邓小平等老一辈革命家一方面认识到"中国这个市场潜力是很大的"，同时也认识到"中国这个市场还有待开发"，"随着中国摆脱贫困，进一步发展，中国市场的潜力才会真正发挥出来"，"我们越发展，市场越大"③。在当时我国总体上还处于短缺经济、市场容量还不大的情况下，我们面临的主要问题是发展，开拓国内市场的重点放在怎样发展生产来满足人们的需要上。在生产与消费、供给与需求这两个社会经济层面，我们更侧重于强调生产和供给这一面。这是与当时我们所处的发展阶段相适应的。因为按照马克思的生产与消费理论，生产决定消费，消费反作用于生产。生产发展的程度决定了消费的程度和方式。在总体上我国还处于短缺经济的条件下，一般来讲，商品生产出来，只要花色、品种、质量没有问题，就会有销路、有市场。因此，当时在发展生产的同时，也就同步发展了消费，这就是邓小平所说"我们越发展，市场越大"的含义。而消费反作用于生产、

---

① 《邓小平年谱（1975—1997）》（下），724页。

② 《陈云年谱》，下卷，420页，北京，中央文献出版社，2000。

③ 《邓小平年谱（1975—1997）》（下），912、1082、1139页。

有效需求不足这个问题的凸显，则是在 20 世纪 90 年代中期之后。但是无论如何，在改革开放初期，邓小平等老一辈革命家在立足自力更生、主要依靠国内市场这一点上，立场和思想是明确和一贯的。

二、20 世纪 90 年代后期：明确“扩大国内需求、开拓国内市场”的方针

（一）扩大国内需求战略方针的确立，是我国经济建设和改革开放发展到一定程度和一定阶段、国内国际形势发生深刻变化后的必然要求

从国内来说，到了 20 世纪 90 年代中后期，经过改革开放近 20 年的快速发展之后，我国经济状况发生了根本改变，市场供求关系上由长期的卖方市场转为初步形成买方市场。这就提出了如何解决有效需求不足等问题。如果没有有效需求、没有消费，生产就实现不了，因而就不可能进行扩大再生产。于是，扩大内需的问题凸显了出来。

从国际上来说，到 20 世纪 90 年代中后期，世界经济开始呈现全球化趋势，同时国与国之间的经济、科技和综合国力的竞争日趋激烈。此时，经过近 20 年的改革开放历程，特别是 1992 年党的十四大确立社会主义市场经济体制的改革目标之后，我国经济与世界经济的联系日益紧密、相互影响越来越大。在这样的情况下，“如何趋利避害、掌握主动权，始终是摆在我们面前的大问题”①。

在国内国际形势发生如此深刻变化的情况下，以江泽民同志为核心的党的第三代中央领导集体酝酿提出了两大战略：一是实施“引进来”和“走出去”相结合的开放战略，进一步扩大开放；一是实施扩大内需的战略方针，将立足点放在国内，以应对国际市场上可能出现的难以预料的各种风险。

---

① 《江泽民文选》，第 2 卷，102 页。

(二) 在应对亚洲金融危机的过程中，扩大国内需求、开拓国内市场被正式提出并逐步确立为一项战略方针

1997 年 7 月，亚洲金融危机首先在东南亚爆发，1998 年危机进一步加深。亚洲金融危机的爆发，使我国经济发展面临严峻形势，主要是出口和利用外资等，都不同程度受到影响。面对金融危机进一步蔓延的趋势以及对我国经济发展的负面影响不断加深，1998 年 2 月，中共中央、国务院发出《关于转发〈国家计划委员会关于应对东南亚金融危机，保持国民经济持续快速健康发展的意见〉的通知》，明确提出应对危机的指导方针和若干重大政策措施，强调要“立足扩大国内需求，加强基础设施建设”。从现有公开的文献看，这是中央文件中第一次明确将“扩大国内需求”作为一项政策提出来。

1998 年 2 月 25 日至 26 日，中共十五届二中全会在北京召开。江泽民在会上讲话指出：应对亚洲金融危机“最根本的是要做好我们国内的经济工作，以增强我们承受和抵御风险的能力”。他强调“要努力扩大内需，发挥国内市场的巨大潜力”①。据笔者所知，这是中央领导同志第一次在正式讲话中使用“扩大内需”的概念。随后，1998 年 3 月 24 日，朱镕基总理在国务院第一次全体会议上强调，面对 1998 年经济发展开局的严峻形势，“要扩大国内需求，充分发挥国内市场的潜力”②。

可见，扩大内需最早是在 1998 年 2、3 月间中央正式提出来的，而这一政策措施的酝酿其实更早。1997 年 12 月 24 日，江泽民在会见全国外资工作会议代表时说：“我国有十二亿多人口的广阔市场，回旋余地很大。我们要注意开发农村市场。要把吸引外资、开展对外贸易和调整经济结构同广大农村市场的需求很好地结合起来。这对扩大我们的回旋空间是很重要的”③。这表明，面对亚洲金融危机对我国经济负面影响的日益加深，中央领导同志已经将目光重点投向对国内市场的开拓上。朱镕基在 1998 年 3 月 24 日的国务院第一次全体会议上就明确讲道：扩大国内需求的精神和措施“已讲过多次，并从去年四季度以来就陆续作过部署”④。

---

① 《江泽民文选》，第 2 卷，103 页。

② 《十五大以来重要文献选编》(上)，271 页。

③ 《江泽民文选》，第 2 卷，93 页。

④ 《十五大以来重要文献选编》(上)，271 页。

内需是相对于外需来讲的。作为一项政策措施，强调扩大内需，并不是说外需不重要。事实上，1997 年底至 1998 年初，中央主要领导人在论述扩大内需时，也往往是同外需联系起来一同讲的。当然，在亚洲金融危机日益加深、我国经济的外部需求不断萎缩的情况下，突出强调扩大内需是非常必要的，也有很强的现实针对性。

经过一年扩大内需政策措施的实践，到 1998 年底，扩大内需逐渐被明确为一项战略方针。1998 年 12 月 7 日，江泽民在中央经济工作会议上讲话时指出："扩大国内需求、开拓国内市场，是我国经济发展的基本立足点和长期战略方针。"① 12 月 18 日，江泽民在纪念党的十一届三中全会召开 20 周年大会上讲话时又指出："必须始终把独立自主、自力更生作为自己发展的根本基点，必须把立足国内、扩大国内需求作为经济发展的长期战略方针。"② 这表明党中央对扩大内需这个问题的认识更深化了。此后，从 1998 年至 2002 年，历次中央经济工作会议都将扩大内需作为一项战略方针来加以强调。2002 年 11 月 8 日，江泽民在党的十六大报告中郑重指出："扩大内需是我国经济发展长期的、基本的立足点。"③

（三）江泽民对确立扩大内需战略方针的三个方面的深刻考虑

1. 立足国内市场，是我们作为一个社会主义大国发展经济的必然选择

自 1997 年亚洲金融危机爆发以来，以江泽民同志为核心的党的第三代中央领导集体在密切关注危机的发展态势及其对我国经济发展影响的同时，开始深入思考这场危机带给我们的启示和教训。江泽民在 1998 年初深刻指出："一个国家特别是一个大国的经济发展，必须建立在坚实的物质技术基础和合理的经济结构之上，必须有自己强大的基础产业，否则经不起困难和风险的冲击"④。作为一个人口众多的社会主义大国，我们现代化建设的任务很重。既然是大国，我们的经济建设就不能依靠别人，事实上也靠不了别人。因此，

---

① 江泽民：《论社会主义市场经济》，415 页。
② 江泽民：《论社会主义市场经济》，429 页。
③ 《江泽民文选》，第 3 卷，550 页。
④ 《江泽民文选》，第 2 卷，102 页。

必须把立足点放在依靠自己的力量、依靠国内市场的基础上。事实上，“从世界经济发展的实际情况看，不少大国的经济发展，也是以内需为主的”①。

2. 作为发展中大国，广阔的国内市场是我们扩大国内需求、开拓国内市场的有利条件

作为一个发展中的大国，特别是区域之间、城乡之间发展还很不平衡的大国，在社会主义现代化建设过程中，我们的发展空间很广阔，各方面的需求潜力也非常巨大。这为我国扩大内需战略方针的实行提供了有利条件。正因为如此，1998 年后，江泽民在不同场合反复指出：“中国有一个十二亿多人口的大市场，具有很大发展潜力”②，“国内市场广阔，这是我国最大的优势”③。他强调要充分运用好这一优势，把经济发展的立足点真正放到国内。无论是着眼于克服经济暂时困难，还是着眼于经济的长远发展，“我们都有必要也有条件把经济发展建立在主要依靠国内市场的基础上，实行以扩大内需为主的发展方针”④。

3. 在经济全球化条件下，立足国内需求，可以使我国经济有较大回旋余地，增强抵御国际经济风险的能力

亚洲金融危机带给我们的一个深刻启示和思考是：在我国经济与世界经济联系日益密切的形势下，如何既充分利用全球化的机遇和有利条件来发展自己，同时又能保证我国的经济安全？在国际市场发生巨大变化的情况下，如何增强我们承受和抵御风险的能力？以江泽民同志为核心的党的第三代中央领导集体对这个问题的结论是：要把经济发展建立在主要依靠国内市场的基础上，这是主动适应国际经济形势发展变化的需要。1998 年 12 月 7 日，江泽民在中央经济工作会议上指出：“立足国内，实行扩大内需的政策，努力开拓国内市场，有利于扩展我们在国际经济合作与竞争中的回旋余地。”⑤ 1999 年 6 月 9 日，他在中央扶贫开发工作会议上进一步指出：“我们具有需

① 江泽民：《论社会主义市场经济》，415 页。
② 《江泽民文选》，第 2 卷，432 页。
③ 江泽民：《论社会主义市场经济》，559 页。
④ 《江泽民文选》，第 2 卷，432 页。
⑤ 江泽民：《论社会主义市场经济》，415 页。

求潜力十分巨大的国内市场，这是在当今世界经济形势急剧变化和国际市场竞争日趋激烈的情况下，推进我国经济发展的一个重要优势。我们必须十分珍惜并充分发挥好这个优势。”① 2000 年 11 月 28 日，江泽民在中央经济工作会议上再次强调：“立足国内需求，可以使我国经济有较大的回旋余地，增强抗御国际经济风险的能力。”② 总之，在经济全球化的条件下，坚持扩大内需的战略方针，是增强我国经济安全性和稳定性的关键一着。

（四）扩大内需方针的精神实质及其丰富的政策内涵

现在人们往往一提扩大内需，就将它与积极的财政政策联系在一起，这其实是片面的。扩大内需是一项大的建设方针，包含着丰富的政策内涵。财政政策只是其中一个方面。而积极的财政政策更是在特定条件下采取的特定措施，并不是扩大内需方针下所必然要采取的一项措施。1999 年 3 月 5 日，朱镕基在九届全国人大二次会议上所作的政府工作报告中特别指出：“实施积极的财政政策是特定条件下采取的特定政策。从中长期来说，仍然要坚持财政收支基本平衡的原则，实行适度从紧的财政政策，严格控制并逐步缩小财政赤字”③。

为了准确、全面地理解扩大内需方针的内涵，首先要弄清扩大内需方针的精神实质。2000 年 11 月 28 日，江泽民在中央经济工作会议上讲话时指出：“坚持扩大内需的方针，实质上就是坚持发展是硬道理的重要思想，把发展作为主题。”④ 换句话说，扩大内需方针的实质就是要保持国民经济持续快速健康发展。这样，我们对扩大内需方针的理解视野就更加开阔了。作为一项具体政策，扩大内需要通过一定的财政政策和货币政策来实现；而作为一项长期战略方针，扩大内需则包含了更丰富的政策内容。比如说调整经济结构、形成新的经济增长点，高度重视“三农”问题、大力开拓农村市场，加快中西部开发步伐、启动新的生产资料和消费资料市场，调整国民收入分配格局、高度重视消费对经济的拉动作用，高度重视就业和社会保障等民生问题，等等，这些都是扩大内需方针的政策内容。概括起来说，扩大内需方针的精神实质和政策内涵就是：立足国内市场，着眼和着力于解决经济发展和

---

① 江泽民：《论社会主义市场经济》，451 页。
② 江泽民：《论社会主义市场经济》，559 页。
③ 《十五大以来重要文献选编》（上），778 页。
④ 江泽民：《论社会主义市场经济》，559 页。

运行中的薄弱环节、突出矛盾和问题而采取一系列政策措施，保持国民经济持续快速健康发展。从 1998 年后历次中央经济工作会议的表述中可以看出，扩大内需方针的政策内涵在不断丰富和深化。2000 年 1 月 20 日，江泽民在中共中央政治局会议上讲话时强调："扩大国内需求，开拓国内市场，是关系我国未来发展全局的重大课题，全党要继续做好这篇大文章。"① 这就把扩大内需方针提高到一个新的高度，说明其政策内涵是面向实际的开放体系，在实践中仍需要不断丰富、充实和完善。

三、新世纪新阶段：坚持并不断完善扩大内需的战略方针

2002 年 12 月 9 日至 10 日召开的中央经济工作会议，是党的十六大召开以后的第一次中央经济工作会议。在这次会议上，胡锦涛总书记明确指出："1998 年，中央提出要把扩大内需作为我国经济发展的基本立足点和长期战略方针，实践证明是完全正确的。""在全面建设小康社会乃至整个现代化建设进程中，我们要始终发挥好这个优势，坚持并不断完善扩大内需的方针。"② 国务院总理温家宝在历次政府工作报告中，也强调要继续坚持扩大内需的方针。

（一）进入 21 世纪，我国经济发展进入新的阶段，国内国际形势发生了新的变化，对实施扩大内需战略方针提出了新要求

进入新世纪，从国内来说，我们已经顺利实现了现代化建设"三步走"战略目标的前两步，人民生活总体上达到小康水平。但我们的小康还是低水平的、不全面的和发展很不平衡的小康。同时，经过党的十四大后 10 年的努力，我国已经初步建立起社会主义市场经济体制，下一步的任务是要不断完善社会主义市场经济体制。从国际上说，世界多极化和经济全球化趋势继续发展；同时科技进步日新月异、知识经济初见端倪，推动了世界范围内新一轮的经济结构调整。我国于 2001 年 11 月正式加入世界贸易组织，我国经济

---

① 《江泽民文选》，第 2 卷，533 页。

② 胡锦涛在中央经济工作会议上的讲话，2002 年 12 月 9 日。

与世界经济的联系更加紧密。这为我国的经济和社会发展带来新的机遇，同时也给我们的经济安全带来新的挑战。我国经济受世界经济波动的影响开始变得更为直接和深入。

为此，以胡锦涛同志为总书记的党中央采取了一系列积极的应对措施。在2006年10月11日召开的十六届六中全会第二次全体会议上，胡锦涛指出："贸易顺差过大，过度依赖国际市场，不仅容易引发贸易摩擦，而且会增大我国经济发展的风险"。强调要促进进出口贸易平衡发展，在保持外贸稳定增长的同时，要大力增强内需对经济增长的拉动作用。[①] 2006年12月5日，胡锦涛在中央经济工作会议上指出："从当前和今后一个时期发展的趋势来看，保持经济平稳较快发展需要正确处理两个关系：一是投资和消费的关系，二是内需和外需的关系。处理好这两个关系，最根本的是扩大国内消费需求，当前工作的着力点是调投资、促消费、减顺差。"他提出要"促进内需和外需协调发展"。在讲话中，胡锦涛针对我国贸易顺差过大的情况指出："目前影响我国国际收支平衡的主要矛盾，已由过去的外汇短缺转为贸易顺差过大和外汇储备增长过快，这既表明我国综合国力逐步增强和国际竞争力逐步提高，但也带来人民币升值压力加大、贸易摩擦增多和国内资源更多流向国外等问题。"[②]

党的十六大以来，党中央提出把增强自主创新能力作为科学技术发展的战略基点和调整产业结构、转变增长方式的中心环节，"把立足点从过多依赖国外技术逐步转移到主要依靠自主创新上来"[③]；提出加快调整国民收入分配格局，努力提高农民和城镇低收入者收入水平和消费能力；实施"工业反哺农业、城市支援农村"的方针；在推进西部大开发的基础上，实施振兴东北老工业基地、中部崛起战略；强调"把解决涉及群众切身利益的突出问题作为经济工作的着力点"[④]，高度关注民生、促进社会和谐；等等。所有这些，都是围绕着经济发展中出现的薄弱环节、突出矛盾和问题所采取的针对性政策措施，也是扩大内需的着力点和重要方面，体现了扩大内需方针的本质要求，因而是在实践中对扩大内需方针的完善和丰富。

---

① 参见《十六大以来重要文献选编》(下)，680页，北京，中央文献出版社，2008。

② 胡锦涛在中央经济工作会议上的讲话，2006年12月5日。

③ 胡锦涛在中央经济工作会议上的讲话，2005年11月29日。

④ 胡锦涛在党的十六届三中全会第二次全体会议上的讲话，2003年10月14日。

（二）从总体上说，以胡锦涛同志为总书记的党中央在三个方面坚持并不断完善了扩大内需的战略方针

概括起来说，党的十六大以来，以胡锦涛同志为总书记的党中央正是在以下三个方面坚持并不断完善了扩大内需的方针：

首先，在深化对扩大内需方针的认识方面，党中央进一步强调“作为一个有近13亿人口的发展中大国，我国国内市场潜力大，经济发展的回旋余地大，这是我们的优势。在全面建设小康社会乃至整个现代化建设进程中，我们要始终发挥好这个优势”①；突出强调“在国际市场不断波动的情况下，我们更要深刻认识扩大内需的战略意义，处理好外需和内需的关系，坚定不移地扩大国内需求，牢牢把握发展的主动权”②，提出要“促进内需和外需协调发展”③。

其次，在充实扩大内需方针的政策内容方面，根据我国经济发展进入新世纪新阶段面临的新形势和突出矛盾，党中央着重强调要调整结构。从胡锦涛、温家宝的一些讲话以及历次中央经济工作会议的精神来看，强调调整结构不单指狭义上的经济结构调整，而且是指广义上的结构调整。综合起来看，主要包括以下六个方面：（1）努力优化投资结构，着力调整投资和消费比例；（2）加快发展方式转变，优化三次产业结构；（3）加快调整国民收入分配格局，增加城乡居民特别是广大农民的消费；（4）统筹城乡发展、改善城乡结构，促进城乡协调发展；（5）统筹区域发展、调整地区结构，促进区域共同协调发展；（6）统筹经济社会、人与自然协调发展，加大社会建设和生态建设力度。

最后，在提高政策实施的效果方面，党中央强调要“提高应对经济波动的预见性和针对性，不断增强驾驭社会主义市场经济的能力”④；强调“扩大内需最终要靠激发企业和群众积极性”，要“广泛调动各方面的积极性、主动性、创造性，不断增强经济发展的活力和动力”⑤；强调在落实各项宏观政策

---

① 胡锦涛在中央经济工作会议上的讲话，2002年12月9日。

② 《十六大以来重要文献选编》（中），1095页，北京，中央文献出版社，2006。

③ 胡锦涛在中央经济工作会议上的讲话，2006年12月5日。

④ 《十六大以来重要文献选编》（中），454页。

⑤ 胡锦涛在中央经济工作会议上的讲话，2008年12月8日。

时，“要充分体现区别对待、有保有压的原则”，“要发挥市场配置资源的基础性作用，更加注重运用经济手段和法律手段”①。

2008年下半年以来，由美国次贷危机引发的全球金融危机在全世界迅速蔓延。为克服这次金融危机对我国经济产生的负面影响，党中央提出“要着力在保增长上下功夫，把扩大内需作为保增长的根本途径，把加快发展方式转变和结构调整作为保增长的主攻方向，把深化重点领域和关键环节改革、提高对外开放水平作为保增长的强大动力，把改善民生作为保增长的出发点和落脚点”②；提出要将保增长、扩内需、调结构有机结合起来，在实际工作中着力保增长、保民生、保稳定。所有这些，都是对扩大内需战略方针的完善和丰富，也是我们应对当前仍在肆虐的全球金融危机的重要指导思想。

通过以上简要回顾改革开放以来我们党关于立足国内市场的经济发展方针的演变过程，可以得出四点结论：（1）改革开放以来，我们党在坚持自力更生、立足于国内、主要依靠国内市场发展这个问题上的立场和思想是明确和一贯的。（2）以江泽民同志为核心的党的第三代中央领导集体明确提出扩大国内需求、开拓国内市场的战略方针，是我国经济建设和改革开放发展到一定程度和阶段、国际国内形势发生深刻变化后的必然要求。（3）党的十六大以来，面对我国经济发展进入新阶段后国内外形势发生的新变化，发展中呈现的新特征、出现的新问题，以胡锦涛同志为总书记的党中央坚持并完善了扩大内需的方针。（4）扩大内需不仅是一项具体政策措施，更重要的是一项经济建设的基本立足点和长期战略方针。作为一项战略方针，扩大内需包含丰富的政策内容，需要我们在实践中更加坚定地贯彻执行。

（原载《党的文献》2009年第4期）

---

① 胡锦涛在中央经济工作会议上的讲话，2004年12月3日。

② 胡锦涛在中央经济工作会议上的讲话，2008年12月8日。

党史国史探微

中国共产党入党誓词的沿革

王为衡

中国共产党的入党誓词，是新党员在入党时对党和人民作出的庄严承诺，同时也是党员必须遵守的行为准则，体现了我们党对党员的基本要求。1982年9月6日，党的十二大通过的《中国共产党章程》规定了入党誓词的内容，这在我们党的历史上还是第一次。在此之前，我们党虽然在党章中对入党誓词没有明文规定，但只要条件允许，党的基层组织在发展党员时，一般都会组织入党宣誓仪式，并形成了具有不同特色的入党誓词。

一、大革命时期、土地革命时期的入党誓词强调阶级斗争、对党忠诚

中国共产党诞生初期，在党章中只是对党员入党资格、条件和手续进行了说明。当时，只要承认党的纲领，并有人介绍，经过审查，即可入党。入党形式虽然简单，然而由于中国共产党在创立和成长的初期面临着严酷的革命斗争环境，入党誓词为捍卫党组织、保卫红色政权应运而生。曾有记者采访1925年即入党的夏征农，问他在人生经历中记忆最深刻的是什么？他毫不犹豫地说："是当年的入党誓词！——'永远跟党，永不叛党，为共产主义奋斗终生'！"① 王树声是在1926年2月13日入党的老党员，他入党时的誓词

① 转引自姜泓冰：《夏征农：半是战士半书生》，载《北方周末报》，2008-10-16。

为："我自愿加入中国共产党，服从党的纪律，为共产主义奋斗终生，严守秘密，誓不叛党。"①

井冈山时期，毛泽东在加强党和红军建设时，十分注意通过入党宣誓仪式来对新党员进行党性教育。1927年10月15日，毛泽东在酃县水口村叶家祠堂主持了六名新党员的入党宣誓仪式。他向新党员详细解释了入党誓词的意思，然后带着他们宣读入党誓词："牺牲个人，努力革命，阶级斗争，服从组织，严守秘密，永不叛党。"② 这一版本的誓词，可以找到相对应的物证。1931年1月25日，江西永新北田村农民贺页朵秘密入党时，在一块红布中间写下了入党誓词："牺牲个人，言首 纰蜜（严守秘密），阶级斗争，努力革命，伏从党其（服从党纪），永不叛党。"③ 贺页朵所写的入党誓词，与毛泽东领誓的入党誓词相比，内容大致相同，顺序略异。

这一版本的入党誓词还在一些老共产党员的回忆录中反复出现过，核心内容大致相同。如李志民回忆1927年他入党时所诵读的誓词为："努力革命，阶级斗争；服从组织，牺牲个人；严守秘密，永不叛党。"④

除以上版本的入党誓词外，福建长汀博物馆保存着这样一份入党誓词："中华民国　年　月　日在　地以至诚加入中国共产党，愿永久遵守下列誓词：一、遵守党纲党章和纪律；二、绝对忠实为党工作永不叛党；三、保守党的秘密；四、服从党的一切决议；五、经常参加支部生活和活动；六、按时缴纳党费。如有违上列各项愿受党的严厉纪律制裁。"⑤

这一时期入党誓词的最大特色是强调阶级斗争和对党忠诚。一方面，中共从一开始就旗帜鲜明地以马克思主义阶级斗争理论来观察和分析中国的问题，此理论被这一时期的入党誓词普遍吸收，成为重要特色之一。另一方面，大革命失败后，党员数量从革命高潮时近六万人锐减到一万多人，党组织被打散，活动被迫转入地下，党内一些意志不坚定分子在白色恐怖下背叛革命，给我们党造成巨大损失。所以，党组织尤其重视党员的忠诚问题，"永不叛党"成为党员入党之初的基本承诺。而且，作为一条铁的纪律，"永不叛党"自从拟定之日起被各个时期沿用，贯穿于中国共产党革命、建设和改革时期

---

① 《王树声传》，15～16页，北京，当代中国出版社，2007。

② 金冲及主编：《毛泽东传（1893—1949）》，171页，北京，中央文献出版社，2004。

③ 《中国共产党七十年图集》载上卷，349页，上海：上海人民出版社，1991。

④ 李志民：《寻求救国救民的真理》，载《党史研究与教学》，1991（4）。

⑤ 李起民、周濂康：《我们所看到的中国共产党新党员入党宣誓誓词》，载《理论学习与探索》，1994（3）。

之始终，成为中国共产党入党誓词的核心内容。

二、抗日战争时期的入党誓词强调要作群众的模范、对党有信心

1939年1月25日，陈云撰写了《发展党员问题》的讲话提纲，其中“入党手续”部分写有“四、誓词。青年预备党员。1. 为共产主义奋斗到底；2. 党的利益高于一切，经常地积极工作（模范）；3. 遵守党的纪律，永远不叛党（秘密）；4. 不怕困难，永远为党工作；5. 要做群众的模范；6. 保守党的秘密；7. 对党有信心；8. 百折不挠，永不叛党。”①

中央党校延川实习团杨英杰等人在《共产党人》1940年第4期上发表《延川县禹居区三乡支部的特点、党员和干部》的工作通讯，提出：“新党员入党，应该给以仪式，入党的仪式，对于很多党员是起了不小的作用；应该宣誓，誓词如下：‘我宣誓：一、终身为共产主义事业奋斗；二、党的利益高于一切；三、遵守党的纪律；四、不怕困难，永远为党工作；五、要作群众的模范；六、保守党的秘密；七、对党有信心；八、百折不挠，永不叛党。（中共中央组织部规定）谨誓。’”

对比以上两段可知，抗日战争时期标准的入党誓词是时任中组部部长的陈云起草的，中组部颁布时只在个别地方进行了修改。之后，它被各地党组织翻印，为新党员入党宣誓时所用。例如，中共冀中区党委印制的入党誓词，上方为马恩列斯毛像，左右各一面党旗，中间即是这一入党誓词；中共冀中区党委印制的入党志愿书第一栏内容即是这一入党誓词。②

除这一标准的入党誓词之外，还存有其他版本的入党誓词。1940年6月入党的王书波，曾撰文回忆他在入党宣誓仪式上诵读的誓词：“我自愿加入中国共产党，坚决抗战到底，坚决为共产主义奋斗到底，执行党的决议，严守党的纪律，在困难面前不低头，在战场上英勇战斗，终身于党的事业。”③

这一时期的入党誓词不再强调“阶级斗争”。究其原因，是抗日战争爆发

---

① 《陈云文集》，第1卷，117页，北京，中央文献出版社，2005。

② 参见李起民、周濂康：《我们所看到的中国共产党新党员入党宣誓誓词》，载《理论学习与探索》，1994（3）。

③ 王书波：《大炮与我的入党誓言》，载《党史博采》，2001（4）。

后阶级斗争服从于抗日民族斗争，这也是当时我们党统一战线的根本原则。其入党誓词的特色内容是“要作群众的模范”和“对党有信心”。强调“要作群众的模范”，因为抗战时期随着党的政治影响的扩大和威信的提高，工人阶级和人民大众对于党员的期望越来越高。“群众常常根据我们党员的行动来测量我们的党，所以党员无论在何时何地的一举一动，都必须给非党群众一种好的影响，使他们更加信仰我党，更加敬重我党。”① 另外，抗日战争是一场艰苦的持久战，党在领导抗战的过程中势必会遇到各种各样的困难，因此要求党员坚定革命信念，对抗战取得最终胜利充满信心，对党的前途充满信心。

三、解放战争时期的入党誓词强调坚决执行党的决议

解放战争时期，有的地方党组织沿用了抗战时期中央组织部制定的标准誓词②，但也有不少地方党组织自拟了其他版本的入党誓词。1947 年，中共冀南区党委组织部印制的入党志愿书内的入党誓词为：“我自愿立誓参加共产党，永远跟着共产党毛主席走，一心一意为人民服务，个人利益服从党的利益，坚决执行党的决议，遵守党的纪律，保守党的秘密，遵守民主政府的法令、群众的决议，在任何情况下不动摇，不妥协，不怕困难与牺牲，为新民主主义和共产主义的实现而奋斗到底。”③ 1948 年，东北局宣传部编印的《共产党员课本》中收录的入党誓词如下：“我决心加入中国共产党，诚心诚意为工农劳苦群众服务，为新民主主义和共产主义事业干到底，自入党以后，努力工作，实事求是，服从组织，牺牲个人，执行命令，遵守纪律，保守秘密，永不叛党，如有违背，愿受党纪严厉制裁，谨此宣誓。”④ 吉林省伊通县女共产党员张凤的入党志愿书里所印的入党誓词为：“我志愿加入中国共产党，决心为实现新民主主义和最后实现社会主义、共产主义而奋斗到底，牺牲个人，服从组织，遵守党的纪律，执行党的决议，严守党的秘密，永不叛党。”⑤

---

① 《陈云文选》，第 1 卷，141 页，北京，人民出版社，1995。
② 参见《入党誓词专家珍藏》，载《每日新报》，2004-07-01。
③ 《入党誓词专家珍藏》，载《每日新报》，2004-07-01。
④ 王建华：《中国共产党各时期入党誓词考证》，载《中共党史研究》，2010 (8)。
⑤ 刘璇：《1948 年的入党志愿书》，载《藏书报》，2008-10-06。

此外，锦州辽沈战役纪念馆存有一份入党誓词，为中共冀热辽分局印，上方为毛主席像，左右为党旗，一共八条，其主要内容与抗日战争时期中央组织部制定的入党誓词一致，只是将“对党有信心”这一条，换作了“坚决执行党的决议”①。

解放战争时期的入党誓词突出强调了“坚决执行党的决议”。这一时期，党处于大发展时期，革命形势已经发生了极大变化，要求党员迅速克服由于长期处于被敌人分割的游击战争环境下产生的某些无纪律、无政府状态，个人服从党的组织，下级服从上级，少数服从多数，全党各个部分组织统一服从中央。这些党的原则在历史转折的重要关头，显得尤为重要，是革命最终取得胜利的保证，必须无条件地执行。

四、新中国成立前后的入党誓词没有统一规定，大多为自拟誓词

1949 年 4 月，中央组织部明确表示：“入党仪式及入党誓词在党章中没有明文规定，亦不适宜再作明文规定，入党仪式仅是进行教育的一种方式，并不能含有其他意义。”同时又指出：“所谓‘誓词’的内容，亦不能不是党章第一章第一、二条的内容，这内容应在新党员入党志愿书中写出，在支部大会上声明。”②

有一份誓词作为新中国成立前后的标准入党誓词被广为使用：“我志愿加入中国共产党，拥护党纲党章，执行党的决议，遵守党的纪律，保守党的秘密，随时准备牺牲个人的一切，为全人类彻底解放奋斗终身。”③

1950 年中南局宣传部编印的《共产党员课本》中，要求新党员如需宣誓者，其誓词内容应该是作为一个党员所应履行的义务与努力的方向，“即党章上第一、第二条的基本内容”。该书附录了一份入党誓词：“我志愿加入中国共产党，承认党纲、党章，遵守党的纪律，服从党的决议，学习马列主义、

① 李起民、周濂康：《我们所看到的中国共产党新党员入党宣誓誓词》，载《理论学习与探索》，1994（3）。

② 《中国共产党组织史资料》，第 8 卷，722 页，北京，中共党史出版社，2000。

③ 李起民、周濂康：《我们所看到的中国共产党新党员入党宣誓誓词》，载《理论学习与探索》，1994（3）。

毛泽东思想，努力提高自己的觉悟，积极工作，精通业务，全心全意为人民服务，不屈不挠，为共产主义事业奋斗到底。”该书还特别提到，具体人在具体条件下，如在工厂的生产运动中“愿宣誓者，由其自拟誓词亦可”①。

入党可自拟誓词，是这一时期入党誓词的一个主要特色。有一份 1949 年 8 月的入党誓词，内容较为具体细致，几乎面面俱到：“我志愿加入中国共产党，在党的领导下，愿终身为共产主义事业奋斗到底，承认党纲，遵守党章，并加入党的组织之一，在其中积极为党工作，无条件的实际执行党的决议和政策，服从组织调动和分配，决心为人民群众服务，巩固党与人民群众的联系，按期缴纳党费，遵守党纪，严守机密，积极参加党的政治生活和革命斗争，不动摇不叛变，不怕牺牲和困难，并努力学习，提高自己的觉悟程度，在各种革命事业中起模范作用，并和党内外一切损害党的利益的现象进行不屈的斗争，党的利益高于一切，一切服从党的利益，如违以上誓言愿受党纪严厉制裁。”② 这实际上就是一份自拟的入党誓词。入党誓词不统一、不规范的状况，一直延续到“文革”时期。“文革”时期的入党志愿书中甚至出现了“入党宣誓誓词（由本人自己填写）”的字样。这使得入党誓词的内容驳杂、长短不一，降低了其规范性和严肃性，不利于中国共产党对新党员进行党性教育和理想信念教育。

五、党的十二大以来的入党誓词经过精练概括后明确写入党章

1982 年 9 月 6 日，党的十二大通过的新的《中国共产党章程》，正式载入入党誓词。其第一章第六条明确规定：“预备党员必须面向党旗进行入党宣誓。誓词如下：我志愿加入中国共产党，拥护党的纲领，遵守党的章程，履行党员义务，执行党的决定，严守党的纪律，保守党的秘密，对党忠诚，积极工作，为共产主义奋斗终身，随时准备为党和人民牺牲一切，永不叛党。”③ 党的十三大至十七大通过的党章都沿用、重申了这一内容。

---

① 王建华：《中国共产党各时期入党誓词考证》，载《中共党史研究》，2010（8）。

② 《入党誓词专家珍藏》，载《每日新报》，2004-07-01。

③ 《中国共产党章程汇编（从一大——十七大）》，104 页，北京，中共中央党校出版社，2007。

将入党誓词明确写入党章，体现了党对入党誓词的重视。这一入党誓词，是在党的工作重心向经济建设转移和改革开放的新局面下产生的，意在规范和完善发展党员程序，加强党员的理想信念教育。与之前的入党誓词相比，它更全面、系统、科学地概括了党对党员的要求和党员应承担的政治责任，具有党规党纪的性质，是每一位共产党员在入党时必须面对党旗作出的庄严承诺，对每一位共产党员都有约束力。同时，它把共产党员从组织上入党到思想上入党的条件进行了高度概括，体现了中国共产党的性质、目标、宗旨、任务、纪律等，表达了共产党员对共产主义理想必须秉持的坚定信念。

与以往相比，这一时期的入党誓词首次提出党员应“履行党员义务”。1980年，邓小平在主持修改党章工作时，认为党员合格不合格是个大事，“党章对党员的义务和权利要有明确规定。要用党章规定的条件来衡量党员合不合格，能履行党员义务的叫合格”①。这也从一个侧面说明了在改革开放的新时期，我们党对党员的要求不但没有放松，反而更加严格。这一条也是我们党基于促进党组织健康发展，保证全党团结一致的考虑。

六、对入党誓词沿革的几点认识

通过梳理90年来中国共产党入党誓词的沿革，并对不同时期入党誓词的内涵进行分析，可以得出以下几点认识：

1. 入党誓词的沿革反映了我们党从不放松党的建设

在井冈山时期，毛泽东亲自带领新党员面对党旗宣誓，意在抓好军队和地方的建党工作，落实“支部建在连上”的原则，进而形成一个坚强有力的党的领导核心；在延安时期，陈云等中央领导人经常参加新党员的入党宣誓仪式，并向他们讲解怎样做一名合格的共产党员，意在加强党员的思想意识教育，解决革命青年在思想上完全入党的问题；而在改革开放的新时期，我们党又将入党誓词写入党章，意在规范和完善发展党员程序，加强党员的理想信念教育。这些和入党誓词有关的生动实践充分证明了我们党从来没有放

① 《邓小平年谱（1975—1997）》（上），595页。

松党的建设，也为我们揭示了加强党的建设是中国共产党从小到大、从弱到强、散而复聚、弱而复强的法宝之一，是我们党永远不可丢失的传家宝。

2. 入党誓词的沿革反映了我们党善于把握不同历史时期的主题和要求来发展党员

在不同的历史时期，我们党都有不同的历史使命。历史使命的演变，在不同历史时期的入党誓词中得到了动态的反映。从强调“阶级斗争”，到“坚决抗战到底”，从“决心为实现新民主主义和最后实现社会主义、共产主义而奋斗到底”到“为共产主义事业奋斗终身”，我们党牢牢把握住了不同历史时期的时代脉搏，并以此为标准来发展新党员，以此为目标来鼓舞新党员，以此为动力来推动党的建设向前发展。

3. 入党誓词的沿革反映了我们党高度重视对党员进行党性教育和理想信念教育

无论是在白色恐怖下举行的秘密入党宣誓仪式，还是今天隆重、庄严的入党宣誓仪式，新党员一般都要面对党旗，宣读入党誓词。这对于新党员而言，意味着一种身份的转变，意味着一种责任的承担，意味着一种忠诚的承诺，更意味着以后的人生将具有更加坚定的理想和信念。所以，入党宣誓仪式虽然只是一种形式，但却是一堂严肃而生动的党性教育和理想信念教育课。每一位党员所宣读的入党誓词，不是念念，走走过场，而是需要永远牢记，并努力付诸一生的实践和修养之中。例如，王树声在其自传中曾饱含真诚地写道：“加入了共产党，即受党的教育，特别是入党誓词对个人教育很大，初步明确了革命的目的和党员的义务，增强了斗争的坚决和勇敢牺牲精神。”①

4. 入党誓词的沿革反映了我们党具有与时俱进的先进性

如果有兴趣将中国共产党的入党誓词与中国国民党的入党誓词（1933 年，国民党入党誓词是：“余誓以志诚尊奉总理遗嘱，信仰本党主义，接受党纲实行决议，遵守纪律，履行义务，如有违背誓言，愿受本党最严厉

① 参见《王树声传》，15～16 页。

之处分。”1947年，国民党入党誓词是：“今志愿参加中国国民党党员调查纲工作，自参加工作之时，誓愿服从命令，遵守纪律，保守秘密，恪遵总裁意旨，努力工作，如有违背誓言，愿受严厉制裁。”）作一粗略比较，我们就会发现：中国共产党不搞个人崇拜，而把党的纲领、章程、纪律以及共产主义信仰看得高于生命，为了党和人民的利益，不怕困难，不怕牺牲，随时准备牺牲个人的一切。而国民党的入党誓词则更多地强调了要遵守领袖的教诲与意旨。正是因为有这样的差别，中国共产党才能与时代同行，表现出比其他政党更加卓越的先进性，在革命和建设年代不断壮大，进而带领人民群众取得新民主主义革命的胜利、社会主义建设的巨大成绩和改革开放的辉煌成就。

（原载《党的文献》2011年第4期）

《大众哲学》：马克思主义大众化的成功范例

樊宪雷

马克思主义者向来重视理论对实践的指导作用。1843年，马克思就曾指出："批判的武器当然不能代替武器的批判，物质力量只能用物质力量来摧毁；但是理论一经掌握群众，也会变成物质力量。"[①] 毛泽东也说过，作为"反映了全世界无产阶级实践斗争的马克思列宁主义的普遍真理"，一经传入中国，"在它同中国无产阶级和广大人民群众的革命斗争的具体实践相结合的时候，就成为中国人民百战百胜的武器"[②]。马克思主义传入中国后，在马克思主义中国化、大众化的过程中，涌现出了众多的理论成果，其中艾思奇的《大众哲学》，称得上是典范之作。

一、《大众哲学》的产生

社会大动荡的时代，也是思想大自由、文化大碰撞的时代，《大众哲学》就产生于这样一个时代。1931年九一八事变爆发后，日本加紧了侵略中国的步伐。正在日本留学的艾思奇，出于爱国主义的义愤弃学回国，于1932年到达上海，在中国共产党领导下开始从事马克思主义的宣传活动。1934年，经中国社会科学家联盟安排，艾思奇进入《申报》流通图书馆指导部，参与副

---

① 《马克思恩格斯全集》，中文1版，第1卷，460页，北京，人民出版社，1956。

② 参见《毛泽东选集》，2版，第3卷，1094页。

刊“读书问答”栏目工作，开始尝试用马克思主义的立场、观点、方法和通俗语言来解释当时社会上发生的各种问题，做革命理论的宣传、启蒙工作，广受欢迎。1934年10月，为了更好地满足读者的需求，“读书问答”专栏停刊，另办《读书生活》杂志，由李公朴任主编，柳湜、艾思奇、夏征农任编辑。由于刊物紧贴现实生活，内容生动活泼，受到广大读者的好评，成为马克思主义大众化、通俗化的重要阵地。艾思奇承担了“哲学讲话”栏目的大部分稿件，后来，艾思奇等人又发起成立了读书出版社，继续进行革命理论的宣传工作。1936年1月，艾思奇将他发表于《读书生活》杂志上的系列文章汇集成册出版，取名为《哲学讲话》。《哲学讲话》的出版，使马克思主义哲学走出了神圣的殿堂，走向了人民大众，成为他们的思想武器，引导无数青年走上了革命道路。该书很快被国民党查禁，艾思奇又把书名改为《大众哲学》继续出版。

《大众哲学》共有24篇，主要包括唯物主义、认识论和辩证法三个方面的内容，比较系统地讲解了马克思主义的基本理论，是一本简明的马克思主义基本理论通俗读本。《大众哲学》的产生，是历史的必然。

首先，《大众哲学》的产生是各种社会思潮相互角逐、历史选择的结果。西方各种社会思潮纷纷传入中国。改良主义、无政府主义、工团主义、国家主义、“乡村建设”理论、自由主义、实验主义、“平民革命”理论等等，竞相登场亮相。“那些先进分子从对各种思潮的反复比较推求中，得出结论：只有把社会主义和共产主义作为奋斗目标才能救中国，别的办法都不能救中国。”[①]《大众哲学》的核心内容，正是解释和宣传马克思主义这种“新哲学”，顺应了时代潮流和历史发展规律的需要。

其次，《大众哲学》的产生是中国革命实际的需要。20世纪30年代，民族矛盾和阶级矛盾进一步加剧，中国革命迫切需要马克思主义的大众化。1931年，中央苏区第一次党代表大会通过的《党的建设问题决议案》中就指出：“党内教育工作与思想斗争也是很缺乏的，一般党员对党的基本主张与重要策略的了解是很浅薄的。还有许多党员不认识党的阶级性，把党看成是工农或穷人党，相信党的个人甚过于相信党的组织。马克思列宁主义最基本常识的系统教育工作，尚未能引起党的严重的注意”，提出要“加强马克思列宁主义基本理论教育工作”[②]。另一方面，国民党出于“围剿”共产党和革命根

---

① 《金冲及自选集》，175页，北京，学习出版社，2003。
② 《中共中央文件选集》，第7册，467页，北京，中共中央党校出版社，1991。

据地的目的，散布大量谣言，对共产党和马克思主义极尽诬蔑之能事。特别是第五次反“围剿”后，国民党对民众的欺骗宣传给党的革命事业造成了很大影响，因此“必须一刻不容缓地揭穿并暴露国民党法西斯蒂的一切武断宣传”[①]。这使得马克思主义的大众化尤为必要，《大众哲学》这样的大众化理论读物正是革命实际的急需之物。

最后，《大众哲学》的产生是与各种反动学说进行斗争的需要。马克思主义在中国不断传播的过程，也是和各种反动学说斗争的过程。特别是20世纪30年代以后，国民党政权相对稳定，为了巩固统治，维护自身利益，它加紧了对马克思主义和共产党的攻击。比如李石岑、张君劢、张东荪等人的“唯意志论”，叶青的唯心主义，陈立夫的“唯生论”，以及蒋介石的“力行哲学”等，都是代表当权的大地主大资产阶级利益的学说。这些反动学说本质上都是反唯物论和辩证法的，其目的是为了迷惑人民群众。为了用马克思主义武装干部和群众，指导和推进中国革命，就必须对这些反动学说予以揭露和批判。《大众哲学》正是适应这种需要，在宣传马克思主义的同时，严厉、深刻地批判了以陈立夫的“唯生论”、叶青的唯心主义等为代表的反动学说。

《大众哲学》这样通俗化的马克思主义理论读物在当时并不是孤立出现的，而是涌现了一大批类似读物。仅以读书出版社为例，继《大众哲学》之后，就相继出版了李公朴的《抗战教育的理论与实践》，艾思奇的《哲学与生活》、《如何研究哲学》、《实践与理论》，柳湜的《实践论》、《社会相》、《救亡的基本知识》，楚云等人的《实践的知识》，曹伯韩的《通俗社会学二十讲》、《帝国主义》等著作，极大地推进了马克思主义中国化、大众化的进程。

二、《大众哲学》的传播途径及其影响

《大众哲学》出版之后，数月之内就再版4次，两年时间里已出到第10版，至新中国成立前印发了32版。20世纪30年代，国民党在实行政治专制的同时，也加紧了对文化的控制，特别是对马克思主义理论，更是严加钳制。在这种背景下，《大众哲学》是通过什么传播途径走进人民大众的视野之中的呢？

---

① 《中共中央文件选集》，第10册，440页，北京，中共中央党校出版社，1991。

其一，通过书籍报刊等传播媒介直接传播。书籍报刊是当时最为通行的传播载体，是《大众哲学》传播的重要渠道。《大众哲学》中的不少内容，曾在《申报》副刊的“读书问答”栏目刊登。《申报》是当时影响最大的报纸之一，拥有众多读者，特别是在进步民主人士中间，有着很大影响。《读书生活》杂志创立后，大力宣传抗日思想，也广受欢迎。“刊物一问世，就得到了社会人士，尤其是广大青年读者的支持和欢迎，有的写来了热情洋溢的贺信，有的慷慨解囊资助，《上海杂志公司》经理张静庐还愿意代为发行，每期销量达一万多份。”[①] 《大众哲学》结集出版后，更是一版再版，备受读者欢迎。“越查禁，越使这本书增加神秘感，使发行量不断上升。一个到读书出版社门市部查书的国民党官员，无可奈何地说：‘就那么一本书，弄得些青年神魂颠倒，搞得我们坐卧不安，毫无办法！’”[②]

其二，民间社团组织的传播。在《大众哲学》的传播推广中，民间社团的作用至关重要。五四运动以后，各种民间社团纷纷组建，促进了各种社会思潮的传播和交流。同样，各种民间社团特别是学生社团组织，对《大众哲学》的传播起到了巨大的推动作用。当时在学校中广泛存在的“读书会”，就是许多青年学生阅读、传播《大众哲学》的重要渠道。很多人在回忆自己接触《大众哲学》的情景时，都提到了读书会的作用。如武汉大学原校长陶德麟回忆说，由于不满胡适推崇美国式的民主自由、攻击马克思主义，他们“几个同班同学组织了一个读书会，每人拿出自己认为值得一读的新书来交换着读。刘杲同学推荐的书就是艾思奇同志的《大众哲学》”[③]。一位当年参加过读书会的人这样回忆：“30 年代，在我们对国民党反动派进行反‘文化围剿’的那些岁月里，在学生、青年知识分子中间，就比较普遍地有了读书会这类的组织。我们的党组织，很重视在群众中出现的这个活动方式，有意识地去领导，去组织，去推动这些活动。尤其是在 30 年代后期，在高涨的救亡运动中，这种进步的读书会运动，发展得更为普遍，更为活跃，扩大了我们党的影响，动员和组织了革命群众。我记得当时流行的一些革命书报，如艾思奇同志的《大众哲学》，何干之同志的《中国启蒙运动史》，等等，以及当

---

① 潘启发：《读书出版社的编辑思想及现实意义》，载《出版发行研究》，1992（5）。

② 谢本书：《战士学者艾思奇》，132 页，贵阳，贵州人民出版社，2000。

③ 陶德麟：《怀念艾思奇同志》，见《怀念与思考——艾思奇与马克思主义哲学中国化》，51 页，北京，中共中央党校出版社，2008。

时很著名的一些进步书刊，都曾经在成千成百的读书会中作为讨论的内容。”① 除了读书会，还有学生会、校友会、同乡会等各类社团组织，为《大众哲学》这类马克思主义读物的传播，发挥了重要作用。

其三，中国共产党积极进行的人际或群体间的宣传推广传播。《大众哲学》出版后，受到了党的各级组织和广大党员的高度重视，通过各种方式积极宣传推广。当时的延安，学习风气特别浓厚，学哲学是重要内容之一。据莫文骅回忆，当时《大众哲学》被国民党查禁，在延安也很难读到，当得知毛泽东有一本从国民党统治区秘密买来的《大众哲学》后，他们就找毛泽东借书。“我来到毛主席住处，毛主席把这本书交给了我，并一再叮嘱我尽早送还。我拿起书一看，毛主席保存得非常好，书页里有些圈圈点点和杠杠，但书皮是新的。可见毛主席是多么珍惜这本来之不易的书。我取回后，不敢耽搁，立即找人刻蜡板油印。……大家拿到这本‘书’之后，如获至宝，作为参考书争相阅读。”② 由于被禁，《大众哲学》在国统区只能秘密传播和阅读。这种情况下，共产党通过人际间的推广成为重要渠道，特别是在学校里，党员和进步师生秘密传阅、介绍《大众哲学》成为主要途径。教育部原副部长杨蕴玉，就是在学校里由老师介绍接触到《大众哲学》的。当时她在新乡女子师范学校旁听，“三年级时，我们班上来了一个新的国语老师，他的名字叫梁雨田，又叫梁雷，是个地下党员。他通过国语课，向我们传播抗日的进步思想，还介绍我看进步书籍，如《大众哲学》”③。北京大学教授赵宝煦，“和同学们私下里经常传播一些书籍，如巴金翻译的屠格涅夫的《门槛》，艾思奇的《大众哲学》等，这些书实际上有很强的启蒙作用”④。即便到了 1949 年解放前夕，这种秘密传播方式依然进行。据华中科技大学教授阳作华回忆，他当时在江西省立赣州中学读书，时任校长钟兆麟和他交谈时得知学生们正“传看《新观察》刊登解放区的见闻和油印本《大众哲学》”后，“平素以谨言慎行而受人崇敬的校长，这时出我意料之外，用钥匙打开抽屉，将那本珍藏的《大众哲学》展现在我面前。我请借一读的央求得到了他爽快的允诺，但一再叮嘱：不要让校内的军事教官知道啦。我如获至宝，挑灯夜战，独自用

---

① 转引自吴顒：《也说说读书会》，载《读书》，1980（6）。

② 莫文骅：《哲学大众化的尖兵——怀念艾思奇同志》，见《人民的哲学家——艾思奇纪念文集》，4 页，昆明，云南人民出版社，1997。

③ 杨蕴玉：《奔赴太行走向太阳》，载《新乡市第一中学校友文萃》。

④ 张弘：《赵宝煦 从进步青年到政治学家》，载《新京报》，2009-03-25。

了两个晚上细读两遍。书中新奇的内容，生动的例证和通俗的表述，使我茅塞顿开，耳目一新，第一次接受了‘新哲学’的洗礼”[①]。

多种途径的传播，使《大众哲学》产生了巨大的影响。

首先，《大众哲学》开创了马克思主义大众化、通俗化的成功范例，成为宣传普及马克思主义基本理论的典范之作。马克思主义作为指导革命实践的理论，是面向生活、面向大众的科学理论。列宁曾指出，最高限度的马克思主义等于最高限度的通俗化。自从中国共产党把马克思主义确定为自己的理论指南后，许多经典的马克思主义著作被翻译介绍进来，比如《资本论》、《共产党宣言》、《唯物史观解说》等。但这些理论著作普遍存在着语言晦涩、内容烦琐的弊端，多是在知识分子之间传播，很难为群众所掌握。在“让哲学从哲学家的课堂上和书本里解放出来，变为群众手里的尖锐武器”[②] 方面，艾思奇的《大众哲学》做出了表率。李公朴在1935年为《哲学讲话》所写的编者序中说：“这本书是用最通俗的笔法，日常谈话的体裁，溶化专门的理论，使大众的读者不必费很大气力就能够接受。这种写法，在目前出版界中还是仅有的贡献。”他还说：“尤其值得一提的是这本书的内容，全是站在新哲学的观点上写成的。新哲学本来是大众的哲学，然而过去却没有一本专为大众而写的新哲学著作。”[③] 艾思奇自己也说：“为什么《哲学讲话》的写作是一件吃力不讨好的工作？最大的一个原因，是因为这种通俗的体裁还没有人尝试过，甚至是没有人屑于这样尝试的。”[④] 《大众哲学》突出特点就是通俗化、大众化。它用通俗易懂的道理赢得了广大读者的心，开启了中国现代史上马克思主义哲学通俗化、大众化的先河。

其次，《大众哲学》成为革命进步人士特别是青年学生的“指路明灯”，引领他们选择、接受马克思主义，传播革命火种。艾思奇说：“写作这本《大众哲学》，就是想在中国人民的文化、思想斗争方面尽一点小小的力量。其目的，就是想帮助读者研究一下：什么哲学思想是进步的、正确的、合乎真理的、合乎广大人民斗争利益的，什么是反动的、带欺骗麻醉性的、只能帮助帝国主义、封建势力和官僚资本主义势力的。这里不妨先指出来，最进步的、

① 阳作华：《〈大众哲学〉是我撰著〈哲理与情趣〉的指路明灯》，见《怀念与思考——艾思奇与马克思主义哲学中国化》，89～90页。

② 《毛泽东文集》，第8卷，323页。

③ 转引自艾思奇：《哲学讲话》，1页，上海，读书生活出版社，1936。

④ 艾思奇：《大众哲学》，5～6页，上海，生活·读书·新知三联书店，1979。

正确的、合乎真理的哲学思想，就是马克思列宁主义的辩证法唯物论哲学思想。”[①]《大众哲学》之所以能够引起广泛而深刻的社会影响，原因之一就在于它用简明浅显的语言和事例，阐述了马克思列宁主义的基本原理，讲解了社会发展的客观规律和历史必然，从而启迪了广大青年，引导他们从迷茫中看到前程，从困惑中看到希望，成为广大青年的“指路明灯”。

作家吴伯萧回忆说：“那本书像在读者心里点了一把火，引起许多青年对学习马克思主义发生了炽烈的兴趣。使他们初步认识了什么叫观念论、唯物论，什么叫形而上学、辩证法。”“他的著作对广大知识青年是指向马克思列宁主义哲学大道的一个鲜明的路标。”[②] 许多革命青年正是在《大众哲学》的指引下，接受了马克思主义。曾任中央党校哲学教研室副主任的陈仲平回忆说：“《大众哲学》多么新鲜，多么吸引人。我们很想读又很难读的哲学，在他的笔下变得那么形象、生动，那么通俗易懂，那么引人入胜。我参加革命工作时，对革命理论一无所知，只知道共产党好，是为穷人的。通过理论学习，我才逐渐知道一些社会发展规律的知识，懂得了资本主义必然要为社会主义所代替的道理。我仿佛视野宽广了，心胸也开阔了。多少人受了《大众哲学》的影响，萌发着革命思想，初步看到了自己的前途和出路。一位潮汕的同志告诉我，他那里有一个青年，因家境贫寒，失学失业，加之国势危殆，陷入终日彷徨苦闷的境地，产生了自杀的念头。后来，他读到了《大众哲学》这本书，打开了眼界，终于使他的悲观绝望情绪一扫而光，毅然走上了革命的道路。”[③]《大众哲学》为广大革命青年点燃了革命的火种，被称为“救命之书”，以至在 20 世纪三四十年代，有《大众哲学》动员了 10 万青年参加革命的说法。[④]

最后，《大众哲学》有力地批判和反击了国民党的欺骗宣传和文化专制，为革命事业创造了良好的社会舆论。20 世纪 30 年代，国民党政府为了维护自己的统治，坚持“攘外必先安内”的方针，镇压革命。对于全国人民的进步要求和共产党的抗日宣传，国民党一方面加紧压制，另一方面鼓动反动文人发起种种虚假和欺骗宣传。在这种背景下，艾思奇的《大众哲学》将马克

① 艾思奇：《大众哲学》，27 页。

② 吴伯萧：《我所知道的老艾同志》，载《社会科学战线》，1979（3）。

③ 陈仲平：《怀念尊敬的老师和战友——艾思奇同志》，载《闽粤赣边——武平》同 2009（1）。

④ 参见谢本书：《〈大众哲学〉奠定了艾思奇的历史地位——纪念艾思奇诞辰 90 周年》，载《云南民族学院学报》（哲学社会科学版），2000（3）。

思主义的普遍真理与中国社会的实际紧密联系起来，紧紧把握时代的脉搏，批判和揭露了国民党的欺骗宣传。

曾任浙江省委宣传部副部长的雷云回忆自己阅读《大众哲学》的感受时说："使我感受特别深的是：许多人因过去受国民党反动教育和反共宣传的影响，对共产党不仅毫无正确认识，还认为共产党不是正统，它的天下不会长久。我们稚嫩的青年学生也分不清是非。读了《大众哲学》，方知国民党的失败和共产党的胜利是必然的，由共产党来领导国家，最后奔向共产主义是光明之路。用现在的话来说，就是一下子抓住了本质，从社会发展总趋势上认识了中国的前途命运和历史走向。"① 正因为《大众哲学》反映了时代的需要，反映了广大人民群众最为关心的民族救亡图存的问题，它像革命的火炬一样，给迷茫黑暗中的人们照亮了前进的方向，启蒙了成千上万的革命青年，以至蒋介石也无可奈何地承认："一本《大众哲学》，冲垮了三民主义的思想防线。"② 曾任蒋介石高级幕僚的马璧教授也证实，蒋介石多次在有台湾军政要员参加的会议上说："我们同共产党的较量，不仅是输在军事上，乃是人心上的失败。一本《大众哲学》搞垮了我们的思想战线！这样的东西，你们怎么就拿不出来！"③ 可见《大众哲学》的深远影响。

三、《大众哲学》影响深远的原因及其启示

马克思主义是指导人们改变世界的实践哲学，是无产阶级和人民大众实现彻底解放的哲学。它不是"皇宫里的金色梦"，也不是书斋里晦涩艰深的空谈思辨。"马克思列宁主义的基本原则，就是要使群众认识自己的利益，并且团结起来，为自己的利益而奋斗。"④《大众哲学》之所以产生了深远的影响，就在于它揭开了哲学的面纱，破除了哲学的神秘感，走进了人民大众之中，为群众所掌握，成为改造现实的锐利武器。

---

① 雷云：《我的理论生涯》，载《浙江社会科学》，2009（3）。

② 参见刘萍：《艾思奇及其大众哲学的消失》，载（台湾）《传记文学》，1972（2）。

③ 参见王丹一：《我的点滴回忆》，见《怀念与思考——艾思奇与马克思主义哲学中国化》，10页。

④ 《毛泽东选集》，2版，第4卷，1318页。

（一）从内容上看，《大众哲学》紧扣时代脉搏，突出实践特色，彰显了马克思主义的理论力量

时代性和现实性是马克思主义的重要属性，马克思指出："一切划时代的体系的真正的内容都是由于产生这些体系的那个时期的需要而形成起来的。"[①] 毛泽东也认为："马克思列宁主义的伟大力量，就在于它是和各个国家具体的革命实践相联系的。对于中国共产党说来，就是要学会把马克思列宁主义的理论应用于中国的具体的环境。"[②]《大众哲学》正是适应时代的需要，针对现实问题来宣传马克思主义的。

20 世纪三四十年代的中国，民族矛盾上升为主要矛盾，国家的前途、民族的命运，成为摆在中国人面前最尖锐最现实的问题。中国要往哪里去？迫切需要正确理论的指导。《大众哲学》应运而生，从哲学的高度阐释了中华民族抗日战争的指导思想，论述了持久战的必然性和取得最终胜利的必然性，极大地增强了中国人民的信心，激发了中华民族的抗日斗志，成为解决现实问题的理论指南。在《大众哲学》的篇章里，激荡着强烈的现实意识。比如第一章开始，在"哲学是什么"中，作者在谈话中不知不觉间把读者带入了对现实问题的思考："我们还是从生活的问题讲起吧。试就反动统治下的旧中国来说，那时人民的生活困难是一个非常普遍的现象。……旧中国人民生活普遍困难的最主要原因，一方面是由于帝国主义的侵略和封建势力、官僚资本主义的专制腐败统治，另一方面是由于人民不够团结不够觉悟，没有动员起足够的力量来彻底打退侵略和推翻这种统治，因此我们努力的方向就是放手发动广大群众，团结以工农为主的全国人民，把他们的觉悟和积极性充分发挥出来，向帝国主义和封建势力进行坚决斗争，而这样的努力也就成了我们解决中国问题的最主要的方法。"[③]

"哲学的主要任务是要能够真正解决人类生活事实上的问题，要能真正解决这些问题，才足以证明它是事实上的真理。"[④]《大众哲学》正是紧紧抓住人们的生活现实，围绕实现国家独立、民族解放这个当时最紧迫的问题，宣

---

① 《马克思恩格斯全集》，中文 1 版，第 3 卷，544 页，北京，人民出版社，1960。
② 《毛泽东选集》，2 版，第 2 卷，534 页，北京，人民出版社，1991。
③ 艾思奇：《大众哲学》，27～28 页。
④ 《艾思奇文集》，第 1 卷，211 页，北京，人民出版社，1981。

传推广马克思主义这一“新哲学”，为群众所掌握，成为广大人民群众改造现实的武器，彰显了马克思主义的理论力量。

（二）从形式上看，《大众哲学》以通俗浅显的语言、生动鲜明的事例和独具匠心的结构体例安排，开通俗哲学读物风气之先

“《大众哲学》之所以能够引起广泛而深刻的社会影响，引导广大青年从迷茫中看到前程、从困惑中看到希望，从而走上革命道路，就因为它以通俗易懂的语言阐述了关于宇宙和人生的道理，阐明了马克思主义的世界观和人生观。”[①] 的确，阅读《大众哲学》给人最大的感觉就是它生动有趣，易于接受。《大众哲学》使马克思主义走出了学者的殿堂，消除了哲学与大众之间的心理隔阂，走进了人民大众。就如李公朴所说：“这里的哲学，已经算是一般人可以懂得的哲学，而不是专门家书斋里的私有物了。”[②]

首先，《大众哲学》的语言通俗浅显，用最通俗的语言和生活事例来表述最深奥的哲学道理。清新晓畅、通俗易懂的语言是良好文风的标志之一。艾思奇是为人民大众写作的，他毅然抛弃了故作高深、故弄玄虚、晦涩难懂、食洋不化的“流行”语言，而用不加修饰的语言和生活事例来阐述马克思主义哲学。因此书中就有了“两军对战”、“三分像人，七分像鬼”、“天晓得”、“原来是一家人”、“果树林里找桃树”、“是朋友还是豺狼”、“无风不起浪”、“岳飞是怎样死的”、“猫是为吃老鼠而生的”等日常生活中的常见语言。武汉大学原校长陶德麟说：“它的第一个标题就是‘哲学并不神秘’。它从大家熟悉的日常生活中的事例出发，用通俗生动的语言一步一步把马克思主义哲学的基本范畴交代得清清楚楚，逐步地把问题引向深入，让你明白一些前所未知的哲学道理，真是引人入胜。”[③] 美国学者泰瑞·博登霍恩说：“《大众哲学》里没有任何古词或暗语，是用 1 000 个普通字写成的。作者在书中既不炫耀自己的语言知识，也不滥用或夸张地使用语言。他自愿丢弃了那种半土不洋的、学究气的语言，努力以他的目标读者能懂的语言说话，这就使他的著作有了一定的可信性和权威

---

① 赵凤岐：《山高水长，智者的魅力永存——怀念艾思奇先生》，见《怀念与思考——艾思奇与马克思主义哲学中国化》，29 页。

② 转引自艾思奇：《大众哲学》，1～2 页。

③ 陶德麟：《怀念艾思奇同志》，见《怀念与思考——艾思奇与马克思主义哲学中国化》，51 页。

性。”[①] 可以说，《大众哲学》开启了通俗写作的一代新风。

其次，在结构体例的安排上，作者也针对人民大众的阅读习惯和审美需求进行了创新，使马克思主义哲学的表述更具中国作风。艾思奇在《我怎样写成〈大众哲学〉的》中说，为了使文章更通俗，为大众所接受，他“故意不加剪裁，不怕重复。一个例子在这一节用了以后，在另外一节仍然不怕再拿来应用；一件事情在前一节做了详细的解释以后，在第二节仍不惮烦地再略说一遍”[②]。其目的，就是“顾虑到初学者的兴趣和理解力，就觉得这样写也是很必要”[③]。《大众哲学》每节均设有通俗易懂的标题以及解释性的标题，各章节的大多数段落前加设一个小方框，简略概述该段落的内容。“这一特征是最富有创新和重要的。读者很少会看到有两整页长的内容。对阅读技巧不高或时间有限的读者来说，该书的外形不像哲学书的外形那样令人害怕。相反，《大众哲学》的外形是简短精练、便于间断地阅读。”[④] 在章节体例的安排上，《大众哲学》也进行了创新，各章节之间，紧密关联，逐步深入，体现了严密的逻辑关系。而每个问题的阐述也相互勾连，回环照应。这一方面是适应当初在杂志上连载的需要；另一方面，也让整本书贯穿联通起来，成为一个有机整体。正如有人评价的，《大众哲学》“对正确的原理，讲清为什么是正确的；对错误的理论，讲清为什么是错误的？像是剥笋一样，一层层、一叶叶，越剥越深，剥完见心为止。使读者被逻辑的力量牵引，最后被道理的逻辑力量折服”[⑤]。

另外，艾思奇主动为人民大众服务的写作意识，也使《大众哲学》显得平易近人，易于接受。在写作《大众哲学》时，艾思奇并不是以一个哲学家的身份，居高临下地向人民大众宣扬自己的哲理思考，而是以普通大众一员的赤子之心，在民族危难、国人彷徨的时候，结合现实问题来宣传马克思主义。他“把专门研究者的心情放弃了，回复到初学时候的见地来写作。说话不怕幼稚，只求明白具体”[⑥]。这种主动为人民大众服务的写作姿态，使得《大众哲学》具有很强的亲和力，缩小了哲学理论与人民大众的距离，赢得了人民大众的欢迎。

---

① 转引自徐素华：《艾思奇研究在国外》，载《哲学动态》，1996（6）。

②③ 艾思奇：《大众哲学》，280页。

④ 徐素华：《艾思奇研究在国外》，载《哲学动态》，1996（6）。

⑤ 卢国英：《智慧之路——一代哲人艾思奇》，112页，北京，人民出版社，2006。

⑥ 艾思奇：《大众哲学》，280页。

毛泽东指出："任何思想，如果不和客观的实际的事物相联系，如果没有客观存在的需要，如果不为人民群众所掌握，即使是最好的东西，即使是马克思列宁主义，也是不起作用的。"[①] 马克思主义要为人民群众所掌握，首先要做的就是要使理论大众化。重温《大众哲学》广受欢迎、影响深远的原因，很有启示。它告诉我们：推进马克思主义大众化，必须紧密关注现实，解决人民群众普遍关心的问题，要了解人民群众的需求，让人民群众在学习中体会到理论的力量；必须不断创新传播途径，借助最新传播媒介，打造多方位、立体化的传播渠道；必须倡导清新活泼的文风，创新理论的表达方式，努力实现理论的通俗化、具体化，使用人民群众喜闻乐见的讲述方式，创作人民群众乐于阅读的通俗理论读物。

（原载《党的文献》2011 年第 5 期）

① 《毛泽东选集》，2 版，第 4 卷，1515 页。

中国共产党历史上的三次大规模学习活动及其经验启示

王香平

中国共产党要始终走在时代前列，引领中国发展进步，就必须努力掌握和运用一切科学的新思想、新知识、新经验，努力成为科学理论武装、具有世界眼光、善于把握规律、富有创新精神的马克思主义学习型政党。这是党的十七届四中全会提出的一项重大而紧迫的战略任务，是党的建设新的伟大工程对全体党员提出的时代要求。重视学习，勤于学习，善于学习，是我们党的优良传统和政治优势。一部党领导中国革命、建设和改革的历史，也可以说是在不断学习中与时俱进、开拓前行的历史。回顾和总结党的第一代中央领导集体在不同历史时期推动开展的三次大规模学习活动及其成功经验，有助于发扬我们党的优良传统，对今天推进马克思主义学习型政党的建设工作，也有重要启示。

一、延安时期：实现“马克思主义在中国具体化”是“全党亟待了解并亟须解决的问题”

中国共产党在延安时期领导开展的学习运动，是从毛泽东1938年10月在扩大的六届六中全会上号召“来一个全党的学习竞赛”开始的。这是一场全党范围内的马克思主义理论教育运动和思想解放运动，也是全党第一次自党地学习马克思主义、运用马克思主义并成功地发展了马克思主义的学习运动。

(一) 延安时期为什么要开展学习运动

延安时期开展学习运动，主要有两个出发点。

一是提高全党马克思主义水平以总结历史经验的需要。我们党是以马克思主义为指导思想的政党，但如何对待马克思主义的问题，党在早期并没有解决好，从而在土地革命时期出现了大的挫折。从指导思想上讲，主要是犯了教条主义的错误，即在六届四中全会以后党内长期占统治地位的是“左”倾错误思想。鉴此，毛泽东在六届六中全会上旗帜鲜明地提出：“空洞抽象的调头必须少唱，教条主义必须休息”，同时强调：“对于中国共产党说来，就是要学会把马克思列宁主义的理论应用于中国的具体的环境”；“使马克思主义在中国具体化”，是“全党亟待了解并亟须解决的问题”①。正确对待马克思主义，学习运用马克思主义指导中国革命，实现马克思主义中国化，由此成为延安学习运动的主要出发点。

二是加强和改善党的领导以适应抗战形势的现实需要。抗战爆发后，党员队伍迅速发展，到 1938 年底全国党员从 4 万多发展到 50 余万。大批新党员对于马克思主义理论缺乏基本认识，对党的历史上的经验教训和大是大非问题缺乏了解。同时，全民族抗战的新形势、新任务，对党的建设又提出了新的要求。如何建设一个能够领导全民族战争的政党，成为一个鲜明的时代课题摆在了全党面前。正是基于增强党的各级领导干部提高马克思主义水平，确保党能够在全民族战争中发挥中流砥柱的作用这样的战略考虑，党中央在抗战转入战略相持阶段后在延安领导开展了学习运动。

(二) 学习运动的主要内容及其基本特点

从 1938 年到 1945 年，延安学习运动历经近 7 年时间，基本过程大致可分为三个阶段：学习运动兴起阶段（1938 年 10 月—1940 年 6 月)；学习运动

① 《毛泽东选集》，2 版，第 2 卷，534 页。

深入开展阶段（1940 年 6 月—1941 年 5 月）；学习运动改革完善和学习与整风相结合的阶段（1941 年 5 月—1945 年 4 月）。整风运动使全党的学习运动走向深入并达到高潮。

关于学习内容，毛泽东说："指导一个伟大的革命运动的政党，如果没有革命理论，没有历史知识，没有对于实际运动的深刻的了解，要取得胜利是不可能的。"① 研究理论、历史和国情是延安学习运动的主要内容。其中，马克思主义理论是全党学习的重点，主要包括马列原著、党的历史文献《六大以来》以及包括 22 个文件的《整风文献》等。

延安学习运动有三个基本特点：一是把在职干部教育放在全部干部教育工作的首位。1942 年 2 月，党中央在《关于在职干部教育的决定》中指出："干部教育工作，在全部教育工作中的比重，应该是第一位的。而在职干部教育工作，在全部干部教育工作中的比重，又应该是第一位的"②。毛泽东高度肯定在职干部教育制度，认为这是"无期大学"，"天下第一"，"延安独创"，全党同志"都要进这个无期大学"③。二是领导干部在学习运动中发挥表率作用。毛泽东在学习运动伊始曾提出，领导干部必须带头学习，"中央委员和高级干部尤其应当加紧研究"④。高级干部率先垂范学理论、读历史、作报告、搞调研，全党由此形成了浓厚的学习氛围。三是建立健全科学的学习机制和组织领导机制。为加强对学习运动的指导、规范、监督和检查等，党中央先后出台了 30 多个重要文件。从组织领导看，专门成立了干部教育部、中央总学习委员会等；从运行机制看，坚持每天 2 小时学习制度，建立学习小组制等。这一套机制和方法，为保障学习活动有计划、有步骤、有组织地推进发挥了重要作用。

（三）学习运动取得了四方面主要成效

一是政治上，澄清是非，统一思想和认识，加强了党的团结。通过学习，确立了实事求是的思想路线，统一了全党的思想和认识，增强了党的凝聚力和战斗力，尤其是《关于若干历史问题的决议》的形成与通过，标志着全党

① 《毛泽东选集》，2 版，第 2 卷，533 页。

② 《中共中央文件选集》，第 13 册，347 页，北京，中共中央党校出版社，1991。

③ 《毛泽东文集》，第 2 卷，183、185 页，北京，人民出版社，1993。

④ 《毛泽东选集》，2 版，第 2 卷，533 页。

在政治上的成熟。二是学风上，提高了全党运用马克思主义理论解决实际问题的能力和水平。陆定一 1957 年在纪念延安整风学习运动 15 周年的讲话中说，延安学习运动使“许多干部进一步地掌握了以马克思列宁主义的普遍真理同中国革命的具体实践相结合这样一个基本的方向。这一个思想方法上的收获给后来的革命运动带来了说不尽的好处”①。曾参加延安中央学习组学习讨论的薄一波说：“学习体会最深的，还是毛主席关于实事求是的论述。……几十年来它一直成为指导我们工作的极其重要的原则。”② 三是组织上，培养和造就了一大批德才兼备的干部队伍。延安时期，党中央不仅大力创办了 30 多所专门干部学校，同时深入开展在职干部教育学习，形成了干部学校教育和在职教育相结合的大规模干部学习格局。党员干部不仅学到了理论文化知识，更重要的是确立了重视学习的理念，养成了善于学习的习惯，为中国革命和新中国建设储备了一大批德才兼备的干部人才队伍。四是理论上，使马克思主义中国化的理论成果——毛泽东思想成为全党的指导思想。毛泽东在 1938 年六届六中全会上提出“使马克思主义在中国具体化”的任务。通过深入学习，使全党尤其是党的高级干部深切认识到，以毛泽东为代表的党的理论和实践才是体现马列主义普遍原理与中国革命具体实践相结合的典范。毛泽东思想在全党指导地位的确立，标志着党在马克思主义中国化道路上迈出了坚实的步伐。

二、新中国成立初期：“党正面临着建设新中国的复杂任务”，全党必须“有系统地学习”

1949 年全国解放战争形势的迅速发展和中华人民共和国的成立，使我们党所处的地位和面临的形势任务发生了重大转变：一是从局部执政转变为在全国范围内的全面执政；二是工作重心由农村转移到城市；三是从新民主主义革命转变为社会主义革命和建设。为了适应新的形势要求并切实承担起建设新中国的战略任务，党中央领导广大干部开展了声势浩大的学习活动。

① 《陆定一文集》，539～540 页，北京，人民出版社，1992。

② 薄一波：《七十年奋斗与思考》，上卷，379 页，北京，中共党史出版社，1996。

（一）干部学习是新中国成立后党治国理政的一项基本方针

1949 年 3 月，党的七届二中全会号召要为建设新中国而学习，全党必须用极大的努力学会管理和建设城市。为提高党的理论水平，会议指定了 12 本干部必读书。1949 年 6 月 30 日，毛泽东在《论人民民主专政》中强调："严重的经济建设任务摆在我们面前。我们熟习的东西有些快要闲起来了，我们不熟习的东西正在强迫我们去做。……我们必须学会自己不懂的东西。"[①] 具有新中国宪法性质的《中国人民政治协商会议共同纲领》提出："加强劳动者的业余教育和在职干部教育"，"以应革命工作和国家建设工作的广泛需要"[②]。为此，党中央、国务院发布了一系列关于加强干部学习的指示、决定、通知和规定等。1951 年中央发布的《关于加强理论教育的决定（草案）》指出："党正面临着建设新中国的复杂任务，全党有系统地学习理论，比较过去任何时候都有更好的条件，也更加迫切需要。"[③] 1953 年中央发布的《关于加强干部文化教育工作的指示》开宗明义提出："大量培养与提拔工农干部，和有计划地提高他们的政治、文化、业务水平，使他们成为各项建设事业中的骨干，乃是贯彻党在过渡时期总路线的一项重大的政治任务和组织任务。"[④] 新中国成立初期，党把干部学习作为治国理政的一项基本方针和施政纲领摆在了重要位置。

（二）为适应大规模建设需要，干部学习从多层面、多渠道展开

一是加强理论学习。中央在《关于加强理论教育的决定（草案）》中明确指出：加强理论教育是提高干部、改进工作的根本方法。草案把理论学习分为三级：第一级，学习政治常识（关于中华人民共和国和中国共产党的常识）；第二级，学习理论常识（社会发展史、中共党史、马、恩、列、斯、毛的生平常识）；第三级，学习马、恩、列、斯、毛的著作。为适应全党进入大

① 《毛泽东选集》，2 版，第 4 卷，1480～1481 页。
② 《建国以来重要文献选编》，第 1 册，11 页，北京，中央文献出版社，1992。
③ 《建国以来重要文献选编》，第 2 册，123 页。
④ 《建国以来重要文献选编》，第 4 册，684 页。

规模经济建设时期的需要，1953年中央专门发出《关于一九五三——一九五四年干部理论教育的指示》，要求“全党主要干部都能有系统地了解苏联实现国家工业化、农业合作化和完成社会主义建设的基本规律，以便在我国经济建设过程中根据我国具体条件正确地利用苏联的经验”①。

二是补习文化知识。新中国成立初期，有一半以上干部没有达到初中文化程度，一些工农出身的老干部在工作中遇到了极大困难，不少干部“不怕枪，不怕炮，就怕写报告”。1950年12月，政务院发出《关于举办工农速成中学和工农干部文化补习学校的指示》，提出要在全国范围内有计划有步骤地举办工农速成中学和工农干部文化补习学校。到1955年底，全国共有业余文化学校3 546所，在校人数131万，干部文化学校265所，在校人数8.4万余人。

三是掌握专业技术。新中国成立后，毛泽东多次强调，我们必须要有自己的教授、科学家、文学家、艺术家和理论家队伍。1953年，中央在《关于统一调配干部，团结、改造原有技术人员及大量培养、训练干部的决定》中指出：“如果我们不采取一切可能的办法来训练大量的工业建设干部，不积极从工人队伍和革命青年知识分子中培养大批新的技术人员和专家，我们就将不能前进。”② 干部学习专业知识主要有两种渠道：一是由中央各部委、地方专业部门按专业系统建立专业干部学校和举办专业短训班，如中央政法委建立了中央政法干部学校等；二是借助普通高校进行干部专业知识教育。据统计，1951—1954年，全国各高等院校共培养专业干部2.2万人，几年内全国共有120多万名干部接受了种类不同的专业知识教育。

（三）初步建立和形成干部学习常规化的体制机制

一是为促进干部学习规范化，党中央发布一系列指示、决定、通知、规定等，且分门别类，各成系统。中央不仅要求全国各地各级干部都要抓紧学习，还对不同系统干部学习发出专文专件。如1950年8月，中央军委作出《关于在军队中实施文化教育的指示》，以文化学习为中心的学习活动迅速在全军展开。为培养少数民族干部，1950年政务院颁布了《培养少数民族干部试行方案》。这些文件对干部学习的目标、内容、方法和考核等都作了详细规

① 《建国以来重要文献选编》，第4册，141页。
② 《建国以来重要文献选编》，第4册，571页。

定，为干部学习的顺利开展和正规化建设提供了制度保障。

二是建立并形成了包括专门干部学校、普通高等学校、军事院校、少数民族干部院校以及各级党校在内的干部学习机构网。如，党校方面，到1955年全国已初步形成由高级党校、中级党校、初级党校、城市夜党校和新党员训练班构成的党校教育梯级网。民族学校方面，1951—1952年先后成立了中央民族学院、西北民族学院等7个少数民族干部院校。逐步完备并趋专业化、系统化的干部教育体制机制基本上改变了新中国成立初期干部学习“无确定进度、无程度差别、无固定教员的混乱状态”①。

新中国成立初期将干部学习作为干部队伍建设的基础性、战略性工程来抓，迅速改变了党的干部队伍的文化结构，提高了干部队伍的文化素质和领导水平，使党的领导干部基本实现了从熟习革命和战争到懂得执政和建设的转变。邓小平说：“全国胜利前夕，毛泽东同志号召全党重新学习。那一次我们学得不坏，进城以后，很快恢复了经济，成功地完成了社会主义改造。”②

三、全面建设社会主义时期：“要联系中国社会主义经济革命和经济建设”读书学习

1956年八大的圆满召开，标志着全面建设社会主义的开始，也意味着党对中国的社会主义建设道路探索的开始。由于形势发展太快，党对什么是社会主义、怎样建设社会主义等基本问题并没有深入研讨，加上急于求成的主观驱动，在大规模经济建设伊始就遭遇了“大跃进”和人民公社化运动的严重失误。为了使领导干部真正懂得社会主义经济建设的一些规律，毛泽东反复提出并要求各级领导干部认真阅读政治经济学著作，由此在全党掀起了一场理论学习活动。

（一）毛泽东六次倡导领导干部学习政治经济学

从1958年11月第一次郑州会议到1961年6月中央工作会议，毛泽东先

---

① 《中国共产党组织史资料：文献选编》，第9卷（下），32页，北京，中共党史出版社，2000。
② 《邓小平文选》，2版，第2卷，153页。

后六次建议和倡导领导干部学习政治经济学。1958年11月9日，毛泽东致信中央、省、地、县四级党委委员，建议读斯大林《苏联社会主义经济问题》和《马恩列斯论共产主义社会》，强调“要联系中国社会主义经济革命和经济建设去读这两本书，使自己获得一个清醒的头脑，以利指导我们伟大的经济工作”[①]。随后，在12月召开的八届六中全会上，毛泽东重申研究政治经济学的现实必要性：为了我们自己的事业、当前的工作，来研究这个经济理论问题，比较平素我们离开实际专门看书要好得多，容易看懂。在目前研究这个问题，有很大的理论意义和现实意义。1959年6月拟定庐山会议需要讨论的问题时，列在第一位的是干部读书，“有鉴于去年许多领导同志，县、社干部，对于社会主义经济问题还不大了解，不懂得经济发展规律，有鉴于现在工作中还有事务主义，所以应当好好读书”[②]。8月15日庐山会议结束前夕，毛泽东又建议大家读苏联出版的《哲学小辞典》和《政治经济学教科书》，目的是“为了从理论上批判经验主义”[③]。1960年1月上海中央工作会议讨论国民经济计划时，毛泽东号召中央各部门，各省、市、自治区都要以第一书记挂帅，组织读书小组。1961年五六月间召开的中央工作会议形成了《农村人民公社工作条例（修正草案）》，为了促使条例的贯彻执行，毛泽东在会议行将结束时再次建议大家读《苏联社会主义经济问题》。

（二）领导干部组织读书小组深入研讨，从理论上对经济建设的失误进行反思和总结

为响应毛泽东关于读书的号召，中央各部委党组、各省市区党委第一书记挂帅，纷纷组织读书小组，研读政治经济学著作。1959年11月，刘少奇在海南率先组织了读书小组，著名经济学家王学文、薛暮桥等参加。1959年12月至1960年2月，毛泽东先后在杭州、上海和广州组织读书小组，陈伯达、胡绳、邓力群、田家英等参加。1960年2月，周恩来到广东从化组织读书小组，李富春、陶铸、宋任穷等参加。通过集中研讨，在对“左”的错误进行反思的同时，中共领导人对社会主义建设的理论问题进行了深入思考。如，社会主义

① 《毛泽东文集》，第7卷，432页。

② 《毛泽东文集》，第8卷，75页。

③ 《建国以来毛泽东文稿》，第8册，446页。

不是短期内就能建成的，社会主义还要分为不发达和比较发达两个阶段；不能废除商品交换，应该重视价值规律等。至今保存下来的《毛泽东读社会主义政治经济学批注和谈话》，就成为以毛泽东为核心的党的第一代中央领导集体对社会主义经济建设问题艰苦探索的理论思考。这些理论思考不仅在一定程度上触摸到了什么是社会主义、怎样建设社会主义的一些本质问题，关键在于对全党纠正当时“左”的错误发挥了理论说服、教育和引导的积极作用。

（三）全党分期分批学习，进一步认识和掌握社会主义经济建设的客观规律

面对国民经济出现的严重困难，1960 年底至 1961 年初，毛泽东先后三次号召全党大兴调查研究之风，中央主要领导广泛深入基层开展调研。如何运用马克思主义经济理论指导中国的建设实际，对党来说是一个全新的课题。毛泽东在 1961 年 6 月中央工作会议上号召全党开展一次新的学习运动，重新教育干部。为此，1961 年 9 月中央作出《关于轮训干部的决定》，决定对全党各级领导干部，“普遍地进行一次轮训”，“帮助干部进一步认识和掌握社会主义建设的客观规律”①。学习内容主要包括《苏联社会主义经济问题》、关于人民公社工作条例的两个文件和两个摘编材料（《社会主义建设的几个问题》和《关于党的生活的几个问题》。前者主要包括三个问题，即：什么是社会主义，社会主义经济建设的几个问题和加强学习、克服主观主义；后者主要包括巩固执政党地位、遵守民主集中制、密切党群关系等）。毛泽东非常重视这两个材料，亲自审阅、批改，使其具有更强的现实针对性和指导性。

1962 年 12 月 30 日，中宣部、中组部在总结一年来干部学习情况的报告中说，至 1962 年 10 月，参加学习的党员干部达 11 万余人，其中县以上干部 9.7 万人，地、县委第一书记 30%左右参加过学习，中央国家机关正、副部长级干部 60%以上参加过学习。干部学习成效显著：第一，对于健全党内民主生活、健全党的民主集中制起了重要作用；第二，对于帮助干部正确认识几年来工作中发生错误的性质和原因起了显著作用；第三，对于帮助干部克服主观主义、分散主义，改进工作作风起了很大作用。② 全党特别是领导干

① 《建国以来重要文献选编》，第 14 册，608 页。

② 参见《建国以来重要文献选编》，第 16 册，122～125 页，北京，中央文献出版社，1997。

部学习政治经济学，对纠正“左”的错误并促使国民经济走上相对健康发展的道路，发挥了重要作用。

四、三次学习活动的经验启示

（一）越是在党的事业发展的重大历史关头，越要重视和抓紧学习

党领导的三次大规模学习活动，分别发生在全民族抗战时期、新中国成立初期和社会主义经济建设遭遇挫折时期，一个是艰苦的战争年代，一个是全新的执政考验时期，一个是社会主义建设规律的艰辛探索时期，这些都是关系党的事业兴衰成败的重大转折关头。在这种历史的紧要处和关节点上，党中央号召全党开展学习，或者是澄清是非、统一思想，或者是蓄势待发、整装前进，或者是寻找思路、解决问题。实践证明，通过扎扎实实的学习活动，往往能够推动党的事业往正确的方向前进。中共领导人深刻地懂得，“有了学问，好比站在山上，可以看到很远很多东西”[①]（毛泽东语），“学习是前进的基础”[②]（邓小平语）。越是在党的事业发展的重大历史关头，越要高度重视学习、抓紧学习，通过学习克服困难、开拓前进。诚如江泽民所总结的：“在每一个重大转折的时期，面对新形势新任务，中央都要号召全党同志加强学习。而每次这样的学习热潮，都会推动我们的事业出现大变化、大发展。这是我们党的一条重要历史经验。”[③]

（二）提高党员干部的思想认识和领导水平，是历次学习活动的出发点

坚持读书学习，对一个肩负重大历史使命的政党来说，首要目的是改善和加强党的领导，不断提高党的执政能力和领导水平。毛泽东曾说：“情况是

---

① 《毛泽东年谱（1893—1949）》，中卷，107页，北京，中央文献出版社，2002。

② 《老一辈革命家手迹选》，291页，北京，人民出版社，1991。

③ 《江泽民文选》，第2卷，282页。

在不断地变化，要使自己的思想适应新的情况，就得学习。”① 邓小平强调："在不断出现的新问题面前，我们党总是要学，我们共产党人总是要学”②。三次学习活动，对保证党在全民族抗战中真正发挥中流砥柱的战略作用，对党领导新中国迅速恢复国民经济并顺利实现三大改造、完成社会主义革命，对领导干部提高领导经济建设的能力和掌握社会主义建设规律都发挥了不可低估的重要作用。基于此，胡锦涛在 2002 年 12 月 26 日第十六届中央政治局第一次集体学习时提出："中央要求领导干部加强学习，根本目的是要提高我们党执政兴国的本领，提高为人民服务的本领，提高不断开创中国特色社会主义事业新局面的本领。”③

（三）学习马克思主义和马克思主义中国化的理论成果，是历次学习活动的重点

我们党历来重视用马克思主义及其中国化的理论成果武装全党并指导革命和建设。为了普遍深入地进行全党的马克思主义理论教育，延安学习运动中不仅学习马列原著，党的各种文献以及领导人讲话、报告等马克思主义中国化的理论成果也成为必读书。新中国成立初期，党中央指定了 12 本干部必读的马列著作，而且为加强对马克思主义中国化理论成果的学习，1951—1953年又先后编辑出版了《毛泽东选集》（1～3 卷）。全党掀起学习"毛选”的热潮，对确立毛泽东思想在意识形态领域的指导地位发挥了重要作用。重视马克思主义理论学习，是党加强自身建设的一贯的内在要求，自然也是每次学习活动中摆在首位的重点内容，因为"无论对党还是对党的干部来说，理论上成熟都是政治上成熟的基础”④。

（四）领导干部以身作则，带头学习，成为历次学习活动的主导

"如果我们党有一百个至二百个系统地而不是零碎地、实际地而不是空洞

---

① 《毛泽东文集》，第 7 卷，271 页。

② 《邓小平文选》，2 版，第 2 卷，270 页。

③ 翟伟：《胡锦涛在中共中央政治局集体学习时强调加强领导干部学习提高执政兴国本领》，载《人民日报》，2002 - 12 - 27。

④ 江泽民：《论党的建设》，222 页。

地学会了马克思列宁主义的同志，就会大大地提高我们党的战斗力量”①。领导干部以身作则带头学习，是促成党内良好学风形成的重要基础，也是党的战斗力、凝聚力提升的根本保证。纵观三次学习活动，从中央到地方各级领导干部以身作则，率先垂范读书、学习、讲演、调研、著述，他们不仅是真学真懂真信真用的表率，也构成了学习活动的主导和中坚。领导干部的学风影响着全党的学风，全党的学风又影响着全社会的学风，“全社会的学习风气大大加强了，中华民族就大有希望”②。因此，在改革开放新时期，江泽民提出：“全党同志首先是党的高级干部，必须以对党、对人民、对历史高度负责的态度来加强学习。”③ 胡锦涛进一步要求，党的领导干部必须“努力在建设学习型政党和学习型社会中走在前列”④。

（五）坚持理论联系实际，以解决实际问题为着力点，是历次学习活动的基本要求

理论联系实际是马克思主义学风最显著的标志。毛泽东曾说：“对于马克思主义的理论，要能够精通它、应用它，精通的目的全在于应用。如果你能应用马克思列宁主义的观点，说明一个两个实际问题，那就要受到称赞，就算有了几分成绩。被你说明的东西越多，越普遍，越深刻，你的成绩就越大。”⑤ 延安学习运动中，正是运用马克思主义的立场、观点和方法分析中国革命和党的历史与现状，才澄清是非，统一思想和认识，并形成了《关于若干历史问题的决议》。新中国成立初期，要求广大干部学理论、学文化、学技术，为了开展国家建设而学习，学习的目的全在于应用。纠“左”时期学习，首先是为解决经济建设中遇到的问题，读斯大林的《苏联社会主义经济问题》是一个典型例子。毛泽东并没有全盘肯定斯大林这本书，然而他抓住其中科学的、对我国有用的理论观点，在一定程度上澄清了我国社会主义建设进程中出现的一些混乱认识问题。坚持理论联系实际，着眼于对实际问题的理论思考，着眼于新的实践和新的发展，才能学得生动、学得深入、学得有效。

---

① 《毛泽东选集》，2版，第2卷，533页。
② 《江泽民文选》，2版，第2卷，309页。
③ 《江泽民文选》，2版，第2卷，284页。
④ 《十六大以来重要文献选编》（下），873页。
⑤ 《毛泽东选集》，2版，第3卷，815页。

（六）在学习中总结经验、解放思想，推进马克思主义创新，是历次学习活动的理论追求

马克思主义之所以是放之四海而皆准的普遍真理，就在于它是随着实践的发展而发展的开放的理论体系。延安学习运动中，中央在1941年发出的《关于高级学习组的决定》中明确指出，学习研究马列主义就是要达到“发展革命理论的目的”[①]。延安时期，中共领导人解放思想，开拓创新，产生了《矛盾论》、《实践论》、《中国革命战争的战略问题》、《新民主主义论》等一大批马克思主义中国化的理论成果。正是这些中国化的理论创造最终引领中国革命走向胜利。新中国成立初期，通过学习苏联社会主义建设的成功经验，结合中国社会主义革命与建设实践，对适合中国情况的社会主义建设道路展开了初步探索，《论十大关系》和《关于正确处理人民内部矛盾的问题》即是这一时期探索的理论结晶。1960年初毛泽东在读苏联《政治经济学教科书》时指出：“马克思这些老祖宗的书，必须读，他们的基本原理必须遵守，这是第一。但是，任何国家的共产党，任何国家的思想界，都要创造新的理论，写出新的著作，产生自己的理论家，来为当前的政治服务，单靠老祖宗是不行的。”[②]学习马克思主义，关键在于推进马克思主义创新，否则，就不能解决前进中遇到的新情况、新问题。正是基于这样的历史使命与历史责任，1978年进入新的历史时期以来，在改革开放的伟大实践中，我们党逐步创立了包括邓小平理论、“三个代表”重要思想和科学发展观等重大战略思想在内的中国特色社会主义理论体系，实现了马克思主义普遍原理与中国革命的具体实际相结合的第二次历史性飞跃。

非学无以立党兴党，非学无以治国安邦。每一个重要历史关头，加强学习都是我们党应对挑战、夺取胜利的法宝；每一次学习活动，又都推动着我们的事业取得进步和发展。九十载春华秋实，中国站在了一个新的国际舞台，中国共产党站在了一个新的历史起点。如何继续抓住和用好重要战略机遇期，更好地完成执政兴国的历史使命，是我们党面临的时代课题。实践证明，只

① 《中共中央关于延安整风的一组文件》，载《文献和研究》，1984（9）。

② 《毛泽东文集》，第8卷，109页。

有以高度的政治自觉和历史主动精神，扎实推进马克思主义学习型政党建设，才能确保我们党在世界形势深刻变化的历史进程中始终走在时代前列，确保我们党在发展中国特色社会主义的历史进程中始终成为坚强的领导核心。

（原载《毛泽东邓小平理论研究》2011 年第 7 期，原题为“党的第一代中央领导集体推动的三次大规模学习活动及其经验启示”）

新中国成立以来党的基本路线的历史演变及其经验启示

王香平

党的基本路线（或称总路线），指党在一定历史时期为解决所面临的主要社会矛盾，完成既定的历史任务，对战略目标、领导和依靠的力量、主要实践手段以及保障条件等一系列根本问题作出的原则性规定，是指导党的全局工作的总路线、总方针、总政策。因此，党在不同的历史时期要制定相应的基本路线。纵观新中国成立以来党的基本路线的历史演变，探讨和体会党对中国特色社会主义建设道路的艰难探索，总结制定、贯彻、坚持和完善党的基本路线的经验和规律，对坚持新时期党的基本路线有着重要的历史启示和现实意义。

新中国成立以来党提出和制定五条基本路线的情况

新中国成立以来，面对社会主义革命和建设这一崭新历史主题，党先后提出和制定了五条基本路线。[①] 注重提出和确立党的基本路线，有利于增强

---

① 关于新中国成立以来党制定的基本路线，学术理论界有几种不同观点："三条路线"说包括过渡时期总路线、社会主义建设总路线和新时期基本路线，"四条路线"说增加了"文革"时期的"以阶级斗争为纲"，"五条路线"说增加了中共八大路线。根据《关于建国以来党的若干历史问题的决议》和八大路线对新时期基本路线的实际历史意义，本文持"五条路线"说。

党的事业的计划性和前瞻性，反映了党对执政规律的自觉探索和把握。毛泽东把基本路线比作“照耀我们各项工作的灯塔”①；邓小平说，党的路线正确与否，“关系着国家的前途和社会主义事业的成败”②；江泽民强调基本路线“是我们必须遵循的行动指南”③；胡锦涛提出，“党的基本路线是党和国家的生命线”④。从“灯塔”到“生命线”，党始终把基本路线放在了极端重要的位置和高度。

（一）社会主义过渡时期总路线

1949 年 3 月，党中央在七届二中全会上提出革命胜利后党的战略方针是：迅速恢复和发展生产，使中国稳步地由农业国转变为工业国，由新民主主义国家转变为社会主义国家。在顺利实现经济恢复后，中央从 1952 年 9 月开始酝酿关于过渡时期总路线的问题，并于 1953 年 6 月正式提出：“从中华人民共和国成立，到社会主义改造基本完成，这是一个过渡时期。党在这个过渡时期的总路线和总任务，是要在一个相当长的时期内，逐步实现国家的社会主义工业化，并逐步实现国家对农业、对手工业和对资本主义工商业的社会主义改造。”⑤ 1954 年 2 月的七届四中全会正式批准通过。在这条路线的指导下，党创造性地开辟了一条适合中国特点的社会主义改造道路，同时建立了一批基础工业，为社会主义工业化奠定了初步基础。“历史证明，党提出的过渡时期总路线是完全正确的”⑥。

（二）中共八大路线

1956 年社会主义改造基本完成标志着我国社会主义制度得以确立。为全面开启我国社会主义建设的新时代，中共八大在正确分析面临的新形势、准确判断当时社会主要矛盾的基础上，制定的基本路线是：“我们党现时的任

---

① 《毛泽东文集》，第 6 卷，316 页。
② 《邓小平文选》，2 版，第 2 卷，205 页。
③ 《江泽民文选》，第 1 卷，636 页。
④ 《十七大以来重要文献选编》（上），13 页。
⑤ 《毛泽东文集》，第 6 卷，316 页。
⑥ 《关于建国以来党的若干历史问题的决议》，载《人民日报》，1981－07－01。

务，就是要依靠已经获得解放和已经组织起来的几亿劳动人民，团结国内外一切可能团结的力量，充分利用一切对我们有利的条件，尽可能迅速地把我国建设成为一个伟大的社会主义国家。”[①] 八大还把当时社会的主要矛盾和党的主要任务统一起来，作出将党的工作重心转移到社会主义建设上来的正确决策。在八大路线指引下，社会主义建设在 1956—1966 年取得了很大成就，正如邓小平所说，这“十年，应当肯定，总的是好的……中间有过曲折，犯过错误，但成绩是主要的”[②]。历史证明，“八大的路线是正确的，它为新时期社会主义事业的发展和党的建设指明了方向”[③]。

（三）社会主义建设总路线

从 1957 年 9 月开始，党中央批判了经济建设上的“右倾保守”和“反冒进”，加上受到急于“超英赶美”这一发展战略构想的影响，毛泽东在 1958 年 3 月成都会议上提出“鼓足干劲，力争上游，多快好省地建设社会主义”的总路线，并于 1958 年 5 月八大二次会议上正式通过。这条路线是建立在对党的主要任务准确判断基础上的，反映了人民群众迫切要求改变我国经济文化落后状况的普遍愿望，但由于在实际贯彻和实施中忽视了经济发展的客观规律，片面强调群众运动和主观意志的作用，建设速度上急于求成，生产关系上急于过渡，导致了“大跃进”和人民公社化运动的“左”的错误，使社会主义建设遭受严重挫折。

（四）党在整个社会主义历史阶段的基本路线

1969 年 4 月，中共九大根据“文革”前即已提出的“以阶级斗争为纲”的错误主张和“文革”中形成的“无产阶级专政下继续革命”的理论，提出党在整个社会主义历史阶段的基本路线是：“社会主义社会是一个相当长的历史阶段。在社会主义这个历史阶段中，还存在着阶级、阶级矛盾和阶级斗争，存在着社会主义同资本主义两条道路的斗争，存在着资本主义复辟的危险性。

---

① 《中国共产党第八次全国代表大会文献》，12 页，北京，人民出版社，1957。
② 《邓小平文选》，2 版，第 2 卷，302 页。
③ 《关于建国以来党的若干历史问题的决议》，载《人民日报》，1981-07-01。

要认识这种斗争的长期性和复杂性。要提高警惕。要进行社会主义教育。要正确理解和处理阶级矛盾和阶级斗争问题，正确区别和处理敌我矛盾和人民内部矛盾。不然的话，我们这样的社会主义国家，就会走向反面，就会变质，就会出现复辟。我们从现在起，必须年年讲，月月讲，天天讲，使我们对这个问题，有比较清醒的认识，有一条马克思列宁主义的路线。”① 这条路线只讲阶级斗争，不涉及经济建设，不涉及党的历史任务、领导和依靠力量、主要手段和保障条件等有关基本路线的要素，“文革”那样的全局性错误与此紧密相关。因此，这条路线是完全错误的。

(五) 党在社会主义初级阶段的基本路线

1978 年中共十一届三中全会恢复了解放思想、实事求是的思想路线，决定把党的工作重心转移到经济建设上来，并确立了改革开放基本方针，随后邓小平又提出坚持四项基本原则等重要内容。随着改革实践的发展和社会主义初级阶段理论的提出、完善，1987 年中共十三大正式提出并确立了党在社会主义初级阶段的基本路线：“领导和团结全国各族人民，以经济建设为中心，坚持四项基本原则，坚持改革开放，自力更生，艰苦创业，为把我国建设成为富强、民主、文明的社会主义现代化国家而奋斗。”② 这条路线是我们党在总结 30 多年领导社会主义革命和建设的经验教训的基础上提出来的，抓住了当代中国的主要矛盾和基本特征，提出了新时期的总任务，是符合我国经济社会发展规律的科学路线。改革开放 30 多年的发展成就证明，这条基本路线是完全正确的。

新中国成立以来党提出和制定的五条基本路线，前四条是以毛泽东为核心的第一代中央领导集体制定和实施的，第五条是以邓小平为核心的党的第二代中央领导集体制定和实施的，并在以江泽民为核心的第三代党的中央领导集体和十六大以来以胡锦涛为总书记的党中央领导下得到一以贯之的坚持和发展。总体上讲，制定、贯彻和实施这五条基本路线，都是为了建设、巩固和发展我国的社会主义。前四条基本路线所积累的经验教训为第五条路线的形成提供了重要的历史参照和实践基础。正如有的学者指出的，新时期基本路线从其历史渊源来说，要追溯到八大路线和八大以后八大路线的继续和

---

①② 《在中国共产党第九次全国代表大会上的报告》，载《人民日报》，1969-04-28。

发展①；八大路线为新时期基本路线“提供了思路，作了直接准备”，并成为“重要历史来源”②。

五条基本路线反映了党对中国特色社会主义道路艰难探索的过程

1989年5月6日，邓小平会见苏共总书记戈尔巴乔夫时，曾把确立新时期基本路线作为他一生的重要功绩：我这一生“已经做成的事情是……对国内工作的参与，确定了党的基本路线”③。确立新时期党的基本路线，实质就是开辟了中国特色社会主义道路。中共十三大报告对新时期基本路线的全称是“建设有中国特色的社会主义的基本路线”，十七大报告把中国特色社会主义道路阐述为：“中国特色社会主义道路，就是在中国共产党领导下，立足基本国情，以经济建设为中心，坚持四项基本原则，坚持改革开放，解放和发展社会生产力，巩固和完善社会主义制度，建设社会主义市场经济、社会主义民主政治、社会主义先进文化、社会主义和谐社会，建设富强民主文明和谐的社会主义现代化国家。”④ 与基本路线相比较，“道路”这种表述更加具体。因此，基本路线的内涵即道路，也正是在这个意义上，我们说新中国成立后党提出和制定的五条基本路线，比较集中地反映了我们探索中国特色社会主义道路的过程。

（一）从所依据的理论基础看

党的基本路线是基本理论转化为实践的中介，是基本理论在政治上的落脚点。基本路线的提出和确立必须要有正确的理论作基础，否则，很难制定出正确的路线，即使有正确路线也难以有效执行。只有建立在正确理论基础

① 参见龚育之：《八大的历史地位和研究八大的现实意义》，载《中共党史研究》，1996（6）。

② 张博文：《试论党的“八大”对探索有中国特色社会主义建设道路的历史功绩》，载《党史研究与教学》，1997（1）。

③ 《邓小平文选》，1版，第3卷，295页。

④ 《十七大以来重要文献选编》（上），9页。

上的基本路线才能得到长期贯彻和坚持。过渡时期总路线是借鉴列宁的过渡时期学说并对它实行中国化的改造后提出的。八大决议正确判断了我国进入社会主义社会后的主要矛盾，并以此作为确定八大路线的政治基础；1958 年社会主义建设总路线提出时，没有对社会发展阶段作出符合国情的判断；“文革”时期路线以“大过渡”和“无产阶级专政下继续革命”的理论作为依据，把两个阶级、两条道路的斗争作为社会主义的主要矛盾，导致全局性的“左”的错误。新时期基本路线的理论基础是“社会主义初级阶段理论”。它从社会性质和社会发展阶段上对当代中国基本国情作出了正确判断和认识，新时期基本路线也由此称作“党在社会主义初级阶段的基本路线”。

纵观新中国成立后五条基本路线所依据的理论基础，从借鉴国外理论到独立探索中未提出正确理论再到新时期形成正确理论，党探索指导中国社会主义建设的基本路线的过程，也是努力实现把马克思主义基本原理与中国建设实际相结合的过程，是不断回答什么是社会主义，在生产力落后的国家如何建设社会主义的过程。社会主义初级阶段理论的提出，是党对几十年探索经验的深刻总结，进而实现了马克思主义中国化的第二次历史性飞跃。

（二）从发展战略看

过渡时期总路线提出“实现国家的社会主义工业化”；八大路线提出建设“一个伟大的社会主义国家”；社会主义建设总路线只在其基本点中明确了“把我国建成为一个具有现代工业、现代农业和现代科学文化的伟大的社会主义国家”①；“文革”时期路线的目标是“防止资本主义复辟”，谈不上什么经济社会建设上的战略目标；新时期基本路线提出建设“富强、民主、文明的社会主义现代化国家”。显然，社会主义工业化、现代化是贯穿五条基本路线的主线，但具体建设什么样的现代化国家，到新时期基本路线才有了明确内涵。“富强、民主、文明”（后来加上“和谐”），从经济、政治、文化、社会四方面对社会主义现代化提出了具体要求。可见，党的基本路线关于战略目标的规定是由笼统、抽象向明确、具体的发展过程，反映了党对建设什么样的社会主义现代化国家在认识上逐步丰富、深化并渐趋科学化的过程。

---

① 刘少奇：《中国共产党中央委员会向第八届全国代表大会第二次会议的工作报告》，载《人民日报》，1958-05-27。

（三）从发展方式看

什么是社会主义建设的中心任务？怎样坚持和推动社会主义不断发展？八大路线和社会主义建设总路线，都强调了“建设”是中心工作，这个大前提的确立对探索中国社会主义道路的意义非同寻常，但当时并未进一步明确“以经济建设为中心”。关于八大路线，胡绳曾指出：“一个中心，就是经济建设。1956年八大时就提出这样的思想，但并不是很明确的。”① 社会主义建设总路线提出“五个革命”并举，即“在继续完成经济战线、政治战线和思想战线上的社会主义革命的同时，逐步实现技术革命和文化革命”②。邓小平1980年在一次会上曾说：“近二十年来，经过几次波折，始终没有把我们的工作着重点转到社会主义建设这方面来”③。作为兴国之要的“以经济建设为中心”，在基本路线的规定中经历了从“无中心”、“多中心”到“一个中心”的发展过程，体现了党逐步深化怎样建设社会主义的认识。作为立国之本的“四项基本原则”和强国之路的“改革开放”这两个基本点在新时期基本路线中第一次提出，同时也成为历史性的突破。可见，党对怎样坚持并发展社会主义经历了漫长而艰难的探索过程。

（四）从发展速度看

过渡时期总路线关于“速度”的表述是“逐步……并逐步……”，八大路线表述为“尽可能迅速地”，社会主义建设总路线是“多快好省”，核心是“快”，新时期基本路线没有对速度作出规定。显然，基本路线对“速度”的规定整体上是从有到无，这并不是说党对经济发展速度的重视程度在减弱，而是汲取了20世纪五六十年代关于社会主义建设速度问题的深刻教训使然。新时期基本路线没有对速度进行规定，但我们党关于“速度”的思想却大大丰富了。如邓小平的“速度和效益”思想，强调“讲求经济效益和总的社会

---

① 胡绳：《坚持党的基本路线不动摇》，载《中共党史研究》，1994（6）。

② 刘少奇：《中国共产党中央委员会向第八届全国代表大会第二次会议的工作报告》，载《人民日报》，1958-05-27。

③ 《邓小平文选》，2版，第2卷，249页。

效益，这样的速度才过得硬”[①]；江泽民提出“把改革的力度、发展的速度和社会可承受的程度协调统一起来”[②]；胡锦涛提出科学发展观，更是从指导理论的高度提升了人们对“速度”的认识，“全面、协调、可持续”的发展要求体现了党的“速度”理念的科学化。因此，五条基本路线对“速度”规定的基本演变，也从一个侧面反映了中共领导社会主义建设经验的渐趋成熟以及对社会主义建设规律在理论认识上的逐步系统与科学。

由上可见，新中国成立后五条基本路线的演变轨迹在一定程度上反映了党对中国特色社会主义道路探索过程的艰难曲折。正如毛泽东 1962 年 1 月 30 日在七千人大会上所说：“对于建设社会主义的规律的认识，必须有一个过程。必须从实践出发，从没有经验到有经验，从有较少的经验，到有较多的经验，从建设社会主义这个未被认识的必然王国，到逐步地克服盲目性、认识客观规律、从而获得自由，在认识上出现一个飞跃，到达自由王国”[③]。

党制定的基本路线的经验与启示

（一）提出和制定正确的基本路线不是一蹴而就，而是一个认识实践、掌握规律并通过实践加以检验的过程

任何一条正确路线的形成都不是一蹴而就的。过渡时期总路线，从 1949 年 3 月中共七届二中全会酝酿到 1954 年 2 月七届四中全会正式确立，经历了近 5 年时间。八大路线，从 1955 年 3 月开始筹备到 1956 年 9 月大会召开，时间虽然只有一年多，但八大前毛泽东、刘少奇等中央领导人围绕社会主义建设问题进行了大规模调查研究，逐步加深了对经济建设规律的认识，从而形成了一套正确思路。新时期基本路线，从 1978 年中共十一届三中全会实现历史转折到 1987 年十三大予以全面阐述，经过了 9 年的改革实践才正式确立。而社会主义建设总路线，从 1958 年 3

① 《邓小平文选》，1 版，第 3 卷，143 页。
② 《江泽民文选》，第 2 卷，260 页。
③ 《毛泽东文集》，第 8 卷，300 页。

月成都会议提出到5月八大二次会议正式通过，时间不足2个月，仅此一点也可以折射出为什么这条路线很快就出现了问题。每一条正确路线的提出和制定，都要经历从初步酝酿到实践检验再到正式确立的过程，正如邓小平所说："十一届三中全会召开至今四年多的实践证明，这条路线是正确的。当然，还需要继续通过实践来加以检验。实践是检验真理的唯一标准，实践是检验路线、方针、政策是否正确的唯一标准。"① 如果把五条基本路线联系起来考虑，从新中国成立到1978年开始找到并在1987年全面阐述这条长期指导中国社会主义建设的正确路线，更是经历了一个从实践到理论的曲折而漫长的探索过程。

大体上可以这样说，新中国成立60年间，前30年提出和制定了四条基本路线，后30年制定并坚持了一条基本路线。从频繁地提出基本路线到始终坚持一条基本路线，不仅回归了基本路线的本质属性，也从一个角度体现了党执政能力的逐步提升以及党对社会主义建设规律认识的逐步深化，由此也说明党的正确路线的提出和制定是认识实践、掌握规律并在实践中接受检验从而逐步完善认识的过程。

（二）贯彻和实施正确的基本路线不会一帆风顺，需要统一全党的共识，还要制定相应的具体工作思路和方针政策

把路线贯彻到实践中，是理论与实际进行深度结合、碰撞的过程。由于实践主体的主观性、能动性和客观实际的复杂性、多变性，贯彻实施路线往往不会一帆风顺，它是由多种因素共同决定和推动的。

1. 党的基本路线要成为共识才能增强贯彻实施的自觉性、坚定性

邓小平曾说："路线正确并不等于解决了一切问题，还要看党的各级干部和党员是否正确执行这个路线。中央的路线、方针、政策正确，如果下面不很好执行，那有什么用呢?"② 有了正确路线，还要展开宣传教育，让路线真正成为统一全党的思想基础和政治基础，才能增强全党贯彻实施路线的自觉

① 《邓小平文选》，1版，第3卷，28页。

② 《邓小平文选》，2版，第1卷，153页。

性和坚定性。关于八大路线，很多研究者认为，全党思想不统一是导致八大路线被改变的主观原因之一。新时期基本路线之所以深入人心，首要因素就是将基本路线的思想载入宪法（最早见于1982年宪法，1993年、1999年和2003年修宪时均予以完整体现），这样贯彻实施基本路线就有了制度保障，而写入宪法的过程也是逐步凝聚共识的过程。其次是党中央非常注重对路线进行深入、持久的宣传教育，把基本路线教育作为加强党的自身建设和提高党的战斗力的根本基础。因此，新时期基本路线能够得以贯彻实施，与全党对基本路线在思想认识上的高度认同是密不可分的。

另外，贯彻实施基本路线还必须尊重人民群众的主体地位。人民群众是历史的创造者，是党的基本路线最直接的实践者。路线正确与否归根结底要靠群众实践来检验。社会主义建设总路线以一种超越社会发展阶段的"速胜论"思想统领群众，结果可想而知。邓小平在20世纪60年代初总结经验教训时说，这几年"相当多的群众运动不是群众自愿的，是违反群众路线的"①。新时期基本路线确立后，江泽民多次强调，贯彻党的基本路线要始终不渝地体现人民群众的意志与利益，支持和领导人民当家作主，全心全意依靠广大群众。② 贯彻实施党的基本路线必须尊重群众的主体地位，既是党的执政经验的总结，也是马克思主义唯物史观的本质要求。

2. 贯彻实施党的基本路线必须有具体的工作路线和方针政策与之配套

党的基本路线是立足全局所作的宏观的原则性规定，要将其转化为全国人民的实践，还必须有一整套具体的工作路线和方针政策。邓小平曾说："如果没有政策和策略，党的路线就是空的。正确的路线一定要用正确的政策和策略来保证。"③ 有无具体的方针政策也是基本路线能否顺利贯彻的重要因素。1962年1月30日七千人大会上，毛泽东总结社会主义建设的经验教训，对总路线与具体方针政策的关系有了新的认识："有了总路线还不够，还必须在总路线指导之下……有一整套适合情况的具体的方针、政策和办法，才有可能说服群众和干部，并且把这些当作教材去教育他们，使他们有一个统一的认识和统一的行动，然后才有可能取得革命事业和建设事业的胜利，否则

① 《邓小平文选》，2版，第1卷，294页。
② 参见《江泽民文选》，第1卷，91页。
③ 《邓小平文选》，2版，第1卷，107页。

是不可能的。”[①] 邓小平在新时期伊始就强调，“为了更好地完成新的历史任务，必须认真贯彻毛泽东同志关于既要有总路线总政策、又要有具体工作路线和具体政策的指示精神”[②]。1992 年他在南方谈话中总结经验时说：“改革开放以来，我们立的章程并不少，而且是全方位的。经济、政治、科技、教育、文化、军事、外交等各个方面都有明确的方针和政策，而且有准确的表述语言。”[③] 这说明，新时期党的基本路线能顺利转化为人民群众的实践，原因之一是有一系列具体的方针政策与之配套。

3. 贯彻实施党的基本路线还必须善于排除和应对各方面干扰和风险挑战

之所以说贯彻实施党的基本路线不会一帆风顺，主要是客观环境和政治形势的复杂多变，常常影响人们对基本路线的认识。早在革命战争年代，毛泽东就敏锐地指出，正确路线“不是自然地平安地产生和发展起来的，而是从斗争中产生和发展起来的。一方面，它要同‘左’倾机会主义作斗争，另一方面，它又要同右倾机会主义作斗争。不同这些危害革命和革命战争的有害的倾向作斗争，并且彻底地克服它们，正确路线的建设和革命战争的胜利，是不可能的”[④]。贯彻实施党的正确路线，必须具备抵抗各种风险和干扰的能力，并在斗争中进一步增强贯彻路线的坚定性，这其实也是检验基本路线的现实基础是否牢靠的试金石。改革开放时期，从国内到国际、从政治到经济等都曾面临巨大风险和考验，但我们党始终沉着应付、冷静面对，始终坚持党的基本路线不动摇。这同党的领导人能够汲取过去教训，对形势作出清醒判断是分不开的。随着改革的纵深发展，党应对复杂局势的经验和策略渐趋成熟，排除干扰的自觉性、主动性也大为增强。2008 年 12 月 18 日，胡锦涛在纪念十一届三中全会召开 30 周年大会上，强调贯彻新时期基本路线，要“做到思想上坚信不疑、行动上坚定不移，决不走封闭僵化的老路，也决不走改旗易帜的邪路”，尤其是颇具针对性地提出“不动摇、不懈怠、不折腾”[⑤]，增强了人们贯彻实施新时期基本路线的自觉性和坚定性。

---

① 《毛泽东文集》，第 8 卷，304 页。

② 转引自江泽民：《坚持把邓小平建设有中国特色社会主义理论的学习引向深入——〈邓小平经济理论学习纲要〉序言》，载《人民日报》，1997 - 03 - 17。

③ 《邓小平文选》，1 版，第 3 卷，371 页。

④ 《毛泽东选集》，2 版，第 1 卷，186 页，北京，人民出版社，1991。

⑤ 《十七大以来重要文献选编》（上），798、810 页。

（三）坚持正确的基本路线并不意味着它是一成不变的，而是既要“毫不动摇”地坚持，也要“与时俱进”地丰富和发展

1987年中共十三大首次对新时期基本路线予以完整阐述后，十四大报告依据邓小平南方谈话中提出的“基本路线要管一百年，动摇不得”，强调“坚持党的基本路线不动摇”，这是“不动摇”理念首次通过党的全国代表大会予以展现和确立。

强调坚持党的基本路线“不动摇”是否意味着基本路线是一成不变的？坚持基本路线“不动摇”与党的“与时俱进”是否矛盾？在革命、建设和改革的不同历史时期，我们党先后形成了毛泽东思想、邓小平理论、“三个代表”重要思想和科学发展观等重大战略思想。这种与时俱进的马克思主义中国化进程说明，党的基本理论是随着时代和实践的发展而不断创新的。作为基本理论的集中体现，党的基本路线自然不可能是一成不变的。江泽民提出，要“坚持用实践来检验、丰富、完善我们的理论和路线方针政策”[①]。基本路线“谓之‘基本’，就是因为它反映的是基本规律，规定的是基本方向，涉及的是基本方略……说基本路线不能变，所指的就是基本的东西不能变”[②]。以新时期基本路线为例，所谓“毫不动摇”，主要指“一个中心、两个基本点”的基本架构及其辩证关系不能变。所谓“与时俱进”，主要是依据基本路线制定一些具体方针政策和发展目标等，是可以随着实践和理论认识的发展进行调整和完善的。例如，关于发展目标，十三大政治报告阐述基本路线时提的是“富强、民主、文明的社会主义现代化国家”。而在实现“三步走”发展战略的第二步目标尤其是2003年我国人均GDP突破1 000美元大关后，根据新世纪新阶段的经济社会发展面临的新情况，党中央审时度势，提出“构建社会主义和谐社会”的战略思想。经过几年的实践检验，把基本路线中的战略目标丰富为“富强、民主、文明、和谐的社会主义现代化国家”，从而呈现出经济、政治、文化和社会四位一体的现代化建设格局。这是客观实际和时代发展的必然要求，也是广大群众切身利益和愿望的根本体现。这种变化，不仅没有改变基本路线的根本要求，而且使基本路线的指导作用更加有力。

① 《江泽民文选》，第2卷，251页。

② 李忠杰：《邓小平与社会主义初级阶段的基本路线》，载《中共党史研究》，2004（5）。

既把握规律性，又富于创造性，这是坚持基本路线“不动摇”和“与时俱进”的辩证统一。

综上所述，新中国成立以来党的基本路线的更替和演进，比较集中地反映了党探索中国特色社会主义道路的艰难曲折。作为党的第一代中央领导集体的核心，毛泽东早在1961年6月21日会见日本客人时就说：“只有经过很多痛苦，才能取得经验。不要把错误认为单纯是一种耻辱，要看作同时是一种财产，不能说错误路线没有用处，它是有很大的教育意义的。”① 作为新时期党的基本路线的主要创立者，邓小平明确表示：“我们现在的路线、方针、政策是在总结了成功时期的经验、失败时期的经验和遭受挫折时期的经验后制定的。历史上成功的经验是宝贵财富，错误的经验、失败的经验也是宝贵财富”②。江泽民提出，第一代中央领导集体“尽管在探索中有曲折甚至有严重失误”，但他们一直在“努力寻找适合中国国情的社会主义建设道路”③；邓小平创立的党的基本路线，是“了不起的贡献”④，也是他留下的“最可宝贵的财富”⑤。胡锦涛强调，要铭记党的第一代中央领导集体“艰辛探索社会主义建设规律取得宝贵经验”⑥ 为改革伟业奠定的基础。这些，都使我们进一步认识到新时期基本路线的来之不易。由此，要倍加珍视这条基本路线，无论面对如何艰难复杂的国际国内风险和挑战，都要毫不动摇地坚持党的基本路线，毫不动摇地坚持走中国特色社会主义道路。

（原载《当代中国史研究》2010年第2期）

---

① 毛泽东会见日本共产党国会议员访华代表团时的谈话，1961年6月21日。
② 《邓小平文选》，1版，第3卷，234～235页。
③ 《江泽民文选》，第1卷，343页。
④ 江泽民：《论党的建设》，25页。
⑤ 《江泽民文选》，第1卷，634页。
⑥ 《十七大以来重要文献选编》（上），6页。

党的阶级基础：我国工人阶级内涵的历史嬗变及其当前先进性的属性要求

樊宪雷

中国工人阶级自从作为独立的政治力量登上历史舞台，无论是在革命时期，还是在社会主义建设和改革开放事业中，始终坚定地走在时代的前列，充分展现了先进生产力代表者的形象，是推动社会进步的最基本的动力，是革命和建设的主体。新中国成立后，我国宪法明确规定工人阶级是国家的领导阶级，是党和国家的阶级基础。

2010 年，在全国劳动模范和先进工作者表彰大会上，胡锦涛指出，我国工人阶级是我国先进生产力和生产关系的代表，是我们党最坚实最可靠的阶级基础，是社会主义中国当之无愧的领导阶级，是全面建设小康社会、坚持和发展中国特色社会主义的主力军。

早在 1993 年中国工会第十二次全国代表大会上，胡锦涛就代表党中央在祝词中强调，“历史已经证明并将继续证明，我国工人阶级不愧是同社会化大生产相联系的觉悟最高、纪律性最强的阶级，不愧是国家的领导阶级，不愧是推动社会进步的中坚力量，不愧是革命和建设的主力军”。

中国共产党自成立以来，始终强调把全心全意依靠工人阶级作为根本方针，而且越是在重大历史关头，越是强调必须全心全意依靠工人阶级，这是中国共产党带领全国各族人民不断取得革命和建设事业伟大胜利的重要保证。

当前，我国正处于一个深刻变革的时代，国际竞争更加激烈，国内改革发展稳定任务更加艰巨繁重，更需全心全意依靠工人阶级，高度重视和充分发挥我国工人阶级的主力军作用。

工人阶级的先进性不断发展

改革开放以来，随着我国社会生活和社会结构的深刻变化，特别是所有制结构和产业结构的调整，新的社会阶层出现，作为党的阶级基础的工人阶级在人数、素质、构成、分布等方面都发生了历史性变化。工人阶级的内涵不断丰富，外延不断扩大。

与改革开放前的工人阶级构成相比，知识分子成为了工人阶级的一部分，且其作用更加突出；非公有制企业职工、乡镇企业职工和社会中介组织从业人员大量增加；一大批农村进城务工人员成为工人阶级的新成员。中国工人阶级的结构更加多样，既有物质资料的直接生产者，也有科技文化的创造者和传播者；既有企业的经营管理者，也有社会活动的领导者；且许多人员的职业身份经常变动，就业方式灵活多样，在不同所有制、不同行业、不同地域之间流动频繁。

基于这种变化，2003 年中国工会第十四次全国代表大会将工人阶级界定为“包括广大知识分子在内的，由各种所有制企业、各种机关事业单位的全体体力劳动者和脑力劳动者构成的统一整体”。

党的十六大以来，我国工人阶级队伍进一步发展壮大。据统计，2002 年我国工人阶级的人数为 2.07 亿，到 2006 年达 2.7 亿，年均递增 6.9%。照此计算，当前我国工人的总数已达 3.7 亿。工人阶级的变化不仅体现在职工队伍的壮大上，更为重要的是，在结构构成、政治经济地位、价值取向、思想素养等多个方面都发生了新的变化，呈现出新的特征。

需要指出的是，工人阶级队伍的壮大，一些工人群众的工作岗位发生变化，并没有改变我国工人阶级的主人翁地位，而且从长远看有利于提高工人阶级的整体素质，发挥工人阶级的整体优势。

30 多年来，我国工人阶级的整体素质快速提升，不仅知识分子成为了工人阶级的一部分，原来的产业工人的文化水平也不断提高。随着科学技术的进步和产业结构的调整，知识化、信息化、智能化快速发展，工人阶级接受新知识、掌握新技术的能力日益提高，创造的价值也越来越多。脑力劳动者不断增加，体力劳动者不断减少，这是工人阶级适应时代变化需求的表现，说明工人阶级始终走在时代要求的前列，不断深化其先进性内涵。对于工人阶级在改革开放中的巨大作用和贡献，党和国家领导人给予了高度肯定和赞扬。

胡锦涛在2010年全国劳动模范和先进工作者表彰大会上指出，长期以来我国工人阶级“在各自岗位上展现主人风采、焕发劳动激情，为改革开放和社会主义现代化建设作出了突出贡献，铸就了信念坚定、立场鲜明，艰苦奋斗、勇于奉献，胸怀大局、纪律严明，开拓创新、自强不息的工人阶级伟大品格，在共和国的旗帜上镌刻了人民伟大、劳动神圣的无尚荣光”。

我国工人阶级之所以能够一直保持先进性，引领社会的发展方向，在于其不断融入了时代的新元素，在改造世界的同时也在改造着自身，能够根据时代的变化和要求不断调整自己，不断补充新鲜血液，不谋私利，敢于牺牲，不僵化、不闭锁，创新发展，保持一种自我更新能力。

重视工人阶级内部结构日益复杂

进入新世纪以来，由于社会结构调整步伐的加快，工人阶级内部阶层分化日益明显，工人阶级内部出现不同利益群体。

一方面，大批农民工、乡镇企业工人、非公有制企业工人和新兴产业工人加入到工人阶级队伍中来，扩大了工人阶级的范畴。另一方面，工人阶级内部也因所从事的职业和岗位不同，差异不断扩大，既有党政机关的公务人员，也有经营管理人员；既有专业技术人员，也有产业工人；既有科技研发人员，也有经营销售人员。

工人阶级内部出现了企业家阶层、管理者阶层、公务员阶层、普通工人阶层、低收入阶层的分化。其经济社会地位差距也明显加大。不同地区、行业、所有制单位职工收入的增长幅度不一，不同群体之间的收入差距有所扩大，一部分职工由于企业经营不好或自身的原因下岗失业，收入减少。

另外，随着经济的发展和产业结构的调整，工人阶级在不同产业的比重也有较大变化。据统计，当前，我国第一产业工人占工人阶级人数的1.7%，第二产业工人占46.6%，第三产业工人占51.7%。在企业性质方面，非公有制企业工人的比重也大于公有制企业工人的比重，其中非公有制企业工人占

42.3%，公有制企业工人占 29.9%，事业单位工人占 12.2%，党政机关、社会团体占 5.9%，其他单位占 9.7%。

工人阶级内部的阶层分化，以及相互之间贫富差距的扩大，使工人阶级队伍自身团结统一的经济基础出现新的矛盾，利益关系多样化，甚至出现个别相互排斥的现象。同时，工人阶级自身团结统一的政治要求也由单一变为多样，政策整合的任务加剧。全国总工会 2007 年开展的第六次全国职工队伍状况调查显示，我国工人阶级队伍客观上存在着一种二元结构，即总体上由城镇工人和农民工两大部分组成，这种二元结构是我国城乡二元结构在工人队伍内部结构上的具体反映。在城镇工人队伍内部，也存在着基于利益实现程度不同导致的群体分化和多元化倾向。企业工人和机关、事业单位职工不同，经营管理层和普通工人迥异，正规就业工人和非正规就业工人有别。而且随着经济社会的发展，我国工人队伍内部的群体分化还存在加剧的可能，利益冲突也将进一步凸显。

客观来看，这种内部构成的分化，是市场经济发展的结果，并未从根本上改变工人阶级的本质。但若任其发展下去，有可能会损害工人阶级的团结统一，进而影响党的阶级基础。

文化素养和技术水平呈上升趋势

如果说改革开放以后我国工人阶级文化素养的快速提高与知识分子的加入有关，那么，当前其文化素养和技术水平的提高，更多的是社会化大生产快速发展的必然要求。

产业结构的更新换代、新兴经济部门的出现和一二产业中知识技术含量的增加，都对工人阶级的文化技术水平提出了更高的要求。越来越多的工人意识到，要在竞争中立于不败之地，关键要靠知识、靠本领、靠素质。努力获得新知识、刻苦钻研业务、不断优化自身素质成为广大工人特别是青年工人的迫切愿望。文化水平较高、适应现代化大生产的需要、拥有先进技术、掌握先进管理经验的新型工人越来越多。

另一方面，工人队伍年龄结构整体上呈年轻化发展，大批新生代农民工、青年学生等补充进工人阶级队伍，使其科学文化素养明显提升。同时，各级政府和一些企业也加强了对工人的职业技能培训。

我国工人阶级的文化素养和技能水平虽明显提高，但与国家现代化发展的需求相比，仍有差距。要在“十二五”期间建设创新型国家，关键在于提高自主创新能力，这进一步凸显在国家各项建设中起主力军作用的工人阶级队伍素质提高的重要性。

当前，我国科技人员的绝对数量仍远低于社会化大生产的要求和西方发达国家的比例，科技转化为现实生产力的能力还很薄弱。例如，目前我国15～64岁年龄组居民的平均受教育年限为11.48年，农民工群体为10.43年，而美国早在1992年这一比例就已达18.04年。另一方面，职工队伍中技术工人特别是高级技术工人的比例低，在全部企业工人中，没有技术等级的工人占74.1%，而德国早在1980年非技术人员的比重就已降至21.5%。在日趋激烈的国际竞争环境下，我国工人阶级加速实现知识化、技术化的任务尤显紧迫和严峻。

由打工者向产业工人转变

20世纪80年代以来，大量农村剩余劳动力进入城市务工，农民工成为社会化大生产进程中，在中国特定历史时期出现的一个特殊社会群体。农民工加入工人阶级队伍，不仅壮大了工人阶级的队伍，扩大了工人阶级的群众基础，也丰富和扩充了工人阶级的内涵。

一方面，农民工已成为产业工人的主力军。国家统计局2009年统计显示，全国农民工总量为2.297 8亿，比上年增加1.9%。按照这一增长速度计算，当前我国农民工的人数已超过2.35亿。且在第二产业就业的农民工人数已超过城镇工人，特别是建筑、建材、采掘、纺织、服装、玩具等行业，一线工人基本上都是农民工。

另一方面，进入新时期以来，农民工总体上呈现出年轻化特征。随着农民工年轻化趋势的发展，新生代农民工成为主要力量，已占农民工总数的60%。与20世纪80年代进城务工的第一代农民工相比，新生代农民工的受教育程度明显提高，生活压力也大为减轻，有着与父辈截然不同的生活观和就业观，更期待未来的发展，并对文化精神生活、劳动条件和劳动环境都有更高的需求，渴望社会的尊重和认可。但与第一代农民工相比，其吃苦忍耐精神欠缺；与城市的同龄人相比，他们的知识水平和技术能力又差距明显。

新生代农民工的新特征、新情况，也使其面临着许多问题。首先，新生代农民工的流动性更快，与企业的持续、稳定用工要求产生冲突，难以长久扎根。新生代农民工摆脱了生存的压力，寻找工作的自由度加大，再加上大多没有一技之长，因而就业的流动性增加，易出现盲目择业、轻易辞职的现象。农民工流动性增强，就其自身原因是目标不明确，总在实现自身价值、外出历练学习、改变农民身份等多重追求之间游移不定。这也就造成了新生代农民工的大规模流动、迁徙，易形成民工潮和用工荒，对于企业和我国经济的长远发展多有不利。

其次，新生代农民工融入城市的愿望与各种制度限制的矛盾。新生代农民工来自农村，但心在城市，他们疏远了家乡，却很难在城市生活，更难以融入城市。其原因之一在于长期以来实行的城乡二元分割户籍制度。尽管国家政策规定容许有合法住所、有稳定就业或收入来源的农民工在城镇落户，但从各地的实践看，许多地方的户籍制度改革停留在“投资移民、技术移民”上，农民工变市民的门槛依然很高。由于没有城市户口，就无法享受城市人口的各种保障待遇。另外，新生代农民工在城市中的交际圈也较为狭窄，心理上和情感上易与城市市民形成隔阂。

再有，收入增长缓慢和过度消费的矛盾。与其他行业的从业人员相比，农民工特别是刚参加工作的新生代农民工的工资收入仍然较低、增长缓慢。与上一代农民工相比，新生代农民工的生活方式和生活习惯也发生了巨大变化，其消费水平有了较大提升，但在缺乏科学的消费指导情况下，也易出现盲目消费、透支消费的情况，由此引发的社会问题也层出不穷。

党和国家一直高度重视农民工问题。2006 年国务院通过了《关于解决农民工问题的若干意见》，逐步规定了农民工暂住证、务工证、选民证、医保卡、工会会员证的解决办法，废除了一些针对农民工进城务工的歧视性规定。2010 年的中央一号文件又首次提出了“新生代农民工”的概念，并要求采取有针对性的措施，着力解决新生代农民工问题，让新生代农民工市民化。在“十二五”规划中提出要解决好农村转移劳动力问题，并将之作为工作重点。要解决好新生代农民工问题，积极推进农民工“由技能匮乏向又红又专转变、由挣钱吃饭向实现价值转变、由短期务工向当家作主转变、由打工者向新时期产业工人转变”，不失为值得借鉴的经验。

职工价值观念呈现多元化发展

作为时代精神的引领者，进入新世纪以来，工人阶级的价值观念、道德情操在社会主义精神文明建设中发挥了重要作用。

当前，我国工人阶级的思想观念、道德情操总体上呈现出积极进取的态势，代表着意识形态的主流，引导着社会发展的价值取向。首先，大多数职工的政治思想积极向上，对中国共产党及其事业有着正确认识和坚定信仰。工人中的党员人数达到19.1%，积极要求入党的工人比例达到59.7%。对于中国共产党提出的坚持科学发展观、构建社会主义和谐社会的执政理念，94.2%的工人认为符合中国经济社会的发展实际，能让广大群众得到实惠。

其次，爱国主义、集体主义、奉献精神等工人阶级的优良传统和崇高品格，仍是工人价值取向的主流，多数工人能够正确对待国家、集体、个人之间的关系。

再者，爱岗敬业、诚信友善等中华民族的传统美德仍能得到工人的广泛认同，作为自己行为处世的基本道德规范。

但是，也应看到，随着经济社会的发展和工人阶级的经济地位、社会地位及队伍结构的变化，工人阶级队伍的思想信仰、价值观念也发生了变化，呈现出多元化的发展趋势，政治意识淡化、信仰缺失的现象亦不容忽视。

一是工人阶级内部因为不同利益阶层的分化，易使其思想观念出现差异，特别是一线产业工人，因现实的生活压力和各种保障制度的不健全，更加重视生活状况和劳动权益的改善，而理想追求趋于弱化。63.9%的工人把舒适安定的家庭生活、稳定的工作以及赚更多的钱作为自己的理想追求，只有10.7%的工人把为社会作贡献当作自己的理想。

二是工人阶级的阶级意识有模糊趋势，政治意识比以前有所淡薄。随着改革开放的深入，各种社会思潮纷纷涌入，原来单一的道德理想和价值追求被打破，人们的思想信仰呈多元化方向发展，宗教信仰呈上升趋势。

三是由于市场经济的影响，传统的社会公德、职业道德和家庭美德也受到冲击，出现下滑现象。调查显示，24.1%的工人认为人们的职业道德水平下降了。另外，拜金主义、享乐主义、个人主义的影响也不容忽视。

工人阶级的价值观念和道德情操，对于社会主义精神文明建设具有重要作用；充分发挥社会主义核心价值观，更是离不开工人阶级的参与和引导。因此，必须按照中央要求，切实加强工人阶级的思想政治工作，营造良好的社会氛围，积极开展以职业道德、敬业精神和社会公德教育为主要内容的社会主义精神文明活动，不断提高工人阶级的素质水平，弘扬中国工人的伟大品格。

（原载《瞭望》2011 年第 16 期）

“一国两制”理论在香港的实践（1997—2002）

梁　琨

香港回归祖国以后，“一国两制”方针进入全面贯彻实施的新时期。与1997年回归前相比，16年来中国内地学术界关于香港问题的著作和研究文章数量明显减少，尤其是在香港回归以后，对于具体实践和现实问题的研究不足。笔者试图从政治、法律、经济等方面入手，对香港回归头五年的具体实践进行一个简要的梳理和回顾。

一、“一国两制”下的中央与特区

香港回归祖国后，如何在“一国两制”的大原则下把握和处理好中央与特区的关系，确保“港人治港”、高度自治和基本法的各项规定落到实处，保持香港的繁荣稳定和发展，江泽民说，这是“中央政府和特区政府共同面临的课题”①。

（一）江泽民提出正确观察香港形势、估量香港力量、审视香港前景的基本依据

江泽民指出：香港回归前，国际社会在密切注视，看香港能否顺利回归；

① 王荣久、唐维红：《江泽民会见董建华一行，希望香港澳门携手并进，相互支持，相互借鉴，优势互补，共同发展》，载《人民日报》，2000－12－21。

香港回归后，国际社会仍在密切注视，看香港能否保持稳定繁荣。对于如何判定香港是否保持了稳定与繁荣，1998年3月，江泽民在与第一次单独组团参加全国人民代表大会的香港特别行政区代表团一起审议《政府工作报告》时，非常明确地提出了四条“正确观察香港形势、估量香港力量、审视香港前景的基本依据”：“邓小平同志提出的‘一国两制’的伟大构想和‘港人治港’、高度自治的方针是完全正确的”；“香港同胞完全有能力有办法把香港治理好”；“董建华先生为首的特别行政区政府具有的智慧和经验是能够驾驭复杂局势的”；“伟大的社会主义祖国是香港保持繁荣稳定和战胜前进中的困难与风险的坚强后盾”①。有学者称其为“江四条”，认为这是正确认识和评价香港回归以来政治与经济发展大势的衡量标准。②

（二）中央高度信任和尊重香港依法施政，对于香港特别行政区的内部事务“不干预”

香港回归伊始，江泽民强调：“香港特别行政区基本法，不仅香港要遵守，中央各部门和各省、自治区、直辖市也都要遵守。中央各部门和任何地方，都不会也不允许干预香港特别行政区依据基本法规定自行管理的事务。”③“中央政府在香港贯彻实施‘一国两制’、‘港人治港’、高度自治的方针是坚定不移的。绝不是口头上宣示而已，而是真正这么做的。也绝不是施行一阵子，而是要长期施行下去的。”④“而从香港来说，属于高度自治范围内的事务，完全可以放手去做，中央政府完全相信特区能够把自己的事情处理好。”⑤朱镕基也曾风趣地对香港客人说：“我们是一国两制，我从来没有把香港的钱放进我口袋里面。”⑥“中央从来不会对‘一国两制’中涉及香港那一制的问题表态，国务院从来不讨论涉及香港自治范围内的问题，要坚持

---

① 吴明、张宿堂：《江泽民主席参加香港代表团审议时强调坚定不移贯彻“一国两制”方针，继续保持香港繁荣稳定》，载《人民日报》，1998-03-10。

② 参见齐鹏飞：《香港回归十年政治发展述论》，载《教学与研究》，2007（6）。

③ 《江泽民文选》，第1卷，655页。

④ 吴明、张宿堂：《江泽民主席参加香港代表团审议时强调坚定不移贯彻“一国两制”方针，继续保持香港繁荣稳定》，载《人民日报》，1998-03-10。

⑤ 刘振英、倪四义、武卫政：《江泽民参加香港代表团审议时强调“一国两制”必将实施得越来越好》，载《人民日报》，2000-03-09。

⑥ 《朱镕基副总理在“中国经济研讨会”上答问》（1997年9月22日），载《港澳经济》，1997（11）。

‘一国两制’的界线”①。

事实确实如此。香港回归以后，中央政府除了严格按照基本法管理香港特区有关的外交事务和国防事务外，从不干预香港特区自治范围内的事务。如：香港特区立法会选举事务，中央政府未予任何干预，没有派过任何一位官员赴港监察选举，中央政府驻港的派出机构也没有干预选举事务。

（三）实行“一国两制”不等于香港的事情全由香港人来管

坚持中央政府和内地对于香港特别行政区“高度自治”的内部事务“不干预”，必须遵循两个基本原则：其一，主权原则。中央与香港的关系是中央政府与地方政府之间的关系，一方面中央保持外交和国防权及必要的干预权；另一方面香港的高度自治权是中央授予的，行使这一权力以不损害国家主权为前提。其二，高度自治原则。在这一原则下，属于香港特别行政区自治权范围的事务不受中央干预，中央不派任何官员去特区政府任职。同时，中央各部门与香港特别行政区政府相应的部门之间不存在行政隶属关系。

基于此，中央政府不干预香港根据基本法自行管理的事务，不等于对事关国家主权和安全、事关香港政治体制的重大问题撒手不管。早在 1984 年，邓小平就以政治家的远见卓识指出：“不能笼统地担心干预，有些干预是必要的。要看这些干预是有利于香港人的利益，有利于香港的繁荣和稳定，还是损害香港人的利益，损害香港的繁荣和稳定。”② 1987 年 4 月 16 日，邓小平会见香港特别行政区基本法起草委员会委员时，将“必要的干预”阐述得更富有针对性：“切不要以为香港的事情全由香港人来管，中央一点都不管，就万事大吉了。这是不行的，这种想法不实际。”他进一步分析说，如果中央把什么权力都放弃了，就可能会出现一些混乱，损害香港的利益。因此，“保持中央的某些权力，对香港有利无害”③。

---

① 转引自周建华：《党的第三代中央领导集体与回归后香港社会的稳定繁荣》，载《党史研究与教学》，2003（4）。

② 《邓小平文选》，1 版，第 3 卷，73 页。

③ 《邓小平文选》，1 版，第 3 卷，221 页。

（四）中央人民政府驻港派出机构

1. 中央人民政府驻香港特别行政区联络办公室

新中国成立后，由于香港处于港英当局的管治之下，中央不可能在香港正式设立代表机构，因而授权新华通讯社香港分社负责与港英当局进行联系和交涉。1978年9月30日，新华通讯社香港分社举行国庆招待会，第25任港督麦理浩首次参加。自此成为惯例，其后历任港督每年都出席新华通讯社香港分社举行的国庆招待会，一直延续到香港回归之前。香港回归后，新华通讯社香港分社原有职能作了适当调整，继续作为中央授权的工作机构履行职责，主要负责联系内地驻港中资机构，促进香港特别行政区与内地经贸、科技、教育、文化等领域的交流，广泛联系香港各阶层人士，处理港、台往来的有关事务等。

1999年12月28日，国务院第24次常务会议决定，自2000年1月18日起，将新华通讯社香港分社，更名为中央人民政府驻香港特别行政区联络办公室。原新华通讯社香港分社内的新闻业务，将由新华通讯社提请香港特别行政区政府注册的新华通讯社香港特别行政区分社承担。

2. 外交部驻香港特别行政区特派员公署

1997年7月1日，外交部驻香港特别行政区特派员公署举行开署仪式，这是中国政府对香港恢复行使主权的重要象征，也是中央处理涉港外交事务的需要。关于公署和香港特区政府在处理对外事务上的职责划分，基本法是有原则规定的。有关国家主权、外交、国防和安全等方面的涉港事务，由公署在外交部领导下处理，处理时或通报特区政府，或征询特区政府的意见；中央授权特区政府根据基本法自行处理的对外事务，由香港特区政府自行处理，公署给予协助和支持。

3. 中国人民解放军驻港部队

1997年6月30日20时20分，中国人民解放军驻港先头部队第一台车通过深圳皇岗口岸，进入香港。驻港先头部队和先遣人员于 1997 年 7 月 1 日零时零分，进驻香港各个营区，准时奏国歌、升国旗、站岗、开始履行防务任务。原驻香港英军司令部，一百多年来作为英国的殖民统治在香港的象征，业已成为中国人民解放军驻香港部队的总部。中国人民解放军进驻香港，是中国政府对香港恢复行使主权的重要标志，是维护国家主权和安全、保持香港繁荣稳定的重要保证。

2000 年 4 月 1 日，董建华在香港纪念“基本法颁布十周年研讨会”上指出，过去两年多以来，中央政府坚定不移地贯彻“一国两制”、“港人治港”、高度自治的方针。中央政府各部门、内地各省市以及中央政府的驻港机构都恪守基本法的规定，从不干预香港特区高度自治范围内的事务。特区政府亦严格按照基本法办事，在基本法的保障下实行高度自治。

二、“一国两制”下特区的政制

关于特区的政制，1987 年 4 月 16 日，邓小平会见香港特别行政区基本法起草委员会委员时说：“香港的制度也不能完全西化，不能照搬西方的一套。”① 正是基于这一精神，基本法规定了香港特别行政区享有行政管理权、立法权、独立的司法权和终审权，确立了行政主导，立法与行政相互制衡、重在配合，司法独立的特区政治体制。2002 年 7 月 1 日，江泽民在庆祝香港回归祖国五周年大会讲话中指出：“要进一步落实行政主导体制，行政、立法、司法机关要按照香港特别行政区基本法的规定，各司其职，各负其责。”②

（一）香港特区的政制以行政为主导

行政主导体制，是基本法在“一国两制”的框架下，从香港的历史、现状和发展出发，对香港特别行政区的政治体制所作的法律安排。其基本特征

---

① 《邓小平文选》，1 版，第 3 卷，220 页。

② 江泽民：《在庆祝香港回归祖国五周年大会暨香港特别行政区第二届政府就职典礼上的讲话》，载《人民日报》，2002-07-02。

是：行政长官较其他公共权力地位崇高；行政长官的职权广泛；在行政与立法的关系中，行政处于主动地位；行政长官主导特别行政区政治生活。

1. 行政主导体制是保持香港长期繁荣稳定的制度保障

关于“港人治港”，1984 年 6 月，邓小平提出一个界线和标准，“必须由以爱国者为主体的港人来治理香港”。“爱国者的标准是，尊重自己民族，诚心诚意拥护祖国恢复行使对香港的主权，不损害香港的繁荣和稳定。”[①] 在此界线和标准下，实行行政主导体制，能够使特区政府不受干扰、高效率地处理问题。香港回归后，在面临亚洲金融危机、禽流感等重大事件时，以董建华为首的特区政府在中央的大力支持下顶住压力，沉着应对，果敢决断，妥善处理和解决了各种问题，显示出行政主导下政府机构发挥高效作用的优势，保持了香港社会的稳定繁荣。

香港回归以后，不断有人对基本法设计的香港政制看不顺眼，所谓“民主派”屡屡鼓噪要修改基本法，声称回归后民主步伐“大倒退”，提出搞港式“部长制”，大力鼓吹全面直选、提前直选、“一人一票选特首”等等，一些对董建华施政不满的政治势力还组成倒董大联盟，要求全民普选行政长官。[②]

对以上影响社会稳定的因素，中央坚决维护行政长官的权威，多次明确表态支持行政长官和特区政府依法施政。2000 年 10 月 26 日，董建华赴京述职，这是一年一度的惯例。江泽民在会见时，特别强调了保持香港社会稳定的重要性。他说：古今中外的历史发展都证明，没有稳定的政治和社会环境，什么事情也做不好，更不可能实现经济的繁荣发展和社会的不断进步。香港经济的繁荣与发展，一方面要靠国家的稳定和发展作为保障，另一方面，也需要香港特区内部有一个良好的社会政治环境，需要香港公众团结一心，共同努力。此次会见，引起了香港舆论的高度关注。香港《大公报》发表评论称：“中央领导人再一次公开表明对董建华的支持，就是对‘一国两制’、对‘港人治港’、对香港稳定的支持。”香港《文汇报》也说：“中央领导人希望香港民众支持董建华工作，同心同德，避免内耗，更好地应付经济领域的挑战，以利大家都享受到繁荣成果。这完全是为特区着想，为港人福祉着想。”

---

① 《邓小平文选》，1 版，第 3 卷，61 页。

② 参见梁思：《香港政制须循序渐进发展》，载（香港）《文汇报》，2000 - 04 - 05。

2. 主要官员问责制的出台

从2002年7月1日起，香港特区政府主要官员开始实行问责制。这是一套新的有别于一般公务员的聘用制度，适用于行政长官之下高层的政府官员，被称为“自回归以来最重大行政改革”①。其主要内容是：在问责制下，行政长官可从公务员队伍内外物色德才兼备的人士，提名报请中央人民政府任命他们为主要官员。他们不再是公务员，而是以合约制聘用的主要官员，任期五年，但其任期不会超过提名他们的行政长官的任期。在任期之内他们各自负责由行政长官制定的政策范畴，统领所辖部门的工作，制定政策、解释政策，为政策作推介，争取立法会和市民大众的支持，并且为其政策的成败直接向行政长官负责，通过行政长官的领导，履行对市民的责任。其主要目的是：使特区政府的主要官员能够为他们的施政承担起责任；使特区政府的领导层意见一致，方向明确；使主要官员权责分明，促使主要官员重视民情、民意，更好地为社会服务。

主要官员问责制从提出到形成议案提交立法会辩论通过，经过了两年多时间。2000年10月11日，董建华在2000年施政报告中提出“加强行政机关高层的问责性”，并把它作为特区政府“根据基本法和特区的实际情况，循序渐进，推动香港的政制发展”的一个重要举措。此后，董建华成立并亲自领导一个督导小组，研究实施问责制的问题。2001年10月10日，董建华发表2001年施政报告，不仅描述了问责制的框架，而且清楚表明主要官员问责制将在行政长官的第二个任期（2002—2007年）时推出。

2002年2月28日，第二届特区行政长官的选举如期举行。董建华在800名选举委员会委员的选举中得到了714票，成功连任。当所有选举的细节程序完结后，他便于4月17日在立法会会议上宣布了“主要官员问责制”的详细内容，并再一次明确表示希望7月1日起实施这一项新制度。5月29日，特区政府成功取得了立法会通过支持主要官员问责制的动议。6月14日，立法会同意拨款4 200万港元，以应付实施主要官员问责制所带来的开支。6月19日，重组决策局的决议案获得立法会通过，政府提出的一些决策局被作了技术性调整。至此，实施主要官员问责制的程序已经完成。6月24日，董建华公布了14名问责制主要官员名单和新的行政会议成员名单。7月1日，随

① 《香港回归十年志——2002年卷》，152页，香港，大公报出版有限公司，2007。

着董建华就任第二届特区行政长官，主要官员问责制开始付诸实施，由制度设计转化为制度运作。“主要官员问责制”是香港历史上，特别是香港回归祖国后政治体制上的一个创造，掀开了“港人治港”新的一页。

（二）立法与行政相互制衡，重在配合

香港特区立法会是一个在基本法指导下对香港事务享有完全立法权的机关，是特区政治体制的主要架构之一，其主要职责有：制定、修改和废除法律；控制公共开支；监察政府工作；接受香港居民申诉；同意终审法院法官和高等法院首席法官的任免；行政长官有渎职行为时通过弹劾。

香港回归以后，特区政府贯彻基本法有关规定，组织首届立法会选举。1997 年 7 月，特区政府公布了首届立法会选举的整体安排。9 月，临时立法会三读通过了《立法会条例》，规定特区首届立法会共设 60 个议席，分别由直选（20 席）、功能团体选举（30 席）和选举委员会选举（10 席）产生。随后开展了选民登记工作，有 279.5 万名市民进行登记，成为合法选民。首届立法会选举工作于 1998 年 5 月下旬顺利进行。首次当家作主的港人投票十分踊跃，近 149 万名登记选民投了票，60 位立法会议员当选。2000 年 9 月 10 日，香港举行第二届立法委员会选举。60 个议席分别由直选（24 席）、功能团体选举（30 席）和选举委员会选举（6 席）产生。当天地方选区约 133 万名选民（投票率 43.5%）参加投票，功能界和选举委员会投票率为 56.5%和 95.5%。立法会主席由立法会议员互选 1 人出任，第一届与第二届主席均为范徐丽泰。立法会产生后，在实践基本法、配合特区政府维护政局稳定、发展经济、搞好民生等方面起了重要作用。

（三）香港的司法独立，不受干扰

香港回归后，司法独立，享有终审权。原有法律除同基本法相抵触或经特区立法机关修改外，都予以保留。在司法实践中，香港原有的普通法系得以延续，各方面运转正常。司法活动不仅不受特别行政区其他部门的干预，而且也不受内地任何部门包括各级司法机关的干预。法院独立开展审判活动，处理了大量的民事、刑事案件，对特别行政区的社会安定、经济发展起了重

要作用。

三、"一国两制"下特区的法律

回归后的香港，在法律上享受着比以前更大的自主权。根据基本法，适用于香港的全国性法律只限于有关国防、外交和其他不属于香港自治范围的法律。基本法不但规定沿用普通法，还对修订和废除普通法的权力加以限制。香港还可以在高度自治的范围内自行立法。

基本法在香港具有宪制性地位，其法律地位高于特区的其他法律。2000年3月8日，江泽民在会见出席九届全国人大三次会议的香港代表团时说："依法治港，是我们实施依法治国的重要组成部分。维护基本法的权威，就是维护国家法制的权威。对于基本法明确规定的东西，要坚决贯彻执行，一以贯之，这是保持香港长期稳定繁荣的根本保证。"① 严格按照基本法办事，遵守基本法的各项规定，是成功实践"一国两制"和维护香港繁荣稳定的法律保障。

在具体的司法实践中，中央政府十分尊重香港特别行政区的高度自治权，不干预香港内部事务。然而，香港问题不仅仅是"两制"互不侵犯的问题，还有中央与特区关系的"一国"问题。在"两制"条件下如何巩固"一国"，无疑也是重大课题。

1999年1月29日，香港终审法院对香港居民在内地所生子女居港权个案作出终审判决，裁定香港永久性居民在内地所生子女享有香港居留权，不论有关的父母是在子女出生之前或之后成为香港永久性居民。判词强调：特区政府无须要求全国人大常委会阐释基本法有关内容。特区法院有司法管辖权，可以审核全国人大或其常委会的立法行为是否符合基本法，并有权宣布被裁定为不符合基本法的立法行为无效。这一判决结果招来多方质疑。根据特区政府初步统计，按照终审法院的裁决，会导致未来10年内地来港定居的人数增加167万，为香港日后的繁荣和稳定埋下隐患。更为重要的是，判词的内容涉及香港特区基本法解释权以及中央和香港特区的关系，这不仅影响

---

① 刘振英、倪四义、武卫政：《江泽民参加香港代表团审议时强调"一国两制"必将实施得越来越好》，载《人民日报》，2000-03-09。

到全国人大及其常委会在中国宪法中的至高无上的主权地位，影响到基本法中赋予的全国人大常委会的解释权，而且影响到香港的繁荣稳定。

对终审法院这一明显违背基本法立法意向的判决，中央高度关注并始终着眼于维护香港繁荣和稳定的大局进行考虑。1999 年 3 月 7 日，江泽民在九届全国人大二次会议香港特别行政区代表团讨论会上说："实施'一国两制'、'港人治港'、高度自治，是一项史无前例的新事业。在前进的道路上，必然会遇到一些新情况新问题。中央政府和香港特区政府，祖国内地人民和香港同胞，应该齐心协力，共同探索前进，不断用新的经验来丰富'一国两制'、'港人治港'、高度自治的实践。只有这样，香港繁荣稳定的局面才能真正得到保持，并不断发展。凡是有利于香港繁荣稳定的事，就要多做；凡是不利于香港繁荣稳定的事，绝对不能做。"① 有学者认为：江泽民的讲话显然是针对这一案件引发的政治争议而来，"这几句看似平淡的官方表述似乎重复了中央对香港一贯的针对和政策，但实际上传达了明确的政治信息"，"意味着中央准备纠正终审法院的判决"②。

1999 年 5 月 20 日，香港特区政府在获得大多数立法会议员支持的情况下，请求国务院提请全国人大常委会对基本法有关居留权的条款进行确切解释。6 月 26 日，全国人大常委会及时审议，对基本法有关条文作出解释，指出香港居民在内地所生的中国籍子女，不论以何种事由要求进入香港特区，均须依照国家有关法律、行政法规的规定，向其所在地区的有关机关申请办理批准手续，并须持有有关机关制发的有效证件方能进入香港特区。香港居民在香港以外所生的中国籍子女要获得居留权，在其出生时，其父母双方或一方必须是香港出生的中国公民或在香港通常居住连续七年以上的中国公民。香港特区终审法院在审理有关案件中引用基本法该项条款时，应以全国人大常委会的解释为准。同时指出，全国人大常委会的解释不影响香港特区终审法院对 1999 年 1 月 29 日有关案件判决的有关诉讼当事人所获得的香港特区居留权。全国人大常委会释法后，大量移民涌入香港的难题得到解决。12 月 4 日，特区终审法院一致裁定人大常委会解释合法合宪。至此，在没有影响终审法院的有关判决下，妥善解决了问题，在维护了"一国"的前提下，体

---

① 张宿堂、何加正：《江泽民参加香港代表团讨论时指出香港发展基础稳健明天会更美好》，载《人民日报》，1999-03-08。

② 强世功：《司法主权之争——从吴嘉玲案看"人大释法"的宪政意涵》，载《清华法学》，2009 (5)。

现了“两制”的特色，使“一国两制”和基本法更加深入人心。

庄丰源居港权诉讼案是有关居港权的重要案件。该案面对的问题是：父母双方（系中国国籍）皆无香港居留权，其在港所生子女能否获得香港居留权。香港高等法院原讼法庭裁定庄丰源一方胜诉，其依据是基本法第二十四条第二款第一项规定“在香港特别行政区成立以前或以后在香港出生的中国公民”是香港特别行政区永久性居民，并指出《入境条例》相关条文违反基本法。香港政府不服判决提出上诉，高等法院上诉法庭维持原判。

2001 年 1 月 17 日，香港入境事务处就庄丰源居港权诉讼向终审法院提出上诉，认为庄丰源不符合居港权资格。终审法院于 3 月 5 日开始审理此案，至 7 月 20 日作出终审宣判，裁定特区政府败诉，宣布：在香港出生的中国公民，无论其父母是否为香港人，都可根据基本法即时享有居港权。并认为，全国人大常委会于 1999 年 6 月就居港权有关条文所作解释不适用于该案，同时有关条文属特区自治范围，因此终院认为无须就此案寻求人大释法。

从 2003 年内地居民港澳自由行开始，“双非”孕妇问题即开始出现。2010 年，香港地区 88 323 名新生婴儿中，“双非”婴儿有 32 653 名，约占该年香港地区新生婴儿总数的 37%。十年间，“双非”婴儿的每年出生数量飙升 50 倍，累计总数超过 17 万。内地“双非”孕妇赴港产子从短期看是影响了香港地区孕妇生产的权益，挤占了稀缺的医疗卫生资源，从长远看更是挤占了香港地区的诸如教育、就业等社会资源，由此引起香港民众的不满，导致许多人走上街头抗议示威，要求政府采取行动。

由此反观，香港回归以来，中央和香港特区政府正是因为预测到内地与香港之间的交往会日益紧密，为保持香港的长期繁荣稳定，对居港权问题一而再、再而三地进行慎重考虑。在此基础上，尊重香港特区的“港人治港”、高度自治，这一理念是贯穿在整个“一国两制”实施过程之中的。

四、“一国两制”下特区“背靠内地，面向世界”，“明天会更好”

香港回归后，如何维护其国际经济中心尤其是国际金融中心的地位，促进香港经济的可持续发展和全面繁荣，是中央政府和特区政府一直以来高度重视的问题。1997 年 10 月 8 日，董建华发表了香港特区政府第一份施政报告，标题为《共创香港新纪元》。这是一份香港人自己制定的施政报告，详细介绍了香港特区政府的未来治港蓝图，表示要在“一国两制”的方针下，带领全体港人建设一个文明、富裕、安定、民主、充满生命力的香港。董建华强调：“香港的繁荣稳定是与祖国的繁荣和稳定紧密联系在一起的，香港的根本利益和国家的根本利益紧密相连。认识这一点，是香港特区政府制订长远发展策略的一个出发点。”①

（一）香港金融保卫战

1997 年香港回归伊始，亚洲金融危机爆发。7 月中旬至 1998 年 8 月，国际金融炒家三度狙击港元，在汇市、股市和期指市场同时采取行动。他们利用金融期货手段，用 3 个月或 6 个月的港元期货合约买入港元，然后迅速抛空，致使港币利率急升、恒生指数暴跌，而他们则可从中获取暴利。

面对国际金融炒家的猖狂进攻，香港特区政府决定予以反击。1998 年 8 月，香港金融管理局动用外汇基金，在股票和期货市场投入庞大资金，准备与之一决雌雄。28 日是香港股市 8 月份恒生期货指数的结算日，特区政府与炒家爆发了大决战。面对排山倒海的卖盘、地毯式的轰炸，特区政府顶住了国际金融炒家空前的抛售压力，毅然全数买进，独立支撑托盘，最终挽救了股市，有力地捍卫了港元与美元挂钩的联系汇率制度，保障了香港经济安全与稳定。

香港金融保卫战彻头彻尾是经济实力的较量。在保卫战爆发前夕，香港不仅自身拥有 820 亿美元的外汇储备，而且身后还有中央政府 1 280 亿美元的外汇储备，两者相加超过日本的 2 080 亿美元，居当年世界第一位。中央政府全力支持香港特区政府所采取的应对措施，特别是坚决支持香港特区政府维护香港的联系汇率制度，保持香港大局的稳定。1997 年 12 月 1 日，江泽民接受墨西哥记者访问时说：香港实行联系汇率制度，中央政府是支持的。香港与祖国内地的经济关系十分密切，内地的经济持续稳定发展，可以为香港经济发展提供重要的保证。如果香港特区政府认为有需要，中央政府是会

---

① 《香港回归十年志——1997 年卷》，309 页，香港，大公报出版有限公司，2007。

支持的。[1] 1998年3月，朱镕基明确表态："如果在特定情况下，万一特区需要中央帮助，只要特区政府向中央提出要求，中央将不惜一切代价维护香港的繁荣稳定，保护它的联系汇率制度。"[2] 7月1日，江泽民在香港回归祖国一周年庆祝大会上指出"中国的国际收支平衡有余，人民币不会贬值"，强调"香港的命运从来就是同祖国的命运紧密相联的"，"伟大的祖国是香港的坚强后盾"[3]。中央政府坚持人民币不贬值，为香港应对金融危机的冲击提供了最坚实的基础。

1998年8月的香港金融保卫战，震动海内外，有人称之为世纪之战。香港金融保卫战的成功，不仅使自己化被动为主动，大大提高了抵御亚洲金融风暴的能力，而且香港敢对国际大鳄说不，要求金融正义，为发展中国家和地区自立自强、防范金融风险、保障金融安全树立了可贵的经验和范例，博得了海内外的赞许。

1999年11月21日，董建华前往北京向中央人民政府述职。朱镕基表示，这一年来香港的经济状况已有好转，最困难的时期已经过去，这表明董建华领导下的香港特区政府施政有方，香港能够经得起风浪的冲击，中央人民政府对此表示满意。"伟大的祖国永远是香港战胜困难和风险、长期保持稳定繁荣的坚强后盾，中央对香港的发展前景充满信心。"[4]

（二）"背靠内地，面向世界"，"明天会更好"

1998年10月，董建华在立法会发表1998年施政报告《群策群力，转危为安》。他回溯了香港回归以来的经济形势，心情不无沉重地说："今年的《施政报告》，是在香港处于逆境时发表的"，"过去一年，对于香港来说是备受挑战和考验的一年。亚洲金融风暴席卷整个区域，香港的经济因此出现逆转"，"目前香港的经济正经历艰难的调整期"。同时又指出："祖国内地历来是香港经济增长的一个动力来源。香港一直扮演着中国与世界各国之间的桥

---

① 参见袁求实编著：《香港回归以来大事记（1997—2002）》52页，香港，三联书店（香港）有限公司，2003。

② 《九届全国人大一次会议举行记者招待会，朱镕基总理等答中外记者问》，载《人民日报》，1998-03-20。

③ 江泽民：《在香港回归祖国一周年庆祝大会上的讲话》，载《人民日报》，1998-07-02。

④ 赵卫：《朱镕基会见董建华，表示中央对香港的发展前景充满信心》，载《人民日报》，1999-11-22。

梁角色”，“国家的政治稳定、现代化建设的快速发展，为香港的发展提供了强大的动力”①。正是基于上述清醒认识，特区政府明确提出香港的经济改革和经济发展，要借新世纪全球化和中国内地和平崛起的大势“青云直上”，“背靠内地，面向世界”，在与内地的区域经济合作和对外的国际经济合作中，建立和巩固自己的经济优势和特色地位。

对于香港特区政府将香港定位为社会主义的中国内地与西方资本主义世界之间发生和发展经济联系的窗口、桥梁和国际通道而提出的“背靠内地，面向世界”的经济发展战略，中央政府和内地是倾全力支持和配合的。2001年12月，董建华上京述职时，向中央领导人提出有关加强内地与香港经贸合作的建议，中央政府非常重视这个建议，表示积极研究和支持。2002年1月25日，外经贸部副部长安民在北京会见了香港财政司司长梁锦松，就建立两地更密切经贸关系达成五大磋商原则。2002年2月11日是农历大年三十，董建华通过香港电台、电视台发表农历新年贺词，一再强调说：“香港最大的优势是有国家的大力支持和国家经济高速发展所带来的新机遇。”中央同意放宽内地旅客赴港，内地居民大量赴香港旅游；香港与内地建立更加密切经贸关系的商谈，也有了非常良好的开始。这些都会帮助香港经济成功转型，帮助香港经济复苏，帮助香港市民增加就业和发展机会。“一个国家，一个地方要成功，有几项必需的要素：稳定的政治局势，健全的法治，完善的社会经济制度，良好的营商环境等。香港已经拥有这一切要素，目前最需要的是要有信心，有信心就有斗志、有韧力，就有克服困难的力量。”②

正是在中央政府的全力支持下，香港特区政府依照基本法施政，为促进香港经济复苏，推行了一系列措施；为促进香港与内地及国际的交流合作，作出了积极的努力；在加强社会管理、发展教育事业和帮助弱势社群等方面，开展了卓有成效的工作，保持了香港社会的稳定繁荣。至1999年，出口开始增长，海外资金大量入市，香港地区生产总值全年实现了3.1%的增长。2000年，香港地区全年生产总值增幅高达10.5%，为1987年以来的最高增长率。特区政府的励精图治，赢得了香港市民和工商界人士的信任和支持。在第二届行政长官选举时，董建华得以连任就是一个有力证明。

---

① 董建华：《香港特别行政区行政长官施政报告——群策群力，转危为机》（1998年10月7日），见香港特区政府网站，http：//sc. info. gov. hk/gb/www. policyaddress. gov. hk/pa98/chinese/speechc. htm。

② 《董建华发表新年贺辞》，载《人民日报》，2002-02-12。

2002 年 7 月 1 日，香港举行了回归五周年盛大庆典，江泽民发表了重要讲话，指出："香港回归祖国以来的五年，是'一国两制'由科学构想变为生动现实的五年，也是董建华先生领导特别行政区政府团结香港各界人士不断克服困难、奋力前进的五年。香港回归后不久，就遇到了亚洲金融危机的严重冲击和国际经济环境变化的不利影响。在中央政府的有力支持下，特别行政区政府沉着应对，香港各界人士携手努力，妥善处理了一系列社会和经济问题，保持了香港大局的稳定。今天的香港，'一国两制'、'港人治港'、高度自治方针得到全面落实，原有的资本主义制度保持不变，广大居民继续以自己习惯的方式生活。香港仍然保持着自由港的特色和国际贸易、金融、航运中心的地位，继续被公认为亚洲乃至全球最具发展活力的地区之一。事实充分证明，'一国两制'是完全行得通的，董建华先生及其领导的特别行政区政府是具有驾驭复杂局势的智慧和能力的，香港人是完全能够治理好香港的。""中央政府将继续支持和帮助香港恢复和发展经济。我相信，只要香港同胞发扬长期以来艰苦创业、勇于拼搏的优良传统，香港经济就一定能够不断焕发出新的生机和活力，就始终有着光明的发展前景。"①

笔者认为：香港回归头五年的具体实践充分证明，"一国两制"是有生命力的，在香港也是成功的。"一国两制"在探索中逐步成型、成熟，香港的长期繁荣稳定有了一个很好的开端。

---

① 江泽民：《在庆祝香港回归祖国五周年大会暨香港特别行政区第二届政府就职典礼上的讲话》，载《人民日报》，2002－07－02。

略论中国共产党的马克思主义权力观

宿　凌

权力观是指人们对待权力问题的基本看法和态度，包括权力的来源、权力的性质、使用权力的基本态度，它是掌权者的人生观、价值观的集中体现，是关于国家和社会权力的根本观点。对于国家和社会权力，马克思恩格斯论证了人民群众是国家的一切权力的主体和最终来源，认为人民群众是物质财富和精神财富的创造者，是推动社会发展的决定力量，是人类历史的创造者。马克思恩格斯从唯物史观的角度，系统地阐述了国家权力观，形成了完整的、科学的历史唯物主义权力观。

中国共产党围绕马克思主义关于实现“人的全面而自由发展”的目标，在治理国家与社会、推进社会主义现代化建设过程中，把坚持共产党的领导、人民当家作主和依法治国三者的有机统一贯穿于社会主义现代化建设过程的始终，继承并发展了科学的马克思主义权力观，概括起来，就是将“权为民所赋，权为民所用”牢牢地镶嵌在党的执政理念之中。

一、“权为民所赋”

“权为民所赋”，首先是坚持权力的根本来源和基础都来自人民群众。马克思主义者认为，以劳动者为主体的人民群众是历史创造者，他们是人类社会的主人，并且应当拥有人类社会的一切权力。马克思恩格斯在批判吸收资产阶级权力观的基础上，提出了无产阶级关于“以每个人的全面而自由的发展为基本原则的社会形式创造现实基础”①，“共产党人并不是同其他工人政党相对立的一个特殊政党。他们并没有任何同整个无产阶级的利益不同的利益”② 的政治原则、议行合一制原则、普选制原则等马克思主义权力观。列宁在论述共产党的政权时指出：“新政权是大多数人的专政，它完全是靠广大群众的信任，完全是靠不加任何限制、最广泛、最有力地吸引全体群众参加政权来维持的。”③ “劳动群众拥护我们。我们的力量就在这里。全世界共产主义运动不可战胜的根源就在这里。”④

毛泽东在充分吸收了马克思主义原理的基础上，明确地指出：“人民，只有人民，才是创造世界历史的动力”⑤。在关于权力赋予的问题上，毛泽东强调：“人民得到的权利，绝不允许轻易丧失，必须用战斗来保卫。……有个美国记者问我：‘你们办事，是谁给的权力？’我说：‘人民给的。’如果不是人民给的，还有谁给呢？……我们的责任，是向人民负责。每句话，每个行动，每项政策，都要适合人民的利益，如果有了错误，定要改正，这就叫向人民负责。同志们，人民要解放，就把权力委托给能够代表他们的、能够忠实为他们办事的人，这就是我们共产党人。我们当了人民的代表，必须代表得好……”⑥ 这段话进一步阐释了社会主义社会权力的根本来源。随着新中国的建立，共产党成为全国范围内的执政党后，毛泽东又多次申明：“我们的权力是谁给的？是工人阶级给的，是贫下中农给的，是占人口百分之九十以上的广大劳动群众给的。我们代表了无产阶级，代表了人民群众，打倒了人民的敌人，人民就拥护我们。共产党基本的一条，就是直接依靠广大革命人民群众。”⑦ 作为权力行使者，就是作为人民的代表，受人民委托掌握和行使权力。人民把权力委托给人民代表，是要人民代表代表他们的利益，忠实地为他们办事。在社会主义社会，人民代表是人民权力的执行者，而不是权力的所有者。

“权为民所赋”，要自觉坚持人民群众的历史主体地位。毛泽东曾形象地

---

① 《马克思恩格斯全集》，中文1版，第23卷，649页，北京，人民出版社，1972。
② 《马克思恩格斯全集》，中文1版，第4卷，479页，北京，人民出版社，1958。
③ 《列宁全集》，中文2版，第12卷，287页，北京，人民出版社，1987
④ 《列宁选集》，3版，第4卷，53页，北京，人民出版社，1995。
⑤ 《毛泽东著作专题摘编》（上），156页，北京，中央文献出版社，2003。
⑥ 《毛泽东著作专题摘编》（下），1879页，北京，中央文献出版社，2003。
⑦ 《毛泽东著作专题摘编》（上），277页。

说："我们共产党人好比种子，人民好比土地，我们到了一个地方，就要同那里的人民结合起来，在人民中间生根、开花。脱离了人民群众，我们就会成为无源之水，无本之木。"① 在他看来，政府是人民的政府，权力是由人民赋予的，不可将政府与人民对立起来。江泽民指出："我们党来自人民，植根于人民，服务于人民。"② "我们的权力是人民赋予的，一切干部都是人民的公仆，必须受到人民和法律的监督。"③ "三个代表"重要思想，最重要的一个思想就是代表广大人民群众的根本利益。2002 年 12 月 6 日，胡锦涛在西柏坡重温"两个务必"时指出："我们手中的权力是党和人民赋予的，只能用来为广大人民谋利益。要树立正确的权力观，坚持立党为公、执政为民，真正为人民掌好权、用好权，做到夙兴夜寐、勤奋工作。"④ 中国革命和建设的伟大实践证明，党离不开人民。中国共产党自诞生到成为执政党，始终坚信人民群众是党的力量源泉和胜利之本，始终坚持一切为了群众、一切依靠群众，坚持全心全意为人民服务的宗旨。

"权为民所赋"，也要坚持在行使人民群众赋予的权力的同时担当相应的历史责任。权力的行使与责任的担当紧密相连，有权必有责。按照马克思主义的观点，人民应该把权力交给对社会负责的公仆。对社会负责，就是对人民负责，权力就是责任。邓小平指出："执了政，党的责任就加重了，共产党员的责任就加重了，我们领导干部的责任就加重了。我们要负担什么责任呢？在过去我们无非是闹革命，革命胜利以后，我们党执了政，掌了权，就要担负起把国家引导到社会主义道路去和进行建设的艰巨任务。"⑤ 胡锦涛在十七届中央纪委三次全会上再次强调："着力强化责任意识，切实履行党和人民赋予的职责。'我们肩膀上的担子重，责任大啊！'这是《邓小平文选》第三卷的最后一句话，是邓小平同志对全党同志特别是各级领导干部的谆谆嘱托，我们务必铭记在心。领导就是责任。加强党性修养，增强责任意识，是对领导干部的基本要求。有些领导干部只想当官，不想做事，不想负责任，在其位不谋其政，碰到问题不解决，遇到矛盾绕着走，对职责范围内的事情该抓的不抓、该管的不管，结果问题越积越多，以致酿成大祸。我们工作中出现

---

① 《毛泽东著作专题摘编》（上），288 页。

② 《江泽民文选》，第 2 卷，45 页。

③ 《江泽民文选》，第 2 卷，31 页。

④ 《人民日报》，2003-02-19。

⑤ 《邓小平文选》，2 版，第 1 卷，303 页。

这样那样的问题，发生这样那样的事故，往往与一些领导干部责任意识不强、工作不负责任直接相关。……责任重于泰山。各级领导干部一定要牢记肩上的重任和使命，牢记党和人民的重托，强化责任意识，带头落实责任制，把思想统一到干事业上，把精力集中到做实事上，把功夫下到抓落实上，兢兢业业完成组织上交付的工作任务。”① 就是说，权力是人民赋予的，重要的是将这种赋予升华到一个责任的高度，坚决要杜绝肆意滥用的现象。

二、“权为民所用”

“权为民所用”，就是以实现人民的利益为出发点来行使人民赋予的权力。马克思和恩格斯在《共产党宣言》中指出：共产党“至今发生过的一切运动都是少数人的运动，或者都是为少数人谋利益的运动。无产阶级的运动是绝大多数人为绝大多数人谋利益的独立自主的运动”②。“共产党人强调和坚持整个无产阶级的**不分民族的共同利益**；另一方面，在无产阶级和资产阶级斗争所经历的各个发展阶段上，共产党人始终代表整个运动的利益”③。也就是说，共产党人争取权力的唯一目的，是为了最广大的人民群众谋利益。

中国共产党始终将为人民服务、为人民谋利益放在党和国家事业的最高位置上。1934 年毛泽东就指出：“我们应该深刻地注意群众生活的问题，从土地、劳动问题，到柴米油盐问题。……要使广大群众认识我们是代表他们的利益的，是和他们呼吸相通的。”④ 1945 年，他在《论联合政府》中提出“全心全意地为中国人民服务”⑤ 的宗旨，并在党的第七次代表大会的报告中强调：“我们共产党人区别于其他任何政党的又一个显著标志，就是和最广大的人民群众取得最密切的联系。全心全意地为人民服务，一刻也不脱离群众；一切从人民的利益出发，而不是从个人或小集团的利益出发；向人民负责和向党的领导机关负责的一致性；这就是我们的出发点。”邓小平在 1956 年又进一步指出：“中国共产党员的含意或任务，如果用概括的语言来说，只有两

① 《十七大以来重要文献选编》（上），852～853 页，北京，中央文献出版社，2009。
② 《马克思恩格斯全集》，中文 1 版，第 4 卷，477 页。
③ 《马克思恩格斯全集》，中文 1 版，第 21 卷，17 页，北京，人民出版社，1965。
④ 《毛泽东著作专题摘编》（上），271 页。
⑤ 《毛泽东著作专题摘编》（上），1884 页。

句话：全心全意为人民服务，一切以人民利益作为每一个党员的最高准绳。”[①] 江泽民在中纪委第七次全体会议上指出：“各级领导干部一定要把人民群众的安危冷暖时刻放在心上，勤政为民，扎实工作，多为群众办实事、办好事、办得人心的事，为人民群众谋取实实在在的利益。”[②] “在执政条件下，共产党员坚持全心全意为人民服务的宗旨，坚持廉洁奉公，必须正确认识和对待我们手中的权力。我们的干部必须时刻记住，自己手中掌握的权力是人民赋予的，只能用来为人民谋利益，绝不能用来为个人或小团体捞取好处，绝不能损害人民的利益。”[③] 胡锦涛指出：“加强主观世界的改造，最根本的就是要牢固树立正确的世界观、人生观、价值观，着力解决好权力观、地位观、利益观问题，真正形成并永远坚守共产党人的思想道德和革命品质，特别是要解决好坚持立党为公、执政为民的问题。只有一心为公，立党才能立得牢；只有一心为民，执政才能执得好。关键是要坚持做到权为民所用、情为民所系、利为民所谋。做到权为民所用，就必须正确看待和运用手中的权力，始终以党和人民的事业为重，为人民掌好权、用好权，用人民赋予的权力服务于人民、造福于人民，绝不以权谋私。”[④] 他反复强调党员领导干部要牢固树立正确的权力观，必须始终做到“权为民所用，情为民所系，利为民所谋”。由此可见，在中国共产党领导下的社会权力的使用，最终的目的是要实现人民的根本利益。只有公共权力代表人民，为民谋利益，才能为民所用。

中国共产党在实践过程中，把“权为民所用”体现在了完善社会主义法规制度层面上，更加保证了权力的民主性和人民性。我国宪法明确规定：“中华人民共和国的一切权力属于人民。”“人民行使国家权力的机关是全国人民代表大会和地方各级人民代表大会。”“全国人民代表大会和地方各级人民代表大会都由民主选举产生，对人民负责，受人民监督。”“国家行政机关、审判机关、检察机关都由人民代表大会产生，对它负责，受它监督。”这充分说明在我国一切权力属于人民，人民是国家的主人。所有的权力都是人民赋予的，只能用来为人民服务，而不能以权谋私。

如何在中国共产党的领导下，在人民当家作主的基础上对公共权力进行

---

① 《邓小平文选》，2版，第1卷，257页。

② 《江泽民文选》，第3卷，422页。

③ 《江泽民思想年编（1989—2008）》，185页。

④ 参见《人民日报》，2003-02-19。

有效的规范和引导？如何正确对待和使用人民赋予的各种权力？针对这一问题，邓小平指出："制度好可以使坏人无法任意横行，制度不好可以使好人无法充分做好事，甚至会走向反面"。"我们今天再不健全社会主义制度，人们就会说，为什么资本主义制度所能解决的一些问题，社会主义制度反而不能解决呢?"① 邓小平有针对性地指出了权力为民所用的必要前提条件，那就是建立一个好的制度，健全社会主义制度。

"权为民所用"最重要的一点就是拒腐防变，接受人民的监督。共产党接受监督是由其执政党的地位决定的。在建立健全社会主义监督体制、努力实现"权为民所用"方面，毛泽东认为，加强政权建设，防止权力腐化，加强人民监督是十分必要的。群众监督是防止权力腐化的最有效的力量。邓小平清醒地认识到权力腐败问题的严重性。他在《共产党要接受监督》的报告中指出："我们党是执政的党，威信很高。我们大量的干部居于领导地位。在中国来说，谁有资格犯大错误？就是中国共产党。犯了错误影响也最大。因此，我们党应该特别警惕。""如果我们不受监督，不注意扩大党和国家的民主生活，就一定要脱离群众，犯大错误。"② 十一届三中全会后，邓小平在总结历史经验教训的基础上，结合新时期实际，明确提出要建立"群众监督制度"、"让群众和党员监督干部，特别是领导干部"③ 的意见。邓小平认为，加强人民监督是对执政党实行监督的最根本的制度，其他各种形式的监督的实质都是为了强化人民的监督。

三、中国共产党对马克思主义权力观的继承和发展

首先，中国共产党将权力的责任意识不断提升到一个新的高度，这是对马克思主义权力观从理论上的进一步扩充和发展。对于权力如何实现真正的为人民所用，马克思恩格斯从理论层面为中国共产党提供了基础；而在从革命到建设的历史洗礼中，中国共产党始终坚持马克思主义的权力观，始终保证实现人民赋予的权力能够为人民所用，从理论上对马克思主义权力观进行

① 《邓小平文选》，2 版，第 2 卷，333 页。
② 《邓小平文选》，2 版，第 2 卷，270 页。
③ 《邓小平文选》，2 版，第 2 卷，332 页。

了不断的丰富和探索，为实现真正的社会主义民主制度作出了伟大的历史总结。

马克思认为国家机关是社会的“公仆”，毛泽东认为中国共产党人的根本宗旨是“全心全意为人民服务”，邓小平提出“领导就是服务”，江泽民提出“三个代表”的重要思想，胡锦涛提出以人为本的重要理论。从这些思想的发展脉络中可以进一步看出，中国共产党权力观的核心是执政为民，是不断为人民谋利益，是为社会的进步和发展服务，没有任何理由和权利为己谋私。中国共产党将马克思主义权力观从认识上提升到了“服务”、“为民”以及“以人为本”的理论高度，无论从认识对象还是从对待权力的价值观等等方面，都有了进一步的深化和提高。

其次，从制度上不断完善监督机制也是中国共产党对马克思主义权力观的一个重要发展。在宪法和法律规定的范围内行使权力，接受党和人民的检查监督，这是使人民的权力始终沿着正确的方向行使的最有力的保证。

马克思认为，根本克服公共权力失控的途径，主要是在最广泛人民参与的基础上通过普选制确立人民代表大会的最高权力机关地位。国家行政与司法部门均由人民代表大会选举产生并接受其监督，在此基础上再确立相应的分权原则以达到制衡的目的。① 马克思恩格斯为如何实现社会主义制度的问题奠定了理论基础。以列宁为代表的布尔什维克创造性地提出了无产阶级专政体系理论，这是保障社会主义制度的根本保证。中国共产党自执政以来，对我国的人民代表大会制度及中国共产党领导的多党合作和政治协商制度进行了一系列的改革和完善，创造出一系列适合我国国情的权力监督和制衡体系，从而进一步保证了人民权力的合理使用和合理配置。美国华裔学者邹谠曾评价：“在二十世纪的中国，所有世界上最重要的政治制度、文化思想都被拿来试验过，而几乎没有一个制度和思想能够在中国社会得到满意的结果。唯有中国共产党取得了辉煌的成功。”②

再次，中国共产党从历史经验教训中不断总结，深刻地认识到腐败问题是党当今面临的最大危险和最大考验。古人云：“公生明，廉生威。”如果以权谋私，势必丧失民心。在改革开放和发展社会主义市场经济的新形势下，

---

① 参见杜永明、赵金山、王彦坤：《发展社会主义民主政治的根本问题研究》，48 页，石家庄，河北人民出版社，2006。

② ［美］邹谠：《二十世纪中国政治——从宏观历史与微观行动的角度看》，43 页，香港，牛津大学出版社，1994。

加强全党的思想政治建设，提高广大干部和党员的思想政治素质，对于保持我们党的先进性、纯洁性，防止和抵制腐朽思想文化的侵蚀，有效地进行反腐败斗争，是极为重要的。面对这个问题，党和国家领导人有着十分正确的判断："只有让人民来监督政府，政府才不敢松懈。只有人人起来负责，才不会人亡政息。"① "立党为公，清正廉洁，诚心诚意为人民谋利益，这是我们党受到人民群众拥护、领导人民夺取革命和建设事业胜利的奥秘所在。"② 十五大以来，我们党不断强调必须建立健全依法行使权力的制约机制和监督机制，通过体制创新努力铲除腐败现象滋生的土壤和条件。2011 年 3 月 14 日，温家宝在两会上回答中外记者提问时，再次强调：当前"最大的危险在于腐败，而消除腐败的土壤还在于改革制度和体制。……实现人民的愿望就必须创造条件，让人民批评和监督政府"③。党对腐败问题的高度重视和努力铲除腐败的决心与措施，同样也是对马克思主义权力观的践行和发展。

总之，中国共产党自成立以来，不但将马克思主义权力观实践于革命、建设和改革之中，而且在不断的实践过程中，丰富和发展了马克思关于权力的一系列认识，并且牢牢地把握住马克思主义权力观同资产阶级权力观的根本区别，即"全心全意为人民服务"。随着中国特色社会主义事业的不断前进，新的形势下对领导干部不断提出新的要求，坚持党性、牢牢树立并丰富马克思主义权力观成为党在今后工作中的内在动力。

（原载《中共中央文献研究室个人课题成果集（2011 年）》（下），中央文献出版社 2012 年版）

---

① 《毛泽东著作专题摘编》（下），2162 页。

② 《江泽民思想年编（1989—2008）》，185 页。

③ 《温家宝：消除腐败土壤在于改革》，见 http：//news. xinhuanet. com/lianzheng/2011－03/15/c _ 121187356. htm。

中国梦的历史自觉与现实照进

王为衡

习近平总书记在参观《复兴之路》展览时强调："实现中华民族伟大复兴，就是中华民族近代以来最伟大的梦想。"这是对"中国梦"时代命题的深刻解读。着眼于未来，"中国梦"就是要把我国建设成为富强民主文明和谐的社会主义现代化国家，实现中华民族伟大复兴。而在当下，"中国梦"最关键的内容就是实现"小康梦"。改革开放30多年以来，中国共产党人凭借高度历史自觉，将梦想照进现实，以人民对美好生活的向往作为奋斗目标，走出了一条中国特色社会主义道路。

一、"中国式的现代化"：符合国情的现代化

早在社会主义建设时期，毛泽东、周恩来就提出了"把我国建设成为一个具有现代农业、现代工业、现代国防和现代科学技术的社会主义强国"的奋斗目标。只是由于后来思想路线的错误，以及"文革"影响，才使这一宏伟目标不可能按计划付诸实践。即使如此，毛泽东等老一辈革命家也迈出了现代化建设的坚实第一步，首倡之功，不容忘记。

1978年12月，党的十一届三中全会召开，以改革开放为特征的新时期从此开始。起步之初，"四化"目标得以重提，以利凝聚人心，催人奋进。但如何从中国具体国情出发来研究现代化，规划现代化的进程与步骤，却是改

革开放的总设计师邓小平思考的一个重要问题。

国门初开，我们的同志出去看了一下，越看越感到我们的落后。邓小平曾感慨地说："什么叫现代化？五十年代一个样，六十年代不一样了，七十年代就更不一样了。"① 当了解到日产汽车公司的劳动生产率比中国一汽高几十倍时，邓小平说："我懂得什么是现代化了。"② 这种巨大差距促使邓小平重新审视20世纪末实现"四个现代化"壮志是否现实的问题。

1979年3月21日，邓小平在会见英国客人时，第一次提出了"中国式的四个现代化"的概念，以便和西方的现代化概念相区分。两天之后，他又把这个新提法正式表述为"中国式的现代化"。

作为一个全新概念，"中国式的现代化"同"四个现代化"相比，更加注重"底子薄"、"人口多，耕地少"的国情特点。在一次谈话中，邓小平说"如果我们人均收入达到一千美元，就很不错"③，这是第一次参照西方发达国家的人均收入，设定中国现代化的量化标准。邓小平还用"吃得好，穿得好，用得好"这一老百姓容易理解的语言将"现代化"的抽象概念，具体成为每个人都可以想象出来的愿景。

从"四个现代化"到"中国式的现代化"，这是实事求是思想路线在现代化建设问题上的重要体现，反映出新一代共产党人对奋斗目标的界定更加适合中国的实际情况。

二、小康目标：党对"本世纪末全面实现四个现代化"目标的重大调整和修改

1979年12月，日本首相大平正芳来访。在会谈中，邓小平用"小康"、"小康之家"回答了大平正芳"整个现代化的蓝图是如何构思的"这个提问。小康一说由此诞生。

曾几何时，"小康"寄托了中国传统社会老百姓对衣食无忧生活的向往。邓小平用"小康"这样一个开放式概念来定位现代化建设的战略目标，是对

---

① 《邓小平年谱（1975—1997）》（上），372～373页。
② 转引自刘金田主编：《邓小平的历程》，347页，北京，解放军文艺出版社，1996。
③ 《邓小平年谱（1975—1997）》（上），540页。

之前我们党提出的“要在本世纪末全面实现四个现代化”目标的重大调整和修改，既利于人民群众理解，也便于和国际社会接轨，体现了邓小平将传统社会理想与现代社会价值观相结合的睿智创造。

何谓“小康”？邓小平认为它“不是西方的现代化”①，是“四个现代化的最低目标”②，“就是虽不富裕，但日子好过”③，“社会存在的问题能比较顺利地解决”④。在经过一番调研后，邓小平认为到了20世纪末，中国人均国民生产总值争取达到1 000美元，最低达到800美元，这就是小康的状态。这个目标的实现，还有赖于“翻两番”的奋斗途径，争取10年翻一番，两个10年翻两番。1982年9月，党的十二大报告正式把20世纪末实现小康目标的构想确定为今后20年中国经济发展的战略目标。邓小平对这个目标的实现，充满了希望，认为“不是胡思乱想、海阔天空的变化，只是达到一个小康社会的变化，这是有把握的”⑤。

目标提出后，邓小平反复推敲“翻两番”究竟靠不靠得住的问题。1983年，带着问题的邓小平前往江苏、浙江、上海等地调研。一路走来，情况很好，像苏州大概到1995年就能实现“翻两番”，这使邓小平对未来充满了信心，开始进一步思考在经济“翻两番”的同时，如何同步解决社会发展的问题。

江南之行，小康社会的模样逐渐在邓小平心中明晰起来，邓小平对这些地方从政治民生、文化教育、社会法制等方面总结出的六条小康社会标准很感兴趣，认为了不起。他对“小康”的理解也从“经济小康”发展为“社会小康”。邓小平赋予了“小康社会”丰富的内涵，认为它是一个坚持社会主义道路，社会生产力不断发展、人民生活水平不断提高的社会发展阶段。在这个阶段，国内外市场将不断扩大，经济将不断完善，科教投入将有较多增加，精神文明建设将有较大变化，国家综合实力将大大增强。当小康社会实现后，“先富”和“共富”的关系问题，也将突出地提出和解决。

由此，“小康社会”成为中国人民美好新生活的新期待，“奔小康”成为整个党和国家的中心工作。

---

① 《邓小平年谱（1975—1997）》（下），816页。

② 《邓小平文选》，1版，第3卷，64页。

③ 《邓小平文选》，1版，第3卷，161页。

④ 《邓小平年谱（1975—1997）》（上），586页。

⑤ 《邓小平年谱（1975—1997）》（下），837页。

三、“三步走”战略：“这是我们的雄心壮志”

未来 20 年的目标确定了，邓小平觉得自己还有责任提出 30 年至 50 年以后的目标。1987 年 2 月，邓小平在与加蓬总统邦戈会谈时，首次提出“到下世纪中叶我们建成中等发达水平的社会主义国家”① 的战略目标。不久，他又将这一目标量化为“人均四千美元”和“国民生产总值就是六万亿美元”，并认为“这个数字肯定是居世界前列的”②。

1987 年 4 月，邓小平在同西班牙政府副首相格拉会谈时，首次比较完整地提出了中华民族百年图强的“三步走”战略，并向客人强调“这是我们的雄心壮志”③。

1987 年 10 月，党的十三大正式提出我国经济建设战略部署分三步走：第一步，实现国民生产总值比 1980 年翻一番，解决人民的温饱问题；第二步，到本世纪末，使国民生产总值再增长一倍，人民生活达到小康水平；第三步，到下个世纪中叶，人均国民生产总值达到中等发达国家水平，人民生活比较富裕，基本实现现代化。自此，“三步走”战略作为一个切实可行的构想被上升为国家意志，它使现代化成为更加便于触摸和感觉、操作和把握的社会建设工程。

在十三大报告中，细心的人们还注意到：之前使用了 30 多年的“四个现代化”提法逐渐淡出，而被“小康”和“富强、民主、文明”所替代，这说明我们前进的脚步开始不断接近时代的特色，或许这就是探索的意义所在。

四、“新三步走”战略：更为可行的时间表

1990 年，“三步走”战略的第一步目标顺利实现，人民温饱问题基本解决。以江泽民同志为核心的党的第三代中央领导集体，与人民一起为实现第

---

① 《邓小平文选》，1 版，第 3 卷，204 页。
② 《邓小平文选》，1 版，第 3 卷，216 页。
③ 《邓小平文选》，1 版，第 3 卷，226 页。

二步目标开始了不懈努力。

此时，改革开放已走过十多年历程，但经济体制改革依然没有一个明确的目标。如何正确处理计划与市场的关系，成为改革必须逾越的一个关卡。

1992年，党的十四大正式提出我国经济体制改革的目标是建立社会主义市场经济体制。这就从经济体制上为实现第二步目标提供了强有力的保证。社会主义加市场经济，两种优势叠加，释放出巨大力量，推动中国经济快速发展。1995年，提前5年实现原定2000年国民生产总值翻两番的目标；1997年，提前3年实现人均国民生产总值比1980年翻两番的目标。从而，总量和人均都完成了“翻两番”的任务。

第二步目标的提前实现，促使江泽民在1997年党的十五大上提出了“新三步走”战略：“展望下世纪，我们的目标是，第一个十年实现国民生产总值比二〇〇〇年翻一番，使人民的小康生活更加宽裕，形成比较完善的社会主义市场经济体制；再经过十年的努力，到建党一百年时，使国民经济更加发展，各项制度更加完善；到世纪中叶建国一百年时，基本实现现代化，建成富强民主文明的社会主义国家。”① 可以说，“新三步走”战略是对邓小平“三步走”战略目标的继承，是其在21世纪的具体化，这就使实现中华民族的伟大复兴有了更加具体的目标，更为可行的时间表。

五、“全面建设小康社会”：跨越世纪的历史重任

世纪交替的2000年，江泽民想得最多的一个问题是怎样使我们党在复杂的国内外形势下始终充满活力，带领全国各族人民推进建设有中国特色社会主义的宏伟事业，实现中华民族的伟大复兴。这一年，江泽民着眼于世界和中国的深刻变化，提出了“三个代表”重要思想。还是这一年，我们党提出：“从新世纪开始，我国将进入全面建设小康社会，加快推进现代化的新的发展阶段。”② 这是第一次提出“全面建设小康社会”的任务，也是中华民族复兴史上一个新的里程碑。

其实，在这个任务提出之前，我们党已经形成了全面建设小康社会的若干

① 《江泽民文选》，第2卷，4页。

② 《中国共产党第十五届中央委员会第五次全体会议公报》，载《人民日报》，2000-10-12。

思路，如实施可持续发展战略、科教兴国战略、西部大开发战略等，并花大力气用来解决民生问题。那么，为什么要在世纪之初提出“全面建设小康社会”呢？一方面，我们已经初步达到的小康，是低水平、不全面、不平衡的，还需要进行长时期的艰苦奋斗；另一方面，从2000年到21世纪中叶基本实现现代化，时间跨度长达50年，中间没有阶段性的目标，把全面建设小康社会作为新世纪最初20年的阶段性目标，有利于鼓舞士气，是完全有必要的。

2002年，党的十六大报告从四个方面提出了全面建设小康社会的目标，即：国内生产总值到2020年力争比2000年翻两番，综合国力和国际竞争力明显增强；社会主义民主更加完善，社会主义法制更加完备；全民族的思想道德素质、科学文化素质和健康素质明显提高；可持续发展能力不断增强，生态环境得到改善，资源利用效率显著提高，促进人与自然的和谐。这不单单是经济上的目标，更是一个经济、政治、文化全面发展的目标。报告对目标还提出六方面要求，即经济更加发展、民主更加健全、科教更加进步、文化更加繁荣、社会更加和谐、人民生活更加殷实。

可以说，全面建设小康社会是一个既符合国情又顺应时代、既代表人民根本利益又体现事业发展需要、既实事求是又锐意进取的奋斗目标。

六、促进社会和谐：全面建设小康社会的新要求

党的十六大以来，以胡锦涛同志为总书记的党中央抓住重要战略机遇期，开始了全面建设小康社会的新进程。

2003年，“非典”疫情肆虐全国，暴露出我国经济社会发展不协调等诸多问题，这使胡锦涛陷入了沉思。在走向现代化的关键时刻，我们需要的是什么样的发展观？

2003年10月，在中共十六届三中全会上，科学发展观被正式命名。2007年，在党的十七大报告中，胡锦涛用四句话、40个字，对科学发展观的科学内涵、精神实质、根本要求进行了集中概括，即“科学发展观，第一要义是发展，核心是以人为本，基本要求是全面协调可持续，根本方法是统筹兼顾”①。

---

① 《中国共产党第十七次全国代表大会文件汇编》，14页，北京，人民出版社，2007。

科学发展观首先从社会建设破题，这是因为在经济高速增长的同时，各种矛盾和问题比较集中地凸显出来。如何做到以人为本，保障全体社会成员共享改革发展成果，成为我们党无可回避的现实问题。在科学发展观的指导下，构建社会主义和谐社会的理念应运而生。这既是一种理想，也是一个目标。2005 年 2 月，胡锦涛强调指出："我们所要建设的社会主义和谐社会，应该是民主法治、公平正义、诚信友爱、充满活力、安定有序、人与自然和谐相处的社会。"① 这是构建社会主义和谐社会总目标的第一次清晰表述。

2006 年 10 月，中共十六届六中全会明确提出到 2020 年构建社会主义和谐社会的阶段性目标以及通盘部署，从而把理想和实践紧密联系在了一起。同时，鲜明地将"和谐"与"富强、民主、文明"一起并列为社会主义现代化建设的目标。十七大报告还将"加快发展社会事业，全面改善人民生活"确立为实现全面建设小康社会奋斗目标的新要求。"学有所教、劳有所得、病有所医、老有所养、住有所居"，更是党对人民群众的庄严承诺。

七、从"建设"到"建成"：实现小康目标的关键期到来了

事非经过不知难。2008 年以来，尽管有这样或者那样的困难和问题，但我们党依然成功办成办好了许多大事喜事，应对了许多难事，各方面工作均取得新的重大成就，我国发展仍然处于可以大有作为的重要战略机遇期。

2012 年 11 月，党的十八大宣示了在新的历史阶段，我们党将举什么旗、走什么路、以什么样的精神状态、朝着什么样的目标继续前进的重大问题。

十八大报告提出"建设中国特色社会主义，总依据是社会主义初级阶段，总布局是五位一体，总任务是实现社会主义现代化和中华民族伟大复兴"②。经济建设、政治建设、文化建设、社会建设和生态文明建设"五位一体"总体布局的提出，使中国特色社会主义事业的发展方略更加完善、发展目标更加明确、发展内涵更加丰富，为未来中国经济社会又好又快前行，提供了重要遵循原则。

---

① 《胡锦涛出席省部级主要领导干部提高构建社会主义和谐社会能力专题研讨班开班式》，载《人民日报》，2005-02-20。

② 《中国共产党第十八次全国代表大会文件汇编》，12 页，北京，人民出版社，2012。

根据我国当前的发展实际，十八大报告还对一些具体指标进行调整和深化，提出在2020年全面建成小康社会的宏伟目标。从“建设”到“建成”，一字之变，却饱含大意蕴。“建设”是指过程，“建成”是指结果，更反映了这是“决定性”阶段。同时，全面建成小康社会是在坚持已经确立的全面建设小康社会的总体目标基础上提出的，不是另起炉灶提出的一套新的目标，这就保持了我们党发展目标的连续性，彰显了我们党加快发展的决心和信心，标志着我国社会主义现代化建设走进了新境界。

自2010年以来，我国的经济总量已跃居世界第二位，但人口多、底子薄、发展很不平衡的状况并未根本改观，经济科技仍将长期面临西方发达国家占优势的压力。针对这些问题，回应人民群众的新期待，党的十八大提出全面建成小康社会的导向性要求：转变经济发展方式，实现经济持续健康发展，实现国内生产总值和城乡居民人均收入比2010年翻一番；不断扩大人民民主，切实尊重和保障人权；提高公民文明素质和社会文明程度，增强文化软实力；更加关注民生问题，全面提高人民生活水平；努力建设资源节约型、环境友好型社会。由于改革已经进入深水区，党的十八大还提出了全面深化改革开放的具体目标。可以说，中国已经进入全面建成小康社会和全面深化改革开放的攻坚期和关键期。

回望来时的路，如果将改革开放以来中国共产党各个历史阶段的奋斗目标比作路标，那么这些路标连接起来的正是我们要坚定不移走下去的中国特色社会主义道路。走在这条追梦开拓的大路上，我们越是接近伟大的中国梦，就越要坚定信念、苦干实干、坚持不懈、奋斗到底，使中华民族伟大复兴这艘航船永不落后于时代，使中国特色社会主义事业不断向前迈进。

（原载《新湘评论》2013年第1期）

出版后记

在中央文献研究室，有这样一批年轻的编研工作者，他们既编辑党的文献，又研究党的历史，编辑和研究相互促进、相得益彰。本书编选的，是该室从事《党的文献》编辑工作八位青年的文章，大多发表于《党的文献》、《中共党史研究》、《当代中国史研究》、《毛泽东邓小平理论研究》等学术期刊，有的还引起学术界的关注。这些文章有一个共同特点，就是运用党和国家主要领导人的文献，来解读党史上的一些重大决策。这是值得倡导的研究方式。当然，其中一些文章和观点或显稚嫩，或欠推敲。现结集出版，既为请教于学界，也是一种期许，希望党史文献领域的青年学人，写出更好、更多的论著。

本书编辑组

2014 年 2 月

图书在版编目（CIP）数据

观领袖　品党史/《党的文献》编辑部. —北京：中国人民大学出版社，2014.3
ISBN 978-7-300-18892-8

Ⅰ.①观…　Ⅱ.①党…　Ⅲ.①中国共产党-党史-文集　Ⅳ.①D23-53

中国版本图书馆 CIP 数据核字（2014）第 039258 号

观领袖　品党史
《党的文献》编辑部
Guanlingxiu Pindangshi

出版发行	中国人民大学出版社		
社　　址	北京中关村大街 31 号	**邮政编码**	100080
电　　话	010－62511242（总编室）		010－62511770（质管部）
	010－82501766（邮购部）		010－62514148（门市部）
	010－62515195（发行公司）		010－62515275（盗版举报）
网　　址	http://www.crup.com.cn		
经　　销	新华书店		
印　　刷	北京玺诚印务有限公司		
规　　格	170 mm×250 mm　16 开本	**版　　次**	2014 年 4 月第 1 版
印　　张	21.5 插页 2	**印　　次**	2021 年 5 月第 4 次印刷
字　　数	348 000	**定　　价**	58.00 元